यादों का लाल गलियारा
दं ते वा ड़ा

[यात्रा-रिपोर्ताज]

यादों का लाल गलियारा
दं ते वा ड़ा

रामशरण जोशी

राजकमल प्रकाशन

ISBN : 978-81-267-2782-7

मूल्य : ₹595

पहला संस्करण : 2015
दूसरा संस्करण : 2017

प्रकाशक : राजकमल प्रकाशन प्रा. लि.
1-बी, नेताजी सुभाष मार्ग, दरियागंज
नई दिल्ली-110 002

शाखाएँ : अशोक राजपथ, साइंस कॉलेज के सामने, पटना-800 006
पहली मंजिल, दरबारी बिल्डिंग, महात्मा गांधी मार्ग, इलाहाबाद-211 001
36 ए, शेक्सपियर सरणी, कोलकाता-700 017

वेबसाइट : www.rajkamalprakashan.com
ई-मेल : info@rajkamalprakashan.com

मुद्रक : बी.के. ऑफसेट
नवीन शाहदरा, दिल्ली-110 032

YADON KA LAAL GALIYARA : Dantewara
by Ramsharan Joshi

किरीट दोषी, संजीव दुग्गल, भागीरथ प्रसाद
और अनेक गुमनाम आदिवासी सहयोगी
जिनके बिना लाल गलियारे की यात्रा
अधूरी रह जाती...

प्रस्थान

यादों की यात्रा

यादों की यात्रा अर्थात् पुनरवलोकन उन पात्रों, स्थानों और घटनाओं का जिन्होंने आपके जीवन के विभिन्न काल खंडों को कम-अधिक रूप से प्रभावित किया, चेतना-यात्रा को निश्चित दिशा दी और पहचान का बोध आप में पैदा किया। इस यात्रा में आत्मसमीक्षा होती है; परिवर्तित काल और परिवेश की रोशनी में उन तमाम प्रभावों व परिणामों पर दृष्टिपात होता है जिन्होंने आपकी यादों को जीवन-यात्रा का सहयात्री बनाया है। वास्तव में अतीत और वर्तमान के बीच यह सहयात्री एक भरोसेमन्द सेतु की भूमिका निभाता है। इसके माध्यम से सुविधापूर्वक दोनों कालों में आवाजाही की जा सकती है। इन कालों के बीच परिवर्तन की प्रक्रिया और रूप को नए परिप्रेक्ष्य में देखा-समझा जा सकता है। वर्तमान से भविष्य में प्रवेश के यात्रा-मार्ग का रेखांकन किया जा सकता है। वर्तमान, अतीत से कितना भिन्न है, और भविष्य इन दोनों से कितना अलहदा होगा, यह विवेक भी सहयात्री से मिलता है।

यादें असंख्य होती हैं। यादों की यात्रा अन्तिम क्षण तक चलती ही रहती है। यादें विस्मृति में डूब जाती हैं, लेकिन ऐसी भी कुछ होती हैं जो लौटती हैं आपको झकझोरने के लिए, वर्तमान में रहते हुए अतीत और भविष्य को नए अनुभवों की दृष्टि से समझने के लिए। एक प्रकार से यादों का जीवन वर्तमान से जुड़ा हुआ होता है। वर्तमान में यादों की प्रासंगिकता उन्हें पुनर्जीवित करती है। जब यादें लोकवृत्त से जुड़ी हों तब इनका स्वत: विस्तार हो जाता है, इसमें नए आयाम जुड़ जाते हैं। यादों की भूमिका में गुणात्मक बदलाव आता है। लोकवृत्त से जुड़ी यादों की भूमिका नए विमर्शों को जन्म देती है क्योंकि इसका

सन्दर्भ व चिन्ता संसार व्यापक होता है। इस व्यापकता के दायरे में समाज होता है, व्यवस्था आती है, उसके कारनामे रहते हैं, जन और राज्य के अन्तर्सम्बन्ध समाहित होते हैं।

इस पुस्तक के सफों पर उतरी यादें आत्मिक दायरे से मुक्त हैं। इनकी यात्रा की शुरुआत लोकवृत्त से होती है और वही उसका गन्तव्य बिन्दु भी है क्योंकि इसके सरोकारों का मार्ग जन हैं, न कि किसी का निजी जगत। जब जन केन्द्र में हैं तो अभिजन के लिए कैसा स्थान? ये वे जन हैं जिनकी अपनी सम्पुष्ट दुनिया रही है; आवश्यकता व आपूर्ति की दृष्टि से आत्मनिर्भर व स्वतंत्र; प्रकृतिजन्य समृद्ध; अतुल प्राकृतिक सम्पदा के स्वामी; उपभोग व प्रतिस्पर्धा से मुक्त; आकांक्षा या महत्त्वाकांक्षा से अपरिचित श्रमधनी व अपरजीवी संस्कृति के वाहक; आधुनिक व्यवस्था विमर्शों से अपरिचित; राष्ट्र–राज्य के अस्तित्व से तटस्थ। ये वे जन हैं जो अन्यों की संरचना में न हस्तक्षेप करते हैं, और न ही अपनी संरचना में बाह्य हस्तक्षेप चाहते हैं।

पर आधुनिक व्यवस्था का जन्म ही हस्तक्षेप, प्रभुत्व, विस्तार और आधिपत्य से हुआ है। उपभोग, आकांक्षा, महत्त्वाकांक्षा और प्रतिस्पर्धा इसकी सारथी–प्रवृत्तियाँ हैं। ये प्रवृत्तियाँ किसी संरचना की निरपेक्षता व तटस्थता को कैसे बर्दाश्त कर सकती हैं? वास्तव में एक सम्पुष्ट, समृद्ध और स्वतंत्र संरचना हस्तक्षेपवादी व विस्तारवादी व्यवस्था को अपनी ओर आकृष्ट करेगी ही। यह आकर्षण ही आत्मनिर्भर संरचनाओं के पतन का कारण बनता है, और आततायी व्यवस्था इनके जन को हाशिए पर ही रखती है।

हाशिए के जन का अपराध केवल यही रहा है कि प्रकृति ने उन्हें सोना, चाँदी, लोहा, बॉक्साइट, मैगनीज़, ताँबा, एल्यूमुनियम, कोयला, तेल, हीरे–जवाहरात, अनन्त जल–जंगल–जमीन का स्वाभाविक स्वामी बना दिया; समता, स्वतंत्रता, आत्मनिर्भरता और न्यायपूर्ण जीवन की संरचना से समृद्ध किया। इसीलिए इस जन ने अन्य की व्यवस्था में हस्तक्षेप नहीं किया। यदि अन्यों ने किया तो इस जन ने उसका प्रतिरोध भी ज़रूर किया। इस आत्म–रक्षात्मक प्रतिरोध का मूल्य इस जन को अपने असंख्य व अवर्णनीय दैहिक बलिदान, विस्थापन, पलायन, परतंत्रता, शोषण और उत्पीड़न के रूप में अदा करना पड़ा।

कल्पना कीजिए, दक्षिण व उत्तरी अमेरिकी क्षेत्र खनिज सम्पदा की दृष्टि से बंजर हुए होते, वे घने जंगलों, अथाह जल राशि और विशाल उपजाऊ भूमि से रीते रहते तो क्या यूरोप के श्वेत आधिपत्यवादी

लाखों मूल निवासियों (या नेटिव या रेड इंडियन) का नरसंहार करते, लाखों जन विस्थापित होते और अपने ही घर में गुलाम बनते ? क्या कनाडा, आस्ट्रेलिया, न्यूजीलैंड आदि राष्ट्र आधुनिक भव्यता, समृद्धि अर्जित करते ? आज ये मूलजन अपने ही जंगलों-पहाड़ों में गुमनाम हैं, पहचानविहीन हैं, श्वेत व्यवस्थाओं की अनुकम्पाओं पर आश्रित हैं; रोजी-रोटी के लिए दर-बदर भटकते रहते हैं; अपनी ही संरचना के लिए अवांछित बना दिए गए हैं।

भारत में भी विस्तारवादी-वर्चस्ववादी अभिजन समाज द्वारा इस जन-समाज के हाशियाकरण का चक्र चलाया जा रहा है; छत्तीसगढ़, झारखंड, उड़ीसा, मध्य प्रदेश, बिहार, पश्चिम बंगाल, आन्ध्र प्रदेश, महाराष्ट्र, राजस्थान के वनांचलों के जनों को पारम्परिक प्राण-आधारों से उखाड़ा जा रहा है; विस्थापन, पलायन और अलगाव के पाटों में वे पिस रहे हैं। यदि वे प्रतिरोध करते हैं, तो अभिजन व्यवस्था की गोलियों से भूने जाते हैं, जेलों में ठूँसे जाते हैं, और गुमनामी में नगरों-महानगरों में मर-खप जाते हैं। इन प्रदेशों के वन-पर्वतजनों ने भी वही अपराध किया है जो ब्राजील, मैक्सिको, पेरू, बोलीविया, कनाडा, आस्ट्रेलिया, वेस्टइंडीज़, अमेरिका के नेटिवों ने किया। दूसरे शब्दों में भारत के ये गोंड, मुंडा, मुरिया, हलबा, सन्ताल, भील आदिजन भी प्रकृति की अक्षय सम्पदा के स्वाभाविक हकदार हैं।

यदि अकाल-सूखा-बाढ़ से पटने वाली भूमियों पर इन जनों की बसाहटें होतीं, तो क्या टाटा, अम्बानी, वेदान्ता, बिड़ला, पोस्को जैसी देशी-विदेशी बहुराष्ट्रीय कम्पनियाँ उन पर हिंसक धावा बोलतीं ? क्या अभिजन राजसत्ता के लाखों बूटों-संगीनों से जन और उनकी बसाहटों को रौंदा जाता ? ऐसा कुछ नहीं होता। बल्कि वे बांझ भूमि पर जीवन से पिटते रहते, मौत से हारते रहते। कोई कॉरपोरेट हाउस उनकी तरफ देखने की गलती भी नहीं करता, और न ही राजसत्ता उन्हें रौंदने का अपराध करती ? क्या वहाँ कोई 'लाल गलियारा' जमीन को चीरता हुआ बाहर निकलता ? क्या वहाँ कोई 'ग्रीन हंट', 'सलवा जुडम' जैसे अभियान चलाए जाते ?

पर आज के परिदृश्य का यथार्थ यही है। आन्तरिक उपनिवेशीकरण का दावानल भारत के आदिवासी अंचलों को लील रहा है; बैलाडीला, दुर्ग-भिलाई, छोटा नागपुर, कोरापुट, कालाहाँडी, राउरकेला जैसे क्षेत्रों में पाइकमन-दिकू (बाहरी) और कौचिया (दलाल) की आततायी परजीवी संस्कृति जल-जंगल-जमीन के पोर-पोर में समा गई है;

वन-पर्वत जन की पारदर्शी व विषमतामुक्त संरचना को नष्ट-भ्रष्ट किया जा रहा है; अरण्य समाज और नगरीय-महानगरीय राज्य के सम्बन्ध परस्पर शत्रुता की शक्ल ले रहे हैं। चूँकि राजसत्ता को यह शक्ल रास नहीं आ रही है, कॉरपोरेट घराने इससे भयभीत हैं, दिकू-पाइक-कौचिया संस्कृति आतंकित हो उठी है, इसलिए इस शक्ल को 'लाल गलियारा' का नाम दिया जा रहा है। आम नागरिकों के दिलो-दिमाग़ में 'लाल गलियारा' का आतंक पैदा किया जा रहा है। आदिवासी समाज के प्रति घृणा, दुत्कार, विकास विरोधी और पिछड़ेपन के भाव पैदा किए जा रहे हैं।

आखिर यह 'लाल गलियारा' क्यों जन्मा है? क्या यह शून्य में पैदा हुआ है या आकाश से टपका है? इसके ठोस कारण क्या हैं? क्यों अरण्य समाज भारतीय राज्य के प्रति अविश्वासी होता जा रहा है? क्यों इन जंगलों-पहाड़ों में प्रतिरोध दहक रहा है? क्यों कालाहाँडी में भूख से मौतें होती हैं, बच्चे बेचे जाते हैं, बस्तर की सोना सोरी को अमानवीय यातनाएँ दी जाती हैं? क्यों जल-जंगल-जमीन को लेकर हजारों मील मार्च करना पड़ता है? क्यों वन ग्रामों को उजाड़ा जा रहा है? इस विराट 'क्यों' का कोई उत्तर तो होगा? इस 'क्यों' का समाधान करने का उत्तरदायित्व किसका है या 'फुल बूटों' से ही इसका हल निकलेगा? आख़िर इन फुल बूटों और संगीनों की भी कभी सीमा आएगी? इनकी शक्ति भी चुकेगी। लोकतंत्र में इन्हें मानवीय समाधान का विकल्प नहीं बनाया जा सकता। अलबत्ता, इनसे अभिजन राजसत्ता की हिफाजत की जा सकती है, उसे मज़बूत बनाया जा सकता है, लेकिन इससे हाशिए के जनों का विश्वास प्राप्त नहीं किया जा सकता। राजसत्ता के इस अभिजन सापेक्ष व्यवहार के खिलाफ 'लाल गलियारा' भी प्रतिक्रिया स्वरूप स्वयं की किलेबन्दी करेगा, स्वयं का विस्तार करेगा। यह स्थिति अनेक अदृश्य लघु 'लाल गलियारों' को जन्म देगी। कहाँ-कहाँ कुचलेंगे इन गलियारों को ये 'फुल बूट'?

मेरी यादों की यात्रा इस गलियारे को स्पर्श भर करती है। यह इतना विशाल और लम्बा गलियारा है जिसे नापने के लिए एक नहीं, कई जीवन चाहिए। अनगिनत बाँहें चाहिए इसकी समग्रता को भरने के लिए। इसकी गरमास के अहसास के लिए असंख्य जन चाहिए। इस पुस्तक में गलियारे के उन चन्द पड़ावों की यादों को समेटा गया है, जिनसे मेरा कम-अधिक सरोकार रहा है। पिछले चार दशकों में इस गलियारे से समय-समय पर गुजरते हुए पड़ाव डालता रहा हूँ।

इन पड़ावों में शामिल हैं बस्तर, सरगुजा, जसपुर, पलामू, चन्द्रपुर, गढ़चिरौली, कालाहाँडी, उदयपुर सहित कई अंचल। मुकम्मल तस्वीर इन यादों से बनती है, यह कहना ग़लत होगा।

यादों के कैनवस पर पड़ावों की सिर्फ लकीरें चित्रित हुई हैं। अलबत्ता, दंतेवाड़ा का रंग ज़रूर गहरा उभरा है। इस क्षेत्र पर जमीनी अध्ययन का फोकस है। यह मेरी अध्ययन कर्मभूमि रही है। इस अंचल, जिसमें बैलाडीला व अबूझमाड़ शामिल हैं, से मेरी यादें सघनता से जुड़ी हुई हैं। इस क्षेत्र के औद्योगिकीकरण (किरंदूल, बछेली, झांसी) का गहनता से सर्वेक्षण किया; सांस्कृतिक व पर्यावरण प्रदूषण की प्रक्रियाओं को जाना; आर्थिक-सामाजिक बिखराव को देखा; भू व वन लूट के कुचक्रों को समझने का प्रयास किया; नए अन्तर्विरोधों के विस्फोटन से सामना हुआ, और ऐसा भी समय आया जब मुझे चन्द घंटों में ही दंतेवाड़ा का पड़ाव छोड़ना पड़ा। चौबीस घंटों के भीतर तत्कालीन बस्तर जिले को जोहार कहनी पड़ी।

बिडम्बना यह है कि 1976-77 में बस्तर में 'लाल गलियारा' नहीं था, यह सिर्फ एक सयाना-शान्त जिला था। दंतेवाड़ा, किरंदूल, बीजापुर, भोपालपटनम्, अबूझमाड़, सुकमा, कोंटा, नारायणपुर के वन-पर्वत जन मेमने-खरगोश से थे, फुदक लिया करते थे। बस!

तब न किसी ग्रीन हंट की ज़रूरत थी, न ही सलवा जुजुम की। एक अछूता अभयारण्य था इस जन समाज का। तब न कोई विस्फोट था, न ही बूटों की आहटें, और न ही अर्द्धबलों के ट्रेनिंग कैम्प। निर्बाध विचरण हुआ करता था—इन जनों का। पर आज 2013 में इनका कायाकल्प हो चुका है। इनमें नया अस्मिता भाव फूट चुका है। अब गर्जनाएँ सुनाई देती हैं इन जंगलों में, मेमनों का मिमियाना और खरगोशों की चूँ-चहाट नहीं। 'तब' का ऐसा 'कायान्तरण' हुआ है, तो इस विडम्बनापूर्ण परिदृश्य को किसने रचा है? मेरे लिए भी यह आश्चर्य से भरा आघात है! जब सितम्बर, 2013 में मैं इन क्षेत्रों से गुजरता हूँ तो मेरी आँखें चुँधिया जाती हैं, जगदलपुर की मासूमियत, दंतेवाड़ा का शान्त-निर्मल जीवन कहाँ गुम हो गए हैं सब? अब इनकी पुनर्वापसी कभी नहीं हो सकेगी। आज का यही यथार्थ है जिसका सामना करने के लिए ये अरण्यजन अभिशप्त हैं। यह अभिशप्तता सीमाहीन है, किसी विशेष भौगोलिक क्षेत्र तक ही सीमित नहीं है। अत: दंतेवाड़ा का यथार्थ जहाँ स्थानीय है, वहीं सार्विक भी। इसी परिप्रेक्ष्य में मैंने पुनरावलोकन-यात्रा में हुए अनुभवों को देखा-समझा

है। यह तभी सम्भव है जब क्षेत्र विशेष का निरन्तर अवलोकन और पुनरावलोकन किया जाता रहे। कतिपय आदिवासी अंचलों के सन्दर्भ में मैंने इस प्रविधि को अपनाया है। इसके रोचक अनुभवों को ही पुस्तक में दर्ज किया गया है।

पुस्तक का दूसरा भाग शुद्ध रूप से क्षेत्रीय अध्ययन पर आधारित है। इस अध्ययन में दंतेवाड़ा के भीतरी अंचलों और औद्योगिक क्षेत्र–बैलाडीला के सर्वे परिणामों को शामिल किया गया है। इसके अधिकांश परिणाम प्राथमिक स्रोतों से एकत्रित आँकड़ों पर आधारित हैं। द्वितीय स्रोतों से प्राप्त आँकड़ों के माध्यम से तुलनात्मक विश्लेषण किया गया है।

यद्यपि यह अध्ययन और आँकड़े पुराने हैं लेकिन वर्तमान में भी उनकी उतनी ही प्रासंगिकता है जितनी तब थी। इस प्रासंगिकता का एकमात्र कारण यह है कि यदि अभिजन राजसत्ता तब की ख़ामोशी की ज़ुबान समझ लेती, डंकिनी–इन्द्रावती के शान्त जल के संकेतों को पढ़ लेती तो आज दंडकारण्य में दावानल नहीं दिखाई देता। अध्ययन में वे तमाम कारण मौजूद हैं जिन्होंने मेमनों का 'पैंथरों' में रूपान्तरण कर दिया है! कल के दंडकारण्य का कैसा परिदृश्य होगा, यह सब कुछ जन और अभिजन राजसत्ता के सम्बन्ध–चरित्र पर निर्भर करेगा!

फिलहाल मेरे साथ यादों के 'लाल गरियारा' की यात्रा कीजिए।

अनुक्रम

भाग : एक

अध्याय : एक

लाल गलियारे में प्रवेश

मैं करीब एक दशक बाद बस्तर यात्रा पर निकल पड़ा हूँ। पिछले तैंतीस सालों में बस्तर यात्रा का प्रवेश मार्ग रायपुर हुआ करता था। मैं रायपुर से धमंतरी, काँकेर होता हुआ बस्तर जिले का हृदय स्थल जगदलपुर पहुँचा करता था। 1971 की प्रथम यात्रा के समय संयुक्त मध्य प्रदेश था, और रायपुर सम्भाग मुख्यालय था, जिसका एक जिला हुआ करता था—बस्तर। आज सब कुछ बदल चुका है; मध्यप्रदेश के विभाजन के पश्चात नए छत्तीसगढ़ की राजधानी बना है रायपुर, और बस्तर स्वतंत्र सम्भाग हो गया है।

मैंने सोचा जब प्रशासनिक दृष्टि से सब कुछ बदल चुका है तब क्यों न मैं भी अपनी इस ताज़ा बस्तर यात्रा के मार्ग में कुछ परिवर्तन कर लूँ। इस दफे रायपुर के बजाय महाराष्ट्र की तरफ से बस्तर क्षेत्र में प्रवेश करने से नए अनुभव, नए स्थान, नए लोगों से मुठभेड़ होगी। सो मैं अपने दो अन्य सहयात्रियों—मित्र प्रकाश चन्द्रायन और शोधकर्त्ता चन्द्रिका पाण्डेय के साथ टैक्सी में वर्धा से चन्द्रपुर की ओर रवाना हो गया। चन्द्रपुर तक सब कुछ ठीक-ठाक रहा। दोपहर गढ़चिरौली पहुँचे। भोजन के पश्चात जब दोबारा रवाना होने लगे तो टैक्सी खराब हो गई। एक बार तो लगा मुझे इस यात्रा को यहाँ रद्द करना पड़ेगा, लेकिन दो घंटे की दौड़-धूप के बाद नई टैक्सी में सवार होकर फिर से यात्रा शुरू की। पहली टैक्सी को गढ़चिरौली में ही छोड़ा। जिला चन्द्रपुर और गढ़चिरौली, दोनों ही सीमावर्ती क्षेत्र हैं, तथा माओवादी गतिविधियों के कारण इन स्थानों को काफी संवेदनशील माना जाता है। प्रायः ये मीडिया में भी सुर्खियों में रहते हैं। आए दिन माओवादियों और सी.आर.पी.एफ. (केन्द्रीय रिजर्व पुलिस बल) व राज्य पुलिस के बीच मुठभेड़ की घटनाएँ होती रहती हैं। हमारी यात्रा से कुछ दिन पहले ही इन क्षेत्रों में हुई मुठभेड़ों की ख़बरें सुर्खियों में थीं। इसलिए चन्द्रपुर के बनिस्पत गढ़चिरौली का वातावरण अधिक आशंकाग्रस्त लगा। राज्य पुलिस की सतर्कता भी सड़कों पर दिखाई दे रही है।

टैक्सी की गड़बड़ी और दो घंटों की देरी के कारण हम तीनों को अपने मूल-मार्ग में परिवर्तन करना पड़ा, क्योंकि नया टैक्सी ड्राइवर पूर्व निर्धारित मार्ग से जाने के लिए तैयार नहीं था। उसे माओवादियों के हमले और फोर्स द्वारा परेशान किए जाने का भय था। यह रास्ता छोटा था और घने जंगलों से गुजरते हुए बस्तर क्षेत्र में प्रवेश करता था। ज़ाहिर है, बस्तर का बहुचर्चित व आरक्षित अबूझमाड़ अर्थात् अजान इलाका भी गढ़चिरौली की सीमाओं से टकराता है। हथियारबन्द जवानों और माओवादियों की इन दोनों राज्यों के अशान्त सीमान्त अंचलों में जब-तब आवाजाही लगी रहती है। इसलिए स्थानीय लोगों में तरह-तरह की आशंकाएँ घर किए हुए हैं, और हमारा ड्राइवर भी स्थानीय निवासी है। ड्राइवर नितिन चौधरी ने एक कारण यह भी बतलाया कि प्रस्तावित मार्ग में 'सड़क में गड्ढे हैं या गड्ढों में सड़क' इसकी पहचान करना कठिन है! दिन डूब रहा है इसलिए इस मार्ग से नहीं जाया जा सकता। अन्तत: हम लोग उसके बताए हुए मार्ग पर चल पड़े हैं। यह रास्ता लम्बा है, और रोमांचक भी नहीं है। ख़ैर!

ड्राइवर नितिन है दिलचस्प व्यक्ति। वह इस क्षेत्र के चप्पे-चप्पे से परिचित है। कई सालों से बस्तर आ-जा रहा है। नितिन के अनुभव कोष में माओवादियों के साथ हुए अनुभव भी जमा हैं।

रास्ता लम्बा है, गपशप का दौर चलने लगता है। हम लोग स्वयं के बारे में इतना ही बतलाते हैं कि हम वर्धा हिन्दी विश्वविद्यालय से हैं, और छुट्टियों में बस्तर घूमने जा रहे हैं। वैसे मेरी इच्छा यही है कि नितिन के अनुभवों को बटोरा जाए। नितिन भी अपनी पूरी रौ में आ चुका है।

वह बतला रहा है, "देखिए साहब, मैं कई बार सवारी लेकर इन जंगलों से गुजरा हूँ। तीन-चार बार अपना सामना उनके साथ हुआ है। उन्हें चन्द्रपुर, गढ़चिरौली, भाखेला, ओरची, चौक, कोची...जितने भी गाँव हैं, माओवादियों के पास वहाँ की पूरी ख़बर रहती है। प्लैन क्लोथ में उनके आदमी चारों तरफ फैले हुए हैं। कौन पुलिस इनफोरमर है, कौन नहीं है, उन्हें सब पता है।

'कौन ठेकेदार, बिल्डर, व्यापारी है, इसकी लिस्ट उनके पास रहती है। इन सबसे माहवारी बँधी हुई है। माओवादियों को टैक्स पटाए बिना कोई प्रोजेक्ट शुरू नहीं हो सकता। मगर कोई पैसे वाला, ठेकेदार, अफसर ग़रीबों को परेशान करता है तो समझो उसकी ख़ैर नहीं। माओवादी...या नक्सलपन्थी, ये सब एक हैं। एक बात और समझ लो, बिना उनके समर्थन के इस इलाके में इलैक्शन नहीं जीत सकते। किसी भी पार्टी का नेता हो, उसकी लेन-देन की साँठ-गाँठ नक्सलियों के साथ रहती है।

मैं तो कई बार गया हूँ। दो-तीन बार उनके कॉन्टैक्ट में आया हूँ। मेरी सवारी भी फँसी थी। उन्होंने रोका, पूछताछ की, फिर छोड़ दिया। वे सही आदमी को

परेशान नहीं करते हैं। पुलिस वाले ज़रूर हम लोगों को तंग करते हैं। गाँव वालों को तंग करते हैं। उन पर नक्सलियों से मिले होने का आरोप लगाते हैं। थाने ले जाते हैं, कड़ी पूछताछ करते हैं, पिटाई करते हैं। तभी यहाँ की जनता पुलिस से कटी-कटी रहती है। आप लोग जान लें, नक्सलियों-माओवादियों के पास सभी टैक्सियों, पुलिसवालों की गाड़ियों के नम्बर होते हैं। हम लोग इस टैक्सी में बस्तर जा रहे हैं, इसकी जानकारी भी उनके पास होगी। अगर हम लोग गड़बड़ होंगे तो वो हमारी गाड़ी कहीं भी रोक लेंगे। आप लोग डरना मत। आप लोगों का अपना आई कार्ड, कोई पहचान पत्र तो होगा ना?''

''सभी के पास है।'' हम सभी बोले।

''फिर तो डरने की कोई बात नहीं है। कुछ होगा तो मैं देख लूँगा। इनके सभी बड़े नेताओं को मैं जानता हूँ। वो लोग मेरा नाम सुन चुके हैं।'' नितिन हम लोगों को बेफिक्र होकर यात्रा करने का भरोसा दिला रहा है। हम लोग भी निश्चिन्त हो गए हैं। हमारी टैक्सी एक तिराहे पर रुक गई है। सभी को चाय की तलब है। सड़क किनारे थड़ी पर चाय पीते हैं। नितिन बतला रहा है, ''देखिए, आप लोग जीपें देख रहे हैं?''

''हाँ।''

''ये सभी फोर्स की जीपें व ट्रक हैं। लगता है ये लोग ऑपरेशन पर जाने वाले हैं।''

''ऑपरेशन?'' मैं आश्चर्य से पूछ रहा हूँ।

''जी हाँ ऑपरेशन, जंगल में जाएँगे। माओवादियों को घेरेंगे।''

''तुम्हें कैसे मालूम?''

''इनकी तैयारी से लग रहा है। हथियारबन्द जवान भी ट्रक में हैं। बख़्तरबन्द गाड़ी भी है।'' नितिन अपने अनुभव के आधार पर कहता है। मैं यहाँ कुछ लोगों से काँकेर का रास्ता पूछता हूँ क्योंकि नितिन मुख्य सड़क मार्ग से होते हुए जाना चाहता है। वह रायपुर होकर जाना चाहता है, ''देखिए, रायपुर का रूट लम्बा ज़रूर है लेकिन सेफ है, और नेशनल हाइवे है।''

हम लोग बीच में से भीतरी ग्रामीण मार्गों से जाने का आग्रह कर रहे हैं और नितिन हिचक रहा है। इसकी दो वजह हो सकती हैं, लोभ और भय। यदि टैक्सी लम्बे रास्ते से जाती है तो माइलेज़ बढ़ेगा, बिल अधिक होगा। मैं हिसाब लगा रहा हूँ कि रायपुर मार्ग से दो-ढाई सौ किलोमीटर का फरक पड़ेगा और कोई नया अनुभव भी नहीं होगा। प्रकाश और चन्द्रिका को भी मैं यह बात समझाता हूँ।

''क्यों न एडवेंचर किया जाए? जो भी होगा...देखेंगे।''

''बिलकुल।'' दोनों तैयार हो गए हैं और नितिन मज़बूरन अपनी टैक्सी को कोची चौकी की तरफ मोड़ लेता है। तो पुरखेरा वन नाका से आगे बढ़ जाते हैं। कुछ

किलोमीटर चलने बाद कच्चा-पक्का रास्ता मिल रहा है। चिलाहटी पहुँचने पर नितिन चीख रहा है, ''देखिए मैंने आपसे कहा था ना, इधर ख़तरा है।''

''वो कैसे?'' चन्द्रिका पूछता है।

''देखिए फोर्स जा रही है।''

हम तीनों देखते हैं कि कतारबद्ध दर्जनों हथियारबन्द जवान चले जा रहे हैं। वे किसी भी कार्रवाई के लिए तैयार हैं, ऐसा लग रहा है। यह सिलसिला कई किलोमीटर तक चल रहा है। बीच-बीच में फोर्स नहीं होती है, लेकिन वायरलैस और फ्लडलाइटों से लैस जीपें ज़रूर खड़ी दिखाई दे जाती हैं। एक गाँव में चाय के लिए फिर रुकते हैं। पूछने पर चाय वाला बता रहा है, ''साब', रोज़ शाम ढले यह गश्त शुरू हो जाती है और भोर तक रहती है।''

''अच्छा!''

''हाँ, लेकिन ये लोग बहुत अन्दर नहीं जाते हैं—किनारे-किनारे रहते हैं...।''

''ऐसा क्यों?'' मैंने पूछा।

''ये माओवादियों से डरते हैं। उन लोगों को तो गाँव, जंगल, पहाड़, नदियाँ सभी के रास्ते मालूम हैं। सरकारी फोर्स कुछ नहीं जानती। ये जवान बाहर के हैं, शहरों के हैं...इसलिए दिन में मूवमेंट पसन्द करते हैं। मजबूरी में नाइट में गश्त लगाते हैं।''

''गाँववालों को कैसा लगता है?''

''गाँववालों ने तो गश्त माँगी नहीं है। सरकार ने तो अपनी तरफ से तैनाती की है। गाँववालों को तो माओवादियों से कोई ख़तरा नहीं लगता। सब राजनीति है साब!'' चाय वाला एक ही वाक्य में स्थिति साफ कर देता है और हम आगे बढ़ जाते हैं।

रात हो चुकी है। ग़नीमत यह है कि चाँदनी रात में हम लोग दूर तक देख पा रहे हैं। गश्त की टुकड़ियों भी हमारी टैक्सी को देख रही हैं लेकिन हमें रोक नहीं रही हैं। अब रास्ता काफी ऊबड़-खाबड़ हो गया है। धूल भरा भी है। रास्ते में पड़े पेड़ों को हटाते हुए आगे बढ़ रहे हैं। कभी-कभी धक्का लगाना पड़ जाता है। ऐसे में नितिन की सूरत देखने लायक होती है। वह ड्राइवर होने के साथ-साथ टैक्सी का मालिक भी है। टैक्सी है भी नई। धूल-धक्कड़ में से कार को निकालते हुए तकलीफ भी होती है। वह चीख़ पड़ता है।

''सर! मैं आपसे पहले ही बोला था यह रूट ठीक नहीं है। कुछ भी हो सकता है। आपका कुछ नहीं बिगड़ेगा, मेरी टैक्सी डेमज हो जाएगी।''

''इतना खराब रास्ता भी नहीं है। इससे भी खराब रोड से मैं गुजरा हूँ। जहाँ नहीं चलाई जा सके, रोक देना। लौट चलेंगे।''

मैं सख्त आवाज़ में अपना इरादा जाहिर करता हूँ। वैसे टैक्सी रुकवाकर ग्रामीण राहगीरों से पूछ रहा हूँ कि पक्का रास्ता कितनी दूर है? युवक राहगीर कह

रहे हैं कि पाँच-दस किलोमीटर के बाद पक्की सड़क आ जाएगी जो आपको बालोद पहुँचा देगी। नितिन दिल मसोसकर गाड़ी आगे बढ़ा रहा है।

वाकई पाँच-सात किलोमीटर के पश्चात सड़क शुरू हो गई है। नितिन का चेहरा खिल उठा है। उसने गाड़ी दौड़ा दी है। हमारी टैक्सी गाँवों-कस्बों को चीरती हुई जा रही है। छत्तीसगढ़ विधानसभा का चुनाव प्रचार चरम पर है। सोनिया गांधी, रमन सिंह, अजित जोगी, नरेन्द्र मोदी, राहुल गांधी जैसे नेताओं के रंग-बिरंगे पोस्टरों और नारों से दीवारें पटी हुई हैं। नुक्कड़ सभाएँ अलग से जारी हैं। लाउड-स्पीकरों पर कांग्रेस, भाजपा और दूसरी पार्टियों के नारे कानों को फाड़ने में व्यस्त हैं।

इन राजनीतिक तमाशों के समान्तर एक और किस्म की प्रदर्शनबाजी भी जारी है। छत्तीसगढ़ के गाँवों में गणेश पूजा अपनी तमाम भव्यता के साथ मौजूद है; जगह-जगह द्वार बने हुए हैं, अनगिनत पंडाल हैं; लाउडस्पीकरों पर बॉलीबुडी तर्ज में भजन चल रहे हैं, 'आला रे' के नारों से आसमान फटा जा रहा है; प्रमुख मार्गों और चौराहों पर वाहन रोककर चन्दा वसूली की जा रही है। हम लोग भी इसके शिकार होते रहते हैं। गणेश जी के साथ-साथ शिवजी व शिवाजी की भी विशाल तस्वीरें दिखाई दे रही हैं, कहीं-न-कहीं श्री श्री संत भी प्रकट हो जाते हैं! सारांश यह है कि हिन्दूकरण-अभियान अपनी पूरी प्रखरता के साथ इन अर्द्ध ग्रामीण-अर्द्ध आदिवासी अंचलों में दिखाई दे रहा है। मैं 1971 से छत्तीसगढ़ आ-जा रहा हूँ, लेकिन ऐसा धार्मिक प्रदर्शन तब देखा हो, मुझे याद नहीं पड़ता। वास्तव में विगत दशकों में शिवजी, गणेशजी, एक प्रकार से यहाँ फिनोमेनोन के रूप में सामने आए हैं। निश्चय ही इसका लाभ राजनीति के सौदागरों को मिलेगा। वोटों की बम्पर फसल तैयार हो रही है। यह साफ है।

हम लोग बालोद पहुँच गए हैं। रात के नौ बज चुके हैं। कुछ देर रुकने और चाय लेने के बाद आगे बढ़ रहे हैं। लोगों से काँकेर का मार्ग पूछते-पाछते डूंगर गाँव से गुज़र रहे हैं। यहाँ भी चुनाव प्रचार और धार्मिक जुलूसों का माहौल है। भूख ने हम सभी को दबोच रखा है। जैसे-तैसे मामूली शाकाहारी ढाबा पकड़ में आता है। सफाई के नाम पर इसमें इल्ले...इल्ले! खाना क्या खाना है, ठूँसना है पेट में! यहाँ से काँकेर बहुत दूर है। जगदलपुर और भी दूर है।

हम लोग फिर दुविधा के शिकार हैं। मैं भानुप्रतापपुर, अन्तागढ़, नारायणपुर, कोंडागाँव होते हुए जगदलपुर पहुँचना चाहता हूँ जबकि नितिन सुरक्षित मार्ग से जाना चाहता है। डर उस पर हावी हो चुका है। हुआ यह कि हम लोगों ने स्थानीय लोगों से रास्ता पूछ लिया। अधिकांश लोगों की राय में नारायणपुर का मार्ग सुरक्षित नहीं है क्योंकि रात्रि में फोर्स और माओवादियों के बीच झड़पें होती रहती हैं, फिर बारूदी सुरंगें अलग से बिछी हुई हैं। कुछ भी घट सकता है, क्रॉस फायरिंग में किसी की भी

गोली हम लोगों को लग सकती है। इसलिए धमंतरी, काँकेर, केशकाल के मार्ग से जाना सुरक्षित रहेगा। प्रकाश और चन्द्रिका भी इसी सुरक्षित मार्ग से जाना पसन्द कर रहे हैं। मैं मजबूरन तीनों की राय मान लेता हूँ। वैसे मैं एडवेंचर के पक्ष में हूँ, कुछ-न-कुछ दुस्साहसिकता भी होनी चाहिए!

ख़ैर! हम लोग सुरक्षित मार्ग से आगे बढ़ गए हैं। मार्ग बिलकुल सुरक्षित है, सड़क पक्की है। ट्रकों व कारों का आवागमन लगा हुआ है। रात्रि का एक बजना चाहता है। नितिन को चाय की तलब लगी हुई है। शायद उस पर थकान व नींद के हावी होने के आसार साफ लग रहे हैं। इसलिए हम सभी ढाबे की तलाश में हैं। हम लोग कुरूर चौराहा पर पहुँच गए हैं। यहाँ का साहू ढाबा दिन-रात चलता है, रायपुर-जगदलपुर, जगदलपुर-बालोद-राजनांदगाँव-दुर्ग के वाहन इस मार्ग से आते-जाते हैं। ढाबे पर दर्जनों ट्रकों ने डेरा जमा रखा है, ड्राइवर मंजियों में धँसे पड़े हैं और कुछ तन्दूरी रोटियाँ तोड़ रहे हैं। साहू ढाबे का तन्दूर कभी ठंडा नहीं होता, हमेशा सुलगे रहता है। हम चारों भी पटियाला मार्का चाय पीते हैं। नितिन अँगड़ाई ले रहा है। मैं समझ गया कि अब हम लोगों को भी यहीं मंजी पकड़नी होगी। वैसे नितिन नौ-दस घंटों से लगातार स्टेयरिंग पर जमा हुआ है, और चलाने के लिए दबाव डालना यानी खतरे को निमंत्रण देना है। मुझे इसी समय कांग्रेस नेता अजित जोगी की घटना याद आ गई। दस वर्ष पहले 2004 के लोकसभा चुनावों में जोगी देर रात चुनाव प्रचार से लौट रहे थे। उस समय वे वी.सी. शुक्ला के खिलाफ खड़े हुए थे। दिन-भर की थकान के बावजूद ड्राइवर कार चला रहा था। जोगी भोर से पहले रायपुर पहुँचना चाहते थे। नतीजा दुर्घटना, कार पेड़ से टकरा गई जिसमें जोगी हमेशा के लिए अपंग हो गए, और चालक की मृत्यु हो गई। सो हम लोगों ने कुछ घंटे ढाबे की मंजियों पर ही सोना बेहतर समझा। यह अलग बात है हम सभी को मच्छर-चुम्बनों को भी झेलना पड़ रहा है।

सुबह छह बजे फिर से एक-एक कप चाय मारकर जगदलपुर की ओर रवाना हो गए हैं। रास्ते में काँकेर आता है। हम लोग इस जिला मुख्यालय पर बिना रुके आगे बढ़ गए हैं। काँकेर नगर सीमा से बाहर निकलने पर नितिन ने अचानक टैक्सी रोक दी है। नितिन और हम तीनों सड़क किनारे लघुशंका से निवृत होकर वापस कार में बैठ गए हैं लेकिन नितिन बाहर खड़े होकर अनुरोध मुद्रा में कुछ कहना चाह रहा है, ''मैं आगे कार नहीं चला सकता। मुझे गहरी नींद आ रही है। सोना चाहता हूँ।''

''ठीक है, तुम पीछे सो जाओ, और मैं कार चलाता हूँ।''

मेरे दिमाग़ में फिर से जोगी की घटना कौंध जाती है। जोगी का ड्राइवर भी आराम करना चाहता था लेकिन नेता जी उस पर रायपुर पहुँचाने के लिए दबाव डाल रहे थे। असल में मैंने नितिन की आँखों को साहू ढाबे से ही भाँप

लिया था। इस भाई पर जगदलपुर पहुँचाने के लिए दबाव डालना, दुर्घटना को आमंत्रण देना होगा।

सो मैंने टैक्सी की स्टेयरिंग को सँभाला। प्रकाश और चन्द्रिका ड्राइविंग नहीं जानते हैं। नितिन पीछे वाली सीट पर बैठ गया है और हमारी टैक्सी कैशकाल घाटी की तरफ दौड़ी चली जा रही है। इस मार्ग पर मैं पहली दफा कोई वाहन चला रहा हूँ। मुझे 1971 की पहली यात्रा याद आ रही है। तब आज जैसी चौड़ी सड़क कहाँ थी! यह सँकरी हुआ करती थी। कई जगह लकड़ी की पुलियाँ हुआ करती थीं इसलिए बार-बार बस को धीमी करना पड़ता था। कुछ पुलियाँ तो इतनी सँकरी थीं कि उन पर से एक समय में एक ही वाहन सुविधापूर्वक निकल सकता था, दूसरे को पहले छोर पर इन्तज़ार करना पड़ता था। रायपुर से जगदलपुर बस यात्रा लगभग दस-बारह घंटे की हुआ करती थी, कार व जीप में कम समय लगता था। अगर कोई दुर्घटना हो गई तो घंटों यातायात जाम रहता। एक यात्रा में तो मैं जगदलपुर से रायपुर पन्द्रह घंटों में पहुँचा था।

जगदलपुर के पत्रकार मित्र किरीट दोशी की बात याद आ गई। पाँचवें दशक में उनके परिवार वालों की बसें हुआ करती थीं जोकि रायपुर-जगदलपुर-रायपुर मार्ग पर चला करती थीं। उस समय तो बीस-बाइस घंटे लग जाया करते थे क्योंकि अधिकांश बसें भाप-इंजन की हुआ करती थीं। यात्रीगण अपने साथ भोजन सामग्री लेकर चला करते थे। ज़रूरत पड़ने पर सड़क किनारे पत्थरों-ईंटों का चूल्हा बनाकर वे खाना पका लिया करते थे। बरसात में तो हफ्तों मार्ग ठप रहा करता था। जगदलपुर के राजा के पास ज़रूर पेट्रोल गाड़ी थी। वो आयातित थी। उसे देखने के लिए भीड़ लग जाया करती थी। आज सब कुछ बदल चुका है, चौड़ी सड़कें हैं, रफ़्तार है और रंग-बिरंगे वाहन हैं।

कैशकाल की सुहावनी घाटी शुरू होउ चुकी है। काफी घुमावदार घाटी है। ट्रकों की तादाद बढ़ रही है। आन्ध्र प्रदेश और उड़ीसा के लिए भी वाहन इसी घाटी से आते-जाते हैं। आधी से अधिक घाटी मैं पारकर चुका हूँ। बीच में देवी का मन्दिर है। प्राय: आने-जाने वाले वाहन यहाँ रुकते हैं, पैसे-टके की भेंट चढ़ाते हैं और खोपरे का प्रसाद प्राप्त कर आगे बढ़ जाते हैं। इस देवी के पट कभी बन्द नहीं होते। यह अहर्निश जागी रहती है और अब हमारा नितिन भी जग उठा है। नितिन कह रहा है, "सर! मैं कार चलाता हूँ। अब आप आराम कर लें।" मैं उससे और आराम करने के लिए कह रहा हूँ लेकिन उसका आग्रह स्टेयरिंग पर बैठने का ही है। मैं चाहता हूँ कि नितिन कोंडागाँव तक सोता रहे, पर वह इसके लिए तैयार नहीं है। उसे डर है कि कहीं मैं टक्कर न मार दूँ क्योंकि घुमावदार चढ़ाई है। मैं नितिन की बात मान लेता हूँ और उसके हवाले वाहन कर देता हूँ। मुझे डर यह है कि नितिन कहीं उनींदा न हो, ऐसी स्थिति में उससे टक्कर हो सकती है। अब जो होना हो सो हो, नितिन के हाथों में हम सब हैं!

थोड़ी देर में चढ़ाई तय हो जाती है। अब मार्ग बिलकुल सीधा और सड़क सपाट है। कार अपनी गति से चल रही है। नितिन ने गति भी धीमी कर दी है। ऐसा करके उसने अच्छा किया है। ऐसे समय मुझे 1971 की अपनी सड़क यात्रा बरबस याद आ रही है।

तब मैं सत्ताइस बरस का युवा पत्रकार था। लोकसभा के चुनाव कवरेज के लिए निकला था। जयपुर से सड़क यात्रा आरम्भ की थी, और बीकानेर, अजमेर, कोटा, भोपाल, नागपुर, रायपुर होता हुआ जगदलपुर पहुँचा था। इस यात्रा में बैलगाड़ी, साइकिल, मोटरबाइक, जीप, कार और बस जैसे वाहनों की सवारी की थी। गाँव, कस्बा, नगर में मतदाताओं से मुठभेड़ें कीं। इस कैश-काल की घाटी तक पहुँचने में पन्द्रह-बीस दिन लग गए थे। तब इतना ट्रैफिक कहाँ था? सब कुछ धीमी रफ़्तार से चला करता था। उस समय हम सब ऊँघते हुए से चल रहे थे। अलबत्ता, इंदिरा गांधी ने देश की राजनीति को पर ज़रूर लगा दिए थे। घटनाचक्र तेज़ी से घूमने लगा था। यही वजह थी कि चौथी लोकसभा अपनी पाँच वर्ष की आयु पूरी नहीं कर सकी; चार वर्ष में ही इसकी अकाल मृत्यु हो गई और मध्यावधि चुनाव घोषित कर दिए गए। तो प्रथम बस्तर-यात्रा 1971 के चुनाव कवरेज़ का परिणाम थी।

और आज मैं सत्तर बरस की दहलीज़ पर खड़ा हूँ। शायद यह मेरी अन्तिम बस्तर पुनरावलोकन-यात्रा रहे, कौन जानता है! मैं 21वीं सदी के बस्तर का भी अवलोकन कर रहा हूँ। यह मेरे लिए कम सन्तोषजनक नहीं है!

कोंडागाँव में फिर एक-एक कप चाय चढ़ाकर आगे बढ़ गए हैं। यहाँ भी सड़क के दोनों तरफ चुनाव प्रचार छाया हुआ है; रमन सिंह, सोनिया गांधी, नरेन्द्र मोदी, मायावती आदि के बड़े-बड़े होर्डिंग्स; मकानों पर पार्टियों के झंडे लोगों को लुभा रहे हैं; दीवारें नारों से पुती हुई हैं। 1971 की मेरी चुनाव कवरेज़-यात्रा में ऐसा कुछ भी नहीं था। तब लग ही नहीं रहा था कि बस्तर में कोई चुनाव हो रहा है, न झंडा-न पोस्टर! अब तो प्रचार-सैलाब दिखाई दे रहा है। यहाँ भी गणेश पूजा, शिव पूजा ने चुनाव पूजा को चुनौती दे रखी है! दोनों ही अपनी-अपनी अदाओं से भक्तों व मतदाताओं को रिझा रहे हैं। फिलहाल तो तम्बू-मन्दिरों ने अपने प्रतिद्वन्द्वी को मात दे रखी है। लेकिन बयालीस बरस पहले यह दंगल नहीं था। आदिवासी अंचलों में न गणेश था, न शिवजी और न ही शिवाजी! अब तो कारों-ट्रकों-मोटरबाइकों के काफिले ही काफिले दिखाई दे रहे हैं। छतों पर टीवी डिस्कें कुकुरमुत्ते की भाँति चमक रही हैं। सैंमसंग जैसे बहुराष्ट्रीय ब्रांड कम्पनियों के शोरूम कोंडागाँव-भानपुरी मार्ग पर दिखाई दे रहे हैं। अध-कचरे होटल-लॉज भी उग आए हैं। अपार्टमेंट-संस्कृति यहाँ भी फैल रही है, और आदिवासी भीतरी वनों में दुबक गया है। बस्तर से प्रथम साक्षात्कार यात्रा में मैंने लंगोटधारियों को सड़क किनारे, झाड़

तले अपने पड़ाव डाले देखा था, उन्मुक्त निद्रा में डूबे पाया था, लोकगीतों की स्वर लहरियाँ गूँज रही थीं। आज इन सबको दिल्ली और बॉलीवुड के नेता-अभिनेताओं ने अपदस्थ कर दिया है!

पर तब का एक कड़वा अनुभव आज इस मार्ग से गुजरते हुए फिर लौट रहा है। हुआ यह कि पहली यात्रा में जब मेरी बस काँकेर पहुँची थी तब कुछ आदिवासी उसमें सवार हो गए। लंगोट और टंगिया छोड़ उनके बदन पर कुछ नहीं था। एक के कन्धों से तीर-कमान ज़रूर झूल रहे थे जबकि दूसरे के कन्धों से मुर्गे लटक रहे थे। एक के पास छोटी-मोटी पोटली भी थी। वे खाली सीटों पर बैठना चाहते थे, लेकिन भारी-भरकम तन ढँके सफेदपोश ने उन्हें सीट पर नहीं बैठने दिया। उन्हें मज़बूरन फर्श पर ही पसरना पड़ा। उनकी आँखों में न आक्रोश था, न प्रतिरोध, बस थी तो लाचारी, असहायता, शून्यता। अपने ही घर में लुटे-पिटे हुए थे। सफेदपोश उन्हें हिकारत की नज़र से देख रहे थे। उन पर फब्तियाँ कस रहे थे, 'साले मामा लोग, जाहिल, निकम्मे, गँवार, असभ्य' ...और ये तमाम शब्द इन लंगोट-टंगियाधारियों के बोध कोश में उतरे नहीं थे। लगता है, नए सफेदपोशधारी एक बार फिर से अपनी नई भाषा, नए शब्दों से इन मामा लोगों को अपदस्थ करने का षड्यंत्र रच रहे हैं!

अध्याय : दो

सलाम जगदलपुर!

आज 15 सितम्बर है। सुबह के नौ बज रहे हैं। हमारी टैक्सी इन्द्रावती पर बने नए पुल से गुजर रही है। नदी शान्त है और मौसम में ठंडी है। अच्छा लग रहा है। कह सकते हैं सर्दी, गर्मी और बरसात का मिला-जुला तापमान हम लोगों को स्पर्श कर रहा है।

करीब एक दशक बाद मैं जगदलपुर आ रहा हूँ। काफी कुछ बदल गया है। आधुनिक कॉलोनियाँ, हनुमानजी की भव्य मूर्ति, विदेशी ब्रांड की कीमती कारें, मोटरबाइक के हुजूम, स्कूटी पर सवार छात्राएँ, सड़क किनारे मलबे के ढेर और उस पर शोभायमान रंग-बिरंगी पोलीथीन की वस्तुएँ, कीचड़ व गड्ढों से सजी सड़कें, भिनभिनाते ऑटो रिक्शा। इन सबका प्रवेश-आतिथ्य स्वीकार करते हुए हम अपनी हैसियत लायक होटल तलाश रहे हैं। 2003 की याद कौंधती है, और उसी होटल में डेरा हम लोग डाल देते हैं।

अब जब हम लोग इस स्वयंभू तीन सितारा होटल में सामान उतार रहे हैं तो 1971 के मेरे प्रथम जगदलपुर प्रवेश की यादों की आहटें मुझे सुनाई दे रही हैं।

जनवरी की सुबह थी। पारा काफी नीचे था। ठिठुरन थी। इन्द्रावती थी, पुराना पुल था, पौ फट चुकी थी, क्षितिज पर लालिमा छितराई हुई थी, और दूर-दूर तक फैला हुआ था निर्मल पानी, जिस पर आकाश का अक्श जगदलपुर प्रवेश की घोषणा कर रहा था।

तब न कोई हनुमान था, न दुर्गा, न भैरों, न आधुनिक कॉलोनियाँ, न अपार्टमेंट, न कारें, न मोटरबाइक, न स्कूटी, न मोपेड; बस थीं तो साइकिलें, रिक्शा, बैलगाड़ियाँ, सड़क किनारे बैठी मालिनें, चाय थड़ियाँ। कहाँ थे तब मलबे के ढेर, इन्द्रावती किनारे पर बसी प्लास्टिक-पोलीथीन की बस्तियाँ, सड़कों में गड्ढे, कूड़े के ढेरों को चूमते सूअर! बस था तो एक शान्त-सा बस अड्डा, पुलिस स्टेशन के पास, सिविल लाइन से सटा हुआ। मुझे याद है चन्द रिक्शा वाले थे बस स्टैंड पर, सामने ही दो-

तीन लॉज थे; जैपुर, कोरापुट, हैदराबाद, दंतेवाड़ा, किरंदूल, बीजापुर, काँकेर, रायपुर जैसे स्थानों के लिए बसें मिला करती थीं। उन दिनों बस यात्री हुआ करते थे, पर्यटक नहीं।

1971 में मैं आम चुनावों को दिनमान के लिए कवर करने के लिए यहाँ आया था। तब मुख्य बाज़ार के प्रवेश छोर पर अनाज के एक आढ़ती हुआ करते थे, दुकान के ऊपर दो गेस्टरूम थे। रायपुर से एक सम्पर्क-पत्र मेरे पास था जिसकी वजह से एक रूम में मुझे ठहरा दिया गया। बाज़ार की सेहत को देखकर मुझे अपना गाँव-बसवा याद आ गया। बसवा तहसील मुख्यालय था और जगदलपुर जिला मुख्यालय है, लेकिन यह सामान्य कस्बा लगता है। मुख्य बाज़ार में कोई तड़क-भड़क नहीं है। मामूली दुकानें हैं साड़ियों व अन्य वस्त्रों की; परचून की दुकानें हैं; जूतों व फर्नीचर की हैं; साइकिलों की हैं; इक्के-दुक्के हैयर सैलून व सड़क किनारे लगी हजामत की दुकानें हैं; एक-दो बड़े स्टोर हैं हैसियतमंद ग्राहकों के लिए; तीन-चार वकीलों के चैम्बर हैं; स्टेशनरी-पुस्तक और अंग्रेज़ी दवाइयों की दुकानें हैं; मुख्य बाज़ार के दूसरे छोर पर पंजाबी रेस्तराँ है। करीब एक किलोमीटर लम्बा है बाज़ार।

दुकानदार और ग्राहक, दोनों वर्गों का हुलिया बतलाता है कि इनमें से आदिवासी कोई नहीं है, सभी बाहरी हैं; मारवाड़ी, छत्तीसगढ़िया, उडिया, आन्ध्र प्रदेशी, पंजाबी, मराठी, उत्तर प्रदेशी, गुजराती, बंगाली जैसों के हाथों में इस बाज़ार की नकेल है। बस्तरियाओं का ओहदा दुकान की साफ-सफाईकर्त्ता, रेस्तराँओं में कप-प्याले धोने वाला, कुलीगीरी करने वाले से ऊपर नहीं है। रिक्शा वाला भी बन गया है। सड़कों पर झाड़ू भी मारता है, और सरकारी दफ्तरों में चपरासी भी वही है।

मुख्य बाज़ार से सटी हुई एक प्रकार की मिनी सिविल लाइन है। इसी इलाके में कलेक्टर का बँगला है, एस.पी भी यहीं है, सर्किट हाउस अलग से है। दिलचस्प नज़ारा यह है कि सिविल लाइन में ही जेल है, शायद कबाब में हड्डी की भाँति! वरना क़ैदियों का सिविल लाइन में क्या काम! अलबत्ता जेलर इस वर्ग का ज़रूर है। तीन-चार सिनेमा हॉल हैं और भी छोटे-मोटे बाज़ार हैं जिसमें एक खादी भंडार भी है। वैसे जगदलपुर बसा है करीने से। इसकी बसाहट को देखकर मुझे अपने जयपुर की याद ताज़ा हो आई। ढाई सौ बरस पहले बसे पुराने जयपुर की विशेषता यह है कि इस नगर की गलियों, उप-गलियों में आप खो नहीं सकते। जगदलपुर का नक़्शा भी लगभग वैसा ही है; एक छोर से दूसरे छोर अपनी नाक की सीध को पॉयलट बनाकर चले जाइए, भटकेंगे कहीं नहीं। उप-गलियाँ भी ऐसी ही बनी हैं। इसे मिनी जयपुर कहना मुझे अच्छा लगेगा। अच्छी बात यह है कि एक छोटा-सा रेलवे स्टेशन है, जहाँ से केवल मालगाड़ियाँ गुजरती हैं, किरंदूल व विशाखापट्टनम् के बीच कच्चा लोहा (आयरन ओर) ढोती हैं।

काश! एच.जी. वेल्स के समान मेरे पास उस समय कोई 'टाइम मशीन' हुई

होती तो 'समय यात्री' बनकर उसमें यात्रा करता हुआ आज 2013 में पहुँच जाता, और बीसवीं सदी में रहते हुए इक्कीसवीं सदी में विचरण कर तैंतालीस साल बाद के जगदलपुर को इस प्रकार देखता :

बस्तर का विभाजन हो चुका है। जगदलपुर सम्भागीय मुख्यालय बन चुका है। नए महक़मों की भरमार है, दूरदर्शन केन्द्र है, सिनेमा हॉल हैं, बस्तर आदिवासी विश्वविद्यालय है। महाविद्यालय अलग से है।

जगदलपुर का मुख्य बाज़ार देशी-विदेशी सामानों से पटा पड़ा है। ग्राहकों को लुभाने के लिए विदेशी पोशाक में पुतले-पुतलियाँ (मैनिक्वीन) शोरूम में मेरा स्वागत कर रही हैं; पीटर इंग्लैंड, किल्लर, होरर, लिवाय, गैप, बनाना रिपब्लिक, पीटर इंग्लैंड, न्यूमेरो उनो, लेइस, फिलिप्स, वैन हयूसेन, रीबोक, रैंगलर, लुई विरान, ली कूपर, दोश्लचे गब्बाना, गैस्स, नाइकी, कैलवइनल्राइन, सोनी, सेमसंग, बॉस, नोकिया, लेकमे साइबर कैफे, ज्वेलर्स शॉपें, भिनभिनाते कैमिस्ट व क्लीनिक, नार्सिंग होम, जिम, ब्यूटी पॉर्लर, वातानुकूलित हैयर सैलूनों का जुलूस है। दीवारों पर श्री श्री रविशंकर, आसाराम बापू, मुरारी बापू विराजमान हैं। होर्डिंग लगे हैं; देसी रोमांस, देसी मस्ती के!

जगदलपुर में मिनी मॉलों ने दरख्तों को अपदस्थ कर दिया है; आटोरिक्शा ने साइकिल रिक्शाओं को पछाड़ दिया है; मारुति, (सभी मॉडल), होंडा, तवेरा, पिजारो, महेन्द्रा-महेन्द्रा, इंडीगो, इन्नोवा, होंडासिटी, टोयोटा, मर्सडीज़, बुलेरो, ओपल एस्ट्रा, मतीज़, रॉयल इनफील्ड, राजदूत, बजाज, वोलवो, लीलैंड, टाटा मर्सडीज़ जैसे तेज़ रफ्तारी, नयनाभिराम, काया आनन्दी वाहन सड़कों के शृंगार हैं; बैंक शाखाओं, कारों के विशाल शोरूम, वर्कशॉप, आधुनिक सुविधायुक्त पेट्रोल पम्प, सुलभ शौचालय, नगर की शोभा बढ़ा रहे हैं; फास्ट फूड स्टॉल, वातानुकूलित रेस्तराँ, आइसक्रीम पॉर्लर, बार, तीन व चार सितारा होटल, देशी-विदेशी पर्यटकों की टोलियाँ, पर्यटन स्थलों के होर्डिंग्स, पर्यटन सूचना केन्द्र से द्रुतगामी उपभोक्तावाद के साक्षी हैं; नगर की बाहरी सीमाओं पर आधुनिक कॉलोनियाँ फूट आई हैं; आधुनिक बाज़ारों और विलाओं, छतों पर उगी टीवी डिशों, अंग्रेजी माध्यम के पब्लिक स्कूलों व इंटरनेशनल स्कूलों, नगर बाहर फार्म हाउसों से मासूस-सा कस्बाई जगदलपुर आज नव समृद्धि के टापू में बदल गया है; और आदिवासी अंचल का उपमहानगर आज बनता जा रहा है।

अब जगदलपुर का नागरिक केरल व बंगाल का नारियल पानी पी रहा है; आन्ध्र प्रदेश से आयातित मछलियाँ खा रहा है; कश्मीर व हिमाचली सेबों के ठेले खड़े हैं; जूसबारों पर भीड़ है; सब्जी मंडी में देश-भर की सब्जियों की आमद है; बारबे क्यू व चटपटी चाट के स्टॉल हैं। विशाल शादी के मंडप हैं; नेताओं के आदमकद होर्डिंग व पोस्टर हैं; सोनिया गांधी, राहुल गांधी, रमन सिंह, मायावती,

महेन्द्र करमा—सभी राष्ट्रीय प्रादेशिक नेताओं की छवि-जंग जारी है।

अरे यह क्या? महेन्द्र करमा को शहीद का दर्जा दिया जा रहा है! विशाल पोस्टरों में इंदिरा गांधी, राजीव गांधी के साथ महेन्द्र करमा का चित्र भी प्रकाशित किया गया है। जगदलपुर की जनता से कहा जा रहा है कि करमा की शहादत बेकार न जाए। महेन्द्र करमा अमर हैं! इंदिरा गांधी, राजीव गांधी के समान महेन्द्र करमा ने भी देश के लिए अपने प्राणों का बलिदान दिया है। नगर के हर प्रमुख चौराहे पर ऐसे होर्डिंग दिखाई दे रहे हैं। एक-दो जगह तो करमा को शहीद भगत सिंह के साथ भी दिखाया गया है!

बल्कि पोस्टर में विद्याचरण शुक्ल, प्रदेश कांग्रेस अध्यक्ष पटेल आदि को भी शहीद बना दिया गया है।

यह कौन-सा मिथ गढ़ा जा रहा है? यह कैसा यथार्थ परोसा जा रहा है? देश का शासक वर्ग किस प्रकार का इतिहास लिख रहा है? मैं हैरान हूँ!

यह कौन-सा जगदलपुर है? मेरे लिए भूल-भुलैया बन चुका है। सभी लोग अजनबी लग रहे हैं! किरीट दोशी की खादी की दुकान कहाँ गुम हो गई है? यहाँ कौन-सी ब्रेकरी की शॉप पैदा हो गई है? किरीट दोशी के मकान के सामने वाले मैदान की क्या सूरत बन गई है? यह कौन-सा तीन सितारा बहुमंजिला होटल कहाँ से टपक पड़ा है? दशहरे की रथ यात्रा के रथों का तीनों दिशाओं से कारों, मोटरबाइकों, ऑटोरिक्शाओं, पर्यटक बसों ने घेराव कर रखा है। आज प्रवीण चन्द्र भंजदेव का महल चमक रहा है। इस पर भगवा राजनीति की रौनक उतरी हुई है। इसका एक हिस्सा भाजपा का कार्यालय बन चुका है। महल के मुख्य द्वार के बाहर हिन्दू देवी-देवताओं की मूर्तियाँ पहरा दे रही हैं। महल के पिछवाड़े में तीन सितारा होटल पर्यटन संस्कृति के आगमन की घोषणा कर रहा है।

मैं देख रहा हूँ अब जगदलपुर भूमंडलीकरण के रंग में रंग चुका है। दूरसंचार ने इसे विश्वग्राम का सदस्य बना दिया है। जहाँ भी निकल जाइए, गालों का चुम्बन लेते हुए मिलेंगे मोबाइल, लैपटॉप से सजी मिलेंगी गोदियाँ, आइपेड पर उंगलियाँ थिरक रही हैं, वीडियो और म्यूज़िक सिस्टम ने नगर को पंख लगा दिए हैं। अब ग्राहक ऑटो-मोबाइल शोरूम और इलैक्ट्रोनिक शॉपों पर भिनभिना रहे हैं।

जगदलपुर ने महाजनी पूँजीवादी संस्कृति से सीधे वैश्विक पूँजीवादी संस्कृति में छलाँग लगाई है!

अरे यह क्या? जगदलपुर की कायान्तरित संस्कृति में अर्द्धनंगे, मैले-कुचैले, नंगे पाँव, सूखी काया, उखड़े-रूखे-पके बाल, उपभोक्ताओं की भीड़ में बैठे लुपके-दुबके कौन हैं ये लोग? गन्दी-खुरदुरी जमीन पर अंगोछा बिछाए, चिरौंजी, गोंद, इमली, हर्रा, कोदा-कुदकी, बेर, मिट्टी के भांडे, गँवई चाकू-छुरी-तीर-कमान,

मुर्गा, अंडा, पोखर से पकड़ी मछलियाँ बेचते कौन हैं ये लोग?

होटलों-रेस्तराँओं में सफाई करने वाले, बर्तन-कप, प्याले धोने वाले, ग्राहकों के वाहनों की धुलाई करने वाले, ठेलों में सामान ढोने वाले, साइकिल रिक्शा चलाने वाले, शॉपिंग मॉलों, मुख्य बाज़ारों के शोरूमों को बुहारने वाले कौन से ग्रह के हैं ये लोग?

टाइम मशीन न सही, स्मृति मशीन तो है! चलिए, इसे ही कमांड देकर 1971 में लौटा जाए। शायद अतीत से इन लोगों का कोई नाता-रिश्ता हो! मैं समझता हूँ, वहीं से इस प्रश्न का उत्तर मिलेगा।

मैं 2013 से पीछे जनवरी, 1971 में लौट आया हूँ। आधा-एक घंटे में जगदलपुर को नापकर अपने कमरे में आ जाता हूँ। दोपहर बाद बस्तर के प्रतिष्ठित व प्रगतिशील पत्रकार किरीट दोशी, नवभारत के बसन्त अवस्थी, स्वतंत्र पत्रकार शरद वर्मा, देशबन्धु के अग्रवाल, दंडकारण्य समाचार के मालिक सम्पादक बसु से भेंट होती है। इन भेटों से बस्तर के चुनाव-परिदृश्य को थोड़ा-बहुत समझने का अवसर मिलता है। स्थानीय पत्रकार इस बात पर एकमत हैं कि इस आदिवासी जिले में इंदिरा गाँधाी लोकप्रिय हैं और यहाँ की अधिकांश सीटें कांग्रेस को ही मिलेंगी, भारतीय जनसंघ एक-दो सीटें ले सकता है।

इंदिरा गांधी के पश्चात दूसरे लोकप्रिय व्यक्ति बस्तर के कलेक्टर डॉ ब्रह्मदेव शर्मा हैं। वे अफसर कम, सामाजिक कार्यकर्ता ज्यादा लगते हैं। विचारों से गांधीवादी, ईमानदार और आदिवासियों के प्रति समर्पित प्रशासक हैं। वे निडर हैं और मंत्रियों-नेताओं के साथ उनकी पटती नहीं है। तबादले पर जाने के लिए वे हमेशा अपनी अटैची तैयार रखते हैं। शाम को मुझे अवस्थी उनसे मिलवाते हैं।

डॉ. शर्मा का व्यक्तित्व मुझे प्राप्त विवरण के अनुसार ही लगा। शर्मा जी लम्बे तड़ाक, छरहरे हैं और खादी के कुर्ता-धोती-नेहरू कट जॉकेट में उनका व्यक्तित्व और अधिक निखर रहा है। वे कहीं से भी आई.ए.एस. अफसर दिखाई नहीं देते हैं। यही लग रहा है कि वे कोई वरिष्ठ सर्वोदयी कार्यकर्ता हैं या कांग्रेस के बड़े नेता। उनकी बातचीत की शैली में भी अफसरी गन्ध नहीं आ रही है। वे बिलकुल मृदुभाषी हैं और प्रत्येक से आत्मीयता के साथ मिल रहे हैं। मेरा परिचय कराया जाता है। अवस्थी कह रहे हैं, "डॉक्टर साहब, आप हैं रामशरण जोशी। 'दिनमान' के संवाददाता हैं। दिल्ली से चुनाव कवरेज़ के लिए आए हैं।"

"अरे भाई, इतनी दूर? दिल्ली के पत्रकार तो सुविधावादी होते हैं। यहाँ का जीवन कठिनाइयों से भरा हुआ है। सह लेंगे?" हँसते हुए पूछ रहे हैं शर्मा जी।

"डॉ. साहब, मैं जयपुर, बीकानेर, कोटा, भोपाल, रायपुर सड़क मार्ग से आ रहा हूँ और चुनाव रिपोर्टिंग कर रहा हूँ। आप मेरी तरफ से निश्चिन्त रहें।" मैं भी अपनी सहनशक्ति व परिश्रम से उन्हें एक ही साँस में परिचित करा देता हूँ। यह

सुनकर वे प्रभावित भी हुए।

"यह तो लम्बी यात्रा है। फिर तो आप यहाँ सह लेंगे। अच्छा, अज्ञेय जी कैसे हैं?" वे अचानक पूछ बैठते हैं। मैं उन्हें बतलाता हूँ कि वे स्वस्थ हैं लेकिन अब दिनमान के सम्पादक रघुवीर सहाय हैं। फिर शर्मा जी मेरे ठहरने के सम्बन्ध में पूछते हैं और फिर सर्किट हाउस में मेरी व्यवस्था करवा देते हैं।

"तो जोशी जी, ऐसा करिए। कल मेरे साथ दौरे पर चलें, साप्ताहिक हाटों को देखें, रात को गाँव में ही विश्राम करें। तभी आप जान पाएँगे कि आदिवासी जन-जीवन कैसा है?"

"मैं तैयार हूँ।"

"तो सुबह सर्किट हाउस पर तैयार मिलें।" यह कहकर शर्मा जी अपने भीतरी कमरे में चले गए। वे अकेले ही रहते हैं, परिवार ग्वालियर में रहता है। यह बँगला औपनिवेशिक कालीन है। भव्य है। इन्द्रावती नदी से दूर नहीं है। चारों ओर शान्ति के अलावा कुछ नहीं है लेकिन शर्मा जी ने अपने बँगले के परिसर में आदिवासियों को इमरजेंसी में ठहराने के लिए विशेष व्यवस्था की हुई है। झोपड़ी-नुमा मेकशिफ्ट इन्तज़ाम है। एक आदिवासी परिवार रुका हुआ भी है, दक्षिण बस्तर का है।

अगली सुबह मैं डॉ. शर्मा के साथ दौरे पर निकल गया हूँ। शर्मा जी स्वयं ही जीप चला रहे हैं और सरकारी ड्राइवर पीछे बैठा हुआ है। साथ में एक सहायक भी है। जीप में ही सामान लदा हुआ है। ढेर सारी बातें चल रही हैं। शर्मा जी आदिवासियों के जीवन में गहरे तक बैठे प्रतीत होते हैं। बाहरी या ग़ैर-आदिवासियों द्वारा आदिवासी समाज के शोषण, उत्पीड़न और ठगी को लेकर गहरी शिकायत है। कलेक्टर के निशाने पर विशेष रूप से साप्ताहिक हाट के कोचिया (दलाल), व्यापारी, ठेकेदार, सरकारी कर्मचारी आदि हैं। शर्मा जी बतला रहे हैं कि उन्होंने हाटों पर दलालों के शिकंजे को तोड़ने के लिए क्या-क्या कदम उठाए; आदिवासी वस्तुओं की सीधी खरीद की गई; कृषि व वन उपजों का वांछित मूल्य अदा किया गया; नगदी में लेन-देन की व्यवस्था की गई; सहकारी समितियों को इसमें शामिल किया गया; कोचियों पर कड़ी निगरानी रखी। इससे असन्तोष भी फैला लेकिन हाटों पर औचक छापे मारना जारी रखा। व्यापारी भयभीत भी हुए। भोपाल तक मंत्रियों को शर्मा जी की शिकायत की गई।

हम लोग गीदम-बीजापुर मार्ग पर हैं। डॉ. शर्मा की जीप मुख्यमार्ग से निकलकर कच्चे मार्ग पर आ गई है। शायद भीतरी अंचलों में जीप प्रवेश कर रही है। एक साप्ताहिक हाट दिखाई दे रहा है। डॉ. शर्मा अपनी जीप किनारे पर लगाकर हाट में घुस पड़ते हैं। मैं और चालक उनके साथ हैं। शर्मा जी आदिवासियों से वस्तुओं और कीमतों की पूछताछ करते हैं। कुछ व्यापारी उन्हें देखते ही भाग पड़े हैं। छोटे कर्मचारीगण उनके इर्द-गिर्द जमा हैं और कलेक्टर को अपने कार्यों की जानकारी दे

रहे हैं। ये लोग कह रहे हैं कि किस प्रकार उन्होंने आदिवासियों को व्यापारियों से बचाया है, नमक, तेल जैसी वस्तुओं को किस प्रकार उपलब्ध कराया है; शहद, हर्रा, गोंद, करौंजी, छाल, धान, महुआ और अन्य स्थानीय वस्तुओं की ख़रीद के लिए क्या-क्या किया है। शर्मा जी 'हूँ', 'हाँ' से सुनते हैं और जवाब देते हैं, "इसमें और सावधानी, ईमानदारी की ज़रूरत है। कौचिया अब भी चोरी-छिपे अपना काम करते हैं, इन बेजुबानों को ठगते हैं। मुझे सब रिपोर्ट मिलती रहती है।"

सरकारी कर्मचारी भी असलियत से परिचित हैं। वे नीचे नज़र झुकाए जिले के सबसे बड़े हाक़िम की बात सुन रहे हैं।

शर्मा जी हाट में घूम रहे हैं। धान, मोटा चावल, सरसों, तिल, नमक, दूसरी वस्तुओं के ढेरी पर जाते हैं। मुट्ठीभर वस्तु उठाते हैं। हथेली पर रख उसे परखते हैं। फिर आगे बढ़ जाते हैं। हरेक से भाव पूछकर अपनी डायरी में लिखते हैं, कुछ का नाम-पता भी नोट कर रहे हैं।

मेरी तरफ मुखातिब होकर शर्मा जी कह रहे हैं :

"जोशी जी, आज भी आदिवासी समाज लोभ व संचयन से मुक्त है। आवश्यकता व परस्पर सहयोग आधारित जीवन जीता है। इसमें धन-सम्पत्ति रुपए का कोई मूल्य नहीं है। इस समाज में आज भी बार्टर अर्थव्यस्था प्रचलित है। व्यापारी लोग इसका बेजा फायदा उठाते हैं, उनका ज़्यादा माल तुलवाते हैं और अपने माल में डंडी मारते हैं। आधा किलो नमक में उनका पाँच किलो मोटा चावल हड़प लेते हैं।

आदिवासी बेजुबान हैं। उन्हें गिनती नहीं आती। वे हम लोगों के कहे पर भरोसा करते हैं। वे व्यापारियों को अपना समझते हैं, ठेकेदारों पर विश्वास करते हैं। पर ये ही उनके साथ ठगी करते हैं। बनिया सूदखोरी करता है, वन अधिकारी और ठेकेदार मिलकर उसकी वन सम्पदा को लूटते हैं। यह जल, जंगल, जमीन आदिवसियों के हैं लेकिन हमारी इस औपचारिक व्यवस्था ने उन्हें कंगाल बनाकर छोड़ दिया है। ये लोग लुटते हैं, पिटते हैं लेकिन चुपचाप रहते हैं बेजुबान बनकर!"

डॉ. शर्मा अपने विचार में खोए चले जा रहे हैं। अनुभवों और यथार्थ पर आधारित अपनी धारणाओं की खिड़की मेरे लिए खोल देते हैं। अचानक उन्हें खयाल आता है कि उन्हें और भी हाट देखने हैं। हम फिर जीप में बैठ गए हैं। जंगली रास्तों में भटकते हुए फिर हम किसी घर में पहुँचे हैं। जीप खड़ी करके वे फिर आदिवासियों से घिरे हुए हैं। आदिवासी उन्हें अपनी बोली और संकेतों में कुछ समझा रहे हैं। डॉ. शर्मा का चेहरा तमतमा रहा है। वे हिन्दी में चीखते हैं, "पीटो सालों को।" वे कुछ व्यापारियों की ओर दौड़ते हैं। सहायक मुझे बतला रहा है कि उसके साहब डरते किसी से नहीं हैं। कभी-कभी तो व्यापारियों को थप्पड़ तक जड़ देते हैं। वे आदिवासियों को धोखा देने वालों से सीधे उलझ जाते हैं। मैं देख रहा हूँ वे बाहरी व्यापारियों को लताड़ लगा रहे हैं। छोटे सरकारी कर्मचारियों की भी शामत

आई है। वे अपने सहायक को बुलाकर उसे कुछ लिखवा रहे हैं। व्यापारी हाथ जोड़े खड़े हैं और माफी माँग रहे हैं।

एक-डेढ़ घंटे रुकने के बाद हम अगले पड़ाव की ओर रवाना होते हैं। दिन छोटा है इसलिए जल्दी गुल हो गया है। अँधेरा हम लोगों की तरफ तेज़ी से बढ़ रहा है। डॉ. शर्मा फोरेस्ट रोड पर जीप चला रहे हैं। यह कोलतार वाली रोड नहीं है, कच्ची रोड है, मुर्रम बिछी हुई है। गड्डे भी हैं। जंगली-जानवरों का ख़तरा भी है। हिरणों के झुंड बीच-बीच में दिखाई दे जाते हैं। खरगोश जीप को चुनौती देते हुए मार्ग पारकर जाते हैं। ड्राइवर ने शर्मा जी से एक-दो बार विनती भी की कि साहब यह जंगली रास्ता है, कुछ भी हो सकता है, क्यों न मुख्य मार्ग से चलें? वह यह भी कहता है कि साहब आप थक गए होंगे, उसे जीप चलाने दें। डॉ. शर्मा कहाँ सुनने वाले थे! उन पर जुनून सवार है। आदिवासियों, जंगलों और पहाड़ों के साथ उनका रोमांस चल रहा है!

मेरे लिए यह नितान्त नया अनुभव है। महानगर का पत्रकार होने के कारण मेरा पाला नेताओं से पड़ता रहा है। कांग्रेस और जनसंघ के अधिवेशनों को कवर किया है। कांग्रेस का विभाजन देखा, इंदिरा कांग्रेस का पहला बंबई अधिवेशन कवर किया; विधान सभाएँ-राज्यसभा कवर कीं; चन्द्रशेखर, मोहन धारिया, अमृत नाहटा, चन्द्रजीत यादव, मोहन लाल सुखाड़िया, गायत्री देवी, तारकेश्वरी सिन्हा, शशिभूषण जैसे नेताओं के इंटरव्यू लिए हैं। यह ठीक है कि बीकानेर से इस जंगल तक का मार्ग मैंने सड़क मार्ग से ही नापा है; कारों में चला हूँ; बसों में बैठा हूँ; थड़ियों-ढाबों में खाना खाया और कुल्हड़ों में अनगिनत चाय पी है। इतना सब कुछ लोगों के दिल-दिमागों में झाँकने के लिए किया है। चुनावों की हवा किस दिशा में बह रही है, इसे समझने के लिए यह सब कुछ किया। यहाँ भी इसलिए ही आया हूँ। लेकिन यहाँ तो बिलकुल नए संसार से मेरा साक्षात्कार हो रहा है। डॉ. शर्मा ने एक नई मानवता से मेरा परिचय कराया है। मैंने अब तक नगर, महानगर के सुविधाभोगी समाजों और मध्य प्रदेश, राजस्थान, बिहार, हरियाणा के अभावग्रस्त किसान समाजों तथा जैसलमेर-बाड़मेर के तपते मरुस्थलीय अकालग्रस्त समाजों को देखा था। दंडकारण्य में एक ऐसा भी भारत बसता है, सिर्फ सुना भर था। इसे कभी देखा नहीं था। गणतंत्र दिवसों पर ही इस प्रकृतिवासी मानवता को बतौर नुमाइश प्रस्तुत किया जाता है, वहीं इसकी चलताऊ झलकियाँ मुझे मिलती रही हैं। इनकी संवेदनाओं, पीड़ाओं, सपनों से मैं जुड़ा कब हूँ? मेरे बोध-जगत के ये कभी हिस्से नहीं बने हैं। मेरे बोधजगत की रचना में बसे हैं भारतीय संविधान, राष्ट्रपति, प्रधानमंत्री, संसद, सुप्रीम कोर्ट, प्रदेश सरकारें, फोर्ड, टाटा-बिड़ला, निराला, पन्त, प्रभाकर, अज्ञेय, धर्मवीर भारती, अल्काज़ी, बॉलीवुड के सितारे। इस मानवता का भी इतिहास है, इसके भी कोई नायक-नायिकाएँ होंगे, इसने भी अंग्रेजी शासकों के साथ लड़ाइयाँ की होंगी, इसमें भी

प्रतिरोध–प्रतिवाद की क्षमता है, इन सबसे मेरा परिचय अब तक क्यों नहीं हुआ? इन तमाम प्रश्नों का कोलाहल अब दिमाग़ में सुनाई दे रहा है।

''साहब...धीरे...आगे पुलिया है...बचिए...!''

पीछे से ड्राइवर चिल्लाता है। मैं और डॉ. साहब सँभलें, जीप धीमी हो, इससे पहले ही धड़ाम् से जीप समेत हम सभी चार–पाँच फीट नीचे खड्ड में जा गिरते हैं, जीप एक तरफ लुढ़क जाती है। संयोग से हम चारों में से किसी को चोट नहीं आई है, सुरक्षित हैं। मामूली खरोंचें ज़रूर हैं। अब चिन्ता यह है कि इस घनी रात में जीप सीधी कैसे की जाए। ड्राइवर को जीप के पास छोड़ हम तीनों टॉर्च के सहारे गाँव की तलाश में निकल पड़े हैं। दस–पन्द्रह मिनट के पश्चात एक छोटे से गाँव में पहुँचते हैं। डॉ. साहब की सहायक टूटी–फूटी स्थानीय बोली...शायद मुरिया बोली...में आदिवासियों से बतिया रहा है। दस–बारह आदिवासी खड़े हो गए हैं और हम सभी का 'जोहार' से अभिनन्दन करते हैं। फिर पलक झपकते ही वे उस दिशा में दौड़ गए हैं जिधर जीप उल्टी पड़ी है। हम तीनों थानागुड़ी में ही रुक गए हैं।

गाँव के कोतवार ने थानागुड़ी को झटपट साफ कर दिया है। थानागुड़ी एक प्रकार की घासफूस का डाकबँगला होता है जो कि तीन–चार गाँवों के बीच रहता है। सरकारी हाक़िम–कर्मचारी रात–बिरात होने पर इसी में विश्राम करते हैं। गाँव का कोतवार थानागुड़ी की देखभाल करता है। एक तरह से यह गाँव और जिला प्रशासन के बीच सबसे निचले स्तर की कड़ी है। यह गाँव की गतिविधियों पर कड़ी निगरानी भी रखता है। किसी अप्रत्याशित घटना के घटने पर सर्वप्रथम इससे पूछताछ की जाती है और यह स्वयं भी पुलिस को सूचित कर देता है।

हम लोगों का सामान जीप से उतार लिया गया है। डॉ. शर्मा ने रात्रि भोज के लिए अपने घर से कुछ खाद्य सामग्री साथ में ले ली थी। हम लोग भुने चने, मूंगफली, मठरी, बिस्कुट और केला आदि का डिनर कर रहे हैं। बारह बज चुके हैं। गाँववालों से जाने के लिए कहा जा रहा है। उन्होंने जाना शुरू कर दिया है। दो खटियाओं पर हम दोनों के बिस्तर लग गए हैं। सहायक और ड्राइवर भी अपने लिए चारपाइयों को जुटाने के लिए कोतवार से कह रहे हैं।

''डॉ. साहब आपके इतने समृद्ध अनुभव हैं, इतनी संवेदनशीलता के साथ इनके हितों की रक्षा कर रहे हैं, तब आप इन सबको लिखते क्यों नहीं हैं?'' मैं शर्मा जी को लिखने के लिए उकसाता हूँ।

''पत्रकार महोदय, आप ठीक कह रहे हैं लेकिन मैंने इनके सम्बन्ध में पत्रकारीय लेखन कभी नहीं किया। हम लोगों की भाषा प्रशासकीय होती है, साहित्यिक या पत्रकारिता की नहीं।'' शर्मा जी लिखने के प्रति अनमने दिखाई दे रहे हैं।

''अरे आप लिखिए तो सही! भावों और विचारों का अनूठा संगम आपकी

अभिव्यक्ति में गूँजता है। मैं समझता हूँ, आप लिखने से मत कतराइए!'' मैं ज़ोर डालता हूँ।

''लिख भी लूँ—तो छापेगा कौन? मैं आपकी तरह परिचित नाम तो हूँ नहीं! मैं प्रशासक हूँ।''

''देखिए, आपकी हिन्दी अच्छी है। हिन्दी में तीन-चार बड़ी पत्रिकाएँ हैं—धर्मयुग, दिनमान, साप्ताहिक हिंदुस्तान, कादम्बिनी, सरिता आदि। मैं समझता हूँ ये पत्रिकाएँ आपकी कही को अवश्य प्रकाशित करेंगी। आप फोटोग्राफी भी करते हैं। कलर ट्रान्सप्रेन्सी के साथ अपनी रचना भेजें।''

''सुझाव तो अच्छा है। देखता हूँ...।'' यह कहकर डॉ. साहब चारपाई पर लुढ़क गए हैं और मैं अपनी आँखों को आकाश में टिमटिमाते तारों पर टिका देता हूँ। कोतवार ने थानागुड़ी को गरम रखने के लिए अलाव लगा दिया है। खुद भी अलाव के आसपास लेट गया है। कब नींद ने दबोचा, पता ही नहीं चला। मुर्गे ने बाँग दी तो मालूम हुआ कि सुबह हो रही है और मैं जंगल में हूँ। पक्षियों की चहकों से भोर सुरीली हो गई है। दिल्लीवासियों को ऐसी सुबह कहाँ नसीब! बस, वहाँ तो कार, ट्रकों और बसों की भौं...भौं...प्रदूषण ही प्रदूषण!

''जोशी जी...।'' शर्मा जी दातुन मुँह में दबाए चले आ रहे हैं।

''जी! कहाँ से चले आ रहे हैं?''

''यह गाँव है। अँधेरे-अँधेरे जंगल जाना होता है। हाथ-वाथ धोकर दातुन कर रहा हूँ। आप भी तैयार हो जाइए। जल्दी चलना है।''

''जी... अभी गया...।''

''और हाँ, आपका लेख तैयार है!'' शर्मा जी मुझे चौंकाते हैं।

''मेरा लेख? मैंने तो कोई लेख नहीं लिखा!''

''अरे भाई, आप ही कह रहे थे, कुछ लिखो! सो देखो मैंने सात-आठ पेज लिख डाले हैं।''

''मगर कैसे? इस अँधेरे में?''

''नहीं, मैंने जीप में लैम्प लगा रखा है। उसी के सहारे हिन्दी में लिख दिया है, 'बेज़ुबान'! पहली किश्त है। शीर्षक कैसा लगा?''

''शीर्षक तो कैची है। मैं लौटकर आता हूँ तब पढ़ लूँगा!'' और मैं लोटा लिये जंगल चला जाता हूँ।

कलेक्टर डॉ. शर्मा इतना मार्मिक व प्रभावशाली चित्रण इन आदिवासियों का करेंगे, मेरे लिए यह कल्पनातीत था। मोती जैसे हस्तलेखन में इतना सशक्त रिपोर्ताज उतरा है, ऐसा मँजा हुआ कोई लेखक ही कर सकता है। डॉ. शर्मा लिखते भी तेज़ी से हैं और लिखावट इतनी सुन्दर है कि रैमिंगटन टाइपराइटर भी शरमा जाए!

जंगल रास्ते से ही हम वन ग्रामों (फॉरेस्ट विलेज़) की यात्रा करते हैं। डॉ. शर्मा

ग्रामवासियों से बात करते हैं, उनकी समस्याएँ सुनते हैं और उनके सहायक नोट लेते रहते हैं। गाँवों में चुनावों का प्रचार देखने को कहीं नहीं मिला; न कोई पोस्टर है; न कोई नारा, न कोई जुलूस है और न ही कोई सार्वजनिक सभा। मैं इससे आश्चर्यचकित हूँ क्योंकि मैं अपने समाज के चुनाव प्रचार का अभ्यस्त हूँ; बड़े-बड़े पोस्टर-आदमकद कटआउट; नारों से सनी दीवारें और विशाल सार्वजनिक सभाएँ। मैं अपने आश्चर्य को डॉ. शर्मा से शेयर करता हूँ और पूछता हूँ कि प्रतिस्पर्धात्मक वातावरण की अनुपस्थिति में लोकतंत्र कैसे जीवित रह सकता है? यहाँ जनमत का कैसे निर्माण होता होगा? उनका उत्तर संक्षिप्त है।

''देखिए जोशी जी, आपके समाज के जीवन मूल्यों और आदिवासी समाज के जीवन मूल्यों में आधारभूत अन्तर है। यह समाज खरीद-फरोख्त-कम्पीटिशन पर जीवित नहीं है। यहाँ कमोडिटी ने जन्म नहीं लिया है जबकि हमारी सम्पूर्ण व्यवस्था ही कमोडिटी, उपभोग व कम्पीटिशन पर ज़िन्दा है। यहाँ प्रतिस्पर्धा नहीं, सहभागिता है, आवश्यकता आधारित सामाजिक सहयोग है। इसी से यहाँ का परम्परागत लोकतंत्र चलता है, जनमत का निर्माण होता है। जिस रोज़ यह सब खत्म हो जाएगा, जीवन कमोडिटी में रूपान्तरित हो जाएगा, तब इस समाज की पराजय और हमारी विजय होगी, लेकिन तब तक यहाँ का सबकुछ नष्ट हो जाएगा। उसे समझने की आवश्यकता है। चलिए, अब आगे चलना है। अगले दो-तीन दिनों में बातें होती रहेंगी।''

यह कहकर हम लोग जीप में सवार हो जाते हैं। वन ग्रामों और राजस्व ग्रामों का दौरा शर्मा जी कर रहे हैं। ज़रूरत के हिसाब से रुकते हैं और आगे बढ़ जाते हैं। बातचीत के दौरान वे यह बतलाना नहीं भूलते कि बैलाडीला औद्योगिक क्षेत्र के कितने नकारात्मक प्रभाव आदिवासी समाज पर पड़ रहे हैं। उनका परम्परागत समाज, सांस्कृतिक ताना-बाना, आर्थिक ढाँचा किस बुरी तरह से विखंडित हो रहा है; आदिवासी युवतियों का किरंदूल-बछेली में शोषण हो रहा है; उन्हें रखैल व वेश्या बनाया जाता है; वे अविवाहित माताएँ बन रही हैं और अवैध सन्तानों की समस्या पैदा हो रही है। गाँवों से गुजरते हुए वे सरकारी तंत्र को भी बिलकुल नहीं बख्श रहे हैं। वे बतलाते हैं कि किस प्रकार सरकारी-सहकारी समितियाँ आदिवासियों से एक ही ऋण की वसूली तीन-तीन, चार-चार दफे कर लेती हैं, कर्ज़ व ब्याज़ चुकाने के लिए उन्हें अपनी जमीनें, मवेशी गिरवी रखने पड़ते हैं, बाहरी सूदखोर उन्हें अपने जाल से कभी मुक्त नहीं होने देते हैं।

वास्तव में आदिवासी शोषण-उत्पीड़न की कथा अन्तहीन है। हर बार एक नई परत हटती हुई दिखाई देती है।

अगले दिन मैं, डॉ. शर्मा और दंडकारण्य विकास प्राधिकरण के आयुक्त रे के साथ नारायणपुर, परलकोट, पाखनजूर की तरफ रवाना हो गए हैं। रे वरिष्ठ आई.ए.एस. अधिकारी हैं और उड़ीसा एवं छत्तीसगढ़ में फैले दंडकारण्य विकास परियोजना का

कार्य देख रहे हैं। इस क्षेत्र में पूर्वी पाकिस्तान (अब बँगला देश) से विस्थापित हिन्दू बंगालियों को बसाया जा रहा है। इससे स्थानीय आदिवासियों और विस्थापित बंगालियों के बीच कुछ तनाव के बिन्दु उभर रहे हैं क्योंकि दोनों की सामाजिक-सांस्कृतिक-आर्थिक संरचनाएँ भिन्न हैं। आयुक्त रे भी दिनमान और अज्ञेय जी से परिचित हैं। उनके मन में भी अज्ञेय जी के लिए आरदभाव है। बंगाली होते हुए भी वे हिन्दी साहित्य से भलीभाँति परिचित हैं, यह देखकर मुझे अच्छा लग रहा है। आयुक्त रे परलकोट से ही हम लोगों से विदा लेकर उड़ीसा रवाना हो गए हैं।

दक्षिण बस्तर (दंतेवाड़ा, बीजापुर, भोपालपटनम आदि) की तुलना में उत्तर बस्तर (कोंडागाँव, काँकेर, नारायणपुर, भानुप्रतापपुर आदि) कुछ अधिक विकसित व आधुनिक दिखाई दे रहा है। इस क्षेत्र के सड़क मार्ग अधिक पक्के व डामरीकृत हैं। आदिवासियों के तन पर वस्त्र अधिक हैं जबकि दक्षिण बस्तर के गाँवों में स्त्री-पुरुष, दोनों के तीन चौथाई तन निर्वस्त्र थे। इसके विपरीत इस क्षेत्र के गाँवों की औसत स्त्री के वक्ष पर वस्त्र हैं, और ग़ैर-आदिवासी जीवन-शैली के प्रभाव यहाँ साफ दिखाई दे रहे हैं। नामकरण पर हिन्दू समाज की छाप पड़ रही है। इस क्षेत्र से कांग्रेस के टिकट पर अरविंद नेताम चुनाव लड़ रहे हैं। दक्षिण बस्तर में 'अरविंद' नाम सुनने को नहीं मिलेगा। सारांश यह है कि उत्तरी बस्तर में देश की प्रचलित नागर सभ्यता के सम्पर्क में अधिक होने के कारण आधुनिकीकरण के लक्षण तुलनात्मक दृष्टि से अधिक उभरे हुए हैं। लेकिन इसका यह अर्थ कतई नहीं है कि इस क्षेत्र में शोषण-उत्पीड़न नहीं है। वास्तव में जिस क्षेत्र में शक्तिशाली व्यवस्था की घुसपैठ जितनी गहरी होगी, वहाँ शोषण, उत्पीड़न और अत्याचार की सम्भावनाएँ भी उतनी ही अधिक बढ़ जाएँगी। शायद इसीलिए 'अबूझमाड़' को प्रतिबन्धित क्षेत्र बना रखा है। जिला प्रशासन की अनुमति के बिना इस क्षेत्र में प्रवेश वर्जित है। इस क्षेत्र में एक भी 'राजस्व गाँव' नहीं है। इसके साथ ही इसकी सीमा महाराष्ट्र से भी लगी हुई है। समय की कमी के कारण मैं अबूझमाड़ नहीं जा पा रहा हूँ, लेकिन नारायणपुर से ज़रूर गुजर रहा हूँ। इस तहसील से ही अबूझमाड़ को रास्ता जाता है। तीस-पैंतीस किलोमीटर चलने के बाद ही 'ओरछा गाँव' से इस वर्जित क्षेत्र में प्रवेश किया जा सकता है। सोचा, फिर कभी इस रहस्यमय क्षेत्र में झाँकने की कोशिश करूँगा।

पर डॉ. शर्मा को सब्र कहाँ! वे हम लोगों को इस क्षेत्र में दूसरे मार्ग से ले जाते हैं। यह मार्ग दुर्गम है, ओरछा मार्ग की तुलना में। शर्मा जी बतला रहे हैं कि यह काफी ऊबड़-खाबड़ है। हिचकोले लेते हुए, कई मोड़ों से गुजरते और झाड़ियों के स्पर्शों को बरबस झेलते हुए हम बढ़े चले जा रहे हैं।

करीब पौन घंटे के बाद एक गाँव में दाखिल हो गए हैं। यह गाँव क्या है चन्द छप्पर हैं, भील आदिवासियों की ढाणी से भी छोटी बसाहट है। हालाँकि यह बसाहट अबूझमाड़ की सीमा पर स्थित है, लेकिन इसके आदिवासी लगभग नंगे हैं। यह

उनकी स्वाभाविक जीवन-शैली है, इसलिए लज्जा-भाव और आवरण-बोध से ये अपरिचित लगे। इस गाँव से घना जंगल शुरू हो जाता है। ख़ासी तैयारी के बाद ही इसमें जाया जा सकता है। कुछ देर के बाद हम वापस नारायणपुर की ओर मुड़ गए हैं। मध्य रात्रि के आसपास हम जगदलपुर लौट आए हैं।

सप्ताह भर के बस्तर-पड़ाव के पश्चात् मैं दिल्ली लौट आया हूँ। कुछ दिनों के अन्तराल के बाद मुझे धर्मयुग में डॉ. शर्मा की रिर्पोर्ताजें 'बेज़ुबान' शीर्षक से पढ़ने को मिलती हैं। यही धारावाहिक बेज़ुबान बाद में 'पगडंडी' के नाम से भी प्रकाशित होता है, और भूमिका में लेखक इसका श्रेय मुझे देते हैं।

वर्ष 1975!

स्मृति मशीन में बैठकर बीते काल जुलाई, 1975 में चला आया हूँ।

देश में इमरजेंसी लग चुकी है। गिरफ्तारियाँ शुरू हो चुकी हैं।

डॉ. शर्मा ने मुझे नॉर्थ ब्लाक स्थित गृह मंत्रालय में बुलाया है। वे इस समय गृह मंत्रालय में आदिवासी-जनजाति विभाग के संयुक्त सचिव हैं। चूँकि 1971 से मेरा उनसे परिचय बना रहा है बल्कि इस दौरान गाढ़ा भी हुआ है। कुछ समय के लिए उनके बस्तर में शिक्षा सम्बन्धी एक शोर्टटर्म प्रोजेक्ट से भी जुड़ा रहा हूँ। डॉ. शर्मा से शोध प्रविधि भी थोड़ी-बहुत सीखी है। इस नाते उनके दफ्तर प्राय: आना-जाना लगा रहा है। सो उनके बुलावे पर मैं उनके यहाँ पहुँच गया हूँ। वे मिलते ही कह रहे हैं,

"जोशी, आपको तुरन्त यहाँ से जगदलपुर जाना होगा।"

"क्यों? यहाँ स्थिति काफी क्रिटिकल है?"

"मुझे मालूम है इसलिए मैंने बस्तर में एक प्रोजेक्ट पर काम करने की व्यवस्था कर दी है। कलेक्टर प्रदीप बैजल से बात हो चुकी है।"

"लेकिन दिल्ली से बाहर...और वो भी आदिवासी क्षेत्रों में...क्या गिरफ्तारी का ख़तरा नहीं बढ़ जाएगा?" मैं अपनी आशंका से उन्हें अवगत कराता हूँ।

"यह तुम मुझ पर छोड़ दो। गिरफ्तारी का वारंट रोक लिया गया है, आई.बी. वालों से बात हो गई है। अब टिकट कटाओ और जगदलपुर पहुँच जाओ। पार्टी सेक्रेट्री (मेज़र जयपाल सिंह) को मैं स्थिति बतला दूँगा।"

मैं उन दिनों सी.पी.एम. का पूर्णकालिक कार्यकर्ता था और नगर निगम में सक्रिय लाल झंडा यूनियन का पार्टी की तरफ से राजनीतिक कामकाज देखा करता था। एक प्रकार से यूनिट सेक्रेटरी था। डॉ. शर्मा मेज़र जयपाल सिंह से अच्छी तरह परिचित भी थे।

"लेकिन मुझे वहाँ करना क्या होगा?" मैं अधीरता से पूछता हूँ। वास्तव में मैं जाऊँ-न-जाऊँ की दुविधा में फँस गया हूँ।

"अरे तुम्हारे मतलब का ही काम है। तुम जानते ही हो बैलाडीला औद्योगिक

क्षेत्र को। मैं समझना चाहता हूँ कि वहाँ हुए औद्योगिकीकरण ने आदिवासी समाज को किस प्रकार से प्रभावित किया है? उसके नकारात्मक व सकारात्मक प्रभाव क्या हैं? इसकी एक शोध परियोजना अगले एक सप्ताह में तैयार कर लो। आदिवासी श्रमिक परिवारों की केस स्टेडी के लिए प्रश्नावली भी बना लो। मुझसे डिस्कस करके जगदलपुर रवाना हो लो।''

दस दिन के परिश्रम से शोध परियोजना की विस्तृत रूपरेखा पर डॉ. शर्मा की स्वीकृति लेकर मैं छत्तीसगढ़ एक्सप्रेस से रायपुर के लिए रवाना हो गया हूँ। मैं दो रोज़ रायपुर और एक रोज़ के लिए रायगढ़ रुकता हूँ, देशबन्धु के सम्पादक मायाराम सुरजन, मानव शास्त्री सुरेन्द्र परिहार, वरिष्ठ पत्रकार बसन्त तिवारी तथा अन्य लोगों से मुलाक़ातें कर रात्रि बस पकड़कर सुबह जगदलपुर पहुँच जाता हूँ। सर्किट हाउस में रुक जाता हूँ। कमरा यहाँ पहले से रिजर्व करवा लिया था।

संयोग से अच्छी बात यह भी रही है कि साप्ताहिक हिंदुस्तान के ताज़ा अंक में आदिवासियों पर मेरी आवरण कथा भी प्रकाशित हुई है। इसका कुछ तो लाभ मिलेगा।

कलेक्टर प्रदीप बैजल के साथ ब्रेक फास्ट पर मुलाक़ात हो रही है। वे गर्मजोशी के साथ स्वागत करते हैं। सामान्य शिष्टाचार के बाद हम दोनों मुख्य मुद्दे की तरफ मुड़ते हैं। बैजल साहब कहना शुरू करते हैं,

''देखिए जोशी जी, डॉ. साहब ने फोन पर मुझे आपके सम्बन्ध में पूरी तरफ से ब्रीफ कर दिया है। आपको मेरा सहयोग मिलेगा। दंतेवाड़ा में अपने शोध के लिए तैयार हो जाइए। किरंदूल में भी आपके बारे में बतला दिया गया है। मैं समझता हूँ आपको कहीं भी दिक्कत नहीं होगी। दंतेवाड़ा के एस.डी.ओ. संजीव दुग्गल तीन-चार रोज में जगदलपुर आएँगे। उनके साथ ही जीप में दंतेवाड़ा निकल जाइए। इस बीच यहीं रहिए और मैं कुछ लोगों से आपको मिलवा दूँगा। जगदलपुर महाविद्यालय में भी विजिट कर लें। वहाँ आदिवासी विद्यार्थी काफी हैं। उनसे ठोस जानकारी मिलेगी। क्यों, क्या इरादा है?''

''इरादा नेक है। मैं रिसर्च के लिए पूरी तौर पर तैयार हूँ। वैसे भी आपके होते हुए मुझे क्या समस्या होनी चाहिए?''

''अगर होगी भी तो सोल्व कर लेंगे। मैं यहाँ किसलिए हूँ? कलेक्टरेट चले आइए। मैं सम्बन्धित विभाग के अधिकारियों के साथ आपकी मीटिंग करा देता हूँ। ओके?''

''तो यह ठीक रहेगा।''

कुछ रुककर, सोचते हुए प्रदीप बैजल गम्भीरतापूर्वक फिर से बोलने लगते हैं, ''देखिए जोशी जी, आप निश्चिन्त होकर अपने प्रोजेक्ट पर काम करें। फंड्स की कोई कमी नहीं हैं। मैंने आपकी पूरी व्यवस्था कर दी है। अब मैं जो कहने जा रहा

हूँ, उसे ध्यान से सुनें। आप कम्युनिस्ट हैं, राजनीतिक कर्मी हैं, आपको खुश होना चाहिए।'' मैं बैजल के इस वाक्य से हैरान हूँ।

''मैं समझा नहीं, मुझे क्यों खुश होना चाहिए?''

''देखिए, देश में 'पीसफुल रिवोल्यूशन' हो गया है। आप लोगों को कुछ भी करने की ज़रूरत नहीं है। इंदिरा गांधी ने ऊपर से कम्युनिस्ट क्रान्ति कर दी है।''

मैं बैजल के इस कथन से हतप्रभ हूँ। मैं उनसे आग्रहपूर्वक पूछ रहा हूँ,

''बैजल साहब, माफ करिए, मैं आपकी बात समझ नहीं पाया हूँ।''

''अरे सीधी-सी बात है। इमरजेंसी के माध्यम से कम्युनिस्ट टेकओवर हो गया है। रूस की पूरी बैकिंग है। पी.एन. हकसर, डी.पी. धर साहब, गोपी अरोड़ा, नटवर सिंह जैसे लोग एक्टिव हैं। कम्युनिस्ट पार्टियों का भी सपोर्ट है। यह पूरा रिवोल्यूशन है।'' बैजल समझाने की कोशिश करते हैं।

''बैजल साहब, हो सकता है आप सही हों, लेकिन इतिहास में ऐसे क्रान्तियाँ नहीं आई हैं। क्रान्ति का चरित्र वर्टीकल नहीं, होरीजेंटल होता है और इसकी धारा नीचे से फूटती है। इंदिरा जी ने आत्मरक्षा में यह कदम उठाया है। हो सकता है इसके माध्यम से भारत में सक्रिय अमेरिकी लॉबी के फौरी तौर पर कुछ पर कतर दिए जाएँ, कुछ अच्छे काम भी सम्पन्न हो जाएँ, लेकिन साम्यवादी क्रान्ति हो गई है, यह अतिशयोक्तिपूर्ण व अवैज्ञानिक निष्कर्ष होगा। मेरी समझदारी तो यही है।''

''मैं आपसे सहमत नहीं हूँ। मैं ब्यूरोक्रेसी को आपसे अधिक जानता हूँ। देख लेना, मेरी बात सही निकलेगी।'' बैजल साहब के स्वर निर्णायक लग रहे हैं। मैंने प्रतिवाद करना उचित नहीं समझा। सिर्फ इतना ही कहता हूँ, ''मेरी दिली इच्छा है आप सही निकलें। कम-से-कम हम लोगों का काम तो हल्का हो जाएगा!''

''ऑफ कोर्स! बस, आप वायलेंस से दूर रहें, सरकार की आलोचना न करें, इतना ज़रूर ध्यान रखें। यहाँ आदिवासियों की समस्याओं पर दिल्ली का ध्यान खींचने के लिए पर्याप्त सामग्री है। मैं लैंड एलिएनेशन, टिम्बर लूट, मालिक मक़बूज़ा आदि पर आँकड़े उपलब्ध करा दूँगा। आप पत्र-पत्रिकाओं में लिखते रहें। आपका साप्ताहिक हिंदुस्तान का ताज़ा लेख अच्छा है।''

''धन्यवाद! आपने देखा, पढ़ा।''

''अभी आपको कई लेख लिखने हैं। इकोनोमिक पॉलीटिकल वीकली, लिंक जैसी अंग्रेजी मैग़जीनों में भी लिखना है। लेफ्ट पत्र-पत्रिकाएँ पकड़ें।''

''जी! मेरी पूरी कोशिश रहेगी।''

इसके साथ ही, ब्रेक फॉस्ट मीटिंग समाप्त हो गई।

मैंने अपनी मुलाक़ात को इसी मोड़ पर समाप्त करना अच्छा समझा।

प्रदीप बैजल के विचारों से इस बात का आभास ज़रूर मिल गया कि क्रान्ति व

साम्यवाद के सम्बन्ध में कितनी भ्रामक धारणाएँ व्याप्त हैं! देश की नौकरशाही की कितनी सतही समझ है! चूँकि इस समय दो महाशक्ति व्यवस्था है और भारत-सोवियत संघ सम्बन्ध अच्छे हैं इसलिए इमरजेंसी को 'कम्युनिस्ट क्रू' के रूप में देखा जा रहा है। इंडोनेशिया में क्या हुआ था ? डॉ. सुकुर्णों ने भी यही गलती की थी। कम्युनिस्टों से भी गलती हो हुई। परिणाम निकला, लाखों वामपन्थियों का सफाया। यदि अमेरिकी समर्थक सरकार सत्ता में आ जाएगी तो यही बैजल ब्रांड नौकरशाही वामपन्थियों को बीन-बीनकर मारेगी। स्टालिन ने भी यही गलती की थी। वे नौकरशाही के चरित्र को समझ नहीं सके। क्रान्ति का काम राजसत्ता पर अधिकार स्थापित करना ही नहीं होता है, बल्कि समाज के प्रत्येक क्षेत्र में आमूलचूल परिवर्तन लाना होता है, राज्य के चरित्र में गुणात्मक बदलाव करना होता है और सामन्तवादी-पूँजीवादी सम्पत्ति सम्बन्धों का खात्मा करना होता है। इंदिरा जी का यह मक़सद कतई नहीं है। वास्तव में, वे वर्तमान व्यवस्था के अन्तर्गत उन अन्तर्विरोधों का राजसत्ता के माध्यम से समाधान या डिफ्यूज़न करना चाह रही हैं जो उनके नेतृत्व के लिए चुनौती बन चुके हैं और उन्हें सत्ता से अपदस्थ करना चाहते हैं। इसलिए बैजल के मत का समर्थन नहीं किया जा सकता।

मैं यही सोचता हुआ जगदलपुर महाविद्यालय पहुँच गया हूँ। यहाँ राजनीतिक शास्त्र के प्रोफेसर डॉ. हण्डे से मुलाक़ात होती है। डॉ. हण्डे मराठी हैं और मध्य प्रदेश में ही बस गए हैं। डॉ. हण्डे प्रिंसिपल से मिलवाते हैं। वे दक्षिण भारतीय हैं। चूँकि बैजल ने यहाँ फोन कर दिया और अपनी जीप से छुड़वा दिया है इसलिए भी मुझे अतिरिक्त सम्मान दिया जा रहा है। साप्ताहिक हिंदुस्तान की आवरण कथा की यहाँ भी चर्चा है। इससे रुतबा ज़मना स्वाभाविक है। मैंने अपने आने का उद्‌देश्य दोनों को बतला दिया है। डॉ. हण्डे का प्रस्ताव है कि मैं दो-चार रोज़ आदिवासी छात्रावास में रहूँ और विद्यार्थियों के साथ जमकर बातचीत करूँ। मैं भी यही चाहता हूँ।

तो तय किया गया कि मैं सर्किट हाउस से होस्टल में शिफ्ट कर लूँ। बैजल साहब से चर्चा करके मैं अगली शाम यहीं आ गया हूँ और महेन्द्र करमा (यही महेन्द्र करमा सलवा जुडुम के सूत्रधार थे जिनकी मई, 2013 में दरभा घाटी में एक नक्सली हमले में मृत्यु हो गई थी) के साथ मुझे ठहरा दिया गया है। करमा सबसे तेज़ विद्यार्थी है और हिन्दी के साथ-साथ अंग्रेजी में भी अच्छे ढंग से बतियाता है। दंतेवाड़ा क्षेत्र का रहने वाला है और प्रभावशाली परिवार का है। काफी जमीन है। सौतेला भाई लक्ष्मण करमा विधायक है। पूरी तरह से राजनीतिक परिवार है। बी.ए. अन्तिम वर्ष का छात्र होने के बावजूद महेन्द्र करमा बेहद कुशाग्र और महत्त्वाकांक्षी भी है। पच्चीस वर्ष का होने की प्रतीक्षा कर रहा है। इसके बाद वह दक्षिण बस्तर से चुनाव लड़ना चाहता है। पर शराब का शौकीन है करमा।

होस्टल में रहने का लाभ यह हुआ कि मैं आदिवासी युवकों के मन-मस्तिष्क

में झाँक सका हूँ। जीवन में पहली बार यह अवसर मिला है। छात्रावास भी समीप था। आदिवासी व दलित छात्राओं के साथ भी चर्चाओं के दौर चले। आदिवासी छात्र-छात्राएँ आकांक्षाओं से भरे हुए हैं लेकिन निराशा में भी डूबे हुए हैं। अपने भविष्य के प्रति आश्वस्त नहीं हैं। इंदिरा गांधी को वे अपना हितैषी समझते ज़रूर हैं लेकिन उनके छुटभैयों को अपना दुश्मन समझते हैं। चूँकि ये सभी ग्रामीण अंचल बल्कि भीतरी वन अंचलों के हैं इसलिए इनका जीवन ठोस और अलग है। बनावटीपन नहीं है। दोनों वर्गों के विद्यार्थी इस बात पर एकमत हैं कि "सरकारी तंत्र उनके साथ भेदभाव करता है, आदिवासियों को निम्न कोटि का समझता है, सरकारी अधिकारी-कर्मचारी हम लोगों को जाहिल, गँवार, निकम्मा, फालतू, असभ्य कहते हैं। हम लोगों को आदर-सम्मान नहीं दिया जाता है। हमारे माता-पिता भी अपमानित होते रहे हैं। बैलाडीला का लाभ भी आदिवासी युवक-युवतियों को नहीं मिला है। चपरासी जैसी निम्न श्रेणी की नौकरियों पर रखा जा रहा है। किरंदूल, बछेली में आदिवासी लड़कियों को 'खराब' किया जाता है।"

मैं समझता हूँ, यदि इस युवा वर्ग की पीड़ा घनीभूत होती रही, भारतीय राज्य से इसी प्रकार यह कटी रही तो इसके कोई भी परिणाम निकल सकते हैं, स्थितियाँ कोई भी मोड़ ले सकती हैं!

जगदलपुर में फिर से किरीट दोशी, बसन्त, अवस्थी, शरद वर्मा से मुलाक़ातें होती हैं। मानव संग्रहालय के उपनिदेशक विकास भट्ट से आदिवासी समाज की संरचना को लेकर चर्चाओं के कई दौर चलते हैं। वे मूलतः नृतत्त्व विज्ञानशास्त्र की पृष्ठभूमि के हैं इसलिए उनसे सैद्धान्तिकी को समझने में मदद मिलती है। वे नेक व मिलनसार व्यक्ति हैं। कहानीकार प्रभु जोशी व शशांक से भी यहीं मुलाक़ातें हुई हैं। प्रभु जोशी जगदलपुर आकाशवाणी में ड्यूटी ऑफीसर हैं।

जगदलपुर में आवश्यक कार्य समाप्त करने के पश्चात मैं दंतेवाड़ा के लिए संजीव दुग्गल के साथ जीप में निकल चुका हूँ।

स्मृति-मशीन के साथ चल रही समान्तर यात्रा की अनुभूति का अपना अलग ही आनन्द है; वर्तमान से अतीत की ओर लौटते समय भविष्य में गोता लगाते हुए पुनः अपने प्रस्थान बिन्दु (वर्तमान) पर पहुँचना कितना अद्‌भुत होता है! यह अनूठा अनुभव तीनों कालखंडों में निरन्तर यात्रा से ही सम्भव है।

अध्याय : तीन

जोहार दंतेवाड़ा!

16 सितम्बर, 2013

आज 16 सितम्बर है। मैं दंतेवाड़ा की चर्चित अशान्त तहसील कुआकोंडा की सत्ताधुरी नकुलनार के 'प्रताप चौराहा' पर खड़ा हूँ, अनेक सवालों से घिरा हुआ। इस चौराहे का पुनरावलोकन मुझे भीतर तक हिलाकर रख देता है। 'आखिर ऐसा क्यों है?' यह सवाल दिमाग़ को झकझोर रहा है। वास्तव में यह चौराहा स्तब्धता, आकर्षण और जिज्ञासा का केन्द्र बना हुआ है। मेवाड़ के 'महाराणा प्रताप' और उनके किंवदंती अश्व 'चेतक' की विशाल मूर्ति चौराहे पर अडिग खड़ी है। मुरिया, हलबा और दूसरे स्थानीय आदिवासी इसे कौतुक भरी नज़रों से देख रहे हैं। शायद वे सोच रहे होंगे, 'हमारा इस मूर्ति से कैसा रिश्ता हो सकता है? क्या हमारा अतीत, हमारा इतिहास, हमारे पुरखे, जल-जंगल-जमीन इन सबका इस मूर्ति में उपस्थित आकारों से कभी कोई संवाद रहा होगा?'

हम तीनों (प्रकाश चन्द्रायन और चन्द्रिका पाण्डेय) की मनोदशा इन सम्भावित प्रश्नों से भिन्न नहीं है; हैरत में हैं कि महाराणा प्रताप और चेतक को इस सुदूर आदिवासी अंचल में लाने के पीछे क्या मंशा रही होगी? कहाँ मेवाड़ का चितौड़ और कहाँ अविभाजित बस्तर जिले का यह भीतरी गाँव नकुलनार! इन दोनों छोरों के बीच करीब ढाई-तीन हज़ार किलोमीटर की दूरी होनी चाहिए। दूरी को छोड़ भी दें, किस प्रकार के प्राकृतिक, सामाजिक, सांस्कृतिक, आर्थिक ज्ञात-अज्ञात संवाद रहे हैं जिनके कारण महाराणा प्रताप और चेतक की मूर्ति की प्राण-प्रतिष्ठा यहाँ की गई या इसे आरोपित किया गया? क्या मेवाड़ के राजपूत महाराणा प्रताप आदिवासी थे? क्या मुरिया, माड़िया हलबा, भतरा जैसे यहाँ के मूल निवासी महाराणा की प्रजा थे? क्या मेवाड़ के राणाओं ने कभी यहाँ शासन किया था? जहाँ तक मैं जानता हूँ; इतिहास इन प्रश्नों का उत्तर केवल वृहताकार 'नहीं' में ही देगा।

यह मूर्ति एक झटके के साथ मुझे वर्षों पीछे धकेल देती है। स्मृतियों का फ्लैशबैक शुरू होता है। वर्ष 1975। मैं, डॉक्टर ब्रह्मदेव शर्मा के साथ जीप में नकुलनार की ओर बढ़ा जा रहा हूँ। ऊबड़-खाबड़ मार्ग है; सड़क क्या है, एक तरह से चौड़ी पगडंडी है।

आकाश साफ नीला है, मौसम में ठंडक है। हिरण कूद-फाँद बीच-बीच में करते दिखाई दे रहे हैं। आदिवासी कन्धे से टंगड़ी लटकाए निर्भय मुद्रा में आते-जाते दिखाई पड़ जाते हैं। कइयों ने अपने माथों पर टोकरियाँ, पोटलियाँ रखी हुई हैं। कुछ ने अपने बगल में मुर्गे दबा रखे हैं। हाथों में तुंबियाँ ले रखी हैं। झाड़ तले बैठ टोलियों में आदिवासी मर्द-औरतें-युवक-युवतियाँ कोई तरल पदार्थ पी रहे हैं। हँसी-ठिठोली कर रहे हैं। जीवन का उत्सव चारों ओर छितराया हुआ है।

''शायद ये लोग हाट से लौट रहे हैं।'' डॉ. शर्मा अन्दाज़ लगाते हैं। वे बतलाते हैं कि साप्ताहिक हाट बस्तर जिले में कितने लोकप्रिय हैं। ये हाट वस्तु-विनिमय के ही केन्द्र नहीं हैं बल्कि संवाद के, मिलन के, सुख-दुख के माध्यम भी होते हैं।

वैसे 1971 की यात्रा के दौरान मैं डॉ. शर्मा से इन हाटों के महत्त्व के सम्बन्ध में काफी कुछ जान चुका था। उनसे इनकी कार्यप्रणाली समझी थी। हम नकुलनार पहुँच रहे हैं।

छोटा-सा गाँव है। चन्देक घर हैं। कुआकोंडा थाना के अन्तर्गत यह गाँव पड़ता है। गाँव छोटा है पर इस क्षेत्र में इसका अलग ही रुतबा है। कुआकोंडा क्षेत्र की आर्थिक-राजनीतिक नब्ज़ इस गाँव की मुट्ठी में है। वजह साफ है। अभी मालूम हो जाएगा। डॉ. शर्मा के लिए यहाँ के गाँव, गाँववासी, वनस्पति, जल-जंगल-जमीन सब कुछ परिवार के सदस्य-से हैं, एक दूसरे में रमे हुए हैं। जब डॉ. शर्मा 1970-72 में बस्तर के जिलाधीश थे तब उन्होंने अपने पैरों से इन गाँवों को नापा था। वे यहाँ से पैदल ही मीलों दूर बैलाडीला पहुँच जाते, रास्ते में मामा लोगों (आदिवासी) और पाइकमन (बाहरी लोग या ग़ैर-आदिवासी) की खोज-ख़बर लेते हुए। अलग-अलग समाजों के इन लोगों के बीच कितनी दूरी, कितनी ऊष्मा, कितना ठंडापन पसरा हुआ है, इन सबकी जानकारी शर्मा जी बटोरते हुए श्रमिकों की औद्योगिक बस्ती किरंदूल, बछेली पहुँचते। नकुलनार के किस घर में कौन रहता है, कहाँ से आया है, उसकी साँसों से कैसी गन्ध उठती है, शर्मा जी मार्ग में मुझे बतलाते रहे थे।

हमारी जीप एक साफ-सुथरे अधपक्के मकान के सामने रुक जाती है।

''यह रघुवीर सिंह का मकान है। चलो मिलते हैं।''

दंतेवाड़ा से चलते हुए उन्होंने मुझे रघुवीर सिंह परिवार की कुछ जानकारी दे दी थी। मैं इस नाम से चौंका भी था क्योंकि आदिवासी-समाज में ऐसा नाम कैसे हो सकता है? मेरी जिज्ञासा को शान्त करते हुए उन्होंने बड़ा रोचक ब्योरा इस गाँव का दिया था। उन्होंने बतलाया था, ''वैसे नकुलनार भीतरी आदिवासी अंचल में बसा

हुआ है लेकिन प्रोपर नकुलनार में बाहरी लोगों के घर ही मिलेंगे। उत्तर प्रदेश से ठाकुर, ब्राह्मण, कलाल यहाँ आकर बस गए हैं।''

''उत्तर प्रदेश से! यह कैसे सम्भव है?'' उन्हें बीच में रोकते हुए मैंने पूछा।

''हाँ भाई, कन्नौज, उन्नाव, मैनपुरी और कानपुर जैसे क्षेत्रों के बामण, ठाकुर यहाँ आकर बस गए हैं। बरसों से रह रहे हैं।''

''क्या कर रहे हैं?''

''सब कुछ कर रहे हैं। आदिवासियों की जमीनें हड़प रखी हैं। बेनामी खेती की जा रही है। घरों में आदिवासियों को नौकर रखा जाता है। उनकी जमीनें जोती जाती हैं। फसलें हड़पी जाती हैं। झाड़ कटाई की जाती है। ठेकेदारों, फॉरेस्ट विभाग से मिलकर इमारती लकड़ी बेची जाती है। अवैध शराब का धन्धा किया जाता है।'' डॉ. शर्मा बोले चले जा रहे थे। मैं उन्हें ग़ौर से देख रहा था। भारत सरकार के गृहमंत्रालय में संयुक्त सचिव के पद पर कार्यरत होने के बावजूद वे भावुक हो उठे थे। उनमें बला का जुनून कुलाँचे मार रहा था।

''बस एक घर ठीक है जहाँ मैं आकर रुकता हूँ। रघुवीर सिंह ठाकुर का। बड़ा धरम-करम वाला व्यक्ति है यह। तुम इनसे सम्पर्क रखना।''

''जी...मैं तो यहाँ की स्थिति से अपरिचित हूँ। मुझे आपके मार्गदर्शन में यहाँ काम करना है।'' मेरा उत्तर था। हमारी जीप देखकर ठाकुर रघुवीर सिंह घर से बाहर आ गए हैं। उनका पूरा परिवार श्रद्धापूर्वक शर्मा जी के चरण स्पर्श कर रहा है। मेरा भी परिचय कराया जाता है।

''ये रामशरण जोशी हैं। हिन्दी के बड़े पत्रकार हैं। दिल्ली से आए हैं। अब ये इस इलाके में रहकर आदिवासियों की सामाजिक-आर्थिक-शैक्षणिक स्थिति का अध्ययन करेंगे। इनके पास एक प्रोजेक्ट है जिस पर काम करेंगे। आप लोग इन्हें पूरा सहयोग दीजिए।''

डॉ. रघुवीर सिंह के लिए शर्मा जी का प्रत्येक शब्द ब्रह्मवाक्य से कम नहीं है। वे कृतज्ञतापूर्वक नमन करते हैं और पूरा सहयोग देने का विश्वास दिलाते हैं। डॉ. शर्मा और रघुवीर सिंह के बीच क्षेत्र की स्थिति को लेकर सामान्य चर्चा चलती रहती है। उस चर्चा में आसपास के गाँवों के आदिवासियों की समस्याएँ भी उठती हैं। लोगों से जानकारी प्राप्त करने में शर्मा जी हमेशा पटु रहते हैं। इसका अनुभव मुझे 1971 की यात्रा में पहले ही हो चुका था। इसका वर्णन मैं पहले कर चुका हूँ। इस यात्रा में मुझे उन्होंने सवर्ण बाहरियों (ग़ैर-आदिवासी) से सावधान रहने के लिए ज़रूर कहा।

''देखो जोशी, अपवाद हर जगह होते हैं। लेकिन इस क्षेत्र में बसे अधिकांश बाहरी लोग आदिवासियों के हितैषी नहीं हैं। ये लुटेरे हैं। तुम मार्क्सवादी पृष्ठभूमि के हो, पूरी प्रक्रिया समझते हो।''

"जी! मैं समझता हूँ, और सावधान रहूँगा। मुझे जो करना है, अपने तरीके से करूँगा।"

"ठीक है।"

जब मैंने नकुलनार को अपनी अध्ययन यात्रा का पड़ाव बनाया तब यहाँ की संरचना में गहराई से झाँकने का अवसर मिला। नकुलनार चौराहा सभी तरफ से सवर्ण पाइकमन से घिरा हुआ था। चारों ओर किनारे पर राजपूत परिवार बसे हुए थे। सभी के घरों में निकटवर्ती गाँवों के मामा मुरियाओं के युवक-युवतियाँ 'हाली' (बन्धक श्रमिक) के काम में जुते हुए थे। उनके परिवार कर्ज़ में धँसे हुए थे। उनका दोहरा शोषण किया जा रहा था; एक, आठों पहर कड़ा परिश्रम (घरेलू कामकाज़, खेतों को जोतना, फसल काटना, माल ढोना, दुकानों का कामकाज देखना, बच्चे खिलाना आदि); दो, उनकी उपजाऊ जमीनों को गिरवी रखकर जोतना, फसल व मेहनत हड़पना। इस तरह बेनामी कारोबार फल-फूल रहा था।

उत्तर प्रदेश से पहुँचे कुछ ब्राह्मण भी यहाँ बसे हुए थे और शुक्ला, अवस्थी, मिश्रा, पाण्डे आदि तथा राजपूतों के बीच अटूट गठबन्धन था। इन दोनों वर्गों का नकुलनार, कुआकोंडा, पालनार सहित निकटवर्ती कई गाँवों पर वर्चस्व था। इनके घरों के आगे लंगोटिया मामाओं की भीड़ लगी रहती; किसी को नमक चाहिए, किसी को चावल, किसी को तेल। वस्तु विनियम का कारोबार खूब चलता। कौड़ियों के मोल लघु वन उपज (महुआ, गोंद, हरड़ा, चिरोंजी, शहद आदि) इन दुकानों पर ज़मा किया जाता। पाँच सेर धान की कीमत पाव भर नमक होता। कुल मिलाकर इस गठबन्धन के इशारे के बग़ैर इस क्षेत्र में पत्ता भी नहीं हिल सकता था।

यादों के गलियारे से गुजरते हुए मैं वापस नकुलनार लौटता हूँ। तब नकुलनार का चौराहा आदिवासी समाज के ठेठपन का प्रतीक था। एक सड़क दंतेवाड़ा जाती; दूसरी कुआकोंडा होते हुए सुकमा-कोंटा जाती; तीसरी मोकपाल, पालनार होती हुई बैलाडीला की पहाड़ियों तक पहुँचा देती; चौथी निकटवर्ती गाँवों और जंगल से गुजरती हुई बछेली—दंतेवाड़ा रोड से जोड़ देती। इस चौराहे पर न कोई मूर्ति थी, न प्रताप, न चेतक। किनारे पर खड़े झाड़ तले आदिवासी सुस्ताया करते। पत्तों के दोनों में सल्फी (ताड़-झाड़ से प्राप्त रस। निश्चित समय के बाद यह नशीला बन जाता है। इसे आदिवासी अंचल की देसी बीयर भी कह सकते हैं। महुआ से भी शराब बनाई जाती है। कानूनन आदिवासी घरेलू उपयोग के लिए महुआ-शराब बना सकते हैं।) पीते; मुर्गा-लड़ाई होती; बकरे-बकरियाँ-गाएँ चौराहे पर पसरी रहतीं। महाराणा प्रताप और चेतक से तो इनका कोई नाता-रिश्ता नहीं था। जीवित घोड़ा भी इस क्षेत्र में मैंने नहीं देखा। बस्तर आदिवासी समाज का यह कभी हिस्सा नहीं रहा। महाराणा प्रताप की युद्धकालीन पोशाक-जिरहबख़्तर, लम्बा भाला, तलवार, बड़ी-बड़ी जूतियाँ, चौड़ा लम्बा ललाट, तलवार-सी नुकीली तनी मूँछें, आकाश-सी चौड़ी आँखें,

पर्वत-सा चौड़ा वक्ष, अशोक लाट-सी देह...इन सबको समेटे हुए जैसा नायक इस मुरिया समाज में तो नहीं हुआ। फिर यह कौन-सा नायक है, किस समाज का प्रतिनिधि है, जो इस चौराहे पर दृश्यमान है?

मैं चन्द्रिका को अपना मोबाइल देता हूँ। उससे इस मूर्ति के फोटो लेने के लिए कहता हूँ। वह कुछ संकोच कर रहा है। फिर भी वह फटाफट तीन-चार चित्र ले लेता है। आसपास खड़े लोग उसे शंका की दृष्टि से देखते हैं। हम तीनों वहाँ नितान्त अजनबी लग रहे हैं। और तीनों पर सभी की नज़रें गड़ी हुई हैं। वहाँ ज़मा लोगों में घुसर-पुसर हो रही है। चन्द्रिका कह रहा है, "सर, यहाँ से अब चलना चाहिए।"

"क्यों?"

मैं समझ नहीं पा रहा हूँ यह ऐसा क्यों कह रहा है। प्रकाश चन्द्रायन भी सहमे-सहमे लग रहे हैं। मैं यहाँ कुछ और वक़्त बिताना चाहता हूँ। इस क्षेत्र में बिताए अपने दिनों को पुनर्निमंत्रित करना चाहता हूँ।

"सर, फोटो लेना लोगों को अच्छा नहीं लग रहा है। पता नहीं कैसे लोग इनमें हैं। अजीब लोग लग रहे हैं।"

चन्द्रिका भय मिश्रित संकोच से कह रहा है। मैं दोनों के आग्रह के सामने झुक जाता हूँ। तीनों कार में बैठ जाते हैं और दंतेवाड़ा का मार्ग पकड़ लेते हैं।

मैं 1971 से इस अंचल में आता-जाता रहा हूँ। मेरी पिछली यात्रा 2003 में हुई थी। तब भी यह मूर्ति नहीं थी। लेकिन विगत एक दशक में नकुलनार में यह नया अध्याय जुड़ गया है। अब यह गाँव नहीं, एक प्रकार से तहसील मुख्यालय बन गया है। शायद जबसे दंतेवाड़ा जिला बना है तब से ही इसकी नई प्रशासनिक पहचान बनी है। क़ायदे से, कुआकोंडा को सभी प्रकार का महत्त्व मिलना चाहिए क्योंकि माँझी परगना का निवास इसी गाँव में है। आदिवासी श्रेणी तंत्र में माँझी का स्थान ऊँचा होता है। वह प्रशासन और कई गाँवों के बीच 'सेतु' का रोल अदा करता है। क्षेत्र के आदिवासियों के लिए 'परगना माँझी' सम्मान व आदर का केन्द्र माना जाता है। आज माँझी का घर बिलकुल उजाड़ पड़ा मिला। सन्नाटे में डूबा हुआ। 1975-76 में माँझी-घराना इस अंचल की गतिविधियों की धुरी हुआ करता था। मैंने इस परिवार की रौनक़ देखी है। क्या रुतबा था इसका! सरकारी हाकिम, कर्मचारी को माँझी के यहाँ आना पड़ता था। जब भी डॉ. शर्मा इस क्षेत्र के दौरे पर आते, जीप रुकवाते, चारपाई बिछवाते और माँझी से दिल खोल बतियाने लगते। माँझी के यहाँ आम के कई झाड़ थे, चूसने वाले, गुठली वाले। शर्मा जी को आम परोसे जाते, और वो आत्मीयता के साथ चूसते रहते। ऐसे दृश्य का मैं कई दफे आनन्द ले चुका हूँ।

उस समय कुआकोंडा में ही थाना था। इस थाने के रोज़नामचे से मैंने अपराध सम्बन्धी अनेक आँकड़े जुटाए थे जो कि बाद में मेरे अध्ययन की महत्त्वपूर्ण सामग्री भी बने। अब कुआकोंडा बे-नूर हो चुका है। नकुलनार ने इसे पछाड़ दिया है, मीलों

पीछे छोड़ दिया है। सच है, सत्ता विमर्श में आदिवासियों की बिसात ही क्या है? इस अंचल में नकुलनार सवर्ण पाइकों की सत्ता गद्दी रहा है, प्रदेश राजधानी रायपुर की राजसत्ता का भरोसेमंद पाया रहा है, इसलिए कुआकोंड़ा और माँझी को उपेक्षा की चपेट में आना ही था। यही इसकी स्वाभाविक नियति है।

कुआकोंडा, नकुलनार, महाराणा प्रताप, चेतक, इन सबकी बातचीत करते, फ्लैश-बैक और फ्लैश-इन के बीच आवाजाही करते हमारी कार दंतेवाड़ा पहुँच चुकी है।

''क्यों न हम लोग दंतेश्वरी माई के मन्दिर चलें? दंतेश्वरी देवी का दर्शन कर लिया जाए। दंतेश्वरी बस्तर राजघराने की कुलदेवी हैं। दशहरा उत्सव की शुरुआत यहीं से होती है।'' मैं अपने दोनों सहयात्रियों के समक्ष यह प्रस्ताव रखता हूँ। दोनों मन्दिर जाने के लिए सहर्ष तैयार हो गए हैं।

''अरे यह क्या?'' दंतेश्वरी मन्दिर के बदले नक़्शे को देखकर मुझे धक्का लगता है। प्रकाश और चन्द्रिका सहज भाव से मन्दिर में प्रवेश करते हैं। उन पर कोई प्रतिक्रिया नहीं होती है क्योंकि दोनों ही पहली बार दंतेश्वरी माई के दर्शन कर रहे हैं। मैं नए दृश्य को देखकर स्तब्ध ही नहीं हूँ, गुस्से से भर गया हूँ। मेरे लिए यह दृश्य नितान्त अकल्पनीय था। दंतेश्वरी माई के मन्दिर को इस ढंग से बदला जा सकता है, दंतेवाड़ा में रहते हुए मैंने कभी सोचा नहीं था! अब इस दुखद दृश्य को भी देख लिया जाए।

मैं देख रहा हूँ, दंतेश्वरी मन्दिर के प्रवेश द्वार से ठीक पहले विराट हनुमान मूर्ति लगाई जा रही है। विभिन्न रंगों से इसे सुसज्जित किया जा रहा है। इस कद की मूर्ति को देखकर दिल्ली के करोल बाग के चौराहे पर लगी मूर्ति की याद आ जाती है। मूर्तियों का रेला मस्तिष्क में उमड़ने लगता है। दिल्ली-गुड़गाँव मार्ग पर शिवजी की विशाल मूर्ति की तरफ आपका ध्यान बरबस चला जाता है। नोएडा के सेक्टर 18 की ओर जाते समय फिल्म सिटी में भी शिवजी की इतनी ही विशाल मूर्ति है। उत्तर भारत के कई बड़े नगरों में शिवजी, हनुमान जी की अनेक विराट मूर्तियाँ नवधनिक वर्ग की 'समृद्ध आस्था' का प्रतिनिधित्व करती हुई मिलेंगी। जहाँ इनमें मध्यवर्गीय भारत विकृतियों के साथ प्रतिबिम्बित हो रहा है, वहीं भौंडे शहरीकरण की नुमाइश भी इनमें देखी जा सकती है।

लेकिन दंतेश्वरी मन्दिर के परिसर में ग़ैर-आदिवासी समाज के मिथकीय देवी-देवताओं के प्रतिष्ठापन को किसी भी तर्क से सही नहीं ठहराया जा सकता। मुझे याद आया, छत्तीसगढ़ के अन्य जिले जसपुर (पहले यह रायगढ़ जिले का हिस्सा था) में आर.एस.एस. द्वारा संचालित वनवासी कल्याण आश्रम भी संस्कृति परिवर्तन का अभियान चलाता है। इन क्षेत्रों की यात्रा करते समय मैंने देखा था कि इस अंचल के आदिवासियों की संस्कृति में महाराणा प्रताप, शिवाजी, तथा मिथकीय

देवी-देवताओं को विलीन करने के सुनियोजित प्रयास किए जाते हैं। आदिवासियों को देवी-देवताओं और सवर्ण नायकों का वंशज बताया जाता है। इस क्षेत्र के नेता स्व. दिलीप सिंह जूदेव विशेष रूप से इस अभियान में सक्रिय रहे थे। उन्होंने ईसाई धर्म में परिवर्तित आदिवासियों का 'घर वापसी अभियान' भी चलाया था। आदिवासियों के हिन्दूकरण का सिलसिला दंतेवाड़ा, जसपुर के साथ-साथ काँकेर, सरगुजा, रायगढ़, बिलासपुर सहित अनेक जिलों में मैं देख चुका हूँ। मुझे इमरजेंसी के दिनों की अपनी यात्रा याद आ रही है।

1975 में जब मैं जगदलपुर के महाविद्यालय के छात्रावास में कुछ दिनों के लिए रुका था तब विद्यार्थियों के कमरों में हिन्दू देवी-देवताओं की तस्वीरें दीवारों पर चिपकी रहा करती थीं। हलबा छात्र-छात्राएँ शिवजी की आरती गाते...ओम जय जगदीश हरे...हनुमान चालीसा के पाठ करते, सोमवार, मंगलवार के उपवास रखते। जब मैंने जगदलपुर से दंतेवाड़ा शिफ्ट किया तो यहाँ के आदिवासी विद्यालयों और छात्र-छात्रावासों की तस्वीर जगदलपुर से भिन्न नहीं मिली। हालाँकि मुख्यालय होने के कारण जगदलपुर की जीवन-शैली पर बाहरी जीवन-शैली और ग़ैर-आदिवासी मान्यताओं, परम्पराओं, रीति-रिवाज़ों के प्रभाव का अधिक होना स्वाभाविक लगता है। पर दंतेवाड़ा की स्थिति बिलकुल भिन्न थी। यह स्थान जगदलपुर से 80-90 किलोमीटर दूर था, दक्षिण बस्तर का भाग था और सदैव से आदिवासी बाहुल्य अंचल रहा है। उत्तर बस्तर की तुलना में दक्षिण बस्तर में आदिवासी संस्कृति अधिक सघन व गहन है। फिर भी स्कूलों-होस्टलों में ग़ैर-आदिवासी मिथकीय नायक-नायिकाओं की ऐसी घुसपैठ आश्चर्य का ही नहीं, गहरी चिन्ता का आधार भी है!

जगदलपुर से दंतेवाड़ा पहुँचने से पहले दस-बारह कि.मी. पहले गीदम कस्बा है। यह दंतेवाड़ा से अधिक विकसित रहा है। इसकी बसाहट भी अधिक है। गीदम चारों तरफ से आदिवासी गाँवों से घिरा हुआ है। बहुचर्चित अबूझमाड़ क्षेत्र भी गीदम से दूर नहीं है। गीदम से चारों दिशाओं में रास्ते फट जाते हैं; एक मार्ग दंतेवाड़ा-बैलाडीला दिशा में जाता है; दूसरा बारासुर-बोधघाट होता हुआ अबूझमाड़ ले जाता है—यह प्रवेश द्वार है; तीसरा, बीजापुर-भोपालपटनम को जोड़ता है; और चौथा जगदलपुर से होता हुआ आपको रायपुर पहुँचा देगा। एक प्रकार से गीदम चार विभिन्न दिशाओं और संरचनाओं का प्रवेश द्वार है; बैलाडीला औद्योगिक सभ्यता का प्रतिनिधि है; बारासुर-बोधघाट में पुरानी बसाहट के अवशेष और अंगादेवा (आदिवासी देवता) के मन्दिर हैं; अबूझमाड़ में आदिवासियों का असम्पृक्त समाज मिलेगा, निर्मल, पारदर्शी (अब इस क्षेत्र को अर्द्ध सैन्यबलों के ठिकानों ने बींध दिया है। पहले यहाँ माओवादी पहुँचे। उनके पीछे-पीछे भारतीय राज्य ने अपने अस्तित्व का अहसास कराया); बीजापुर-भोपालपटनम् में दक्षिण बस्तर के भीतरी आदिवासी

अंचलों की सौंध मिलेगी और भोपालपटनम् आन्ध्र प्रदेश का प्रवेश द्वार भी है; और जगदलपुर में प्रशासनिक संस्कृति आपका स्वागत करेगी। इस तरह गीदम चार धाराओं का मिलन स्थल है।

दंतेश्वरी मन्दिर के परिवर्तित परिसर के सन्दर्भ में गीदम के उल्लेख का विशेष प्रयोजन है। 1975 में जब मैं दंतेवाड़ा क्षेत्र में रहने पहुँचा था तब बस स्टैंड पर शर्मा-ढाबे में चाय पी थी। इस ढाबे का मालिक जोधपुर (राजस्थान) क्षेत्र का रहने वाला था। कांग्रेस का सदस्य था। इसी ढाबे पर जानकारी मिली कि बस्तर जिला कांगेस अध्यक्ष सुराणा भी गीदम में ही रहते हैं। वे भी जोधपुर क्षेत्र के हैं। गीदम कस्बे में मारवाड़ियों के कई परिवार हैं और विभिन्न प्रकार के व्यवसायों (अनाज मंडी, किराना दुकानें, सूदखोरी, दलाली, इमारती लकड़ियों का व्यापार, खेतीबाड़ी आदि) से सम्बद्ध हैं। आपातकाल में शासक दल कांग्रेस पार्टी की जिला शाखा का अध्यक्ष होना, कितना महत्त्वपूर्ण होगा इसकी कल्पना की जा सकती है। संक्षेप में, गीदम कस्बा सुराणा परिवार के सामाजिक, सांस्कृतिक, आर्थिक, राजनीतिक पिंजरे का पंछी था।

यहीं इस ठेठ आदिवासी गीदम क्षेत्र में मैंने जैन मूर्तियाँ, बाबा रामदेव पीर की मूर्ति व पूजा देखी। बाबा रामदेव पीर का जोधपुर, जैसलमेर मार्ग के मध्य में मन्दिर है और प्रतिवर्ष यहाँ मेला भरता है। विशेष रूप से बाबा रामदेव पिछड़ी जातियों के देवता हैं, लेकिन ऊँची जाति के लोग भी इस पीर की पूजा-अर्चना करते हैं। भारत में बग़ैर किसी भेदभाव के पीर की समाधि पर सभी जाति व धर्म के लोग सिजदे में दिखाई देंगे। 1970 में मैंने साप्ताहिक 'दिनमान' के लिए इस मेले को कवर किया था। तब की कुछ स्मृतियाँ मस्तिष्क में अटकी हुई हैं।

गीदम में आदिवासी समाज की झलकी कहीं नहीं थी। चारों तरफ मारवाड़ी समाज का जाल फैला हुआ था। इस बड़े कस्बे में रामदेव पीर का क्या काम ? अन्य धर्मों के देवी-देवताओं की क्या भूमिका इस अंचल में हो सकती है ? क्यों हलबा, मुरिया, भतरा और अन्य आदिवासियों को इन अजनबी धार्मिक प्रतीकों के प्रति अनुकूलित किया जाता है ? क्यों इन्हें चढ़ावा चढ़ाने के लिए उकसाया जाता है ? क्या सवर्ण भी आदिवासी देवों की श्रद्धापूर्वक पूजा करते हैं ? क्या वे भी अंगा देव को अपने आराध्य के रूप में स्वीकार कर सकते हैं ? ऐसे कितने ही सवाल हैं जो मन-मस्तिष्क पर दस्तक देते रहे हैं।

इन सवालों के कठघरे में हिन्दू समाज को ही खड़ा करना भी गलत होगा। मैंने अपनी बस्तर यात्राओं में देखा था कि पहाड़ियों की चोटियों पर 'क्रॉस' के विशाल निशानों को गाड़ रखा है। रायपुर-जगदलपुर मार्ग पर काँकेर से पहले कुछ पहाड़ियों पर विशाल क्रॉस दूर से ही दिखाई दे जाएँगे। आज बस्तर क्षेत्र में इनकी संख्या बढ़ गई है।

बस्तर ही क्यों, अन्य क्षेत्रों में हुए मेरे अनुभव इससे भिन्न नहीं हैं। जसपुर में ही विशाल चर्च है, कान्वेंट परिसर है। अन्तर केवल इतना है कि ईसाई संस्था द्वारा संचालित यह परिसर संघ के वनवासी कल्याण आश्रम से कहीं अधिक स्वच्छ, खुला और उदार है। इसमें आधुनिक शिक्षा को प्राथमिकता दी गई है, जबकि कल्याण आश्रम में हिन्दू वर्चस्वता व हिन्दूकरण की झलकियाँ मिलेंगी।

जसपुर से लगे सरगुजा जिले में ईसाई मिशनरियों का प्रभाव निश्चित ही गहरा एवं व्यापक है। 1977 में मैं जिला मुख्यालय अम्बिकापुर से सामरीपाट की यात्रा पर था। मैं जिलाधीश संतराम मिश्रा की जीप में बेहद ऊबड़-खाबड़ मार्ग से गुजर रहा था। चारों तरफ घना जंगल था। कच्चे मार्ग के दोनों छोरों पर खड़ी झाड़ियों को चीरते हुए हमारी जीप गुजर रही थी। मुझे सामरीपाट के क्षेत्र में विषाक्त खरपतवार 'झुनझुनिया' के खाने से दो-ढाई सौ आदिवासियों की हुई मौतों की तथ्यात्मक जानकारी जुटाने के लिए भेजा गया था। उन दिनों मैं केन्द्रीय श्रम मंत्रालय के अधीन 'राष्ट्रीय श्रम संस्थान' के ग्रामीण कोष्ठ में शोधकर्त्ता था। देश के विभिन्न पिछड़े जिलों में 'बन्धक श्रमिक मुक्ति व चेतना शिविर' के आयोजन में भी मैं सक्रिय था। देश की प्रथम ग़ैर-कांग्रेसी जनता पार्टी सरकार में श्रम राज्य मंत्री लारंग सहाय का निर्वाचन क्षेत्र भी कुसमी-सामरी क्षेत्र था। इसलिए मेरे लिए यह घटना प्रशासनिक दृष्टि से भी महत्त्वपूर्ण थी। वैसे इस घटना पर विस्तार से मेरी एक रपट 'नवभारत टाइम्स' में प्रकाशित भी हुई थी।

यहाँ इस यात्रा के उल्लेख का प्रयोजन सिर्फ यह बतलाना है कि इस गहन भीतरी अंचल में भी चर्च की उपस्थिति मिली। हुआ यह कि कुसमी तहसील से जब हमारी जीप सघन वन क्षेत्र में प्रवेश करती है, पहाड़ी मार्ग पर चढ़ने लगती है तब अकस्मात दाईं तरफ नीचे मैदान में एक बड़ा-सा चर्च दिखाई देता है। मैं कौतुक से इसे देखता हूँ। मेरी जिज्ञासा को शान्त करते हुए जिलाधीश बतलाते हैं कि इसका निर्माण 19वीं शताब्दी में हुआ था। शायद ग़ैर-अंग्रेज मिशनरियों ने इसका निर्माण कराया था। लेकिन इसकी वास्तुकला उत्कृष्ट है। यह दूर से ही सभी को आकृष्ट करता है।

जब हम घटना क्षेत्र के गाँव में पहुँचते हैं तो दो-तीन झोंपड़ियों के ऊपर टँके क्रॉस दिखाई देते हैं। इन्हें देसी 'झोपड़ी-चर्च' कहा जा सकता है। स्थानीय आदिवासी समाज की जीवन-शैली में यह चर्च रचा-बसा हुआ था। इन झोपड़ियों में केरल की दो 'सिस्टर' भी मिलीं जो कि पीड़ित आदिवासी परिवारों की समर्पित भाव से सेवा-शुश्रूषा भी कर रही थीं। हजारों किलोमीटर दूर से पहुँची मलयाली भाषी सिस्टरों का इन भीतरी गाँवों में सेवारत होना काफी कुछ उद्घाटित करता है!

सामरीपाट से सटा तत्कालीन बिहार का अत्यन्त पिछड़ा ज़िला पलामू था। आज यह झारखंड राज्य का हिस्सा है।

सरगुजा के इस सीमावर्ती आदिवासी अंचलों में भी आदिवासी जन जीवित कैसे हैं ? यह किसी चमत्कार से कम नहीं है। हुआ यह है कि 1978 में गांधी शान्ति प्रतिष्ठान ने दो जर्मन स्वास्थ्य विशेषज्ञों के सहयोग से पलामू जिले के कतिपय चुनिन्दा आदिवासी गाँवों का स्वास्थ्य सर्वेक्षण कराया था। सर्वेक्षण के परिणाम अत्यन्त अविश्वसनीय थे। होता यह था कि शिविर में आदिवासियों का त्वरित रक्त परीक्षण किया जाता और परिणाम भी तुरन्त मिलते। अधिकांश स्त्री-पुरुष आदिवासियों में 'हीमोग्लोबिन' की मात्रा 4 से 7 के बीच मिली। कुछ आदिवासियों को तो तुरन्त ही राँची अस्पताल में भर्ती कराया गया क्योंकि वे साँस भर ले रहे थे। विकसित देश के इन विशेषज्ञों को यह किसी चमत्कार से कम नहीं लगा। उनके विचार से इन आदिवासियों के अब तक प्राण पखेरू उड़ जाने चाहिए थे। हीमोग्लोबिन के अलावा कुपोषण से जुड़ी कई और भी बीमारियाँ मिलीं। इन सबके बावजूद ये अरण्य जन जीवित थे! कौन-सी शक्ति इन्हें जिन्दा रखे हुए थी, इसकी व्याख्या न जर्मन विशेषज्ञ कर सके और न ही स्थानीय स्वास्थ्य अधिकारी। मैं इस दृश्य का केवल मूक दर्शक था।

हुआ यह कि इस जिले के महुआडाँड ब्लॉक की यात्रा भी मैंने 'बन्धक श्रमिक अध्ययन परियोजना' के सिलसिले में की थी। यह किस्सा भी 1978 का है। मेरे साथ दोनों जर्मन अध्ययनकर्त्ता भी थे। पलामू जिला मुख्यालय-डाल्टनगंज से महुआडाँड का मार्ग बेहद दुष्कर था। बेतला राष्ट्रीय उद्यान से गुजरते हुए, हाथियों का सामना करते हुए, मृग-विचरण के नयनाभिराम दृश्यों को निहारते, टेढ़े-मेढ़े पहाड़ी रास्तों को चढ़ते हुए इस प्रखंड में हम पहुँचे थे। मार्ग में दो-एक बार जीप ने धोखा देने की कोशिश भी की। ड्राइवर होशियार था। जीप को ठोंकते-पीटते उसने हमें महुआडाँड पहुँचा ही दिया।

इस सुदूर अंचल में भी मुझे विशाल चर्च मिला। चर्च से सटा अत्याधुनिक अस्पताल था। सीनियर सिस्टर डॉक्टर भी केरल की थीं। उनका अंग्रेजी उच्चारण और वार्तालाप की शैली अमेरिकी थी। उन्होंने पूछने पर स्वीकार किया कि वे विदेश में शिक्षित-दीक्षित हुई हैं। पिछले दो-एक वर्षों से वे इस क्षेत्र में आदिवासियों के बीच सेवा कार्य कर रही हैं। इस चर्च परिसर में दर्जनों आदिवासी थे जो कि उपचार के लिए आए हुए थे। कुछ के गलों में क्रॉस की मालाएँ भी झूल रही थीं। शायद ये धर्मान्तरित आदिवासी थे। बाद में पता चला कि इस क्षेत्र में ईसाई आदिवासियों की संख्या काफी है। वे जीविकोपार्जन के लिए चर्च पर आश्रित हैं। कुछ ने अपनी जमीनें भी चर्च अधिकारियों के पास गिरवी रखी हुई हैं। भूमि-पट्टे पादरियों के पास हैं। अपने एक लेख 'From Bondage To Bondage'[1] में मैंने इसका भी विस्तार से वर्णन किया है। आँकड़ों सहित तथ्यात्मक विवरण भी दिया गया है। इस

1. दे. Islands of Deprivation, प्र. हर्ष प्रकाशन, दिल्ली।

क्षेत्र में ईसाई मिशनरियों की गतिविधियों का व्यापक तंत्र मिला। बींसवी सदी में इस तंत्र का जन्म हुआ, ऐसा नहीं था। 19वीं सदी से ही झारखंड और समीपवर्ती आदिवासी अंचलों में मिशन-गतिविधियाँ शुरू हो गई थीं।

1978 में अम्बिकापुर सामरी मार्ग के ही आस-पास स्थित एक चर्च परिसर में मैंने श्रम संस्थान के तत्वावधान में बन्धक श्रमिक शिविर लगाया था। वह पाँच-छह दिन तक चला था! शिविर से पहले करीब पन्द्रह दिन तक आस-पास के क्षेत्रों में मैंने और कुछ अन्य शोधकर्त्ताओं ने मिलकर बन्धक श्रमिकों का सर्वेक्षण भी किया। इस क्षेत्र के कई गाँवों में सवर्ण परिवारों के घरों में 'आदिवासी बन्धक श्रमिक प्रथा' जीवित मिली। यहाँ के सवर्ण भूस्वामियों (राजपूत, ब्राह्मण, वैश्य आदि) ने भी नकुलनार-गीदम के भूस्वामियों की भाँति आदिवासियों की जमीनें बेनामी ढंग से हड़प रखी थीं। यहाँ के आदिवासियों में ऋणग्रस्तता भी मिली। आपातकाल में बने कानूनों : बन्धक श्रमिक प्रथा उन्मूलन कानून-1976 और ऋणग्रस्तता उन्मूलन कानून 1976, के बावजूद इस जिले में सामन्ती-औपनिवेशिक काल की प्रथाएँ अबाध रूप से फल-फूलती रहीं। विडम्बना यह थी कि केन्द्र, मध्य प्रदेश और बिहार, तीनों ही स्थानों में एक ही पार्टी का शासन था अर्थात् भारतीय राष्ट्रीय कांग्रेस!

आपातकाल की समाप्ति के बावजूद यहाँ भुखमरी का तांडव जारी रहता है। केन्द्र और तत्कालीन मध्य प्रदेश और बिहार में ग़ैर-कांग्रेसी सरकारें आती-जाती रहीं लेकिन आदिवासियों की न ऋणग्रस्तता टूटी और न ही भूख से मौतों का अन्त हुआ। 1992 में इसी सरगुजा क्षेत्र में आदिवासियों की भूख से इतनी मौतें हुईं कि केन्द्र भी काँप उठा था। तत्कालीन प्रधानमंत्री नरसिंह राव को अपने दल-बल समेत इस क्षेत्र में हैलीकॉप्टर से पहुँचना पड़ा। मुझे स्वयं को प्रधानमंत्री की यात्रा-कवरेज़ के लिए दिल्ली से इस क्षेत्र में भेजा गया। रायपुर तक हवाई जहाज से पहुँचा। इसके पश्चात बिलासपुर, अम्बिकापुर होता हुआ मैनपाट के घटनाग्रस्त गाँवों में पहुँचा। रात-भर कार में चलता रहा। सुबह भी यही किया। तब जाकर प्रधानमंत्री की यात्रा कवर कर सका। इसके बाद भुखमरी में डूबे गाँवों में पहुँचा। भूख की चपेट में आए आदिवासी परिवारों से सम्पर्क किया। क्षुधा-दंश के शिकार वे कैसे हुए, इसकी त्रासद गाथा सुनी। वही पुरानी कहानी : बँधुआ मज़दूरी, ऋणग्रस्तता, भूमिहीनता, बेरोजगारी, निर्धनता, विकल्पहीनता! 1977 से लेकर 1992 तक का समय इस क्षेत्र के अरण्य अभागों के लिए ठहरा ही रहा है!

पुनरावलोकन यात्रा का आरम्भ दंतेवाड़ा के नकुलनार से किया था। यह यात्रा दंतेश्वरी माई के मन्दिर से गुजरती हुई गीदम पहुँची, जसपुर में पड़ाव डाला, महुआडाँड की खोज-ख़बर ली और सरगुजा के सामरी पाट व मैनपाट की क्षुधा-दंश गाथा को सुना। आखिर क्या समानता हो सकती है 'प्रताप चौराहा' से लेकर

राजपुर के चर्च तक? जसपुर के मिशन और वनवासी कल्याण आश्रम के इरादों में कोई तो दोस्ती रहनी चाहिए! अपने देवी-देवताओं, नायक-नायिकाओं, धार्मिक प्रतीकों, पूजा-पद्धतियों जैसे संवेदनशील, साथ ही प्रभुत्ववादी माध्यमों को इस प्रकृति प्रेमी मानवता के समाज में स्थापित करना, क्या सब कुछ अनायास व निरापद प्रक्रिया है? यह प्रश्न झकझोरता है जब स्वयंभू घोषित श्रेष्ठतर व शक्तिशाली समाज का कोई व्यक्ति इन लोगों के मध्य पहुँचता है।

चलो, लौटते हैं दंतेश्वरी माई के पास।

हनुमान मूर्ति की निर्माण प्रक्रिया को देखकर तीनों आश्चर्यचकित थे। बाहरी कारीगर इसकी साज-सज्ज़ा में लगे हुए थे। मन्दिर परिसर में कीमती चमचमाती कारें नव समृद्धि के आगमन की घोषणा कर रही थीं। मोटर बाइकों की अलग से कतार मौजूद थी। अब वाहनों के लिए अलग से पार्किंग स्थल उपलब्ध था। विभिन्न प्रदेशों के पर्यटक आ-जा रहे थे। इस दृश्य को देखकर दस वर्ष पहले की एक घटना बाहर आना चाहती है।

वर्ष 2003 में मैं, जयंत वर्मा और कुछ अन्य समाजकर्मी इसी स्थल पर थे। तब न कोई मूर्ति निर्माण के संकेत देखे थे, न आज जैसी महँगी कारें थीं, न ही नवधनिक भक्तों का जमावड़ा। अलबत्ता, एक दृश्य ज़रूर देखा, जो अद्‌भुत था। मन्दिर के गर्भगृह की दीवार से सटाकर नव नेवली मोटर बाइक की आरती उतारी जा रही थी। उस पर तिलक लगाया जा रहा था। फूल चढ़ाए जा रहे थे। स्वास्तिक का निशान बनाया जा रहा था। मन्दिर के मुख्य पुजारी की देख-रेख में यह कर्मकांड चल रहा था।

जब मैं 1975 में लौटता हूँ तब ऐसा दृश्य अकल्पनीय था। तब न कोई कारों का जमावड़ा था, न किसी मोटर बाइक की पूजा। मामा-मुरिया लोग अपनी छोटी-सी दुनिया के नागरिकों (नंग-धड़ंग बच्चे, बच्चों को स्तनपान कराती औरतें, फूलों-मोर पंखुड़ियों का ताज पहने, रंग-बिरंगी पोशाकों में उल्लासित तरुण-तरुणियों के जोड़े, सन्तानों का सम्बल लिए लँगोटीधारी वृद्धजन) को लेकर शीश नवाने यहाँ पहुँचा करते थे, और साथ में हुआ करते थे उनके परिवार के अभिन्न सदस्य—मुर्गा-मुर्गी, गाय-बैल, बकरा-बकरी आदि। यहीं मन्दिर के प्रांगण में मामा लोग निश्चल भाव से ईंट-पत्थर का चूल्हा बनाकर कोदो-कुदकी राँधा करते, महुआ पिया करते, सल्फी पीते। उनके बोध जगत में न कोई हनुमान था, न महाराणा प्रताप, न चेतक, न क्रॉस, न मोटर, न ही मोटर बाइक।

आज दंतेश्वरी माई के ये निर्लिप्त भक्त लुप्त हैं। इन्हें विस्थापित किया है दाईं कलाई की कलावाधारी सेना ने, इसके लाव-लश्कर (चमचमाती कारें, मोटरबाइक, कीमती चढ़ावे, ऊँची मन्नतें) ने! कहाँ, किन पहाड़ों, वनों में दुबक गए हैं 1971, 75, 77, 81, 82, 85, 88, 98 और 2003 के वे मामा मुरिया लोग? क्या राज्य उनका अता-पता बतलाएगा?

विचारों का रेला उमड़ता है। इतिहास में लौटने को जी चाहता है। 1910 में दक्षिण बस्तर में ही आदिवासियों ने इतिहास प्रसिद्ध विद्रोह 'भूमकाल' किया था। इस क्षेत्र की किवदंतियों में विद्रोह का नायक 'गुंडाधूर' माना जाता है। गुंडाधूर ने गाँव-गाँव घूमकर अंग्रेजी शासकों के खिलाफ आदिवासी समाज में अलख जगाई थी। इस क्षेत्र में मौजूद जागीरदार, जमींदार, व्यापारी, हाक़िम वर्ग हिल उठा था। इस क्षेत्र के लोकगीतों में गुंडाधूर के कारनामों की गूँज सुनाई दे जाएगी। कह सकते हैं, गुंडाधूर बस्तर का एक प्रकार से 'बिरसामुंडा' था जिसकी हुंकार 19वीं सदी के अन्त में झारखंड में सुनाई दी थी। जबकि दस वर्ष बाद बीसवीं सदी के प्रथम दशक में बस्तर में गुंडाधूर का प्रतिरोध गूँजा था। दोनों ही अपने-अपने समाज के नायक थे। दोनों के मध्य करीब बारह-तेरह सौ किलोमीटर का फासला था लेकिन साधन एवं साध्य में कोई दूरी नहीं थी। उस समय न टेलीफोन था, न अख़बार, न मोबाइल, न टीवी। तब कौन-सी संचार प्रणाली थी जिसने इन दो छोरों, दो नायकों की दूरी को पाट दिया था। दोनों ही प्रतिरोधी क्यों बने ? क्यों किया विद्रोह दोनों ने ? किस चेतना ने उनमें अंगार सुलगाए ? क्यों दोनों ने अरण्य में आग लगाई ? सोते झाड़ों को सुलगाया, शाल वनों का द्वीप सुलग उठा। क्यों बिरसा मुंडा को आदिवासी नायक कहा जाता है ? गुंडाधूर किंवंदती कैसे बन गया ?

यहीं एक और सवाल की थाप मुझे सुनाई दे रही है। क्या गुंडाधूर की काल्पनिक मूर्ति को नकुलनार में स्थापित नहीं किया जा सकता था ? महाराणा प्रताप-चेतक चौराहा के स्थान पर गुंडाधूर चौराहा बनाया जा सकता था ! दंतेश्वरी माई के मन्दिर के सामने गुंडाधूर की विशाल मूर्ति लगाई जा सकती थी। मन्दिर परिसर में भूमकाल विद्रोह को चित्रकथा में उकेरा जा सकता था। पर ऐसा कहीं भी नहीं हुआ, दंतेवाड़ा से लेकर जसपुर तक केवल प्रभुत्व वर्ग के देवी-देवता, नायक-नायिकाएँ, धार्मिक ग्रन्थ आपको चिढ़ाते हुए मिल जाएँगे। गीदम में ही शिक्षण संस्थाओं का नामकरण 'आस्था', 'गुरुकुल' परिसर किया गया है। क्या आदिवासी संस्कृति से तालमेल रखने वाला नामकरण करना उचित नहीं रहता ? इस मानवता की भी तो समृद्ध परम्परा है। 'आस्था' और 'गुरुकुल' किस समाज का प्रतिनिधित्व करते हैं, इस प्रश्न पर भी विचार किया जाना चाहिए।

विमर्श का स्पेस यहीं से उठता है। ठीक से याद नहीं आ रहा है, कहीं मैंने पढ़ा था साम्राज्यवादियों के पास चार शस्त्र थे : 'जहाज, तलवार या तोप, बाइबिल और नृतत्वशास्त्री'। इन चार शस्त्रों के बल पर यूरोपीय साम्राज्यवादियों ने एशिया-अफ्रीका में अपने उपनिवेश कायम किए थे। स्थानीय समाजों को गुलाम बनाया था। इन शस्त्रों की प्रकृति का बारीकी से विश्लेषण किया जाए तो उत्तर मिलेगा कि 'बाइबिल और नृतत्वशास्त्री या मानवशास्त्री' का सीधा सम्बन्ध मनुष्य की सामाजिक, सांस्कृतिक, धार्मिक संरचना से है। इन दो शस्त्रों के माध्यम से मानव की आन्तरिक

और बाहरी संरचनाओं की निर्मिति की जाती है। उनका आविष्कार व परिष्कार किया जाता है, और आवश्यकतानुसार उनका निश्चित दिशा में अनुकूलन भी किया जाता है। प्रसारवादी और प्रभुत्ववादी समाज के प्रतिनिधि उन समाजों को विभिन्न हथकंडों से दबोचने की कोशिश करते हैं जो कि तथाकथित भौतिक महत्त्वाकांक्षाओं व उपलब्धियों में विश्वास नहीं रखते या तकनोलॉजी दृष्टि से पिछड़ गए हैं या वर्चस्ववादी मूल्यों को महत्त्व नहीं देते हैं। इस प्रक्रिया में शक्तिशाली समाज अपने विजय अभियान में धर्म, भाषा, संस्कृति और विभिन्न प्रकार के भावनात्मक व संवेदनशील शस्त्रों का प्रयोग करते हैं।

आर्थिक और राजनीतिक सत्ता के स्थायित्व व प्रभावशीलता के मामले में धार्मिक या सांस्कृतिक उपक्रमों ने इतिहास में हमेशा महत्त्वपूर्ण भूमिका निभाई है। पिछड़े समाजों में इन शस्त्रों के माध्यम से व्यक्ति की चेतना का अपहरण व अनुकूलन किया है। आक्रमणकारी अपने न्यस्त स्वार्थों को ध्यान में रखकर शासित समाजों की आन्तरिक संरचना में घुसपैठ करता है। शासित समाजों में पहले हीनता के भाव पैदा किए जाते हैं। पिछड़ेपन का अहसास उनमें रोपा जाता है। उन्हें हमलावर समाज की श्रेष्ठता और शक्ति, दोनों के सामने बौना सिद्ध किया जाता है। वे दास बनने, शासित व शोषित होने के लिए जन्मे हैं। इन भावों को धार्मिक–सांस्कृतिक और शासन तंत्र के शक्ति प्रदर्शन के माध्यम से इन समाजों की धमनियों में फैला दिया जाता है। यह भी जतलाया जाता है कि इन समाजों के लोग धरा पर बोझ हैं, अपमानव हैं, निकम्मे, जाहिल, असभ्य और बर्बर हैं। उन्हें सभ्य व सुसंस्कृत, शिक्षित व नागरिक बनाने का ऐतिहासिक उत्तरदायित्व हमलावर शासक समाज का है। इसके लिए ज़रूरी है कि दास–शासित समाज के लोग शक्तिशाली एवं श्रेष्ठतर समाज के धार्मिक–सांस्कृतिक उपादानों को स्वीकार करें, आरोपित मिथकीय या ऐतिहासिक नायक–नायिकाओं को अपने आदर्श के रूप में देखें। क्योंकि प्रभु व श्रेष्ठतर समाज की जीवन–शैली और दृष्टि अधिक विकसित, समृद्ध, दैविक और अनन्त है और इसी शासक दृष्टि का परिणाम है 'प्रताप चौराहा, प्रताप व चेतक की मूर्ति, हनुमान की प्रतिमा, महुआडाँड के क्रॉस!' यहीं मुझे रुडियर किपलिंग की कविता (1899) 'White Man's Burden' और विलियम ईस्टली की पुस्तक 'The White Man's Burden' याद आ रहे हैं। दोनों में जातीय श्रेष्ठता का दम्भ बरसता है। आदिवासियों का हिन्दूकरण और ईसाईकरण, ये दोनों ही धाराएँ इस दम्भ से फूटती हैं। कथाकार तेजिंदर ने अपने उपन्यास 'काला पादरी' में इस धारा का अच्छा चित्रण किया है।

यहाँ हिन्दूकरण से सम्बन्धित एक घटना का उल्लेख मौजूँ रहेगा। यह घटना 1972 की है। उन दिनों जिलाधीश डॉ. बी.डी. शर्मा थे। उन्होंने जिले के एक कंठीवाले बाबा के खिलाफ अभियान चलाया था। उसे जिला बदर कर दिया गया। हुआ यह कि कंठीवाले बाबा ने आदिवासियों को शाकाहारी बनाना शुरू कर दिया

था। आदिवासी गाँवों में हिन्दू संस्कारों को प्रचारित किया जाने लगा। उनसे यज्ञ, उपनयन संस्कार, मुंडन, नामकरण संस्कार, ब्राह्मण भोज आदि कराए जाने लगे। हिन्दू रीति-रिवाज़ों के कारण आदिवासी कर्जदार होने लगे, खेतीबाड़ी गिरवी रखी जाने लगी, व्यापारी लोग खड़ी फसल काटने लगे। इन सबसे आदिवासी समाज की परम्परागत संरचना गहरे तक प्रभावित होने लगी, आर्थिक व्यवस्था गड़बड़ाने लगी।

डॉ. शर्मा ने कंठीवाले बाबा और उनके अनुयायियों के खिलाफ कार्रवाई की। जगदलपुर के पास उनके आश्रम पर छापा मारा गया। कंठीवाले बाबा को गिरफ्तार कर जिला बदर किया गया। बाबा ग़ैर-आदिवासी थे और किसी हिन्दी प्रदेश के थे। उन्होंने बस्तर में आकर अपना आश्रम स्थापित किया, छोटा-मोटा सम्प्रदाय बनाया, सम्पति बनाई। आदिवासियों को अपने जाल में फँसाकर अपना राजनीतिक प्रभाव भी बढ़ा लिया। जिला कांग्रेस के नेता उसके समर्थक बन गए। बस्तर में चुनाव जीतने के लिए उसे ज़रूरी माध्यम माना गया।

लेकिन डॉ. शर्मा की दृष्टि में कंठीवाला बाबा धूर्त और व्यापारियों का एजेंट था। वह आदिवासियों के साथ छलकपट कर रहा था। इसलिए उसके विरुद्ध निर्णायक कार्रवाई करनी पड़ी। प्रेस में डॉ. शर्मा के पक्ष व विरोध में जमकर बयानबाजी चली। अन्ततः मुख्यमंत्री श्यामाचरण शुक्ल ने डॉ. शर्मा का जगदलपुर से भोपाल तबादला कर दिया क्योंकि कुछ समय पश्चात विधानसभा के चुनाव होने वाले थे जिसमें बाबा का इस्तेमाल किया जाने वाला था।

यह घटना इस बात का सबूत है कि किस प्रकार ग़ैर आदिवासी आर्थिक, राजनीतिक ताक़तें आदिवासियों को अपने-अपने जाल में फाँसने के लिए धर्म का इस्तेमाल करती हैं!

यह भी सच है कि ईसाई मिशनरियों के कारण आदिवासियों में आधुनिक चेतना भी विकसित हुई है। वे शिक्षित हुए हैं। हिन्दू संस्थाओं की तुलना में मिशनरियों के कार्य अधिक ठोस, सकारात्मक, रचनात्मक और दीर्घकालीन कहे जाएँगे। तुलनात्मक दृष्टि से हिन्दू संस्थाओं की भूमिका यथास्थितिवादी, परम्परावादी, मध्ययुगीनवादी और प्रतिगामी रही है। मेरी यह धारणा आदिवासी अंचलों की यात्राओं के दौरान हुए अनुभवों के आधार पर बनी है। आदिवासी जीवन मूल्यों की दृष्टि से देखा जाए तो यह बहिरंग संस्कृति 'वर्ण संकर जीवन-शैली' को जन रही है, अमरबेल बनकर इस निर्मल मानवता पर लदती जा रही है।

इस क्षेत्र में वर्ण संकर संस्कृति के विस्फोट का एक पहलू मेरे लिए रहस्य भरा लग रहा है। विगत एक दशक में दक्षिण बस्तर में मिलिटेंट प्रतिरोधी शक्तियों का उदय ही नहीं, विस्तार भी हुआ है। माओवादियों की उपस्थिति गहन और सघन है। दंतेवाड़ा को चरम वामपन्थियों की हृदयस्थली के रूप में भी देखा जा चुका है। यही सड़क आन्ध्र प्रदेश के नक्सल प्रभावित जिलों से जोड़ती है। इस मार्ग पर सुरक्षाबलों

और माओवादियों के बीच मुठभेड़ें तक हो चुकी हैं। माओवादियों से नकुलनार के बाहरी लोग भयाक्रान्त भी हैं। जब हम महाराणा प्रताप की मूर्ति के फोटो ले रहे थे तब किसी ने भीड़ में माओवादियों के समर्थकों की मौजूदगी की आशंका भी जाहिर की थी। हम लोगों को भी निशाना बनाया जा सकता है, यह खतरा भी था।

मैं दंतेवाड़ा के ताज़ा परिदृश्य के मध्य खड़ा इस पहेली को सुलझा नहीं पा रहा हूँ कि इस अंचल में माओवादी शक्तियों के उदय के बावज़ूद प्रभुवादी समाज की वर्ण संकर संस्कृति के प्रतीकों का विस्फोट कैसे होने दिया गया? सशस्त्र प्रतिरोधी शक्तियों की उपस्थिति के बावजूद प्रभु समाज के नायक-नायिकाएँ इस अंचल में कैसे अवतरित हो सके? प्रभु समाज में यह दुस्साहसिकता कहाँ से आई? सशस्त्र प्रतिरोधियों से यह समाज भयभीत क्यों नहीं हुआ? क्यों नहीं बिरसा मुंडा, गुंडाधूर जैसे नायकों की प्रतिमाओं को स्थापित कराया गया? ये तमाम प्रश्न मेरे लिए किसी पहेली से कम नहीं हैं।

अतीत को रिवाइंड करना सुखद भी है, दुखद भी। सुखद या दुखद का अहसास इस पर निर्भर है कि 'अतीत कैसा था'? अतीत ने कैसा प्रभाव अपने समय पर छोड़ा और भविष्य के लिए कैसी पृष्ठभूमि रची? अतीत, वर्तमान और भविष्य में सुविधापूर्व यात्रा भी काफी कुछ परिस्थितियों से ताल्लुक़ रखती है। जब तक कोई चुनौती प्रस्तुत न रहे, भला कोई व्यक्ति अतीत में क्यों उतरने लगा? भविष्य के कैनवस में रंगों-रेखाओं की कल्पना क्यों करने लगा? कुछ तो रहे, जिससे वर्तमान भूत और भविष्य से टकराया जाता रहे।

भूत और भविष्य से मुठभेड़ वर्तमान को निमंत्रण दे रही है। मुझे इसे स्वीकार करना चाहिए।

दंतेश्वरी मन्दिर से मुक्ति मिली तो सोचा—

"जोशी जी, क्यों न यहीं दंतेवाड़ा में रात्रि-पड़ाव किया जाए?" प्रकाश जी पूछ रहे हैं।

"कोई हर्ज़ नहीं, चलो कोई ठिकाना तलाशा जाए।" मैं अपनी सहमति देता हूँ।

हम तीनों तेजी से मध्यवर्गीय शहर की शक़्ल आँखों में उतारते हुए दंतेवाड़ा में 'रात्रि आश्रम' की तलाश में निकल पड़ते हैं। पुराना सर्किट हाउस है लेकिन वहाँ हमारी दाल नहीं गलेगी। इसमें ठहरने के लिए कलेक्टर जैसे किसी ऊँचे अधिकारी से अनुमति पत्र प्राप्त करना पड़ेगा। तीनों ने ही इस मार्ग से असहमति ज़ाहिर की। फिर किसी ने बतलाया कि दंतेवाड़ा में एक अच्छा होटल खुल गया है। होटल का नाम है 'मधुबन होटल'। हम तीनों पूछते-पाछते होटल पहुँच गए। होटल के अहाते में तीन-चार बड़ी कारें खड़ी हैं।

हम तीनों होटल में प्रवेश करते हैं। स्वागत काउंटर पर पहुँचते हैं। रूम किरायों पर नज़र पड़ती है। करीब 800 से 2000 रुपए के बीच वे झूल रहे हैं। स्वागतकर्ता

किराए में रियायत देने के लिए तैयार नहीं है। फिर हम सोचते हैं 'यदि इतना किराया ही देना है तो जगदलपुर क्या बुरा है। वहीं नाइट हॉल्ट किया जाए। कम-से-कम आधा रास्ता तो कटेगा। सुबह-सुबह नारायणपुर के लिए चल पड़ेंगे।' हम तीनों यही तय करते हैं और मधुबन रेस्टोरेंट में ही पकौड़ों पर पिलकर जगदलपुर की राह पकड़ लेते हैं। चलते-चलते पकौड़ा सर्व करने वाले वेटर से इतना ज़रूर मालूम हो जाता है कि मधुबन होटल के मालिक कोई चह्वाण साहब हैं। वे नकुलनार के रहने वाले हैं। 'दंतेवाड़ा जिले का यह अकेला थ्री स्टार होटल है साहब'! मुझे हैरत में डालने के लिए यह सूचना काफी थी। हम तीनों ही इस वाक्य को सुनकर चकित थे। नकुलनार में अर्जित पूँजी का शहरी नियोजन हो रहा है! कुआकोंडा क्षेत्र के आदिवासियों की पूँजी किन धन्धों में लगी होगी? यह पूँजी उनकी झोपड़ियों, खेतों, झाड़ों में जन्मी होगी? इस जिज्ञासा का उत्तर वहाँ किसी के पास नहीं था। दंतेवाड़ा के शहर में होते रूपान्तरण की कहानी भी जिज्ञासा को शान्त नहीं कर रही है।

मधुबन से लौटते हैं। तंग गलीनुमा मार्ग के दोनों छोरों पर अनेक दुकानें उग आई हैं। अंग्रेजी माध्यम स्कूल भी हैं। छोटे-मोटे मन्दिरों के साथ-साथ 'चर्च' ने भी जन्म ले लिया है। जगदलपुर-दंतेवाड़ा-किरंदूल मार्ग पर ज्वैलर्स की दुकानें दंतेवाड़ा में अँगड़ाई लेती समृद्धि का हमें अहसास करा रही हैं। बड़ा-सा बस स्टॉप बन गया है। उसके चारों तरफ बाज़ार ने जन्म ले लिया है। लॉज और रेस्टोरेंट दिखाई दे रहे हैं। आधुनिक हैयर सेलून भी मौजूद हैं। लोगों के गालों का चुम्बन मोबाइल ले रहे हैं। मोबाइल की दुकानें हैं, टीवी, फ्रीज की दुकानें हैं। कम्प्यूटर दंतेवाड़ा के आधुनिकीकरण का विश्वास दिला रहा है। मोटर बाइकों की अलग से टोलियाँ हैं। कारों और मिनी बसों का जमावड़ा अलग से है। मैं चकित हूँ, 'क्या यही दंतेवाड़ा है जिसे मैं छोड़कर गया था?' स्वयं से मैं बुदबुदाता हूँ।

कुछ लोग नॉस्टेलजिया को व्यक्तित्व की कमज़ोरी समझते हैं। हो सकता है, यह सही भी हो लेकिन मेरे लिए यह हमेशा ऊर्जा का स्रोत रहा है। आज भी है। इसमें डूबने पर विशेष 'थ्रिल' होती है। यह थ्रिल मुझे 'पलायन' भी देती है—'ले चल नाविक मुझे भुलावा देकर'। फिर यथार्थ में लौटता हूँ तो अतीत और स्मृतियों की ऊर्जा से ओतप्रोत हो जाता हूँ। कुछ चीज़ें फिर से जी उठती हैं। अतीत और वर्तमान के बीच सम्बन्ध नए आकार लेने लगते हैं। भूले-बिसरे पात्र फिर से सहयात्री बन जाते हैं। क्या सही था, क्या ग़लत है, या क्या ग़लत था, क्या सही है, इसका नए सिरे से बोध होने लगता है। बस्तर की ताज़ा यात्रा में कुछ ऐसा ही घटता जा रहा है मेरे साथ!

अब मुझे आपातकाल के दौरान मेरी पहली दंतेवाड़ा-यात्रा के अनुभव याद आ रहे हैं। ये अनुभव नहीं हैं, जीवन का एक काल खंड है जिसके बिना मैं शायद अधूरा

रहता। ये अनुभव यथार्थ की जमीन में अंकुरित हुए हैं और इनके प्रस्फुटन से जीवन समृद्ध ही हुआ है।

तो मैं जगदलपुर-पड़ाव पूरा कर निकल पड़ा हूँ दंतेवाड़ा की ओर। मैं और संजीव दुग्गल जीप में दंतेवाड़ा चले जा रहे हैं। जीप संजीव खुद चला रहे हैं और पीछे की सीट पर चालक बैठा हुआ है। मैं अगली बाईं सीट पर हूँ। करीब अस्सी किलोमीटर का मार्ग सुनसान पड़ा है। बीच-बीच में मध्य प्रदेश शासन की परिवहन बसें आती-जाती दिखाई दे जाती हैं। सरकारी जीपें भी आ-जा रही हैं। निजी कारों का तो टोटा पड़ा हुआ है। हाँ, एक-दो बार मोटर बाइक ज़रूर दिखाई दीं। साइकिलें ज़रूर टकराते-टकराते बच जाती हैं। सड़क पर दो वाहन ही एक साथ गुजर सकते हैं, जो पिछड़ा-पतला-कमजोर होगा वही पटरी से उतरेगा। साइकिल सवार को कच्चे में उतरना पड़ता है, यह व्यवस्था के चरित्र के अनुकूल है और यही नियम भी है। यदि ऐसा नहीं किया तो जीप, ट्रक, साइकिल सवार को रौंदते हुए आगे निकल जाएँगे। फिर हाक़िम की जीप हो तो तिनके की नियति स्वत: स्पष्ट है!

संजीव दुग्गल दंतेवाड़ा सब-डिविज़न के एस.डी.एम. हैं। बातचीत के दौरान पता चला कि वे दिल्ली के हैं और दिल्ली स्कूल ऑफ इकोनोमिक्स के विद्यार्थी रहे हैं। भारतीय प्रशासनिक सेवा (आई.ए.एस) उत्तीर्ण व प्रशिक्षण अवधि-समाप्त करने के पश्चात् दंतेवाड़ा में उनकी यह पहली स्वतंत्र पोस्टिंग है। बातचीत से यह भी ज्ञात हुआ कि हम दोनों के कुछ समान मित्र भी हैं। मुझे याद आया, दिल्ली में अशोक चक्रवर्ती और पार्थो मजूमदार ने संजीव का उल्लेख किया था। दोनों ही संजीव के सहपाठी रह चुके हैं। इस सन्दर्भ ने हम दोनों को और समीप ला दिया है।

रास्ते भर ढेर सारी बातें कीं। इमरजेंसी की चर्चा हुई। इसके राजनीतिक परिणामों के अनुमान लगाते रहे। जगदलपुर छोड़ने से पहले कलेक्टर प्रदीप बैजल ने संजीव को मेरी राजनीतिक पृष्ठभूमि से पूरी तरह परिचित करा दिया था। यह भी बतला दिया था कि मैं 'मीसा वारंटी' हूँ। गिरफ्तारी का वारंट रुका हुआ है, इसलिए मुझ पर निगरानी रखते हुए स्वतंत्र रूप से अध्ययन कार्य करने दिया जाए।

संजीव एस.डी.एम. होने के साथ-साथ 'दंतेवाड़ा विकास प्राधिकरण' के अध्यक्ष भी हैं। इस प्राधिकरण के अन्तर्गत 'आदिवासियों पर बैलाडीला औद्योगिक सभ्यता के प्रभाव' का अध्ययन प्रोजेक्ट मुझे दिया गया है। इस अध्ययन परियोजना से प्रति माह 600 रुपये की मानदेय राशि निर्धारित की गई है। अध्ययन के सिलसिले में की जाने वाली यात्राओं के भत्तों का प्रावधान अलग से है। डॉ. बी.डी. शर्मा के मार्गदर्शन में यह अध्ययन किया जा रहा है इसलिए दिल्ली की यात्राओं का प्रावधान भी रखा गया है। चूँकि संजीव इसके अध्यक्ष हैं इसलिए असुविधा की गुंजाइश कम ही है।

करीब डेढ़ घंटे की यात्रा के बाद हम दंतेवाड़ा पहुँच चुके हैं। फिलहाल मुझे दंतेवाड़ा डाक बँगले में ठहराया जा रहा है।

"जोशी जी, आप तीन-चार दिन यहीं रहें। इसके बाद आपकी स्थायी व्यवस्था कर दी जाएगी।" यह कहते हुए संजीव जीप में बैठ जाते हैं।

"मैं समझता हूँ, आपके रहते हुए कोई समस्या नहीं होगी।" मैंने कहा।

"एबस्ल्यूटली नॉट! आज का डिनर मेरे साथ रहेगा। आप तैयार हो जाइए, मैं एक घंटे बाद जीप भिजवा दूँगा।" यह कहते हुए संजीव चले जाते हैं। मैं अपने कक्ष में लौटता हूँ।

संजीव दुग्गल सिख हैं लेकिन अत्यन्त शालीन, नफीस, खुले दिमाग़ के हैं। सिखों, पंजाबियों की जो आम छवि या धारणा प्रचलित है, संजीव उससे आश्चर्यजनक रूप से अलग हैं। कॉन्वेंट अंग्रेज़ी के साथ-साथ हिन्दी भी परिष्कृत है। उच्चारण में पंजाबी लहजा गायब है। कह सकता हूँ, संजीव की छवि का जो प्रथम प्रभाव मुझ पर अंकित हुआ, वह आगे भी यथावत रहा।

मैं स्नान आदि करने में जुट गया हूँ। चार-पाँच कमरे हैं। वी.आई.पी. रूम अलग से है। आमतौर पर सरकारी अधिकारी इसमें ठहरते हैं। साफ-सुथरे कक्ष हैं। करीने से वस्तुओं को रखा गया है। रेस्ट हाउस के सामने छोटा-मोटा तालाब है। पीछे खाली मैदान है। एक-दो क्वार्टर ज़रूर हैं जिनमें चपरासी, खानसामा आदि रहते हैं।

डेढ़ घंटे के अन्तराल से जीप मुझे लेने पहुँच गई है। दो-तीन मिनट की ड्राइव के बाद मैं संजीव के बँगले में हूँ। बँगला सामान्य है, इमारत पुरानी है। तीन-चार कमरे हैं। औपनिवेशिक काल की बनावट दिखाई दे रही है। फिर भी इसका अपना अलग आकर्षण है, कशिश है। बँगले से कुछ ही दूरी पर स्थित है प्रसिद्ध दंतेश्वरी का मन्दिर। बँगले के पास ही है दंतेवाड़ा पुलिस स्टेशन। एक तरह से तिराहे पर स्थित है यह बँगला; एक रास्ता जगदलपुर चला जाता है; दूसरा, बैलाडीला और तीसरा दंतेश्वरी मन्दिर। दंतेवाड़ा की जीवन रेखा 'शंकनी' और 'डंकिनी' नदियाँ भी पास से ही बहती हैं। अंग्रेजों के जमाने का पुल है जो कि दंतेवाड़ा को गीदम से जोड़ता है।

संजीव दुग्गल अविवाहित हैं। ड्राइंगरूम संजीव के सौन्दर्यबोध का द्योतक है। कुछ पुस्तकें भी हैं जो शेल्फ में करीने से लगी हुई हैं। बुद्ध का एक बस्ट भी टेबल पर सजा हुआ है। दीवारों पर आदिवासी कला की चित्रकारी है। काष्ठ की मूर्तियाँ हैं। ड्राइंगरूम को देखकर कहना कठिन है कि यह किसी आई.ए.एस. अफसर की बैठक है। अलबत्ता, किसी प्रोफेसर या बुद्धिजीवी की छाप यहाँ ज़रूर दिखाई देती है।

"जोशी जी, क्या पीना पसन्द करेंगे? सॉफ्ट ड्रिंक भी है...और हार्ड ड्रिंक भी। बियर नहीं है।"

"मेरा कोई खास ब्रांड नहीं है। आज सॉफ्ट ड्रिंक से शुरुआत की जाए।"

"नहीं-नहीं...थोड़ी बहुत व्हिस्की ली जाए। ठीक रहेगा।"

"ठीक है, चलेगा... ।"

कुछ क्षणों में अर्दली दो गिलास, सोडा और स्कॉच की बोतल लाकर रख देता है। सलाद और कुछ नमकीन भी साथ में है। इधर-उधर की बातें शुरू हो जाती हैं। मैं संजीव को बतला रहा हूँ कि डॉ. शर्मा बस्तर में नियुक्त शिक्षकों के अध्ययन में रुचि रखते हैं। उन्होंने शिक्षण सम्बन्धी प्रारम्भिक सर्वेक्षण भी करा रखा है। काफी दिलचस्प प्रश्नावली है। मैं इनका विश्लेषण कर रहा हूँ।

आदिवासियों में शिक्षा व शिक्षण स्थिति पर चर्चा शुरू हुई तो दक्षिण अमेरिका के मूल निवासियों नेटिव या रेड इंडियन तक जा पहुँची। थोड़ी-बहुत जानकारी मुझे इस सम्बन्ध में थी। फिर भी सतही। चर्चा की दिशा पाडलो फ्रेरे पर केन्द्रित हो गई है।

"जोशी जी, क्या आपने पाडलो फ्रेरे को पढ़ा है?"

"बिलकुल नहीं!" मैं अपनी अनभिज्ञता स्वीकारता हूँ।

"आप आदिवासियों में काम करना चाहते हैं। मार्क्सवादी बैकग्राउंड से हैं। आपके लिए लातिन अमेरिका के इस 'रेडिकल एज्यूकेसनिस्ट' को पढ़ना उपयोगी रहेगा।"

"जी...मुझे इसके सम्बन्ध में डिटेल्स बतलाएँ।" वाकई मुझे इस शिक्षा शास्त्री की कतई जानकारी नहीं थी। इस नई जानकारी से मुझे अच्छा लग रहा है।

संजीव अपनी कुर्सी से उठकर पुस्तकों की ओर मुड़ गए हैं। शेल्फ में से वे पेपर बैक की एक पुस्तक चुनते हैं और मेरे सामने रख देते हैं। पुस्तक का शीर्षक है 'Pedagogy of the Oppressed' ।

"फ्रेरे की यह चर्चित पुस्तक है। दक्षिण अमेरिका की शिक्षा व्यवस्था में इसने रिवोल्यूशन ला दिया है। इसे ले लें और पढ़ने के बाद लौटा दें।"

"ओके...दिल्ली गया तो इसे खरीद भी लूँगा।"

"यह ठीक रहेगा। एक तरह से यह शिक्षा की बाइबिल है। यहाँ के आदिवासी क्षेत्र में इसे लागू कर सकते है।"

"अच्छा रहेगा। आपकी मदद की ज़रूरत पड़ेगी।"

"उसकी चिन्ता न करें।" पुस्तक मेरे हाथों में थमाते हुए संजीव ने कहा।

रात्रि के साढ़े नौ बजना चाहते हैं। ड्रिंक के बाद भोजन भी परोस दिया गया है। भोजन सामान्य है। दाल-रोटी-सब्जी, साथ में मक्खन। रसोइया आदिवासी है। भोजन अच्छा बनाया है। अगर संजीव रसोइए का परिचय नहीं देते तो मैं यही सोचता कि किसी बाहरी खानसामा ने खाना बनाया है।

खाना समाप्त करते-करते साढ़े दस बज चुके हैं।

संजीव स्वयं जीप चलाते हुए मुझे रेस्ट हाउस छोड़ रहे हैं। जगदलपुर-बैलाडीला रोड पर सन्नाटा पसरा हुआ है। एक-दो लैम्पपोस्ट टिमटिमा रहे हैं।

"सी जोशी जी, गुडनाइट! सुबह ग्यारह बजे तैयार रहना। जीप भेज दूँगा। ऑफिस में बैठकर डिटेल में चर्चा करेंगे।"

संजीव रात्रि-विदा लेते हैं। चन्द क्षणों में जीप अँधेरे में खो गई है। मैं दिन-भर का थका-हारा बिस्तर पर धड़ाम से गिरता हूँ। पंखा चला रखा है। सोचता हूँ, 'आज की क्या उपलब्धि रही?' उत्तर है 'पाडलो फ्रेरे से परिचय'। इस परिचय के बारे में सोचता, पुस्तक को उलट-पुलट करता हुआ नींद का बन्दी बन जाता हूँ।

दंतेवाड़ा की पहली सुबह शान्त है, न कोई कार, न कोई हड़बड़ी। सूरज की किरणें धीमी गति से झाड़ों को चीरती हुई रेस्ट हाउस की खपरैली छत पर प्रातः सैर के लिए बढ़ती जा रही हैं। खपरैलों की लालिमा और अधिक चमकीली, घनी होती जा रही है। रेस्ट हाउस के आँगन में मुर्गे-मुर्गियाँ बरबस मेरा ध्यान अपनी ओर खींच रहे हैं। कबूतरों की फुदकनों का कोलाहल सुबह को सुरीली बना रहा है। सुबह की चाय आ चुकी है।

"सा'ब बेड टी।"

"तुम भी बेड टी बोलते हो?"

"यहाँ सब साब लोग सुबह बेड टी माँगते हैं। उनसे सीख लिया। चार बिस्कुट भी रखा है पलेट में।"

"कहाँ के रहने वाले हो?"

"पास के गाँव का आदिवासी हूँ साब!" चायवाला अपनी ओर से जानकारी दे रहा है।

"बेरक फासट में क्या लोगे?"

"मैं शाकाहारी हूँ। कुछ भी बना दो। तेल-मसाला, मत डालना।"

"कब ला दूँ।"

"एक घंटे बाद ले आना।" नौकर ऑर्डर लेकर चला जाता है। मैं रेस्ट हाउस के चक्कर लगाता हूँ। थोड़ा-बहुत 'ब्रिस्क वाक' करता हूँ। रेस्ट हाउस के सामने ही मुख्य मार्ग है। दिल्ली की आदत यहाँ भी मुझे घेर लेती है। मैं अख़बार की खोज में निकल पड़ता हूँ। रेस्ट हाउस में तो कोई इन्तजाम है नहीं, न ही रेडियो, न ही ट्रांजिस्टर। जगदलपुर-बैलाडीला मार्ग निस्तेज पड़ा हुआ है, कोई गतिविधि नहीं है। मार्ग पर ही बाज़ार है। बाज़ार के नाम पर चन्द एक दुकानें हैं और वो भी बन्द! राहगीर से अख़बार के बारे में पूछता हूँ। वो सिर से नीचे तक मुझे नापता है। सोच रहा होगा, इस जंगल में यह कौन-सा जानवर आ गया है! तीन-चार बार पूछने पर

वह कह रहा है, "अभी कोई अख़बार नहीं आता। दस बजे बाद रायपुर से आएगा। आप कहाँ के हैं साब?"

"मैं दिल्ली का रहने वाला हूँ। अब यहीं रहूँगा।"

यह कहकर मैं आगे बढ़ जाता हूँ। सड़क पर रोटी की तलाश में कुत्ते ज़रूर दिखाई दे रहे हैं। मध्य प्रदेश परिवहन की एक लाल बस आकर रुकती है, तीन-चार यात्री उतरते हैं। कुछ मिनट रुकने के बाद बस किरंदूल की दिशा में बढ़ जाती है। मैं वापस रेस्ट हाउस लौट आया हूँ। अगली तैयारी में जुट जाता हूँ।

निश्चित समय पर नाश्ता आ गया है।

"साब बेरक फासट लगा दिया है। चाय भी रख दी है।"

मैं नाश्ते की टेबुल पर बैठ जाता हूँ। इधर-उधर की बातचीत चलने लगती है। नौकर मूर्तिमुद्रा में खड़ा पूछने पर जवाब देता रहता है।

"तुम यहाँ कब से काम कर रहे हो?"

"एक साल हो गया।"

"अकेले हो?"

"औरत साथ में है। क्वाटर भी है।"

"क्या-क्या काम करते हो?"

"सब काम करता हूँ, कमरों की सफाई, साब लोगों का नास्ता पानी।"

"खेती-बाड़ी है?"

"थोड़ी-बहुत है। कोदा-कुटकी घर से लाता हूँ। खेत उजड़ गए हैं, साब...।"

"वे क्यों?"

"परजोकट (प्रोजेक्ट-बैलाडीला) का गन्दा पानी डंकिनी (नदी) में आता है। लाल पानी हो गया है। कच्चा लोहा की धुलाई होती है ना!"

"अच्छा...! सरकार ने नदी साफ नहीं कराई?"

"सरकार हमारी सुनती नहीं है। कई गाँव उजड़ गए हैं। खेती-बाड़ी नहीं रही। बछेली-किरंदूल में लेबर (मजदूर) बन गए। पेट तो पालेगा...।"

"तुम्हारी औरत भी काम करती है?"

"एक बाबू साब हैं...उनके घर में साफ-सफाई का काम करती है। उनके बच्चे खिलाती है। आप कब तक रुकोगे? बड़े साब (एस.डी.एम.) तो आपको जानते हैं।"

"कोई अधिक नहीं।"

"हम ग़रीब लोग हैं। हमारी पक्की नौकरी हो तो अच्छा रहेगा। आप लोग बड़े लोग हैं।"

जाहिर है यह मुझसे सिफारिश के लिए कह रहा है। मैंने चुप्पी लगाना ही ठीक समझा, क्योंकि संजीव से नया-नया सम्पर्क है। मेरी कितनी बात मानेंगे, मैं आश्वस्त नहीं हूँ। यह आदिवासी कैज़ुअल नौकर है। कप-प्लेट उठाकर वह चला गया है।

इसके साथ हुई संक्षिप्त बातचीत से झाड़ के एक-दो पत्ते ज़रूर झड़े हैं। अगर पत्ते इसी तरह गिरते रहे तो झाड़ कभी तो सूखेगा, सूखकर गिरेगा या किसी चिंगारी से यह कभी सुलगेगा! समझना होगा इस राम कहानी को।

जीप आ गई है। मैं दंतेवाड़ा विकास प्राधिकरण कार्यालय की ओर रवाना हो रहा हूँ। तीन-चार मिनट की ड्राइव के पश्चात जीप मुझे कार्यालय पहुँचा देती है। मुझे संजीव दुग्गल के कक्ष में ले जाया जा रहा है। संजीव उठकर हाथ मिलाते हैं। अपने सामने की कुर्सी पर बैठने के लिए कहते हैं। अपने मातहत तीन-चार वरिष्ठ अधिकारियों को कक्ष में बुला लेते हैं। सभी से मेरा परिचय कराया जा रहा है।

"आप हैं मि. रामशरण जोशी। दिल्ली के सीनियर पत्रकार हैं। हम लोगों के साथ मिलकर आदिवासियों की समस्याओं की स्टडी करेंगे। बैलाडीला प्रोजेक्ट का इम्पैक्ट क्या हुआ, इसकी विशेष स्टडी करेंगे। आप लोग इन्हें पूरी तरह से कोऑपरेट करिए। जो भी जानकारी माँगें, दीजिए। जब आप लोग फील्ड में जाएँ तो इन्हें भी अपने साथ ले जाइए।" संजीव अफसरी तर्ज़ में सभी को आदेश सुना देते हैं। आई.ए.एस. अफसर का मौखिक आदेश ही लिखित आदेश होता है। प्रत्येक शब्द को संविधान में दर्ज अनुच्छेद या धारा के रूप में लिया जाता है।

सभी अधिकारी मुझे नमस्कार करते हैं। इनमें से कुछ पहले से ही मेरे नाम से परिचित थे। संयोग से उन्हीं दिनों साप्ताहिक हिंदुस्तान में आदिवासियों पर मेरी आवरण कथा प्रकाशित भी हुई थी। 1971 में भी बस्तर और दंडकारण्य की कुछ रपटें पहले ही प्रकाशित हो चुकी थीं। तब तक धर्मयुग में भी काफी कुछ आ चुका था।

"जोशी जी, माफ करेंगे, आप वही जोशी तो नहीं हैं जिन्होंने बँगलादेश की वार रिपोर्टिंग की थी।"

"जी, इस जन्म में तो वही रामशरण जोशी हूँ।" भीतर लोकप्रियता का भाव फूटा। मैंने देखा संजीव भी डॉ. ढाबरे के शब्दों को ग़ौर से सुन रहे हैं। डॉ. ढाबरे पशु चिकित्सक हैं।

"सर! ये बड़े पत्रकार हैं। मैं इन्हें साप्ताहिक हिंदुस्तान, धर्मयुग, दिनमान में पढ़ चुका हूँ। नवभारत टाइम्स में भी लिखते हैं। आपका हमारे बीच स्वागत है।" डॉ. ढाबरे की जानकारी की हाँ--में दूसरे अधिकारी भी अपनी मुंडी हिला रहे हैं। संजीव की भाव-मुद्रा भी उछलती लग रही है। उन्होंने मेरे इस परिचय की आशा नहीं की होगी। वे मेरी मार्क्सवादी पृष्ठभूमि से पूरी तरह परिचित ज़रूर थे। राजनीतिकर्मी मैं हूँ, इसकी पर्याप्त जानकारी उन्हें प्रदीप बैजल पहले ही दे चुके थे। वैसे बैजल भी मेरे पत्रकारीय कर्म से इतने कहाँ परिचित हैं!

"देख लीजिए...इतने बड़े जर्नलिस्ट हम लोगों के बीच हैं। इनके कम्फर्ट्स का पूरा ध्यान रखें।" संजीव ने स्टॉफ को पूरी तरह से समझा दिया। यह भी बतला दिया कि मानदेय, भत्ता आदि प्राधिकरण से ही दिया जाएगा। प्रथम श्रेणी

से यात्रा की सुविधा दी गई है। यात्रा भत्ता अलग से है। स्टेट बैंक ऑफ इंडिया की दंतेवाड़ा ब्रान्च में मेरा एकाउंट खुलवाने की व्यवस्था कर दी गई। कार्यालय भवन से सटा गेस्ट रूम मुझे एलाट कर दिया गया।

मैंने देखा मेरा पत्रकारीय रुतबा यहाँ काफी उपयोगी सिद्ध हो रहा है। वैसे भी पत्रकारों से थोड़ा-बहुत भय रहता भी है, जिला स्तरीय पत्रकारों की छवि 'ब्लैक मेलर' की ज़रूर है। यह दूसरी बात है मैं इन लोगों के लिए श्रद्धा-सम्मान-ग्लैमर-पॉवर का मिला-जुला रूप हूँ क्योंकि दिल्ली से लेकर दंतेवाड़ा तक के सत्ता-गलियारे में मेरी पैठ है। अलबत्ता, संजीव को छोड़कर शेष सभी मेरी राजनीतिक पृष्ठभूमि और मीसा वारंट स्थिति से अपरिचित हैं। एक तरह से यह ठीक भी है, वरना काम करने में असुविधा होगी।

संजीव ज़रूरी फाइलें निपटाकर अपने मूल ऑफिस (एस.डी.एम.) में चले गए। शाम को फिर से साथ में डिनर लेने का निमंत्रण दे गए। मेरा सामान रेस्ट हाउस से उठाकर प्राधिकरण (एजेंसी) के गेस्ट रूम में शिफ्ट कर दिया गया है। ज़रूरी बिस्तर लाकर लगा दिया गया है।

कनिष्ठ अधिकारी मुझसे बारी-बारी से मिल रहे हैं। चूँकि प्रदीप बैजल और संजीव दुग्गल मेरा सम्मान करते हैं इसलिए मुझमें उन्हें प्रतिबिम्बित अफसरी की छवि दिखाई दे रही है। इस अवसर का थोड़ा-बहुत लाभ भी मैं उठा रहा हूँ।

"सर! मेरा घर ठीक सामने है।"

"देखिए, डॉ. ढाबरे, मैं सर नहीं हूँ...।"

"यह कैसे हो सकता है? दुग्गल साहब की तरह आप भी हमारे सर ही हैं। हम तो उसी ढंग से आपको देखेंगे।"

"मेरा अनुरोध है, आप मुझे 'जोशी जी' से सम्बोधित करें, न कि 'सर'। वैसे भी पत्रकार सर नहीं होता है।"

"ठीक है, जोशी जी! कल से आप सुबह की चाय मेरे साथ ही लिया करेंगे। देखिए, क्वार्टर सामने ही है। शाम की चाय साथ में लीजिए।" मैं सहमति दे देता हूँ।

इस एजेंसी के कार्यालय में डॉ. ढाबरे, जो कि महाराष्ट्र मूल के हैं, के अलावा बड़े बाबू हैं। ये पंजाब के रहने वाले हैं। मुख्य लेखाधिकारी जैन हैं, जो कि ग्वालियर की तरफ के हैं। दो-एक सब-इंजीनियर हैं, नक़्शानवीस हैं। कोई बीसेक अधिकारी-कर्मचारियों का स्टाफ है। बग़ैर अपवाद के, चतुर्थ श्रेणी के कर्मचारी स्थानीय आदिवासी हैं और इससे ऊपर के पदों पर बाहरी व ग़ैर-आदिवासियों का एकाधिकार है। कुछ ही घंटों में इसकी जानकारी मुझे मिल गई।

जहाँ प्राधिकरण का दफ्तर है वहीं अन्य सरकारी अधिकारियों और कर्मचारियों के 40-50 क्वार्टर हैं। इसे बाबुओं की बस्ती कहा जा सकता है। मैं समझता हूँ यह

कॉलोनी दंतेवाड़ा की एक प्रकार से मिनी सिविल लाइन है। इसी कॉलोनी में सरकारी डिस्पेंसरी भी है। ग्वालियर के डॉ. जौहरी इसके इन्चार्ज हैं। इनके एक और सहयोगी डॉक्टर हैं जो कि मराठी हैं, नर्सें भी बाहर की हैं। पंजाब, महाराष्ट्र, इन्दौर, भोपाल, रायपुर, कुमाऊँ, आन्ध्र प्रदेश, केरल, राजस्थान जैसे प्रदेशों के लोग इस कॉलोनी में बसे हुए हैं। यह क्षेत्र बेहद साफ-सुथरा और खुला हुआ है, दो तरफ से जंगल से घिरा हुआ। शाम को हिरण दिखाई दे जाते हैं। लोगों को तेंदुआ भी दिखाई दिया है। भालुओं की भी चहलकदमी हो जाती है। सावधानी टली तो रात्रि में कमरे में साँप-बिच्छु की घुसपैठ हो सकती है। इधर से ही कटेकल्याण ब्लॉक को मार्ग जाता है।

दंतेवाड़ा बाज़ार के नाम पर चन्द दुकानें हैं। ये दुकानें भी मुख्य मार्ग के दोनों ओर कतारबद्ध स्थित हैं। इन दुकानों में परचून की दुकानें अधिक हैं, इसके बाद चाय-पानी और सब्जी की दुकानों का स्थान है। इक्की-दुक्की कस्बाई बारबर की दुकान भी हैं बराए नाम। सड़क पर बैठकर ही हज़ामत कर दी जाती है। सहकारी दुकान व दफ्तर भी हैं। मुख्य मार्ग पर ही एक कमरे का टेलीफोन एक्सचेंज है, जहाँ दो ऑपरेटर हैं। बिलकुल प्राचीन टेलीफोन व्यवस्था है, माँगने पर ही ऑपरेटर आपका नम्बर कनेक्ट करेगा। ट्रंक कॉल को लगाने के लिए घंटों तक इन्तजार करना पड़ सकता है। चार श्रेणी की ट्रंक सर्विस हैं : ऑर्डिनरी, एक्सप्रेस, अर्जेंट और लाइटनिंग। इनकी कॉल दरें भी भिन्न हैं। सरकारी दफ्तरों में ही टेलीफोन चोगे सुशोभित हैं, किसी के यहाँ निजी फोन नहीं है। दंतेवाड़ा की अर्थव्यवस्था उपभोक्ता वर्गीय के स्थान पर आवश्यकता आधारित है, या सरकारी पगारों पर जीवित है। निकटवर्तीय गाँवों के आदिवासी भी लूण-तेल के लिए इस बाज़ार में आते हैं। दो-एक मोटे कपड़े की भी दुकानें हैं। गीदम की आबादी और बाज़ार, दोनों ही दंतेवाड़ा से बड़े हैं। एक प्रकार की महाजनी अर्थ व्यवस्था दंतेवाड़ा और गीदम में प्रचलित है। अनौपचारिक रूप से विनिमय अर्थ-व्यवस्था भी लोकप्रिय है लेकिन इससे आदिवासी ही घाटे में रहते हैं, पाइकमन मोटा मुनाफा कमाते हैं। सच्चाई तो यह भी है कि आदिवासियों के लिए मौद्रिक अर्थ-व्यवस्था भी पराई है। यह भी उनके लिए घाटे की प्रणाली है।

दंतेवाड़ा की बाज़ार अर्थ व्यवस्था पर पंजाबी, मारवाड़ी, उड़िया, उत्तर प्रदेश, मध्य प्रदेश के लोग हावी हैं। वे ही दुकानों के मालिक हैं। गीदम की स्थिति भी इससे अलहदा नहीं है। दंतेवाड़ा का सबसे चतुर दुकानदार मुरली को माना जाता है। यह दिल्ली से इस दूरदराज़ क्षेत्र में पहुँचा पंजाबी है। बाज़ार में छिपे रूप से कर्ज प्रणाली भी प्रचलित है। भारत सरकार के ऋण उन्मूलन कानून के बावजूद आदिवासी कर्ज जाल में फँसे हुए हैं। बाहरी दुकानदार उनकी जमीनों, फसलों, झाड़ों आदि को गिरवी रखते हैं। विभिन्न हथकंडों से इन तमाम चीजों को हड़प भी लेते हैं। डॉ. ढाबरे ने शाम की चाय पर दंतेवाड़ा की थोड़ी-बहुत जन्मपत्री खोली।

वास्तव में दंतेवाड़ा एक प्रकार का बड़ा कस्बा है। पर इस कस्बे को देखकर यह कहना कठिन है कि आदिवासी समाज इसकी धमनियों में कहीं बसता है। इसकी सामाजिक–आर्थिक–प्रशासनिक बनावट पर बाहरी समाज की छाप ही स्पष्ट रूप से दिखलाई दे रही है। अलबत्ता जब दोपहर–शाम आदिवासी अपना सामान खरीदते हुए दिखाई देते हैं तब ही इसके आदिवासी अंचल होने का आभास मिलता है। चाय के बाद जब मैं पैदल बाज़ार निकला तो अर्धनग्न और नंगे पाँव आदिवासियों की टोलियाँ दिखाई दीं। कुछ आदिवासी स्त्रियाँ बड़ा–सा अंगोछा बिछाए तरकारी–भाजी भी बेच रही हैं। इसमें शामिल हैं, देसी टमाटर, फली, मिर्ची, धनिया, फूलपत्ती, बैंगन आदि। पूछने पर मालूम हुआ कि ज्यादातर सब्जियाँ जगदलपुर और रायपुर से आती हैं। अब इस क्षेत्र के आदिवासी किसान भी सब्जी उगाना सीख गए हैं। अंडे भी बेच लेते हैं लेकिन दूध बेचने से बचते हैं। सरकारी अधिकारी वर्ग के पास अच्छी सब्जियाँ पहुँच जाती हैं। गीदम, बछेली और किरंदूल से भी साग–सब्जियाँ, डबल रोटी और अन्य शहरी वस्तुएँ आ जाती हैं।

दंतेवाड़ा के प्रवेश पुल को पार करते ही दाईं तरफ पोस्ट ऑफिस दिखाई देगा, अंग्रेजों के जमाने का। सब कुछ यथावत। ऊँचाई पर अकेला खड़ा यह डाकघर ग्रामीण पृष्ठभूमि पर आधारित किसी फिल्म की याद दिला देगा। पाँचवें दशक में हिन्दी की फिल्मों में भी डाकघर का चित्रांकन काफी दिलकश हुआ करता था; पोस्ट मास्टर, डाकिया जैसे पात्र आकर्षण का केन्द्र हुआ करते थे। वाहन में बैठे दूर से ही यह डाकघर बरबस ही यात्री का ध्यान अपनी ओर खींच लेता है।

गीदम जाते समय पुल को पार करते ही वन विभाग की कॉलोनी आपका स्वागत करेगी। यह एक अलग ही दुनिया है। इसका रुतबा सभी पर माना जाता है। आदिवासी और जंगल, दोनों परस्पर पर्याय हैं। लेकिन वन–विभाग दोनों के सम्बन्धों का स्वयंभू निर्धारक है। बन्दर की भूमिका निभाता है, आदिवासियों, इमारती लकड़ी के ठेकेदारों और सरकार के बीच। इसकी एक अलग कहानी है जिसमें कई पात्र हैं, कई परतें हैं, कई उतार–चढ़ाव हैं। जब तक इस कहानी में उतरा न जाए इसकी परतें खुलेंगी नहीं। अभी तो इतना ही कह सकता हूँ कि ये अरण्य सन्तान इस विभाग में अपनी मर्जी से झाँक भी नहीं सकते।

संजीव दुग्गल के बँगले के सामने से गुजरता मार्ग दंतेश्वरी मन्दिर जाता है। इस मार्ग के एक छोर पर दो–तीन सरकारी विभाग हैं जबकि दूसरी तरफ उड़िया परिवार बसे हुए हैं। मन्दिर से भी इनका सम्बन्ध है। शायद पूजा–पाठ करते हैं। ब्राह्मण हैं। अन्य जातियों के भी घर हैं। लेकिन हैं सभी बाहरी व ग़ैर–आदिवासी। दंतेवाड़ा की दुनिया के किसी कोने में अरण्यवासी लुके–दुबके साँसें लेते होंगे।

डॉ. ढाबरे से इतना ज़रूर मालूम हुआ कि आदिवासी निराश्रित महिलाओं का एक आश्रम है। जब डॉ. शर्मा इस जिले के कलेक्टर थे तब उन्होंने आदिवासी

युवतियों के पुनर्वासन के लिए यह आश्रम बनवाया था। बैलाडीला के औद्योगिकीकरण के एजेंटों के चंगुल से इन युवतियों को छुड़वाया था। इनमें कई अविवाहित माताएँ हैं जो कि अपने बाल-बच्चों के साथ रह रही हैं, पिता लापता हैं या इन्हें अपनाने से इनकार कर दिया है। जब दंतेवाड़ा में रहना ही है तो किसी दिन इस आश्रम की यात्रा की जाएगी, शोषण, उत्पीड़न, विस्थापन और पुनर्वासन की कहानी को सुना जाएगा।

दिन ढल चुका है, शाम पेड़ों पर उतर आई है। कॉलोनी की बत्तियाँ जल चुकी हैं। कुछ दुकानों में बिजली नहीं है, गैस लालटेन या पेट्रोमैक्स से काम चलाया जा रहा है। सड़क किनारे की थड़ियों से लालटेन लटक रही हैं, जमीन पर बिछी सब्जीवालियों की दुकानों पर घासलेटी डिब्बीनुमा बत्तियाँ टिमटिमा रही हैं। बाहरी लोग साग-सब्जियाँ खरीद रहे हैं। सिरों से औरतें जलाऊ लकड़ियाँ ढो रही हैं, खड़ी होकर बेच रही हैं। युवक आदिवासियों ने बगल में मुर्गे-मुर्गियाँ दबा रखे हैं; बेच भी रहे हैं, टका सेर चिकन; टका सेर अंडे; टका सेर खाजा!

संजीव के साथ दूसरी बार डिनर।

दूसरी बार संजीव के साथ रात्रि भोज करते हुए अच्छा लग रहा है। कल जैसा ही मैन्यू है। एक-दो चीजें ज़रूर जुड़ी हैं। पुडिंग बनाया गया है।

"आज आपको डिनर पर बुलाने का ख़ास परपज है।" संजीव के स्वर में गम्भीरता उठ रही है। वे अपनी चेयर को पास ले आए हैं। सूप पीते हुए कहने लगे, "देखिए, मैंने जानबूझकर आपके पॉलिटिकल बैकग्राउंड के बारे में नहीं बतलाया है। आपके पीछे मीसा वारंट है, यह भी कोई नहीं जानता।"

"हाँ, वो मैं समझ रहा हूँ।"

"आप जब तक दंतेवाड़ा में रहें तब तक किसी को मीसा के बारे में न बतलाएँ। लोग इसके कई मीनिंग निकालेंगे। फिजूल में ये लोग कॉन्सस हो जाएँगे। बचने लगेंगे। गलत-सलत बातें बतलाएँगे। लोगों से सिर्फ स्टडी प्रॉजेक्ट के बारे में बतलाते रहें। अगले वीक किरंदूल चले जाएँ। वहाँ के रेस्ट हाउस का केयर टेकर कोई बंगाली बाबू है। उन्हें कह दिया जाएगा। कलेक्टर साहब अलग से बोल देंगे। वहीं ठहरें और अपने प्रॉजेक्ट का वर्क करें।"

"ओके! मैं इसकी तैयारी कर लूँगा। शिड्यूल्य और क्वेशनायर तैयार हैं।"

"एक्सीलैंट! दूसरी बात यह है कि यहाँ के अधिकारियों और कर्मचारियों से भी सावधान रहना पड़ेगा। ये अधिकारी-कर्मचारी ही आदिवासियों के एक्सप्लोइटर हैं। जब भी ये लोग फील्ड में टूर पर जाते हैं उनसे फ्री का मुर्गा-मटन-अंडा माँगते हैं। महुआ-ड्रिंक भी पीते हैं। चलते वक्त ताज़ा वेजीटेबुल भी ले आते हैं। एक पैसा नहीं देते हैं और दफ्तर से टीए-डीए भी वसूल लेते हैं। उनसे पैसा ऐंठते हैं, धोखा

देकर टीक ट्री (सागौन) और जमीन लूट लेते हैं। काफी ग़ैर-कानूनी फेलिंग (वन कटाई) चल रही है।''

''वन विभाग क्या कर रहा है?''

''फॉरेस्ट रैंजर, फॉरेस्ट गार्ड सब मिले रहते हैं टिम्बर ठेकेदारों से। आदिवासी इन्नोसेंट हैं। वे शिकायत नहीं करते। वे सिस्टम की पेचदगियों को समझते भी नहीं हैं।''

''इट इज़ ए सीरियस सिच्यूएशन?''

''एग्जेक्टली! लैंड एलीएनेशन भी इसी ढंग से हो रहा है। लैंड एलीएनेशन इज़ रैम्पेंट इन दंतेवाड़ा सब-डिविजन।'' संजीव के स्वरों में असहायता और झल्लाहट को महसूस किया जा सकता है।

''कानून तो है! फिर भू-लूट, वन-लूट रुक क्यों नहीं पा रहा है?'' मैंने साफ शब्दों में पूछ ही लिया। एक तरह से मैं संजीव को इस बात का अहसास कराना चाहता हूँ कि वे यहाँ के सबसे बड़े अधिकारी हैं। यदि यह सब कुछ हो रहा है तो वे भी अपनी जिम्मेदारी से मुक्त नहीं हो सकते।

''यू आर राइट। निचले लेवल पर ऑनेस्ट फक्शनेरी चाहिए। कहाँ-कहाँ ध्यान रखा जाए। इस जिले में जो भी सरकारी-अधिकारी कर्मचारी हैं, सब एक ही बात सोचते हैं—उन्हें सरकार ने कालापानी भेज दिया है। वे पनिशमेंट पर हैं।''

''इसलिए लूटो-खसोटो!'' मैं संजीव की बात पूरी कर देता हूँ।

''एग्जेक्टली! यही हो रहा है। कानून है, फिर भी मनीलैंडिंग चल रही है। आप हमारी कुछ मदद कर सकते हैं।''

''वो कैसे?'' मैं आश्चर्य से पूछता हूँ।

''आप गाँव-गाँव घूमेंगे। लोगों के कॉन्टैक्ट में आएँगे। काफी जानकारी मिलेगी। सही जानकारी रहती है तो एक्शन लूँगा।''

''इट इज़ गुड आइडिया! लैट्स सी।'' मैं सहमति के संकेत देता हूँ।

''आप किरंदूल से लौटकर इंटीरियर एरिया में जाकर कुछ स्टडी करें। मैं यहाँ की मनीलैंडिंग की प्राब्लम समझना चाहता हूँ।''

''ओके!''

इसके साथ ही डिनर वार्ता समाप्त।

मैं चलने के लिए उठ खड़ा होता हूँ, संजीव भी जीप से छोड़ने के लिए खड़े होते हैं।

''अरे आज आप रहने दें। मैं यहाँ से पैदल जाना चाहता हूँ।''

''इतनी रात?''

''तो क्या हुआ? थोड़ा रात में दंतेवाड़ा को समझ लें!''

''क्यों नहीं, डर की कोई बात नहीं है। दिल्ली जैसी गुंडागर्दी, लूट-खसोट यहाँ नहीं है। इस मामले में ये लोग (आदिवासी) बहुत अच्छे हैं। पीसफुल,

ऑनेस्ट हैं। कोई क्राइम भी कर देंगे तो खुद ही थाने में रिपोर्ट कर देंगे। छुपाएँगे नहीं। यहाँ तो ऐसी ही घटनाएँ होती हैं कि आदिवासी किसी की हत्या कर भी देता है तो वो खुद ही पुलिस स्टेशन में अपने ही खिलाफ रिपोर्ट दर्ज कराने पहुँच जाता है। बस! ये इंटरफीयर नहीं चाहते हैं... 'लिव एंड लैट लिव' के प्रिंसीपल पर चलते हैं। हम लोगों की तरह बिलकुल ग्रीडी नहीं हैं। यू सी... इन ट्रू-सेन्स, गांधीजी के रास्ते पर चलते हैं...बिलकुल नीड बेस्ड 'इकोनोमी है...यू सी'!'' संजीव आदिवासियों को देखने-समझने की एक खिड़की खोल देते हैं जो कि उनके अनुभव पर आधारित है।

मैं संजीव को गुडनाइट कहकर अपने डेरे की तरफ चल पड़ता हूँ। संजीव ने जो कुछ कहा, मेरे लिए नया नहीं था। 1971 में यह सब कुछ मैं डॉ. बी.डी. शर्मा से सुन चुका था। खुशी इस बात की हुई कि युवा संजीव के अनुभव डॉ. शर्मा से भिन्न नहीं हैं, दोनों में समानता है। इसका अर्थ यह भी है कि पिछले पाँच-छह सालों में आदिवासी-समाज के जीवन मूल्य यथावत हैं। बाहरी समाज की जीवन दृष्टि इसकी भीतरी सतह को चीर नहीं पाई है। हमारे समाज की सभी सतहों पर खलबली मची हुई है; इमरजेंसी लगा दी गई है; विरोधी नेताओं को जेलों में ठूँस दिया गया है; लोग 'पॉवर व मनी' के भूखे बनते जा रहे हैं; सम्पूर्ण क्रान्ति भटक चुकी है आदि-आदि... !

पैदल चलते हुए दिमाग़ में कई प्रकार के विचार तैर-उतर रहे हैं। मैं जानता हूँ मुझे यहाँ कई महीने रहना है। काफी कुछ देखना-समझना-सीखना है। अब तक जो कुछ सुना-देखा है, उसे अनुभवों की कसौटी पर परखना शेष है। मैं नितान्त भिन्न समाज से आया हूँ। इसके अलावा मेरे और आदिवासियों के बीच क्या समानता हो सकती है? मैं लोभी समाज से हूँ, जटिल व ताकतवर व्यवस्था से हूँ। असंख्य उपलब्धियों की विरासत से मेरा समाज बोझिल है। मैं दर्शन-बौद्धिकता, श्रेणीबद्धता से लैस हूँ। मेरी दुनिया के पास अपार-अकूत सम्पदा है और...और इस निरीह समाज के पास...तन ढँकने को लंगोटी है; बिछाने के लिए खुरदरी जमीन, ओढ़ने के लिए घास-फूसी छत; खाने-पीने के लिए कोदा-कुदकी-महुआ-सल्फी-लांघा; इनका बोध जंगल-पहाड़ों में सिमटा हुआ है; और क्या है इनके पास? मैं आत्मदर्प में लिपटा चला जा रहा हूँ। अचानक मेरे सामने एक ट्रक रुक गया है।

मैं देख रहा हूँ ट्रक में करीब बारह-पन्द्रह आदिवासी युवतियाँ हैं, तीन-चार उतर रही हैं। दो-तीन आदमी भी दिखाई दे रहे हैं—ग़ैर आदिवासी लग रहे हैं। ये लोग युवतियों के साथ छेड़छाड़ भी कर रहे हैं। युवतियाँ हँसती हैं, उनकी हरकतों का अनमने भाव से विरोध भी कर रही हैं। उनके हाथों को अपने कन्धों-पीठ से झटक देती हैं। बिजली खम्भे से सटा मैं इस दृश्य को टिकटिकी लगाए देख रहा हूँ। ड्राइवर हॉर्न मारता है। ट्रक स्टार्ट हो जाता है। युवतियाँ कोई गान शुरू कर देती हैं जिसे मैं

समझ नहीं पा रहा हूँ। कुछ ही देर में ट्रक किरंदूल दिशा में फैले अँधेरे में मेरी आँखों से ओझल हो गया है। मैं अपने कमरे की ओर मुड़ जाता हूँ, कई प्रकार की शंकाओं–आशंकाओं–परिणामों के बोझ से दबे हुए।

दो–तीन दिन के पश्चात मैं जीप में किरंदूल रवाना हो गया हूँ, चालक के अलावा साथ में कोई नहीं है। बस, एक सर्वोदयी झोला और अटैची है। जीप दौड़ी जा रही है, जंगल और पहाड़ों से घिरी सड़क पर। कभी–कभार कोई सरकारी वाहन शान्त सड़क पर दिखाई दे जाता है। दूर–दूर तक आबादी नहीं है, सड़क किनारे इक्के–दुक्के अधकच्चे मकान–झोंपड़ियाँ ज़रूर दिखाई दे रहे हैं। बसाहटें, सड़क मार्ग से दूर जंगल–पहाड़ों में हैं। वैसे प्राथमिक शालाएँ आँखों से टकराती हुई गुजर जाती हैं।

लीजिए भांसी आ गया है। ड्राइवर की जानकारी में भांसी में बैलाडीला प्रोजेक्ट का पहला पड़ाव डाला गया था। एन.एम.डी.सी. (नेशनल मिनरल डवलपमेंट कॉरपोरेशन) ने किरंदूल और बछेली के औद्योगिकीकरण का सफर यहीं से छठे दशक में आरम्भ किया था। आज भी यहाँ एन.एम.डी.सी. के वाहन और दफ्तर दिखाई दे रहे हैं। ट्रैक्टर खड़ा है, जीप है। भांसी से आगे बढ़े तो बछेली दिखाई दी। यह दूसरा पड़ाव है। यहाँ कॉरपोरेशन का बड़ा दफ्तर, रेस्ट हाउस और क्वार्टर्स हैं। टपरानुमा सिनेमाघर भी है। इसे औद्योगिक बसाहट कहा जा सकता है, जहाँ आधुनिक भवन व क्वार्टर हैं, वहीं मलिन बस्ती भी जन्म ले चुकी है। दुकानें हैं, ढाबे हैं, रेस्टोरेंट हैं। बाहरी लोग पनवाड़ी थड़ियों, खोमचों पर भिनभिना रहे हैं।

बछेली से ही एक रास्ता ऊपर पहाड़ की ओर चला गया है। ऊपर 'आकाश नगर' बसाया जा रहा है। बछेली के मुख्य मार्ग से यह स्थान करीब बारह–तेरह कि.मी. दूर है। यहाँ भी कच्चा लोहा (आयरन ओर) के समृद्ध भंडार हैं। कई वर्षों तक यहाँ लोहा—खुदाई जारी रहेगी। रात्रि में आकाश नगर टिमटिमाता रहता है। ड्राइवर का अनुभव है, "साब! रात में आकाश नगर बहुत सुन्दर दिखाई देता है। देखने लायक होता है। कभी जाइए वहाँ।"

"बिलकुल! पहले किरंदूल का काम खत्म कर लें।"

"जी साब! मैं आपको वहाँ ले चलूँगा।" तत्परता से ड्राइवर कहता है।

बछेली से एक प्रकार का छोटा–घाट शुरू हो गया है। किरंदूल के लिए चढ़ाई है, घुमावदार मार्ग है। घने जंगल हैं। लोहे के पहाड़ हैं। इन पहाड़ों में अयस्क लोहा (आयरन ओर) के विशाल भंडार छिपे हुए हैं। यहाँ से कच्चा लोहा निकालकर जापान को इसका निर्यात किया जा रहा है। इसके लिए किरंदूल से विशाखापटनम बन्दरगाह तक रेल लाइन बिछाई गई है, जो कि करीब साढ़े तीन सौ कि.मी. लम्बी है। इस क्षेत्र में उच्च क्वालिटी के 14 लोह भंडार हैं जिनमें 1200 मिलियन टन कच्चा लोहा है। फिलहाल 14 में से तीन भंडारों में से लोहा निकाला जा रहा है। तीनों

ही खदानें मशीनीकृत हैं। एन.एम.डी.सी. के नेतृत्व में इन खदानों से कच्चे लोहे का उत्खनन, खदान से ढुलाई, संयंत्र में धुलाई और बन्दरगाह तक मालगाड़ी में पहुँचाने का काम किया जा रहा है। रेल विभाग अलग से सक्रिय है और इस औद्योगिकीकरण के साथ ही इस अंचल में प्रकृति प्रेमी मानवता और गति स्वामी मशीन के बीच सम्बन्धों का नया अध्याय भी लिखा जा रहा है। मानव और मशीन के सम्बन्ध नए संघर्षों, नए अन्तर्विरोधों को जन्म देते आ रहे हैं।

बछेली से किरंदूल मार्ग पर वाहनों की गतिविधियाँ बढ़ गई हैं। काफी ट्रक आ-जा रहे हैं, पहाड़ी जीपें चल रही हैं। श्रमिकों की टोलियाँ दिखाई दे रही हैं। मोटर-साइकिलें भी कम नहीं हैं, स्कूटर भी हैं। साइकिलों पर भी श्रमिक सवार हैं। ट्रकों में जहाँ माल ढुलाई हो रही है, वहीं स्त्री-पुरुष श्रमिक भी उनमें बैठे हुए हैं।

एक ओर बैलाडीला की पर्वत माला है, तो दूसरी ओर घने जंगल हैं...दंडकारण्य के जंगल, नीचे घाटी में पेड़ों से ढँके गाँव, नदी-नाले। इन सभी पर पसरी हुई है बैलाडीला की औद्योगिक सभ्यता।

इस औद्योगिक सभ्यता का प्रवेश द्वार है भांसी, और बड़े बछेली उर्फ बछेली से औद्योगिक बसाहट की झाँकिया शुरू हो जाती हैं। किरंदूल में प्रवेश करते ही मुझे झटका लगता है। मैं देख रहा हूँ चारों तरफ लोहे के पहाड़ों से निकल रही गेरुआ गर्द छाई हुई है। अयस्क लोह गर्द के पहाड़ जन्म ले रहे हैं। पहाड़ों की छाती पर ट्रक रेंग रहे हैं, दानव शक्ली डम्परों का शोर सुनाई दे रहा है। धुलाई संयंत्र से निरन्तर लाल पानी निकल रहा है। इसी के किनारों पर बसी श्रमिक बस्तियाँ, झोंपड़ियाँ औद्योगिक सभ्यता के फल-फूलने की घोषणा कर रही हैं।

एन.एम.डी.सी. के इस विशाल किरंदूल कस्बे में घुसते ही जहाँ प्रदूषण चेहरों को मलिन कर रहा है वहीं चमचमाती सड़कें स्वागत भी कर रही हैं; सड़कें चौड़ी हैं; यातायात की व्यवस्था है, ट्रैफिक, आइलैण्ड हैं, पुलिस है; छोटा-सा बस अड्डा है; बस अड्डे पर रेस्टोरेंट हैं; पान और न्यूज-पेपर की थड़ियाँ हैं; हेयर सैलून हैं; जीप-कारों का झमेला है; छोटा-सा सिनेमा हॉल है; खेल मैदान है; छोटा-सा ऑडीटोरियम है; अस्पताल है—पुलिस स्टेशन है; और इस कस्बे पर नज़र रखने के लिए ऊँचाई पर स्थित है एन.एम.डी.सी. का भव्य मुख्यालय, कड़ी सुरक्षा से घिरा हुआ।

जीप मुझे रेस्ट हाउस में उतार रही है। यहाँ के केयर टेकर बंगाली बाबू हैं। मेरा स्वागत करते हैं। दो बेडरूम वाले कमरे में मुझे ठहरा दिया गया है। आराम-दायक लग रहा है। सटा हुआ बाथरूम और एसी है।

''मि. जोशी, आप जब तक चाहें यहाँ रह सकते हैं। यहीं मेस में ब्रेक-फॉस्ट, लंच, डिनर करें।''

''थैंक्यू मि. बनर्जी।''

''मि. जोशी, मैं भी दिल्ली का हूँ।''

"अरे...! वाट्स ए प्लीजेंट कोइंसीडेंस? कहाँ के हैं?"

"मेरी फैमिली ग्रेटर कैलाश में रहती है।"

"मैं यहाँ अकेला रहता हूँ।" बनर्जी के चेहरे से तृप्ति टपक रही है। कमरे में सामान जमा दिया गया है। चाय और कुछ बिस्कुट आ गए हैं।

"बैजल साहब का जगदलपुर से फोन आया था। आप उनके गेस्ट हैं, हमारे भी गेस्ट हैं। डॉन्टवरी...मैं हूँ...आपको कोई कमी नहीं होगी। आप संवादी (पत्रकार) हैं। यहाँ की स्टडी करिए। मैं आपको डेटा दूँगा। जनरल मैनेजर साहब से मिलवाऊँगा। भालो रिपोर्ट तैयार करिए। मेरे पास सब कुछ है।"

बनर्जी मुझे सभी प्रकार की सुविधा से आश्वस्त करते जा रहे थे। साथ ही मँजे हुए पी.आर.ओ. का रस भी चाय-पानी में घोलते जा रहे थे। बैनर्जी से पता चला कि कलेक्टर बैजल के अलावा दंतेवाड़ा से संजीव ने भी यहाँ के प्रबन्ध अधिकारी को फोन कर दिया था। वास्तव में कलेक्टर और एस.पी. इन दोनों अधिकारियों का निगम प्रबन्धकों पर खासा रुतबा रहता है क्योंकि जिला प्रशासन से अक्सर निगम अधिकारियों का पाला पड़ता रहता है। चूँकि मैं वाया जगदलपुर व दंतेवाड़ा किरंदूल में टपका हूँ, इसलिए उधारी रुतबा मुझमें भी उमड़ा हुआ है!

"यू आर वंडरफुल पर्सन, मि. बैनर्जी।" इतना तो मुझे कहना ही था।

"बाई दी वे, आप किरीट दोशी को जानते हैं?"

"बिलकुल! मैं उनसे जगदलपुर में मिल चुका हूँ।"

"वे एक-दो रोज़ में आने वाले हैं। इसी जगह ठहरेंगे। ही इज़ माई फ्रेंड। वे आपको टाउन में घुमा देंगे। कवि सम्मेलन भी जल्दी ही यहाँ होगा। दिल्ली से कवि बुलाए हैं।"

"रियल्ली? कौन-कौन हैं?"

"एक-दो नाम याद हैं...कोई सोम ठाकुर हैं।" बैनर्जी सोचते हुए कह रहे हैं।

"हाँ-हाँ मैं जानता हूँ। बड़े गीतकार और मंचीय कवि हैं। तब तो मज़ा आएगा।"

"ओह श्योर!"

बैनर्जी जाने के लिए उठने लगते हैं और पास खड़े बैरा को हिदायत देते हैं, "साहब दिल्ली से हैं। कोई प्रोबलम नहीं चाहिए। मि. जोशी आपको एक रात डिनर मेरे घर लेना है। किरीट दोशी को आ जाने दीजिए।"

यह कह बैनर्जी कमरे से निकल गए हैं। मैं अपनी अध्ययन साभग्री करीने से जमाने लगता हूँ।

किरंदूल में पहली सुबह है। चारों तरफ धुन्ध छाई हुई है। दरख़्त और लॉन ओसीले हैं। धुन्ध में धुँधलाए पहाड़ अपनी रहस्यमय आकृति सम्प्रेषित कर रहे हैं। इस सम्प्रेषण में काफी कुछ छिपा है; निरन्तर भीतर-बाहर से छिलते जाना; आदिकाल से

प्रदत्त सौन्दर्य का प्रतिपल झरना; आघातों से झाड़ों में बसे प्राणों का उखड़ना; मांसल हरियाली त्वचा पर निरन्तर फैलता सूखापन; झरनों का बदरंग होना और विषैला होता निर्मल जल। इन पहाड़ों को देखते समय रोमांस भी उमड़ता है और पीड़ा भी सालने लगती है। इनका ऐसा कायाकल्प होगा, इस अरण्य का ऐसा रूपान्तरण होगा, कोहरे-धुन्ध में घुटन घुली होगी, अनादि शान्ति में ऐसे बारुदी विस्फोट होंगे, निश्चय ही इन पहाड़ों ने ऐसा कभी नहीं सोचा होगा! रात्रि में जब-तब ब्लास्टिंग की आवाज़ें मेरे कानों से टकराती रही हैं। मैं अवाक् था इन्हें सुनकर। सुबह बेड टी लेकर जब वेटर आया तब उसने इन ब्लास्टिंगों का राज़ खोला।

नाश्ता-पानी करके मैं जीप में ऊपर पहाड़ों की ओर रवाना हो रहा हूँ जहाँ खदानों से कच्चा लोहा निकाला जा रहा है। बैनर्जी ने निगम से जीप की व्यवस्था करवा दी है। ज़रूरी जाँच के बाद हमारी जीप को ऊपर जाने दिया। पास दिया गया। बग़ैर सुरक्षा जाँच और अग्रिम सूचना के ऊपर खदानों में जाना काफी जोख़िम भरा रहता है क्योंकि विस्फोट होते रहते हैं। ऊपर से बड़े-बड़े डम्पर, ट्रक आते-जाते रहते हैं। सड़क पर पड़े पत्थर, लोहे के टुकड़ों को हटाने के लिए विशेष इन्तज़ाम किया जाता है। भारी वाहनों की लगातार आवाजाही के कारण दुर्घटना की हमेशा आशंका बनी रहती है। इसलिए नीचे से ऊपर जाते वक़्त काफी सावधानी की ज़रूरत होती है। घुमावदार रास्ता है इसलिए ब्रेक और हॉर्न को लगातार फिट रखना होता है। इस पहाड़ी रास्ते में धूल और धुन्ध हैं ही इसलिए जीप की गति भी धीमी है।

हमारी जीप धुन्ध को चीरती हुई बढ़ती जा रही है। बीच-बीच में सड़क किनारे पहाड़ों से सटे मजदूरों की आकृतियाँ दिखाई दे जाती हैं। ड्राइवर बतलाता है, ''ये केजुअल लेबर हैं, सर! सभी आस-पास गाँव के ट्राइबल हैं।'' अनमना या परायापन का भाव ड्राइवर के स्वर में था। मुद्रा में अरुचिपन था। पर कहीं हमदर्दी भी है, जब कुछ देर बार उसके मुँह से निकलता है, ''इनकी हालत बड़ी खराब है सर! बहुत खटते हैं।''

जीप अपने गन्तव्य स्थान पर पहुँच चुकी है। मैं जहाँ हूँ वहाँ से टनों कच्चा लोहा निकालकर कन्वेयर बेल्ट से नीचे 'स्क्रीनिंग प्लांट' में पहुँचाया जा रहा है। इस संयंत्र में लोहा की धुलाई के बाद लम्बी मालगाड़ियों में लोड करके विशाखापटनम भेजा जाता है।

मैं जिस जगह हूँ वह महत्त्वपूर्ण स्थान है क्योंकि यहीं से औद्योगिक गतिविधियाँ शुरू होती हैं। पहले ब्लास्टिंग की जाती है, फिर बड़े-बड़े डम्परों में भरकर कच्चे लोहे के पत्थरनुमा बोझिल टुकड़ों को 'क्रशिंग प्लांट' में डाला जाता है। जहाँ इन्हें तोड़ा जाता है। क्रशिंग से 'अयस्क चूरा' निकलता है जिसे ट्रकों में भरकर नीचे पहुँचाया जाता है।

यहाँ मुझे डम्पर चालक सरदार इन्द्रजीत सिंह से मिलाया जा रहा है। प्लांट इंजीनियर चालक सिंह से कह रहे हैं, "दिल्ली के पत्रकार हैं। ज़रा इन्हें डम्पर में बैठाकर एरिया दिखा दो।" डम्पर में मुझे चढ़ाया जाता है। यह बहुत ऊँचा विराट है। इसे ऊँट-हाथी के मिश्रित रूप का डीजल चालित वाहन कहा जा सकता है। मैं जीवन में पहली बार इसकी सवारी कर रहा हूँ। इस पर बैठते हुए मुझे लग रहा है मानो मैं डीजल चालित डायनासोर की सवारी कर रहा हूँ! भय भी लग रहा है। नीचे खड़े आदमी नाटे दिखाई देते हैं। इसके नीचे कोई आ भी गया तो कुचले जाने का चालक को मालूम भी नहीं होगा! ऐसे हादसे होते रहते हैं इसलिए इसे चलाते हुए बार-बार हॉर्न बजाना पड़ता है।

"सर, डरिए नहीं। आप मेरे साथ सेफ हैं।" सिंह मुझे सुरक्षा से आश्वस्त कर रहा है।

"नहीं...नहीं...जब आप जैसे अनुभवी चालक हैं तो चिन्ता कैसी? वैसे मैं पहली बार डम्पर में बैठ रहा हूँ।" मैं अपनी स्थिति से ड्राइवर को अवगत कराता हूँ और सावधानी की अपेक्षा भी रख रहा हूँ।

"कोई गल नहीं जी। कई साल हो गए इसे चलाते हुए। इस प्रोजेक्ट (आमतौर पर निगम के अधिकारी-कर्मचारी इस क्षेत्र को प्रोजेक्ट से सम्बोधित करते हैं।) में काफी कुछ देखा-झेला है।"

"मैं समझा नहीं सरदार जी।"

"आप पत्रकार हैं, सब समझ लेंगे। हमारे भी एक कामरेड पत्रकार हैं।" सिंह धीरे-धीरे खुलने लगे हैं। उनके मुँह से जब 'कामरेड' शब्द निकला तो उत्सुकता उमड़ी, चालक में दिचचस्पी जगी।

"कौन हैं आपके 'कामरेड पत्रकार'?"

"किरीट दोशी। जगदलपुर में रहते हैं। आप उनसे मिले हैं?"

"जी, मिला हूँ। मेरे हमख्याल हैं!" मैंने उन्हें अपनी वैचारिक निकटता का भरोसा दिलाया।

"फिर तो आप हमारे भी दोस्त हैं। मैं किरंदूल में प्रोजेक्ट कर्मचारियों की यूनियन का लीडर हूँ। किसी दिन शाम को मेरे घर आइए, फिर डिटेल में बात होगी और लोगों से भी मिलवा दूँगा।" इतना खुलने के बाद सिंह मेरे लिए 'डम्पर ड्राइवर' से 'कॉमरेड सिंह' में तब्दील हो गए हैं। उनके प्रति सम्मान का भाव जगने लगा है।

"आप बुलाएँगे तो क्यों नहीं आऊँगा। मैं यहाँ स्टडी करने ही आया हूँ। मैं भी आपके ही विचारों का हूँ।" मैंने उन्हें आश्वस्त किया।

"फिर तो हम लोगों में जमेगी। आजकल में किसी शाम को आ जाइए। गेस्ट हाउस का आदमी मेरे घर पहुँचा देगा।" सिंह ने आत्मीयता से कहा। फिर सिंह

डम्पर में मुझे कई स्थान घुमाते हैं। दूर तक ले जाते हैं। दो-ढाई घंटे साइट पर बिताने के पश्चात मैं गेस्ट हाउस लौट रहा हूँ।

पूरा सप्ताह बीत चुका है किरंदूल में। किरीट दोशी ने भी दो रोज़ साथ गुज़ारे। काफी कुछ बताया। कई लोगों से मिलवाया। साथ-साथ घूमे-फिरे। आदिवासियों और श्रमिकों, दोनों में उनकी अच्छी पैठ है। उन्हें एक कमिटेड पत्रकार के रूप में जाना जाता है। उनके साथ इस अधकचरी औद्योगिक नगरी में हुए अनुभवों की चर्चा बाद में करूँगा। पहले एक अप्रत्याशित घटना को शेयर करना चाहूँगा।

हुआ यह कि दो रात मेरे कमरे में एक रंगरूट सब-इंस्पेक्टर को ठहराया गया। कोई शर्मा था, बिलकुल तरुण। ग्वालियर के आस-पास का था। गेस्ट हाउस के सभी कमरे भरे हुए थे। इसलिए बैनर्जी ने अनुरोध करके मेरे साथ उन्हें ठहरा दिया। एक तरह से अच्छा ही हुआ। इस औद्योगिक नगरी में पुलिस की कार्यशैली का थोड़ा-बहुत दिलचस्प अनुभव उनके साथ हो गया।

शर्मा युवक हैं। पच्चीस-तीस के बीच के होंगे। लम्बे-तड़ाक, गौर वर्ण। शायद पहली पोस्टिंग है और वो भी बस्तर में! जिसका सरकारी अफसरों-मुलाज़िमों ने अपनी ओर से नामकरण किया हुआ है 'कालापानी'! इस कालापानी में शर्मा जी का अवतरण अगर हैरतअगेजी नहीं है, तब तो इसका नाम बदलकर 'निर्मलपानी' रखना पड़ेगा। तो शर्मा जी की तरफ लौटा जाए। उनकी राम कहानी सुन ली जाए। वे कल सुबह बोले—

"जोशी जी क्षमा करना। भोर में लौटा।"

"आप डिनर पर भी नहीं आए?"

"हम पुलिस वालों की नौकरी ऐसी ही होती है। रात भर खटना पड़ा है!"

"क्यों, क्या हुआ?"

"हुआ क्या! रातभर छापामारी करनी पड़ी है..."

"मज़ा आया होगा?"

"मज़ा क्या जी...बस खटना पड़ा। ये साले आदिवासी हरामी क़िस्म के हैं। चोर-उच्चके हैं। निकम्मे हैं। प्रोस्टीट्यूशन करवाते हैं। घरों में चकला चलाते हैं। गेम्बलिंग करवाते हैं। किरंदूल में ऐसी अंडरग्राउंड लाइफ होगी, सोचा नहीं था!"

"शर्मा जी, मैं समझा नहीं?"

"क्या बताऊँ...आदिवासियों के स्लम हैं ना! वहाँ चकला चल रहा था। हम तीन-चार लोगों की टुकड़ी थी। दबिश मार दी। दस-बारह लोगों को पकड़ा जिनमें चार-पाँच आदिवासी औरतें थीं, मर्द थे और चार-पाँच बाहरी ग्राहक थे। शायद प्रोजेक्ट में काम करते हैं?"

"अच्छा ही रहा ना! आपकी ट्रेनिंग हो रही है।"

"अभी स्टोरी ख़त्म कहाँ हुई है! सबों को थाना ले गया। लॉकअप में डाल दिया।"

"इसके आगे क्या हुआ?"

"मेरी टुकड़ी फिर राउंड पर निकल गई। इस बार हमारे हत्थे जुआरी चढ़ गए। सब सफेदपोश थे। आदिवासी के क्वार्टर में जुआ चल रहा था। दस-बारह लोग थे। साले खूब गिड़गिड़ाए। अपनी सारी कमाई देने लगे। नोटों की गड्डियाँ थीं हाथों में। इनमें दो-तीन छोटे-मोटे ठेकेदार भी थे। मैंने एक न सुनी। सभी हरामियों को दबोचकर पुलिस स्टेशन ले गया। सिपाही कहने लगे—'छोड़ दीजिए, साब! इनके लम्बे हाथ हैं। जो कुछ मिल रहा है, ले लीजिए।' मैंने उन्हें जमकर डाँटा और एक्शन की धमकी दी। सभी जुआरियों को खदेड़ता हुआ ले गया और हवालात के हवाले कर दिया। साले जेल जाएँगे।" शर्मा जी की छहफुटी काया के पोर-पोर से उपलब्धि की कलियाँ फूट रही थीं!

"देख लेना, मैं इन हरामियों को जेल भिजवाकर रहूँगा...कुछ भी हो जाए।"

"बिलकुल... यू हैव डन गुड जॉब!" मैंने उनकी पीठ थपथपाई।

"मैं किरंदूल से यह सब बन्द करवा दूँगा। देख लेना!"

"यह तो अच्छा होगा! आदिवासियों का भला होगा।"

"कल अख़बारों में धमाकेदार ख़बर होगी।"

"होनी भी चाहिए, शर्मा जी! आपने आते ही एक रात में कई तीर मार लिए हैं!"

"ऑफकोर्स! मैं यहाँ जब तक रहूँगा कोई क्राइम नहीं होने दूँगा। आप देखते रहिए!" शायद शर्मा जी चाह रहे होंगे कि मैं भी उनकी इस उपलब्धि पर कुछ लिखूँ। मैं चुप रहा। बात आई-गई हो गई।

दिन बीत गया। डिनर का समय हो गया। मैंने अपने कमरे में ही डिनर मँगवा लिया। वहीं शर्मा जी धड़ाम् से पहुँच गए। बड़े घबराए हुए थे। चेहरा उतरा हुआ था, मानो शर्मा जी बीसवीं सदी की पानीपत-जंग हारकर लौट रहे हों! वे बग़ैर किसी विराम के पूछने लगे,

"आपने रात वाली घटना किसी से कही तो नहीं?"

"बिलकुल नहीं! आप कहें तो प्रकाशित करवा दूँ? लेकिन हुआ क्या?" मैं उनकी सूरत देखकर चिन्तित था।

"अरे...अरे बिलकुल नहीं! सुनिए...जो रात को बतलाया था, उसे पूरा भूल जाइए। समझ लीजिए मैंने आपको कुछ नहीं कहा था।"

"सो तो ठीक है, लेकिन कुछ बतलाओगे भी। दिन में हुआ क्या?"

"क्या नहीं हुआ, यह पूछिए। सभी सफेदपोशों को छोड़ दिया गया है, ग़रीब आदिवासी हवालात में बन्द पड़े हैं। थोड़ी-बहुत पिटाई और वसूली करके उन्हें भी छोड़ दिया जाएगा। सारे मामले को रफा-दफा कर दिया जाएगा। भारी दबाव है।

आपसे क्या छिपाना। हमारे बॉस ने मुझे बहुत डाँटा। शाबासी की जगह वार्निंग दी। उन्होंने कहा कि आगे से ऐसा नहीं होना चाहिए। इमरजेंसी है, सी.आर. खराब हो जाएगी, तबादला भी हो जाएगा।''

''क्यों? आपने उन लोगों को पकड़कर ग़ैर-कानूनी काम तो किया नहीं था?''

''मैंने तो कानून के दायरे में ही रहकर सब किया था। ये सब अंडरग्राउंड काला धन्धा कर रहे थे...''

''तब फिर... ?'' मैं आश्चर्य से पूछता हूँ।

''इसमें बड़े-बड़े अफसर, ठेकेदार थे। आप समझ ही सकते हैं, इन सब लोगों का ऊँचा सिप्पा रहता है...मिले-जुले रहते हैं—...मिल-बाँटकर खाते-पीते हैं... !''

''आपका थाना भी...'' उन्हें बीच में काटकर पूछता हूँ।

''जोशी जी, मेरे मुँह से क्यों कहलवाना चाहते हैं? आप दिल्ली के पत्रकार हैं, समझदार हैं, अन्दाज़ लगा सकते हैं।''

''हूँ !''

मैं चुप रहा। मुझे इस रंगरूट की खिसकती जमीन का अन्दाज़ लग चुका था।

''बस! आप इस घटना को यहीं दफना दीजिए, वरना मेरी नौकरी चली जाएगी। इन लोगों के हाथ लम्बे हैं...'' शर्मा जी के स्वर में कातरता है।

''आप मेरी तरफ से निश्चिन्त रहिए। किसी को कुछ नहीं मालूम होगा। दिमाग़ में ही हमेशा दफन रहेगा। वैसे मैं इस व्यवस्था के चरित्र से परिचित हूँ। आप अकेले नहीं हैं। जो कुछ घटा है, यह मेरे लिए अप्रत्याशित नहीं है। ऐसा होना ही था।''

''थैंक्यू जोशी जी! हम जाति भाई हैं। आप बड़े हैं, अनुभवी हैं। आपसे काफी कुछ सीखना है। आपने मेरी हिम्मत बँधाई है। मुझे इस सिस्टम में काम करना है, इसलिए तालमेल रखना पड़ेगा और कार्यशैली को बदलना होगा।'' शर्मा जी धीरे-धीरे खोया हुआ साहस फिर से बटोर रहे थे। मेरे द्वारा भरोसा दिलाने के बाद सामान्य होने की कोशिश करने लगे। इस व्यवस्था का कलपुर्जा बनने में ही शर्मा जी ने अपनी नियति, हित और भविष्य को देखा। इस अध्याय को डिनर के साथ ही समाप्त किया गया। शर्मा जी अगली सुबह ही मेरे रूम को छोड़कर कहीं चले गए। कोई अता दिया, न पता!

अब इस कहानी का पटाक्षेप यहीं करते हैं। पुलिस तंत्र का चाल-चलन-चेहरा औद्योगिक कृत आदिवासी अंचल में कैसा है, इसकी झलक शर्मा जी की कहानी ज़रूर प्रस्तुत करती है। ऐसी कई झलकियाँ देखने को मिलेंगी, यह विश्वास भी कहानी दिलाती है। शर्मा-प्रकरण एक आवश्यक मामूली बानगी है पुलिस तंत्र की। ऐसी कितनी ही कारगुजारियाँ हैं जो कि अक्सर आँखों से ओझल रहती हैं। वैसे हाशिए के लोगों के समाजों में ऐसा न घटे, तब ज़रूर आश्चर्य होगा!

किरीट दोशी का मेरे साथ रुकना काफी उपयोगी रहा क्योंकि वे इस क्षेत्र में सालों से आ-जा रहे हैं। सीपीआई के साथ सक्रियता से जुड़े रहने के कारण किरंदूल-बछेली की एटेक यूनिट के नेताओं के साथ उनके अच्छे सम्बन्ध हैं। दूसरी तरफ पत्रकार के नाते किरीट दोशी का सामाजिक-व्यापारिक-प्रशासनिक लोगों के साथ भी उठना-बैठना है। जब वे यहाँ थे तो उन्होंने भनोट ठेकेदार से मिलवाया। किरंदूल में तीन बड़े ठेकेदार हैं। इनके पास सैकड़ों ट्रक हैं। इन ठेकेदारों का काम होता है अपने ट्रकों द्वारा कच्चे लोहे के टुकड़ों, अयस्क रेत, मिट्टी, पत्थर आदि को अपने ट्रकों से ढोकर लोडिंग स्टेशन पर लाकर डालना। तीनों के पास हजारों कैजुअल या कच्चे मज़दूर हैं। इनमें अधिकांश मज़दूर आदिवासी, दलित और पिछड़ी जातियों से हैं। बस्तर के अलावा, रायपुर, बिलासपुर, दुर्ग, भिलाई जैसे जिलों से भी मज़दूर यहाँ पहुँचे हुए हैं। अन्य प्रदेशों से भी हैं। इनकी स्थिति अत्यन्त दयनीय है; न्यूनतम मज़दूरी से वंचित; अस्थायी काम एवं असुरक्षित जीवन; काम पर सुरक्षा का अभाव; दुर्घटना के समय चिकित्सा व मुआवज़ा की व्यवस्था न होना; अव्यवस्थित श्रमिक शिविर; ठंड, वर्षा से सुरक्षा का अभाव, अनिश्चित कार्य घंटे; अवकाश का पैसा काटना; अघोषित बन्धक श्रमिक जीवन; ऋणग्रस्तता। संक्षेप में, नारकीय जीवन है इनका। इन तीन ठेकेदारों के नीचे उप-ठेकेदारों की लम्बी शृंखला है जो कि अमरबेल बनकर दूर-दराज़ के गाँवों में भी फैली हुई है। इन लोगों को उप-ठेकेदार कहने के बजाय 'ठेकेदार-दलाल' कहना अधिक ठीक रहेगा। ये दलाल ही गाँवों से श्रमिकों को कर्ज़ के जाल में फँसाकर औद्योगिक क्षेत्र में लाते हैं। जहाँ से वे आसानी से निकल नहीं पाते हैं। स्त्री श्रमिक तो अपना सब कुछ गँवा बैठती हैं। एटेक का फोकस संगठित व स्थायी श्रमिकों पर अधिक है, क्योंकि इन्हें यूनियनबद्ध करना सुविधाजनक होता है। संगठित श्रमिकों के पास 'वोट शक्ति' भी होती है। आदिवासी श्रमिकों का बहुत कम प्रतिशत स्थायी श्रेणी का है, जबकि अस्थायी या दिहाड़ी श्रमिकों में आदिवासियों का बहुमत होता है। फिर भी वे आरम्भ से अन्त तक असुरक्षित व अनिश्चित जीवन बसर करते हैं। संगठित व असंगठित श्रमिक समाजों पर मैंने 1973 में एक विश्लेषणात्मक आवरण कथा धर्मयुग के लिए लिखी थी, जिसमें अभिजात श्रमिक वर्ग, अर्थवाद और ट्रेड यूनियन नौकरशाही पर फोकस डाला था।

किरंदूल और बछेली की टाउनशिप में विभिन्न वक्तों पर घूमा हूँ, साथ में किरीट भी थे। कचोटने वाली बात यह लगी कि बाहरी, ग़ैर-आदिवासी या पाइकमन की कॉलोनियाँ सुविधासम्पन्न हैं, जबकि आदिवासी लोग औद्योगिक समाज की तलछट बनकर जी रहे हैं। आख़िर ऐसा क्यों है? क्या यह सोचने की ज़रूरत नहीं है? क्यों आदिवासी युवतियों को चलताऊ रखैल, बेगार, यौनकर्मी के रूप में रखा जाता है? क्यों उन्हें औद्योगिक पाइकों की 'कमोडिटी' बना दिया गया है? उनका स्वतंत्र अस्तित्व क्यों नहीं है? क्यों वे 'त्रिशंकु' बनकर रह गई हैं? न वे अपने

समाज की रहती हैं, और न ही औद्योगिक समाज गरिमा के साथ उन्हें अपनाता है। ये एक़ ऐसी कटी पतंग हैं जो अहर्निश अन्धड़ के थपेड़ों में झूलती रहती हैं।

इस क्षेत्र में योजनाबद्ध ढंग से अवलोकन एवं अध्ययन करने के बाद मैंने कुछ अनुभव, कुछ इम्प्रेशन, कुछ निष्कर्ष निकाले हैं। ये आँखें खोलने वाले तथ्य हैं। मेरे कल्पना जगत से परे, बोधजगत से नितान्त अपरिचित रहे हैं ये तथ्य! तथाकथित सभ्य समाज के लिए यह एक ऐसा आख्यान है जो उसके चेतना जगत की परिधि से बाहर ही रहता आया है। हम लोग अपने वर्चस्ववादी आख्यान और नायक-नायिकाओं की लीलाओं में ही लीन रहते हैं; रामायण, महाभारत से बाहर नहीं झाँक पाते; पृथ्वीराज रासो, रामचरितमानस, केशव, बिहारी, जायसी, घनानन्द आदि हमारे बिम्ब, उपमाओं, प्रतीकों, लक्षणों और नव रसों की रचना करते हैं; हमारा सौन्दर्यबोध रीतिकाल, छायावाद से गुजरता हुआ नागर यथार्थवाद पर ठिठुर जाता है; हमारा बौद्धिक विमर्श पूर्व-पश्चिम के बीच घड़ी का पैंडुलम बना रहता है; शेक्सपियर से लेकर हैमिंग्वे के पात्र हमारी आधुनिक चेतना की नुमाइंदगी करते हैं। लेकिन इन आत्मजन्य परकोटों के पार के आख्यानों का रूप-रंग-रस आन्तरिक उपनिवेश के आख्यानों[1] के समान हैं।

किरंदूल, बछेली और आस-पास क्षेत्रों की अयस्क रेत छानते, चेहरे-कपड़ों को गेरुआ बनाते महीनों बीत चुके हैं। 1975 से 1976 के बीच कितनी ही दफे दंतेवाड़ा से इस औद्योगिक क्षेत्र में चक्कर काटे हैं। हर बार नए क़िरदार से मुठभेड़ हुई, नया अहसास जन्मा। इस बस्ती में बसे हर उखड़े आदिवासी की एक गाथा है जिसका आरम्भ तो है, अन्त कहाँ है, इसका पता न इसका नायक जानता है और न ही इसका श्रोता! पर अन्त का छोर तो है कहीं-न-कहीं! छोर होगा लौह के इन पहाड़ों, बस्तियों में बिना किसी पहचान के दम तोड़ देना अपने ही घर में, अपनों के ही बीच सूखा रूख बनकर, अयस्क रेत के थपेड़ों से टकराते हुए!

मैं गेस्ट हाउस में अकेला पड़ा हूँ, थककर। सन्नाटा है यहाँ, लेकिन बाहर अन्धड़ का शोर है। अयस्क धूल कण इसमें भरे हुए हैं। बाहर झाँको तो आँखें लाल हो जाएँ। किरंदूल में रोशनी है, अफसरों के बँगले जगमगा रहे हैं, दूर श्रमिक झोपड़ियाँ टिमटिमा रही हैं...और रात में अज़ीब शक्ल में बदल जाते हैं पहाड़! पहाड़ों से दिन का परिचय रात्रि में कहाँ गुम हो जाता है, यह सिलसिला समझ में नहीं आता! रात में दोनों एक-दूसरे के लिए अपरिचित होते हैं। फिर से पहचान की ज़रूरत होती है! लेकिन रात की पहचान छलावा होती है। पहाड़ों के बीच क्या हो रहा है? पहाड़ों पर क्या घट रहा है? कैसे विश्वासपूर्वक कहा जा सकता है?

पलंग पर पड़े, छत से लटकते पंखे से आँखों के टकराते हुए खिड़की से बाहर झाँकते हुए दिमाग़ में विचित्र हलचल होने लगी है। दिन में पहाड़ों से पैदा हुए दृश्य

1. विस्तृत आख्यान के लिए देखें : भाग दो : आख्यान (क) : बैलाडीला और आततायी संस्कृति

रह-रहकर स्मृतिपटल पर उभर रहे हैं, एक कोलाज का आकार लेने लगे हैं। यह नौसिखिया मन अटपटी कविताओं की घाटी में उतरना चाहता है।

एक : निस्तेज़ मुज़स्मां

तुमने
चेतना (कैंसरग्रस्त)
को
पत्तियों से
सी-सी कर
साबुत रखने का भ्रम पाला है!
जानते हो,
आशंकाओं के द्वीप का
अस्तित्व नहीं होता।
रुग्ण युग को
कब तक घसीटते रहोगे
स्ट्रैचर पर?
भूल गए हो
रेस्प्रेशन की सीमा होती है!

समय को
काँवड़ों में लादकर
कोचियों के हाथों बेचा है।
आत्मबोध (अनुकूलित)
के
विभक्त अहम् पर सवार हो
हिमालय को लाँघना चाहते हो!
पिरामिड की डम्मियाँ +
उपयोगिता =
निस्तेज मुजस्मां
बनती आई हैं!

दो : सड़ांध

हमें,
अपने गोश्त को,

खाने की पड़ गई है
आदत (या डाल दी गई है)!
अलबत्ता,
कुत्ता,
दूसरे की हड्डी को
सड़क पर छोड़ देता है,
लावारिस,
चूसने पर
तिरस्कृत अवस्था
में,
पूँछ हिला देता है।

जाने भी दीजिए,
छोड़िए इन बातों को,
आइए,
हम आँख, कान, मुँह
सी लें,
इस बार नाक भी सी लें,
कहीं
अपने ही गोश्त की सड़ांध,
नथुनों में
हरक़त
न
पैदा कर दे!

तीन : समीकरण

तुम्हारा संस्पर्श,
युग का स्पन्दन,
दोनों का समीकरण,
मेरी अनुभूति है।
ठीक,
बॉयलर से
जूझते
'पॉवेल' के मुस्तैद बाजू,

माटी पर अंकित करते
युग का चेहरा,
'होरी' के रफ्तारी पैर,
दोनों का समीकरण,
तुम्हारी + मेरी
ज़िन्दगी है!
(1976)

1976 का अन्तिम चरण!

किरंदूल-बछेली क्षेत्र का अध्ययन समाप्त हो गया है। अब मैं अपना पड़ाव वापस दंतेवाड़ा डालने जा रहा हूँ। मुझे उन गाँवों का भी अध्ययन करना है जो औद्योगिक प्रभावों की सीधी चपेट में अपना सर्वस्व खो चुके हैं; आन्तरिक संरचना, बाहरी संरचना; सांस्कृतिक जीवन; वैवाहिक सम्बन्ध और स्त्री पलायन; खेती-बाड़ी व जल प्रदूषण; भूमिहीनता व वन कटाई, पाइकों-कोचियों (दलाल) का बढ़ता दबाव; श्रम पलायन व अर्द्धसर्वहारा में बदलता स्वतंत्र आदिवासी किसान; और ऐसे ही न जाने कितनी जलन-कितने ज़ख़्म बने हैं इस बैलाडीला औद्योगिक तेज़ाब से! लौटना होगा नकुलनार, कुआकोंडा, कटेकल्याण, फरसपाल, मोकपाल सहित कई गाँवों की ओर।

मैं अपनी अटैची बाँधे, दस्तावेज़ों को समेटे, झोला काँधे पर लटकाए बस अड्डे पर हूँ। किरंदूल की यात्राओं में बने मित्र लोग साथ में हैं छोड़ने के लिए। यूनियन नेता इन्द्रजीत सिंह, स्थानीय पत्रकार व पुस्तक-पेपर विक्रेता अशोक त्रिवेदी, बरसा मूला, नेताम, गंजाम, मुखर्जी आदि बस में बैठा रहे हैं मुझे। चालक के पास वाली आरामदायक सीट उपलब्ध करा दी गई है। मेरे कानों से किसी की आवाज़ टकरा रही है।

''सही-सही लिखना सर! बहुत लोग यहाँ से जानकारी बटोरकर ले जाते हैं। फिर भोपाल-दिल्ली पहुँचकर प्रोजेक्ट (मैनेजमेंट) के...सरकार के आदमी बन जाते हैं। यहाँ की ग़लत तस्वीर रिपोर्ट करते हैं। आप ऐसा मत करना।''

''हम लोग विस्फोट पर बैठे हैं। कुछ भी हो सकता है।'' यह दूसरी चेतावनी थी।

''आदिवासी मज़दूर ज़्यादा सब्र नहीं करेंगे। इनका धीरज का बाँध कभी भी टूट सकता है। इन पहाड़ों-जंगलों में आग फैल सकती है, जोशी जी! दिल्ली को बतला देना।''

सरदार इन्द्रजीत सिंह की यह चेतावनी दिमाग़ को आन्दोलित कर रही है और मध्य प्रदेश परिवहन की लाल बस दंतेवाड़ा के लिए रवाना हो रही है। पीछे छूटता जा रहा है किरंदूल, बछेली, भांसी और लोहे के पहाड़!

1976 पर यहीं अर्द्ध विराम लगाकर अब सितम्बर, 2013 में लौटा जाए। सैंतीस सालों के अन्तराल में यहाँ काफी कुछ घटा है। ऐसा नहीं है कि मैं इन बीते वर्षों में इस ओर आया ही नहीं। आया हूँ, और फिर से इन पहाड़ों में झाँका हूँ। 1977 में आया था और बैलाडीला में फैल रही श्रमिक अशान्ति को देखा था। इसके परिणामों की कल्पना भी की थी। मेरे जाने के बाद इस औद्योगिक क्षेत्र में श्रमिक आन्दोलन हुआ, फायरिंग हुई और कुछ आदिवासी श्रमिक मारे भी गए। 1985 में भी आया था। तब शान्ति थी, श्रमिक यूनियन कमजोर हो चुकी थी, मैनेजमेंट हावी हो चला था। एक-दो चक्कर और लगे 'छुओ और भागो' वाले अन्दाज़ में। इन सरसरी यात्राओं से इतना आभास ज़रूर हुआ कि किरंदूल पहले जैसा नहीं रहेगा, लोहे के इन पहाड़ों में काफी कुछ घटेगा, इनकी कोख में न जाने क्या-क्या धधक रहा है!

आज 16 सितम्बर, 2013 है। मैं अपने 1976 के किरंदूल को पहचान नहीं पा रहा हूँ। अपरिचित प्रतीत हो रही है यह लौह नगरी! आज इस नगरी में सभी ब्रांड और मॉडल के वाहनों का जमावड़ा है। एम्बेस्डर, फियट कहाँ खो गई हैं? इन वाहन आधुनिकाओं के रेलमपेल में कोई नहीं जानता। मोटर बाइकों की कतारें अलग से हैं। हाँ, अब टैक्सी स्टैंड नए उपभोक्ता यात्रियों, पर्यटकों का स्वागत करने के लिए तैनात है। तब सरकारी बसों का स्टैंड आकर्षण और गप्पबाजी का केन्द्र हुआ करता था, पनवाड़ी की थड़ियों पर राजनीति हाँकी जाती थी, अब रेस्टोरेंट आ गए हैं, टैक्सी स्टैंड लुभा रहा है।

बछेली और किरंदूल में अपार्टमेंट-संस्कृति ने जन्म ले लिया है। बछेली का बाज़ार बाहरी उपभोक्ताओं से जवान है और यही तरुणाई किरंदूल पर उतरी हुई है। दंतेवाड़ा-किरंदूल मार्ग पर जंगलों को चीरता हुआ शहरीकरण मिला, बाहरियों के मकान, छोटी-मोटी ज्वैलर्स की दुकानें, इलेक्ट्रॉनिक्स की दुकानें, कम्प्यूटर कैफे और साथ ही में भांसी-बछेली के बीच सड़क मार्ग पर वृक्ष हत्यारों के कारनामे देखे। मानो युद्धभूमि में उत्सर्ग चढ़े योद्धा हों वृक्ष!

मैं अपने 1976 के मित्र अशोक कुमार त्रिवेदी को बस स्टैंड पर ढूँढ़ रहा हूँ। सब लोग अवाक् रह गए हैं मेरी इस तलाश से। कुछ क्षणों की चुप्पी के पश्चात् एक व्यक्ति पूछ रहा है :

"आप लोग कहाँ से आए हैं?"

"मैं दिल्ली का हूँ, वैसे हम तीनों अभी वर्धा से आ रहे हैं।" मैं उत्तर देता हूँ।

"आपको मालूम नहीं है..." वह हैरत से पूछ रहा है और मैं उसे बीच में रोककर कहता हूँ, "क्या नहीं मालूम... ?"

"उनका स्वर्गवास हो चुका है। वे बीमार थे।"

"अरे...!" मुझे यह सुनकर धक्का लगता है। मैं अशोक का पता लिखता हूँ और हम तीनों उनके घर की तरफ चल पड़े हैं। पूछते-पाछते अशोक के घर पहुँच गए हैं। घर में अशोक की विधवा पत्नी और पुत्री से भेंट होती है। पुत्र बाहर गया हुआ है। अशोक घातक रोग से लम्बे समय तक पीड़ित रहे और अन्त में उन्हें सदैव के लिए जाना पड़ा। बेहद हँसमुख, दबंग पत्रकार और हमेशा सहयोग के लिए तैयार रहा करते थे। वैसे अशोक में कस्बाई नेता के गुण भी थे और कांग्रेसियों में गहरी पैठ थी। अशोक के परिजन दोपहर का भोजन घर पर ही करने का आग्रह कर रहे हैं लेकिन हम तीनों विनम्रतापूर्वक इसे अस्वीकार कर देते हैं। सामान्य जलपान लेने के बाद किरंदूल नगरी में घूमने के लिए निकल पड़े हैं।

क्या बताऊँ, कितनी श्रेणियों में बँट चुकी है यह नगरी! भूल-भुलैया लग रही है यह। गली में गली, कॉलोनी के भीतर कॉलोनी, गलियों में लम्बे पसरते बाज़ार, भाँति-भाँति की दुकानें, विविधताओं का मेला, औद्योगिक उत्पादों की भिनभिनाहट, किस ब्रांड का जूता चाहिए, किस फैशन की चप्पल और कैसी केश सज्जा, सभी कुछ आपको यहाँ मिल जाएगा। कहाँ थी तब रेडीमेडी वस्त्रों की दुकानें, टेलर मास्टर हुआ करते थे। अब तो सब कुछ तैयार माल मिलेगा—औरतों और पुरुषों के लिए। निश्चित ही इन सब आयातित वस्तुओं के ग्राहक स्थानीय आदिवासी तो नहीं हो सकते, बाहरी ही इन्हें खपा सकते हैं और फिर लम्बी डकार मार 'सियस्ता' (दोपहर भोजन उपरान्त विश्राम) ले सकते हैं।

अब छतों पर टीवी डिशें-कुकुरमुत्ते की तरह उग आई हैं। तब बाँस से बँधे रेडियो वायर या एंटीना हुआ करते थे। विविध भारती की गूँजें सुनाई देती थीं। अब तो पनवाड़ियों के पास ट्रांजिस्टर का स्थान पॉर्टेबल टीवी ने ले लिया है। रेस्तराँओं में टीवी सेट हैं और लोगों के कानों से चिपके हुए हैं मोबाइल। तब दफ्तरों और अफसरों के घरों की शोभा बढ़ाया करते थे लैंडलाइन टेलीफोन। अब मोबाइल ने यहाँ सभी को 'इंटरनेशनल' बना दिया है। अब यह ऊँघती हुई नगरी नहीं रह गई है, रफ्तारी बन गई है जहाँ छोटे परदे पर सब कुछ परोसा जा रहा है। मेरी आँखें चुँधिया गई हैं!

कुछ समय इस अयस्क नगरी में बिताकर हम तीनों दंतेवाड़ा की ओर रवाना हो चुके हैं। जहाँ से हमें जगदलपुर पहुँचना है। बॉय-बॉय बैलाडीला, जोहार किरंदूल, जोहार बछेली...!

दंतेवाड़ा पहुँचने से पहले नकुलनार की तरफ रास्ता फटता है।

"क्यों न नकुलनार घूम लिया जाए?" मैं अपने दोनों सहयात्रियों से कहता हूँ।

"वहाँ क्या है?" प्रकाश अपनी उत्सुकता व्यक्त कर रहे हैं।

''अरे भाई, यह भीतरी क्षेत्र है। 1975 में मेरी यह कर्मभूमि रही है। नकुलनार और इससे सटे गाँवों में काफी भ्रमण किया है। सर्वे किया है, आई.ए.एस. प्रोबेशनर मेरे साथ रहे हैं। ...कई घटनाएँ हुई हैं। अच्छे खासे अनुभव इन गाँवों में हुए हैं।''

''फिर तो चला जाए आपकी कर्मभूमि।'' प्रकाश अपनी सहमति देते हैं।

''मुझे भी अच्छा लगेगा, सर! गाइड और शोध-छात्र साथ-साथ इस क्षेत्र में हैं, यह अलग ही अनुभव होगा। चलिए ना!'' चन्द्रिका तपाक से तैयार हो गया है और हमारी कार नकुलनार की दिशा में मुड़ गई है।

मैं दोनों सहयात्रियों को कुआकोंडा व नकुलनार क्षेत्र का महत्त्व बतला रहा हूँ। मैंने तीनों मौसम और बसन्त-पतझड़ यहाँ बिताए हैं। दो-एक बार सर्प दंश से बचा हूँ। सवर्णों के क्रोध का सामना किया है। इसी क्षेत्र में गाँव-गाँव घूमते हुए, आदिवासियों के सुख-दुख की कहानी सुनते हुए, भुखमरी को देखते हुए, रात्रि में आदिवासियों की खस्सी (परिवार नियोजन ऑपरेशन) में होने वाली मौतों की घटनाओं से टकराते हुए मुझे चौबीस घंटे के भीतर बस्तर छोड़ने का हुक्म हुआ था, और छोड़ा भी। तब मैं कैसे कुआकोंड़ा, नकुलनार को बाइपास कर आगे बढ़ सकता हूँ?

और इस घटना प्रधान क्षेत्र की दिशा में मुड़ना अच्छा ही रहा, नया यथार्थ सामने खड़ा था, और 'प्रताप चौराहा व प्रताप-चेतक मूर्ति' से मेरा साक्षात्कार हो रहा था!

इस संक्षिप्त ब्रेक के बाद 1976 में लौटा जाए।

भारत में आपातकाल को लगे एक वर्ष से ज्यादा वक़्त बीत चुका है। इस दौर का अधिकांश समय मैंने बस्तर, विशेष रूप से दंतेवाड़ा में ही बिताया है। मेरा अध्ययन क्षेत्र जहाँ बैलाडीला रहा है वहीं भीतरी आदिवासी अंचलों में भी अध्ययन भ्रमण करता रहा हूँ। इन यात्राओं में जमीनी आँकड़े एकत्रित किए हैं, प्राथमिक स्रोतों और द्वितीय स्रोतों से। इनकी पड़ताल बाद में करूँगा। पहले दंतेवाड़ा की दिनचर्या में झाँक लिया जाना चाहिए।

दंतेवाड़ा विकास प्राधिकरण के कार्यालय के गेस्ट हाउस में रहने का लाभ यह हुआ कि मुझे इस आदिवासी अंचल में सरकारी तंत्र की कार्यशैली को समीप से देखने-समझने का अवसर मिला; अधिकारियों-कर्मचारियों का आदिवासियों के प्रति दृष्टिकोण; भीतरी अंचलों के दौरान सरकारी प्रतिनिधियों का व्यवहार; प्राधिकरण के विकास कार्यक्रमों के प्रति गम्भीरता; कार्यक्रमों में सरकारी धन की उपयोग शैली; स्वास्थ्य परिवार नियोजन योजनाओं की दशा; आँकड़ों का खेल आदि से जब-तब मुठभेड़ें होती रहीं। इस अंचल में केन्द्रीय मंत्रियों, नेताओं, अफसरों, आई.ए.एस. प्रोबेशनरों, दूरदर्शन टीम, पौष्टिक आहार विशेषज्ञों (हैदराबाद) जैसे लोगों से भी पाला पड़ा। उनकी संवेदनशीलता की थाह ली और इसी भीतरी अंचल कुआकोंडा में 10 सितम्बर, 1976 को वैकल्पिक सामाजिक-आर्थिक-राजनीतिक

व्यवस्था के महान क्रान्तिकारी योद्धा माओ त्से तुंग के निधन का समाचार संजीव ने मुझे दिया। इस समाचार से मैं कितना व्यथित हुआ, यह मैं ही जानता हूँ। कलकत्ता (कोलकाता) की चुपचाप यात्रा भी की और भारतीय मानव विज्ञान (ए.एस.आई.) सर्वे द्वारा आयोजित संगोष्ठी में भाग भी लिया। इस कालखंड को जीवन और उद्देश्यपूर्ण बनाए रखने के लिए गतिविधियों की एक लम्बी शृंखला बनी है। अब इसकी कुछ कड़ियों का स्पर्श कर लिया जाए।

वैसे 1975-76 का दंतेवाड़ा है शान्तिपूर्ण, न कोई भागमभाग न मारामारी, समय-विभाजन का न बोध और न ही परवाह; बस...सूर्य का उदय व अस्त अहसास करा जाता है एक दिन और बीता; ज़िन्दगी के अनिश्चित घंटों में से चौबीस घंटे और कम हुए; कब दफ्तर में लोग आते हैं, कब चले जाते हैं, कब तक चाय-पान की थड़ी पर पगारी उम्र को पीटते रहते हैं; कोई हिसाब है? बस! अपनी ऊँघ में डूबा है दंतेवाड़ा!

दिल्ली की आँखों से देखें तो दंतेवाड़ा 'कालापानी' लगेगा, है भी अरण्य। समझ में नहीं आता इंदिरा जी ने अपने विरोधी नेताओं, बुद्धिजीवियों को तिहाड़ में रोटियाँ तोड़ने के लिए क्यों बन्द कर रखा है! उन्हें चाहिए वे अपने विरोधियों को अबूझमाड़ में भटकने के लिए छोड़ दें, लौह के पहाड़ों से अकेले टकराने दें, दक्षिण बस्तर के घने जंगलों में जंगली जानवरों से दो-चार होने दें, चाय-काफी-मक्खन-डबल रोटी-पराँठे देने के बजाय उन्हें कोदा-कुटकी-लाँधा-सल्फी खाने-पीने दें।

समझ में नहीं आता प्रधानमंत्री किससे भयभीत हैं? सभी झंडों के नेता-बुद्धिजीवी उनका क्या कर लेंगे इन जंगलों में? किसे सम्बोधित करेंगे? कौन होंगे श्रोता, कहाँ से आएगी प्रेस? यहाँ तो सागौन के झाड़ मिलेंगे, महुआ के झाड़ मिलेंगे, कभी-कभार जानवर मिलेंगे, गगन में उड़ते पंछी ज़रूर मिलेंगे...और हाँ बेज़ुबान आदिवासी भी होंगे जो आपकी भाषा नहीं समझते...और न ही आप उनकी! बस! पाषाणवत बैठे रहेंगे और सुनते रहेंगे उनके भाषणों को। इन सबसे नेताओं की सार्वजनिक सभा बनेगी, बुद्धिजीवियों की गोष्ठियाँ रचेंगी, सल्फी-महुआ की तुमड़ी व दोना के बने पैमानों में तूफान उठेगा। आप बेफिक्र...बल्कि लापरवाह बनी रहें इन शहरी विरोधियों के प्रति। पूछिए क्यों? बस छोटा-सा उत्तर है—इन जंगलों में न कोई प्रेस है, न अख़बार, न रिपोर्टर, न रेडियो...न दूरदर्शन। आपके विरोधी खुद ही झाड़ों से टकरा-टकराकर खुद को लहूलुहान कर लेंगे...जब पब्लिसिटी का अकाल उनका स्वागत करेगा! विश्वास करिए, ये जंगल हरे-भरे हैं और विपुल प्राकृतिक सम्पदा को अपने में ज़रूर छिपाए हुए हैं लेकिन प्रचार की दृष्टि से बंज़र हैं...और विरोधियों की आत्महत्याओं की पृष्ठभूमि की रचना इससे क्या बेहतर हो सकती है? सोचिए ज़रा।! दंतेवाड़ा की काया की रचना इन तत्त्वों से होती है, और इस

पंच-तत्त्वीय काया को इमरजेंसी भर यहीं रहना है, अध्ययन करना है। सच कहूँ, मैं अपनी ही स्थिति बयाँ कर रहा हूँ।

दिल्ली में था तो कनाट प्लेस के टेंट कॉफी हाउस में जाया करता था। पाँच आने की कॉफी पिया करता था। रीगल बिल्डिंग के टी हाउस में धमक जाता, कभी यूनाइटेड कॉफी हाउस में। मुद्राराक्षस, रमेश बख्शी, विष्णु प्रभाकर, पंकज बिष्ट, इब्बार रब्बी, आनन्द स्वरूप वर्मा, रमेश गौड़, रमेश उपाध्याय, राजकुमार सैनी जैसे स्थायी चायचियों-कॉफी पियक्कड़ों के साथ बैठकर 'कॉफी के प्याले में' मैं क्रान्ति लाया करता था। बौद्धिक कवायद के लिए सप्रू हाउस के लॉन, कैंटीन में बैठक लगाता। डॉ. देवेन्द्र कौशिक, रमेश दीक्षित, डी.पी. त्रिपाठी, राजन हर्षे, पुष्पेश पंत, महावीर चौधरी, सुखबीर चौधरी, ए.के. रैना, बासंती गुप्ता आदि के साथ बैठकर बौद्धिक जुगाली की जाती, भारतीय राज्य के चरित्र की व्याख्या को लेकर वाक्-विस्फोट होते और कभी-कभार तारिक अली की ब्रिटिश अंग्रेजी में बौद्धिक कलाबाजी का लुफ्त उठाने पहुँच जाता। अख़बारबाजी की हुड़क उठी तो दिनमान, नवभारत टाइम्स पर छापा मार दिया और सर्वेश्वर जी के साथ लम्बी चर्चाएँ कीं। उनके 'बकरी' नाटक की रिहर्सल देखी, मायाजी (नवभारत टाइम्स) से रविवार्ता में लेख नक्की करवाया। ज़रूरत महसूस हुई तो साप्ताहिक हिंदुस्तान पहुँच गया और सम्पादक मनोहर श्याम जोशी को लेख भेड़ दिए। दूरदर्शन में कीर्ति जैन और आकाशवाणी में रमानाथ अवस्थी जी से प्रोग्राम मार लिए। कितने एवेन्यू, कितने विकल्प उपलब्ध रहा करते थे दिल्ली में!

अब इस दंतेवाड़ा में न विकल्प है, न चुनाव है...सब कुछ लापता है। बस है तो बाबा का ढाबा। किरीट के सुझाव पर मैं अपना जैसा-तैसा लंच-डिनर यहीं लेता हूँ, ...और जगह तो चाय-पकौड़ों-पूरियों-गुलगुलों की भरमार रहती है...उन पर मक्खियाँ अपना डेरा डाले रखती हैं। दाल-परचून की दुकानें अधिक हैं। बंसी का किराना स्टोर खूब चलता है। बंसी पंजाबी पुत्तर है और दिल्ली के कृष्णा नगर इलाके का रहने वाला है। पूरा परिवार स्टोर में जुटा हुआ है। पत्नी और दो बच्चे मिलकर इसे खूब चलाते हैं। दस वर्ष पहले बंसी अकेला दंतेवाड़ा आया था। फिर धीरे-धीरे पाँव ज़माने शुरू किए, थड़ी से शुरुआत हुई थी और आज बड़ा स्टोर है। बाहरी या ग़ैर-आदिवासी अधिकारी-कर्मचारी इसी से सौदा लेते हैं। वैसे आदिवासियों की लेन-देन भी बंसी के साथ खूब चलती है। पंजाबी भाई ने कुछ गाँवों में भी घुसपैठ की हुई है, आदिवासियों को उधारी दी जाती है और सस्ते में ज्यादा कृषि व वन उपज खरीद लिए जाते हैं। बंसी व्यवहारकुशल इतना है कि एक-दो बार उसने मुझे और संजीव दुग्गल, दोनों को ही भोजन का निमंत्रण दे डाला। हम लोग गए भी।

रुतबे की दृष्टि से दंतेवाड़ा में संजीव के बाद मुझे स्थान दिया जाता है। यह इसलिए नहीं है कि मैं पत्रकार हूँ, बल्कि मेरी धाक का कारण प्रदीप बैजल (जिलाधीश)

और संजीव दुग्गल हैं। एक तरह से 'प्रतिबिम्बित सत्ता' का आनन्द मैं भोग रहा हूँ। जहाँ भी मैं जाता हूँ चाय-बिस्कुट तो मिल ही जाते हैं। डॉ. ढाबरे और दूसरे अधिकारीगण चाय-पान और भोजन पर बुला ही लेते हैं। कहने के लिए एक ऑफिसर्स क्लब भी है जहाँ ताश-पत्ती, शतरंज, कैरमबोर्ड शोभायमान हैं। मैं और संजीव भी शाम काटने के लिए क्लब में चले जाते हैं और चाय-कॉफी पी-पाकर लौट आते हैं। कस्बा है इसलिए यहाँ 'बार' की व्यवस्था नहीं की गई है। वैसे अफसरों के घरों में अंग्रेजी और देसी ठर्रा रहता ही है। जो भी कुछ है, यही मनोरंजन के साधन दंतेवाड़ा में हैं।

हाँ, कभी-कभार मैं आदिवासी होस्टल भी चला जाता हूँ, छात्रों से बतियाता हूँ और स्वाद बदलने के लिए रात्रि-भोजन कर लेता हूँ। यह देखकर आश्चर्य ज़रूर होता है कि आदिवासी छात्र भोजन से पहले शिवजी की आरती 'ओम जय जगदीश हरे' गाते हैं। सुबह हनुमान चालीसा पढ़ते हैं, मंगलवार का व्रत भी रखते हैं। हिन्दू तीज-त्योहार मनाते हैं। इनके धार्मिक व्यवहार में कहीं भी आदिवासीपन नहीं झलकता है। ये ग़ैर-आदिवासी विद्यार्थियों के समान लगते हैं। अलबत्ता, जब कभी स्कूल में सांस्कृतिक कार्यक्रम होते हैं तब आदिवासी नृत्य व गान की प्रस्तुति आदिवासी अस्मिता का भान ज़रूर करा देती है। मुझे लगता है, यदि इसी प्रकार के धार्मिक व्यवहार विद्यार्थियों की जीवन-शैली में प्रवेश करते रहे तो कालान्तर में इनका 'हिन्दूकरण' अपरिहार्य परिणाम के रूप में सामने आएगा। यह हिन्दूकरण आदिवासी समाज में नए प्रकार के अन्तर्विरोधों-टकरावों को जन्म देगा, आदिवासी समाज का सांस्कृतिक विभाजन उभरेगा और इसका प्रकारान्तर से बिखराव होगा। इसके साफ आसार मुझे दिखाई दे रहे हैं।

नागर सभ्यता व्यक्ति को जहाँ एक आयामी बनाती है, वहीं बहुआयामी भी बनाती है क्योंकि भौतिक गतिशीलता उसके दृष्टि-पंख लगा देती है। वह एक जगह सीमित और एक वस्तु से लम्बे समय तक तृप्त नहीं रह सकता। वह एक साथ कई जुम्बिशें लेना, क़ई सरहदें पारकर जाना चाहता है। वह निजी स्तर पर स्वयं में सिमटा रहता है, अन्तर्मुखी बन जाता है, एलिएनेशन से चिपक जाता है, वहीं वह विस्तार भी चाहता है अपनी शक्ति, सामर्थ्य, दृष्टि, ज्ञान, चयन, रुचि, उपलब्धि का। आदिवासी समाज ठीक इसके विपरीत है। जीवन को देखने-समझने-नापने की उसकी अपनी कसौटियाँ हैं जोकि समय, काल, स्थान और आवश्यकता से निर्मित हुई हैं। उसे क्या फर्क पड़ता है यदि वह घड़ी न देखे; बस-ट्रेन में यात्रा न करे, सिनेमा न जाए और अख़बार न पढ़े; प्रधानमंत्री-मुख्यमंत्री को न पहचाने, अमेरिका, रूस, चीन के बारे में न सुने; सामन्तवाद-पूँजीवाद-लोकतंत्र-साम्यवाद-तानाशाही-फासीवाद के विमर्शों में न उलझे; इमरजेंसी क्या है, कब तक रहेगी...इन सबसे अनजान रहे! क्योंकि आधुनिक सभ्यता की इन निर्मितियों में उसकी कोई

भूमिका नहीं रही है। वह तो प्राकृतिक निर्मितियों से सम्पुष्ट व सन्तुष्ट रहा है। बग़ैर किसी टैक्स के उसे जल-जंगल-जमीन-हवा मिलते रहे हैं। उसका हस्तक्षेप कहीं भी नहीं है, बल्कि वह विविध आयामी-समाज के हस्तक्षेपों को ही झेलता आ रहा है, और मैं ठहरा बहुआयामी समाज का सदस्य। तब दंतेवाड़ा, कुआकोंडा, कटेकल्याण, फरसपाल...ये सब तो छोटे हुए ना! मैं इनमें कहाँ समा सकता हूँ?

जब ऊब होने लगती है तो मैं दंतेवाड़ा से गोत मार लेता हूँ और गीदम, जगदलपुर, नारायणपुर, रायगढ़, रायपुर, दिल्ली, कलकत्ता, बिलासपुर, मसूरी में भाषण देकर अपनी 'मोनोटोनी' से निजात पा लेता हूँ। गीदम में सतीश भटनागर बड़े दिलचस्प व्यक्ति हैं, हाईस्कूल के प्रिंसिपल हैं, पत्नी भी वहीं अध्यापिका हैं। भटनागर दम्पति संगीत के शौक़ीन हैं। ग़ज़लों और पुराने गीतों के ढेर सारे रिकॉर्ड उनके पास हैं। जब इच्छा होती है, बस पकड़कर गीदम पहुँच जाता हूँ। फिर क्या, जंगल में मंगल! सतीश बेगम अख़्तर के रिकॉर्ड लगा देते हैं। सहगल, सी.एच. आत्मा, मुकेश, मोहम्मद रफी के एलपीजी बारी-बारी से शाम को सुरीली बनाते रहते हैं। रिकॉर्ड के साथ थोड़ी अंग्रेजी शराब भी चलती रहती है। भोजन भी होता है और देर होने पर रात्रि विश्राम भी। मिसेज भटनागर अच्छी मेहमान-नवाज़ हैं। इस परिवार में दो बच्चे हैं। (आज सतीश जी के बड़े पुत्र तरुण भटनागर हिन्दी के सशक्त कथाकार हैं।)

गीदम आने से पहले सतीश भटनागर भोपालपटनम में अध्यापक थे। एक रोज़ आपातकाल पर चर्चा चल पड़ी। चर्चा में उन्होंने नक्सलपन्थियों की प्रशंसा कर डाली। मुझे ताज्जुब हुआ। मैं उन्हें अराजनीतिक समझता था। मेरे विचार में सतीश अधिक-से-अधिक कांग्रेसी हो सकते हैं। मैंने उनसे पूछ लिया, "आप क्या नक्सलाइटों को जानते-समझते हैं?"

"देखिए जोशी जी, राजनीति से मेरा कोई लेना-देना नहीं है। नक्सलवाद को भी मैं नहीं समझता हूँ।"

"फिर नक्सलपन्थियों की तारीफ कैसे कर रहे हैं?" मैंने उन्हें कुरेदना शुरू किया।

"अरे जोशी जी, बात यह है कि जब हम लोग भोपालपटनम में थे तब एक नक्सलाइट हमारे यहाँ आया करता था। आन्ध्र प्रदेश का था और नदी पार करके इस इलाके में आया था। मेरे बच्चों के साथ वह खूब घुलमिल गया। उसका बहुत अच्छा व्यवहार था। उसने अपनी पहचान कभी जाहिर नहीं होने दी। वह ग़रीबों के बारे में, परिवर्तन के बारे में ज़रूर बात करता था। आदिवासियों की हालत से वह चिन्तित था। फिर अचानक गायब हो गया। बाद में पुलिस ने मुझे उसके बारे में सावधान किया। उसने अपना नाम विजय बताया था...बिलकुल यंग था। एक बार गीदम में भी मिलने आया था, लेकिन रुका नहीं। इमरजेंसी थी। आपकी तरह विजय को भी

म्यूजिक का शौक़ था। गाने सुना करता था। उसके नाम वारंट था। पुलिस उसकी तलाश में थी। शायद उसने हमसे दूर रहना ही बेहतर समझा होगा! वह बड़ा शर्मीला लड़का था।''

''क्या और भी कोई नक्सलाइट बस्तर में है?''

''यह तो मैं नहीं जानता। विजय ने ही थोड़ी बहुत जानकारी दी थी। कुछ हो भी सकते हैं बीजापुर क्षेत्र में। मुझे ख़बर नहीं है।''

''अच्छा है!''

''क्या आप इस मूवमेंट के बारे में जानते हैं?''

''नहीं, कोई खास नहीं। पत्रकार के नाते ही थोड़ा-बहुत इसके बारे में सुना-लिखा है।'' मैंने जानबूझकर अपनी पहचान को सतीश दम्पति से छिपाए रखा। मैंने सोचा मेरी वास्तविक पहचान से ये अनावश्यक रूप से डर जाएँगे। अपने यहाँ आने से रोकेंगे और मैं इस जंगल में संगीत से महरूम हो जाऊँगा। यह भी नहीं बतलाया कि मैं स्वयं एक 'मीसा वारंटी' हूँ, एक निश्चित समझदारी के साथ मुझे यहाँ खुला छोड़ रखा है। जिस रोज़ चाहेगी सरकार मुझे यहाँ से भगा देगी, या ज़ेल में डाल देगी।

यह सच्चाई भी है। मैं जगदलपुर में अक्सर दो जगह ठहरता हूँ—

डॉ. भागीरथ प्रसाद और विकास भट्ट के यहाँ। डॉ. प्रसाद आई.ए.एस. हैं और प्रशिक्षण के तहत जगदलपुर में सहायक जिलाधीश के पद पर हैं। डॉ. प्रसाद जे.एन.यू. विद्यार्थी संघ के अध्यक्ष भी रह चुके हैं। तब से ही उनसे मेरा परिचय है। दिल्ली के सम्बन्धों के नाते उनका आग्रह है कि जब भी मैं जगदलपुर आऊँ, उनके यहाँ ही रुकूँ। उनके यहाँ कई दफे रुकना हुआ है। एक रोज़ वे संजीदगी के साथ कहने लगे, ''जोशी जी, आपका तो मामला बहुत गड़बड़ है!''

''क्या मतलब?'' मैं चिन्तित हो उठा।

''अरे भाई, आप पर काफी कड़ी नज़र रखी जा रही है। लोकल इंटेलीजेंस आपका हर जगह पीछा करती है।''

''यह आप कैसे कह सकते हैं?''

''ट्रेनिंग के दौरान हम लोगों को सभी विभागों में जाना पड़ता है। इन दिनों पुलिस विभाग देख रहा हूँ। रिपोर्टें देखने को मिलती हैं। लोकल राजनीतिक गतिविधियों को भी देख रहा हूँ।''

''फिर पुलिस को यह भी मालूम होगा कि मैं कहाँ-कहाँ ठहरता हूँ?''

''क्यों नहीं! मेरे बँगले का उल्लेख है...।''

''फिर मैं रुकना बन्द कर देता हूँ, क्योंकि आपका प्रशिक्षण काल है। व्यर्थ में कैरियर पर असर पड़ेगा।''

''अरे इसकी चिन्ता नहीं है। देखा जाएगा...आप अभी सरकारी प्रोजेक्ट पर काम कर रहे हैं...बैजल साहब से मिलते-जुलते हैं। डॉ. बी.डी. शर्मा के मार्ग दर्शन

में अध्ययन कर रहे हैं। मैं फँसता हूँ तो ये लोग भी फँसेंगे। आप यहीं ठहरें।'' डॉ. प्रसाद विश्वासपूर्वक अपनी मित्रता निभाते हुए बोले। और हम दोनों ने जमकर ठहाके लगाए।

मैं निश्चिन्त होने के साथ-साथ सावधान भी हो गया। वैसे भी मैं ऐसा कुछ नहीं कर रहा हूँ जिसे कानून-व्यवस्था विरोधी कहा जाए। जिला पुलिस अधीक्षक एन.के. सिंह से भी मुलाकातें होती रहती हैं। वे कवि हृदय हैं। एक मुलाकात में उन्होंने अपनी लद्दाख पोस्टिंग के अनुभव भी सुनाए थे। बातचीत में उन्होंने बारीकी से इशारा भी कर दिया कि वे मेरी पृष्ठभूमि से परिचित हैं और पुलिस की नज़रों से बाहर नहीं हैं। उनके तबादले के बाद आए नए एस.पी. ने भी चाय पर बुलाकर चतुराई से बतला दिया कि किरंदूल में मेरी क्या-क्या गतिविधियाँ रहती हैं, किन-किन से मिलता रहता हूँ। मैं आश्चर्यचकित रह गया जब उन्होंने कहा कि श्रमिक नेताओं से सावधान रहें, और स्थानीय पुलिस से न उलझें। हुआ यह था कि एक रात किरंदूल में कुछ सिपाही आदिवासी श्रमिकों और औरतों के साथ तकरार में उलझे हुए थे। कुछ लेन-देन को लेकर झगड़ा था। संयोग से कुछ आदिवासी युवकों के साथ मैं उधर से गुजर रहा था और इस तकरार को देखकर मैंने आदिवासियों का पक्ष लिया। इससे सिपाही नाराज़ थे। सुबह पता चला कि आदिवासियों को पकड़कर लॉकअप में डाल दिया गया है। आरोप लगाया है कि उन्होंने सिपाहियों के काम में बाधा डाली। सिपाही वेश्यावृत्ति को रोक रहे थे और युवकों ने इसका विरोध किया था। मुझे सब कुछ रहस्यमय लगा। ख़ैर! इस घटना को मैंने वहीं छोड़ दिया। एक-दो रोज़ बाद स्थानीय थाना के एक व्यक्ति ने यह ज़रूर बताया था कि मुझे भी सिपाही लपेट रहे थे लेकिन थाना अधिकारी ने यह सोचकर इनकार कर दिया कि मेरे सम्पर्क तार दिल्ली तक हैं, और कलेक्टर व एस.पी. के साथ सीधे सम्बन्ध हैं। केस कमज़ोर पड़ जाएगा। इसलिए आदिवासियों को ही हवालात में ठूँस दिया गया।

मैं सोचता हूँ राजसत्ता इतना भी नहीं करेगी तो उसे पूछेगा कौन?

सत्ताधीशों को अपनी हिफ़ाजत के लिए सम्भावित ख़तरों पर नज़र रखनी ही पड़ती है। तब मैं कैसे अपवाद हो सकता हूँ? इस सबके बावजूद मैं अपनी गतिविधियाँ जारी रख सकूँ, मेरे प्रति इतनी उदारता ज़रूर दिखाई जा रही है। मैं नि:संकोच कहीं भी आ-जा सकता हूँ और शोधकार्य जारी रख सकता हूँ। मैंने इन महीनों में जगदलपुर महाविद्यालय में बैलाडीला औद्योगिक क्षेत्र में आदिवासियों की दुर्दशा पर लेक्चर भी दिए, नगर में आयोजित एक गोष्ठी को सम्बोधित भी किया। इसी बीच एक सुखद अनुभव हुआ।

जगदलपुर स्थित भारत सरकार के मानव सर्वे की स्थानीय शाखा के अधिकारी विकास भट्ट ने मेरे हाथों में एक निमंत्रण पत्र थमा दिया। पत्र कलकत्ता से आया

हुआ था और सर्वे के महानिदेशक डॉ. कुमार सुरेश सिंह के हस्ताक्षर से था। वहाँ सितम्बर, 76 में आदिवासी संस्कृति और अर्थव्यवस्था को लेकर पाँच दिवसीय संगोष्ठी हो रही थी, जिसमें मुझे बैलाडीला को लेकर पेपर रखना था। हालाँकि पेपर प्रस्तुत करने लायक सामग्री मैंने जुटा ली थी। फिर भी एक आशंका मुझे घेरे हुए थी। मुझे भय लग रहा था कि कहीं मैं कलकत्ता में गिरफ्तार न हो जाऊँ! क्योंकि यह महानगर राजनीतिक दृष्टि से काफी संवेदनशील और वामपन्थी राजनीति का गढ़ है।

मेरी राजनीतिक शिक्षा-दीक्षा इसी महानगर में हुई थी। फणी बागची, झरना भौमिक, असीम चटर्जी जैसे राजनीतिक कर्मियों की पाठशाला में मैंने हाजरी लगाई थी। मैं अपने मित्र शम्सजमाँ के यहाँ गुप्त रूप से ठहरा करता था। का. झरना भौमिक मुझे काजी नजरुल इस्लाम के यहाँ ले गईं और उनके निवास पर दर्शन कराए थे। वे अर्द्ध-विक्षिप्त अवस्था में थे। पन्द्रह-बीस मिनट उनके कमरे में बैठे रहे। वे डबडबी आँखों से हमें देखते और हम उन्हें! वे कभी-कभी दीदी (झरना भौमिक) को 'हूँ-हाँ' में जवाब भी देते, बांग्ला में बोलते हुए उनकी जीभ लड़खड़ा जाती। उनके वाक्य बिखर जाते। फिर भी उनके दर्शन करने वालों की कमी नहीं थी। उनके पुत्र भी उनके साथ रह रहे थे। दीदी ने ही मेरी मुलाक़ात उत्पल दत्त, मृणाल सेन से कराई थी। मृणाल दा का तो एक लम्बा साक्षात्कार भी लिया जो कि 1973 में साप्ताहिक हिंदुस्तान में प्रकाशित हुआ था।

नक्सलपन्थियों की पकड़ा-धकड़ी का दौर था। नक्सलवादी आन्दोलन के बिखराव का सिलसिला शुरू हो चुका था। जेल में चारू मजूमदार की मृत्यु हो गई थी। मुख्यमंत्री सिद्धार्थ शंकर रे की तूती बोलती थी। ऐसे माहौल में मेरी अ.भा. क्रान्तिकारी युवा संगठन के अध्यक्ष के नाते दिल्ली से कलकत्ता की अर्द्ध भूमिगत यात्राएँ हुआ करती थीं। जब 25 जून, 75 को आपातकाल घोषित किया गया तब जिन संगठनों पर प्रतिबन्ध लगाया गया था उनमें क्रान्तिकारी युवा संगठन भी शामिल था। जब ऐसी पृष्ठभूमि रही हो तब गिरफ्तारी की आशंकाओं का उठना अस्वाभाविक नहीं था।

मैंने अपने इस भय से विकास भट्ट को अवगत करा दिया। उन्होंने दो रोज़ बाद मुझे आश्वस्त किया कि मैं कलकत्ता में सुरक्षित रहूँगा। डॉ. सिंह से फोन पर बातचीत हो चुकी है। उन्होंने कलकत्ता में सुरक्षित रूप से मेरे आने-जाने का भरोसा दिलाया है। निज़ाम हाउस में मेरे ठहरने की व्यवस्था की जा रही है। विकास स्वयं भी कलकत्ता पहुँच रहे हैं।

मैं दिल्ली होते हुए कलकत्ता पहुँचा। दिल्ली में दो-तीन रोज़ रुका। पेपर टाइप करवाया। डॉ. बी.डी. शर्मा से ज़रूरी मार्गदर्शन लिया और उन्होंने भी निश्चिन्त होकर कलकत्ता जाने के लिए कहा।

कलकत्ता की यात्रा उपयोगी थी, मगर घटना प्रधान भी रही। हुआ यह कि एक सत्र में इसरो से जुड़े एक समाजशास्त्री अग्रवाल ने अपने पेपर की प्रस्तुति में महाजनी पूँजीवाद की वकालत की और कर्ज़दाताओं का पक्ष लिया। उनका तर्क था कि आदिवासी क्षेत्रों में ब्याज पर कर्ज़ देने की व्यवस्था अच्छी है और इससे भील आदिवासियों को लाभ पहुँच रहा है। यदि इस परम्परागत ऋण–ब्याज व्यवस्था को समाप्त कर दिया गया तो आदिवासियों का अहित ही होगा। क्योंकि सरकारी बैंक उनकी कोई सहायता नहीं कर रहे हैं। 1975 में आपातकाल के तुरन्त बाद केन्द्र सरकार ने दो महत्त्वपूर्ण अध्यादेश : बन्धक–श्रमिक प्रथा समाप्ति, और ऋणमुक्ति उन्मूलन जारी किए थे। बाद में इन दोनों अध्यादेशों को कानून का रूप दे दिया गया। इन क्रान्तिकारी कानूनों के बावजूद इसरो के प्रतिनिधि का ऐसा पेपर हैरत में डालने वाला था! इस सत्र की अध्यक्षता प्रमुख वामपन्थी बुद्धिजीवी व समाजशास्त्री ए.आर. देसाई कर रहे थे। इसके अलावा प्रसिद्ध इतिहासकार वरुण दे, मानव शास्त्री सुरजीत सिन्हा जैसी हस्तियाँ मौजूद थीं। डॉ. सिंह स्वयं सत्र की नकेल सँभाले हुए थे।

इसरो के समाजशास्त्री की बात मेरे गले नहीं उतरी। मैंने खड़े होकर उनकी स्थापनाओं का प्रतिवाद किया। मेरे साथ अन्य लोग भी खड़े हो गए। शोर मच गया। उक्त समाजशास्त्री ने क्रोधित होते हुए कहा,

"कुछ लोग कुर्ता–पाजामा पहनकर हम बुद्धिजीवियों को आक्रान्त करना चाहते हैं। वे जमीनी यथार्थ से कटे हुए हैं।" उनकी इस टिप्पणी ने माहौल को और गरमा दिया, लोग भड़क उठे। उत्तर–पूर्व से पहुँचे कुछ युवा मानवशास्त्री थे। उन्होंने उनके निष्कर्षों का जमकर विरोध किया। मैंने तो उनका पेपर बिलकुल ही ख़ारिज़ कर दिया। वे अलग–थलग पड़ गए। स्थिति की गम्भीरता को देखते हुए ए.आर. देसाई और डॉ. सिंह ने हस्तक्षेप किया। तब जाकर सत्र में शान्ति लौटी और उक्त समाजशास्त्री को सत्र से चुपचाप उठकर जाना पड़ा। उनका पेपर मालवा क्षेत्र (झाबुआ और रतलाम) के आदिवासियों पर आधारित था।

इस घटना से मैं भीतर–ही–भीतर भयभीत भी हो रहा था। मुझे डर था कि यदि घटना ने दूसरा मोड़ ले लिया तो कहीं मैं मुसीबत में न पड़ जाऊँ! मुझे गिरफ्तारी की आशंका सता रही थी। शाम को डॉ. सिंह ने मुझे अपने निवास पर बुलाया और सकुशल लौटने का भरोसा भी दिलाया। उनका कहना था कि संगोष्ठियों में ऐसा होता रहता है। इससे भयभीत होने की आवश्यकता नहीं है। मुझे सन्तोष इस बात का था कि उदयपुर, मैसूर तथा कुछ अन्य जगह से पहुँचे वरिष्ठ मानवशास्त्रियों ने भी मेरा समर्थन किया। इन सबके बीच मैं सुरक्षित दंतेवाड़ा लौट आया। मेरे अनुभव की राशि और समृद्ध हुई। इसलिए मैं निश्चिन्त होकर अपनी कार्यशैली से दंतेवाड़ा में जमा हुआ हूँ।

दंतेवाड़ा प्रवास नित नए अनुभवों से भरपूर है। एक-दो बार प्राधिकरण के अधिकारियों के साथ कटेकल्याण, कुआकोंडा, नकुलनार सहित कई गाँवों में जाने का अवसर मिला। मैंने देखा कि ये अफसरान गाँव में प्रवेश करते ही आदिवासियों से मुर्गा, मटन, महुआ शराब की माँग करते हैं। उनकी चारपाई पर जाकर पसर जाते हैं और मुर्गा काटने की फरमाइश कर डालते हैं। साग-सब्जी भी कटवा लेते हैं। बोरी भरवाकर धान ऐंठ लेते हैं। उन्हें डराते हैं, धमकाते हैं, सरकारी या सहकारी ऋण मंजूर नहीं करने की धमकी देते हैं। उस समय आदिवासी परिवार की मनोदशा देखने लायक होती है। उनके चेहरों पर घृणा, क्रोध और विवशता के भाव जमे रहते हैं। उन्हें भय रहता है कि यदि इन सरकारी देवताओं की फरमाइश पूरी नहीं की तो उन्हें जेल में डाल दिया जाएगा, उनका कर्ज़ मंजूर नहीं होगा, उनके झाड़ व वन उपज के सही दाम नहीं लगेंगे, उनकी जमीन छिन जाएगी। जब कोई सरकारी लोग 'थाना गुड़ी' (गाँव में सरकारी-अधिकारियों-कर्मचारियों के लिए विश्रामगृह) में रात-बिरात ठहरते हैं तो लड़की की माँग भी करते हैं। मजे की बात यह है कि ये लोग सरकार से दैनिक यात्रा भत्ता भी वसूल लेते हैं और मुफ्त में चिकन-मटन-शराब अलग से खाते-पीते रहते हैं। क्या इस तरह का व्यवहार आदिवासी का दंतेवाड़ा, जगदलपुर, रायपुर, भोपाल और दिल्ली की राजसत्ता में भरोसा जगाएगा? यह सवाल बार-बार झकझोरता है मुझे।

नकुलनार के राजपूत परिवार ने आदिवासी की भूमि और फसल हड़पने के लिए नायाब तरीक़ा ईजाद किया है। उत्तर प्रदेश के उक्त राजपूत ने एक आदिवासी को अपने यहाँ नौकर रखा हुआ है। उसकी पाँच एकड़ भूमि वर्षों से जोती जा रही है। एक अन्य मामले में जोड़-तोड़ से तीन एकड़ जमीन खरीदी गई। उक्त आदिवासी को ग़ैर-आदिवासी घोषित करा दिया और जमीन की रजिस्ट्री किसी सिंह के नाम करा दी गई। हितावर नाम के गाँव में एक आदिवासी ने ग़रीबी से तंग आकर अपनी लड़की को चन्द रुपयों और धान के लिए ग़ैर-आदिवासी को बेच दिया।

एक नहीं, बेशुमार घटनाएँ हैं आदिवासियों के शोषण, उत्पीड़न, धोखाधड़ी, अर्द्धगुलामी, ऋणग्रस्तता, सूदखोरी आदि की। काफी कुछ ठोस जानकारी एकत्रित करने के पश्चात मैंने और संजीव ने आपस में तय किया कि क्यों न बीस सूत्री कार्यक्रम के अन्तर्गत नकुलनार में सरकारी शिविर लगाकर ऋणमुक्ति-बन्धक श्रमिक मुक्ति का अभियान चलाया जाए। चूँकि संजीव दुग्गल दंतेवाड़ा के सबसे बड़े अधिकारी हैं, इसलिए नकुलनार के पास पंचायत भवन में शिविर लगाया गया। ग़ैर-आदिवासी सूदखोरों (मुख्यतः राजपूत व ब्राह्मण) को तलब किया गया। प्रखंड अधिकारी, पटवारी, वन अधिकारी जैसे लोगों को मौजूद रहने के आदेश दिए गए। सम्बन्धित प्रकरणों के दस्तावेज भी मँगाए गए।

शिविर के मंच पर संजीव दुग्गल, मैं और प्रखंड अधिकारी बैठे। स्थिति पर नज़र रखने और अप्रिय घटना को सँभालने के लिए पुलिस भी तैनात की गई। कार्यवाही शुरू हुई। प्रखंड अधिकारी ने एक-एक करके सूदखोरों को बुलाया, कर्ज़ग्रस्त आदिवासियों से उनका सामना कराया। शुरू में तकरार हुई, सूदखोरी को मानने से इनकार कर दिया लेकिन कागजात दिखाने के बाद उन्हें झुकना पड़ा। संजीव हरेक को अच्छी-खासी डाँट पिलाते, जेल में बन्द करने की धमकी देते। सूदखोरों के सामने ही कर्ज़ के पेपरों को फाड़ दिया जाता, वहीं बही खाते ज़ब्त किए जाते। इस कार्रवाई को देखकर पहले तो आदिवासियों को विश्वास ही नहीं हुआ। उनके लिए यह अकल्पनीय था कि ब्राह्मण, राजपूत, वैश्य जैसे ताक़तवर सूदखोर उनके समक्ष 'हाथ जोड़े' खड़े होंगे। संजीव ने दोनों पक्षों को जमीन पर ही बराबर से बैठाया था। इससे आदिवासियों में आत्मविश्वास जगा और उन्मुक्त साँस ली!

होता यह है कि आदिवासियों के लिए कर्ज़दाता या सूदखोर माई-बाप होता है। उसके लिए कानून उस समय तक कोरा काग़ज़ है जब तक स्थानीय शक्ति केन्द्र (जमींदार, सूदखोर, बनिया, पटवारी, वनरक्षक, बीडीओ, सिपाही आदि) इसे स्वीकार नहीं कर लेते हैं। राष्ट्रपति, प्रधानमंत्री, मुख्यमंत्री, जिलाधीश जैसे लोग इन पीड़ितों के लिए तिनके के समान हैं। एक बार डॉ. शर्मा ने अपना बड़ा दिलचस्प अनुभव मेरे साथ शेयर किया था। उन्होंने बताया कि 1971 में वे दौरे पर थे। एक गाँव के आदिवासी परिवार के वृद्ध मुखिया ने उन्हें 'पटवारी' बनने का आशीर्वाद दिया था क्योंकि उसकी भूमि को ग़ैर-आदिवासियों के चंगुल से छुड़वाकर उसे लौटाई गई थी। उक्त आदिवासी परिवार को इस उपलब्धि पर अपार खुशी हुई। इसलिए उसने 'पटवारी' बनने का आशीर्वाद जिलाधीश को दे दिया। वास्तव में आदिवासी के लिए पटवारी का ख़सरा, कर्ज़दाता का बहीखाता, वन विभाग का रिकॉर्ड और थाने का रजिस्टर भारत के संविधान से कहीं ज्यादा महत्त्वपूर्ण हैं! राजनीतिक स्वतंत्रता, 15 अगस्त व 26 जनवरी जैसे अवसरों से वह अपरिचित है। इसलिए ऋणमुक्ति, बन्धक श्रमिक प्रथा समाप्ति कानूनों को बने महीनों गुज़रने के बाबजूद भीतरी आदिवासी अंचलों में यथास्थितिवाद का ही राज चलता आ रहा है। इस दृष्टि से संजीव की कार्रवाई से यथास्थितिवाद को पहली चुनौती मिली थी। इस कार्रवाई का जबर्दस्त प्रभाव भी पड़ा। अन्य क्षेत्रों में भी संजीव को ऐसे ही शिविर लगाने पड़े। प्रेस कवरेज़ भी खूब हुआ। इस तरह की दंडात्मक कार्रवाइयों के लिए ग़ैर-आदिवासी शक्ति केन्द्रों ने मुझे जिम्मेदार माना। नकुलनार के सवर्ण लोग तो मुझे दुश्मन मानने लगे और सबक सिखाने का इन्तज़ार करने लगे। इन तत्त्वों से सावधान रहने की चेतावनी भी संजीव ने मुझे दे डाली।

अजात शत्रु होना कोई बड़ी क्वालिटी नहीं है। यदि आप शत्रुओं के भी 'प्रिय' बने रहते हैं तो आपकी विचार पद्धति और कार्यशैली में गम्भीर खोट है। अत:

संजीव की कार्रवाई के पश्चात कुआकोंडा क्षेत्र के सवर्ण स्वार्थी तत्त्वों से परोक्ष धमकियाँ नहीं मिलतीं तो ज़रूर स्वयं पर हैरत होती! मैं स्वयं को कठघरे में खड़ा महसूस करता। मैंने थोड़ी-बहुत सावधानी बरतना शुरू कर दिया।

इसी बीच एक घटना और घटी। मसूरी स्थित लाल बहादुर शास्त्री अकादमी के दस-बारह आई.ए.एस. प्रोबेशनरों को दंतेवाड़ा भेजा गया। दिल्ली से डॉ. शर्मा ने कलेक्टर प्रदीप बैजल को विशेष निर्देश दिए कि इन प्रशिक्षु अधिकारियों को सर्किट हाउस या गेस्ट हाउस में न ठहराया जाए, गाँवों की थानागुड़ियों में रोका जाए। जीप, चपरासी, क्लर्क वगैरह न दिए जाएँ। चूँकि मैं पहले से ही गाँवों में हूँ इसलिए इन विशिष्ट प्रशिक्षुओं को मेरे हवाले कर दिया गया। डॉ. शर्मा ने मुझे भी फोन पर यही निर्देश दे दिए। संजीव दुग्गल ने इन सभी को कुआकोंडा क्षेत्र में रख दिया। इन सभी को एक महीने रहकर विभिन्न गाँवों का सामाजिक-आर्थिक सर्वेक्षण करना था और स्वयं अपने हाथों से चाय-भोजन आदि बनाना था। सभी से यह भी कहा गया कि रामशरण जोशी से भी मार्गदर्शन प्राप्त करें। इन्हें यह भी बतला दिया गया कि मैं एक प्रतिबद्ध सामाजिक कार्यकर्ता, पत्रकार और शोधकर्त्ता हूँ। इन सभी के माध्यम से भी विभिन्न गाँवों के प्रामाणिक आँकड़े एकत्रित किए थे, जिनका इस्तेमाल हम लोगों ने शिविर में किया था। शिविर कार्रवाई के पश्चात् मेरा रुतबा और खतरा, दोनों एक साथ बढ़े। प्रशिक्षु अधिकारी भी मेरा सम्मान करने लगे।

लेकिन इन प्रशिक्षुओं के साथ मेरे अनुभव काफी रोचक भी रहे हैं। ये लोग रोज़ रात अपने भविष्य को लेकर चिन्तित हो उठते। इनकी चिन्ताएँ थीं : किन-किन राज्यों का कैडर उन्हें मिले; उत्तर-पूर्व राज्यों में न भेजा जाए, कैसे अहिन्दीभाषी राज्यों से बचा जाए; मनभावन कैडर पोस्टिंग के लिए क्या-क्या जुगत भिड़ाई जाए, कैसा लाइफ पार्टनर चुना जाए; कैसे अधिक-से-अधिक दहेज मिले; किस प्रकार चल-अचल सम्पत्ति एकत्रित की जाए। कुछ तो यह भी शेखी मारते कि उन्हें तो अभी से ही चालीस-पचास लाख का दहेज मिल रहा है। दूसरा कहता कि हरियाणा का एक मंत्री अपनी पुत्री देने को तैयार है। तीसरा कहता कि नगदी के अलावा दो सौ बीघा जमीन भी मिल रही है, अकेली लड़की है। कोई डींग मारता कि विवाह के बाद उसके ससुर विदेश में हनीमून के लिए भजेंगे। वे उद्योगपति हैं। एक-दो को छोड़कर कोई भी प्रशिक्षु आदिवासी समाज के प्रति संवेदनशील नहीं लगा—बल्कि देश के प्रति भी कोई विशेष चिन्ता जाहिर नहीं की। इन लोगों की गृह मंत्रालय, विशेष रूप से डॉ. शर्मा से शिकायत थी कि उन्हें इतने पिछड़े व अभावग्रस्त क्षेत्र में क्यों भेजा गया है? यहाँ आने से आई.ए.एस. का रुतबा घटता है, आम लोगों की नज़रों में हम छोटे हो गए हैं। हमें जीप और चपरासी दिया जाना चाहिए, साथ में रसोइया भी होना चाहिए। इन प्रशिक्षुओं में सवर्णों के साथ-साथ दलित और आदिवासी आई.ए.एस. भी थे।

इन प्रशिक्षुओं से मेरी बहसें भी होती रही हैं। इनकी मान्यताओं को मैंने कई दफे चुनौती भी दी। दो-तीन लोगों ने बुरा भी माना। उनमें बहस के दौरान आई.ए.एस. अफसरी जग जाती। औसत आई.ए.एस. यह मानता है कि वह प्रत्येक क्षेत्र का सर्वेसर्वा है; देश पर शासन करने के लिए ही वह जन्मा है; वही अच्छी योजना बना सकता है; बेजोड़ विचार वही दे सकता है; वही शासितों के बारे में सोच सकता है; शेष लोगों का कर्तव्य है कि उसे 'प्रथम एवं अन्तिम' के रूप में देखें। जो नया-नया इस जमात में शामिल होता है वह तो स्वयं को स्थायी शासक-प्रशासक, और राजनीतिज्ञों को चलता-फिरता शासक के रूप में देखता है। शासक-प्रशासकों की यह प्रजाति भारत की नहीं, 'औपनिवेशिक इंडिया' की प्रतिनिधि अधिक प्रतीत होती है। यह मेरा अनुभव है।

वैसे इस सोच के लिए इन नवजात प्रशिक्षुओं को उत्तरदायी ठहराना भी गलत होगा। ये लोग केवल उस परिवेश के 'बाई प्रॉडेक्ट' हैं जिसमें इनकी शिक्षा-दीक्षा-प्रशिक्षण होता है। यह परिवेश शासकों का निर्माण करता है, न कि सेवकों का। मुझे अकादमी के इस शासक निर्माण परिवेश में दो-एक बार झाँकने का अवसर मिला है। बिलकुल औपनिवेशिक शैली में आई.ए.एस. विद्यार्थी को रखा जाता है, सामन्ती और अंग्रेजी जीवन-शैली की स्पष्ट छाप वहाँ दिखाई देती है। उस वातावरण में पहुँचकर लगता ही नहीं है कि भारत एक निर्धन व पिछड़ा देश है। यहाँ के प्रशिक्षित अधिकारियों को जनता की भुखमरी, पिछड़ापन, बँधुआ श्रमिक प्रथा, ऋणग्रस्तता, सामन्ती संस्कार आदि से जूझना है। इस परिवेश में पहुँचकर पिछड़े क्षेत्र व निर्धन परिवार का व्यक्ति भी 'क्लास' बन जाता है। जाहिर है, कालान्तर में देश के शासक वर्ग में खपने के लिए भी यह भरोसेमंद व टिकाऊ सीढ़ी साबित होती है।

मसूरी का परिवेश देखकर मेरा यह मत है कि लाल बहादुर शास्त्री अकादमी को वहाँ से हटाकर बिहार, मध्य प्रदेश, राजस्थान, उड़ीसा जैसे पिछड़े राज्यों के अत्यन्त भीतरी अंचलों में शिफ्ट कर दिया जाए। डॉ. शर्मा से भी मैंने यही अनुरोध किया कि वे अकादमी को मसूरी से इन क्षेत्रों में स्थापित करवाने के लिए सरकार को तैयार करें क्योंकि वे इस समय गृह मंत्रालय में संयुक्त सचिव हैं और इस मामले में महत्त्वपूर्ण पहल कर सकते हैं।

इन प्रशिक्षुओं में नागालैंड प्रोबेशनर टी.एन. मनेन ने मुझे विशेष रूप से प्रभावित किया है। वह अपने साथियों में सबसे अधिक सक्रिय व प्रोफेशनल और फील्ड स्टडी में डूब जाता है। आदिवासियों के साथ घुलमिल जाता है जबकि मुख्य भारत के प्रोबेशनरों के दिमाग़ों में कहीं 'संकोच या रिजर्वेशन' लगते हैं। मनेन और मैं, हम दोनों ही एक झोंपड़ी में टिके हुए हैं। मनेन को ही मालूम है कि मैं मार्क्सवादी हूँ और मीसा वारंट की तलवार मुझ पर लटकी हुई है। इस सूचना से मनेन को खुशी भी हुई। मनेन को जब यह जानकारी दी तो वह भी खुल गया। उसने भी अपनी राजनीतिक

पृष्ठभूमि मुझसे शेयर की। उसने बताया कि वह भूमिगत नागालैंड आन्दोलन का सदस्य रह चुका है। इस नाते उसने अन्य साथियों के साथ चीनी सीमा में जाकर आर्मी की ट्रेनिंग भी ली। पर वह अब इस आन्दोलन से दूर हो चुका है, और समझौते के तहत देश की मुख्यधारा में शामिल हुआ है। मनेन का यह भी विचार है कि उसे नागालैंड कैडर में भेजा जाए ताकि वह अपने नागा-आदिवासियों की प्रशासनिक सेवा कर सके। उन्हें भी मुख्यधारा में लाया जा सके।

एक रात हम दोनों ही सर्पदंश का शिकार होते-होते बचे। हुआ यह कि एक रोज़ शाम से ही वर्षा शुरू हो गई थी। मध्य रात्रि तक चलती रही वर्षा। लालटेन जली हुई थी। खाना खाकर हम सोने ही लगे थे कि एक लम्बी रस्सी जैसी कोई वस्तु लालटेन पर गिरी। लालटेन भी जमीन पर पलट गई। कुछ अज़ीब-सी सरसराहट चारपाई के नीचे महसूस हुई। मनेन ने सिरहाने रखी अपनी टॉर्च से देखा कि एक लम्बा सर्प रेंग रहा है। मनेन का नागालैंड में सर्पों से कई बार पाला पड़ चुका था इसलिए वह निडर था। वह बोला, ''मि. जोशी, डॉन्ट वरी! स्टे कॉम।'' और उसने देखते-ही-देखते सर्प को पास पड़ी लाठी में लपेटकर बाहर खेतों में छोड़ दिया। दूसरे लोग भी जग गए। मनेन को छोड़कर शेष सभी इस घटना से विचलित थे।

मनेन अपने स्वाभाविक ढंग से मुस्कराता रहा और बोलता रहा, ''नथिंग-नथिंग...टेक इट इज़ी। वी आर ब्रेव पिपुल!'' सच, मनेन है बहादुर। (आखिरी बार मनेन मुझसे 2008 में कोहिमा में मिला। वह होटल में मिलने आया। उसने लालू यादव की पार्टी के टिकट पर चुनाव लड़ने के लिए प्रदेश सरकार में अतिरिक्त मुख्य सचिव के पद से इस्तीफा दे दिया था, वह वैसा ही मुझसे मिला जैसा 1976 में नकुलनार की झोंपड़ी में मेरे साथ था। बत्तीस वर्ष के बाद भी उसकी सौम्यता और आत्मीयता ताज़गी लिये हुए थी।)

इन प्रशिक्षु अधिकारियों की उपस्थिति का लाभ यह ज़रूर हुआ कि दंतेवाड़ा और कुआकोंडा क्षेत्र के बाहरी लोग भयभीत हो गए, आदिवासियों का शोषण कम होने लगा और साप्ताहिक हाटों में उनके साथ हो रही ठगी प्रत्यक्ष रूप से रुक गई। उनकी स्थानीय वस्तुओं का उचित दाम उन्हें मिलने लगा। प्रचार यह हो गया कि जोशी जी ने इन अधिकारियों को इस क्षेत्र में जानबूझकर तैनात कराया है। ये भेष बदलकर गाँव-गाँव जा रहे हैं और अपराधियों को सुबूत सहित चिह्नित कर रहे हैं। इसीलिए जोशी जी ने इन लोगों के यहाँ आने से पहले ही योजनाबद्ध ढंग से सर्वे किया था। अब वे कैम्प लगवाकर पकड़ा-धकड़ी करवा रहे हैं। ठाकुर रघुवीर सिंह भी मेरी वजह से अपने जाति-समाज में अलग-थलग पड़ गए हैं। उन्हें भी इस कार्रवाई की जड़ माना जा रहा है क्योंकि मैं उनके यहाँ भी कुछ समय के लिए रुका था। वैसे वे पहले से ही अपने शेष जाति वालों से कटे रहते हैं और धर्मभीरु भी हैं।

आदिवासी और सरकार के बीच विश्वास व अविश्वास के कई पुल होते हैं; एक पुल जो दोनों के बीच विश्वास पैदा करता है, दोनों को जोड़ता है, आदिवासी सरकार को अपना हमदर्द समझने लगता है। इसके कई अनुभवजन्य रूप मुझे दंतेवाड़ा क्षेत्र में देखने को मिलते रहे हैं। एक ताज़ा रूप परिवार नियोजन अभियान के अन्तर्गत 'ऑपरेशन' है। बस्तर के अन्य क्षेत्रों की भाँति दंतेवाड़ा में भी ऑपरेशन शिविर लगाए गए और आदिवासियों की खस्सी (नसबन्दी) की गई। कुआकोंडा में भी नसबन्दी कार्यक्रम के अन्तर्गत निश्चित तिथियों पर आदिवासियों (स्त्री-पुरुष) को स्कूल और पंचायत भवन में एकत्रित किया जाता और रात्रि में भी नसबन्दी ऑपरेशन किए जाते। पैट्रोमेक्स, लालटेन और टॉर्च जलाकर ऑपरेशन होते। चूँकि टारगेट पूरा करना है इसलिए ऑपरेशन में अँधेरे-उजाले की चिन्ता किसी को नहीं है, यहाँ तक कि संजीव को भी नहीं है। नतीजा यह निकला है कि कुछ आदिवासियों के केस बिगड़ गए और उन्हें मरणासन्न अवस्था में ही कुआकोंडा से जगदलपुर भेजा गया। यह सब काम रात में ही किया। उस समय न एम्बुलेंस थी, न जीप। दंतेवाड़ा में जीप मँगवाई गई और भेड़-बकरी की तरह उसमें लादकर आदिवासियों को जगदलपुर भेजा गया। डॉक्टर भी क्या करता! वह भी अन्धाधुन्ध ऑपरेशन किए जा रहा था। उसे अपनी सीआर सही सलामत रखनी थी!

चिन्ता व विचारणीय बात यह है कि इस क्षेत्र में आदिवासियों की जनसंख्या वैसे भी बढ़ नहीं रही है। बस्तर जिले की यही स्थिति है। चूँकि दिल्ली एवं भोपाल से आदेश आए हैं इसलिए रायपुर सम्भाग के आयुक्त भावे ने अपने अधीन समस्त जिलाधीशों को आदिवासी अंचलों में भी नसबन्दी कराने के आदेश दिए हैं। प्रदीप बैजल भी अपने जिले में उसी आदेश पर अमल कर रहे हैं; जिलाधीश ने अपने मातहत अधिकारियों को आदेश सुना दिए; उन अधिकारियों ने निचले स्तर के अधिकारी व कर्मचारियों पर आदेश थोप दिए। इस प्रकार रायपुर से कुआकोंडा तक आदेशों ने आदिवासियों की घेराबन्दी कर डाली है। अधिकारियों और कर्मचारियों में इन आदेशों के परिपालन को लेकर वैसा ही उत्साह है जितना ये लोग अपने प्रोमोशन, वेतन वृद्धि और तबादले में दिखाते हैं या अपनी औलादों की शादियों में दिखाते हैं। चूँकि इन आदेशों के निशाने पर आदिवासी हैं, उनकी गिरती जनसंख्या को और गिराना है इसलिए ग़ैर-आदिवासी हुक्काम की ऐसी मुस्तैदी व वफादारी देखने लायक है! मैंने इन शिविरों में किसी पाइकमन को देखा हो, याद नहीं पड़ता। एक दिन जगदलपुर में प्रदीप बैजल ने बातचीत के दौरान अपनी उपलब्धियों का बखान करते हुए यह ज़रूर बतला दिया कि बस्तर के लिए 15 हजार नसबन्दी का टारगेट था जबकि इससे काफी अधिक संख्या में ऑपरेशन किए जा चुके हैं। अब कमिश्नर और चीफ मिनिस्टर (श्यामाचरण शुक्ल) खुश हो जाएँगे कि बस्तर जैसे आदिवासी जिले में भी हमने यह कमाल कर दिखाया है! मैं जिलाधीश की इस

आदेश शृंखला व उपलब्धि कथा से आश्चर्यचकित था। यह कथा केवल नसबन्दी की नहीं है, बल्कि सरकार की चिन्तन व कार्य शैली और इसके कारिन्दों की कारगुजारियों की भी है। यही कथा आदिवासी और राज्य के सम्बन्धों को शक्ल देती है। इस क्षेत्र में अध्ययन करते और अनुभव बटोरते हुए मुझे ऐसा लगता है।

पिछले पृष्ठों में आदिवासी और औद्योगिक सभ्यता के आख्यान से मैं परिचित हुआ था, अब ठेठ आदिवासी अंचलों के आख्यान से मेरा साक्षात्कार है। यह आख्यान मिथकीय पात्रों का नहीं है, बल्कि बीसवीं सदी की जीती-जागती और बहुचक्रीय अन्यायों से घिरी हुई मानवता का है। इस आख्यान[1] का फ्रेम भी दंतेवाड़ा के कतिपय गाँवों का योजनाबद्ध अध्ययन है।

आज लम्बे समय के बाद मैं और संजीव डिनर पर एक साथ हैं। जाहिर है भोजन-व्यवस्था उनके बँगले पर ही है। ढेर सारी बातें हो रही हैं। प्रोबेशनर कैसा काम कर रहे हैं, इसकी भी चर्चा चल रही है। आपातकाल कब तक जारी रहेगा, अस्पष्टता है। मेरा यह मत ज़रूर है कि इंदिरा जी इसे लम्बे समय तक झेल नहीं सकेंगी। यदि यह लम्बा खिंचता है तो इसके ग़म्भीर परिणाम निकलेंगे। संजीव का भिन्न मत है। संजीव का विचार है कि कोई बड़ा विद्रोह नहीं होगा, आर्मी और ब्यूरोक्रेसी अनुशासित हैं और संविधान के प्रति समर्पित हैं इसलिए सरकार को कोई खतरा नहीं है। संजीव आपातकाल के फायदे भी गिना रहे हैं; ट्रेनें समय से चल रही हैं; सरकारी दफ्तरों में अनुशासन बना हुआ है; श्रमिक आन्दोलन कम हो गए हैं जिससे उत्पादन बढ़ रहा है; स्कूल-कॉलेजों में उपस्थिति अच्छी है; अपराध कम हो रहे हैं; लोगों में हुकूमत का इक़बाल है और भय भी। कुल मिलाकर संजीव आपातकाल के पक्ष में नहीं हैं तो विरोध में भी नहीं हैं। चूँकि इस दौर में नौकरशाही का प्रभुत्व चमक रहा है इसलिए नौकरशाह इसका विरोध क्यों करने लगे!

मेरी भावी योजना को लेकर भी चर्चा चल पड़ी है।

"जोशी जी, आपका फ्यूचर प्लान क्या है?" संजीव संजीदगी से पूछ रहे हैं।

"अभी तो सब कुछ अस्पष्ट है। बहुत कुछ इस पर भी निर्भर करता है कि सरकार मुझे कितने रोज़ बाहर रहने देती है?"

"क्यों? मैं नहीं समझता कि आपको अरेस्ट किया जाएगा। ऊपर से कोई ऑर्डर नहीं है। डॉ. शर्मा ने रुकवा ही रखा है।" विश्वास के साथ संजीव ने कहा।

"वो तो ठीक है। अब देखना है कि मेरी यह स्टडी कब तक चलती है?"

"अगले साल जनवरी-फरवरी तक चलेगी। इसका फंड हमारे पास है। वैसे कलेक्टर साहब ने एक व्यवस्था कर दी है। आपको अच्छी लगेगी।" मैं जानने के लिए व्यग्र था, "वो क्या?"

1. विस्तृत व्याख्यान के लिए देखें भाग दो : आख्यान (ख) : विस्थापन, पलायन और त्रिशंकु

"यू.एन. की एक एजेंसी का प्रोजेक्ट आ रहा है। किसी एक गाँव में एक वर्ष रहकर वहाँ की रोज़ाना की गतिविधियों का डाकुमेंटेशन करना है।"

"यह प्रोजेक्ट लगता तो अच्छा है!" मैंने एक प्रकार से अपनी सहमति जताई।

"प्रोजेक्ट का अध्यक्ष मैं रहूँगा और आप उस गाँव में दिन-रात रहेंगे, वहाँ की गतिविधियों की डायरी लिखेंगे, रोज़ाना एक पोस्ट कार्ड मुझे पोस्ट करेंगे और गाँववालों से मिलकर उनकी विकास प्राथमिकताओं को जानेंगे, तैयार भी करेंगे।"

"यह तो बहुत अच्छा है—आकाश के बजाय जमीन से योजना!" मैंने अपनी उत्सुकता और दिखाई।

"यस! Planning From Below। वास्तव में यह एक तरह से प्रयोगात्मक प्रोजेक्ट होगा। मेरा और बैजल साहब का मानना है कि आप जैसा कमिटेड आदमी इसे पूरा कर सकता है। इसे सरकारी बाबुओं पर नहीं छोड़ा जा सकता। आपका क्या विचार है?"

"मुझे यह प्रस्ताव अच्छा लग रहा है। प्रयोग किया जा सकता है।"

"फिलहाल एक वर्ष का होगा। आठ सौ रुपये प्रतिमाह की मानदेय राशि दी जाएगी। बाहर आने-जाने का भत्ता अलग से है। जब तक मैं दंतेवाड़ा में हूँ इसी क्षेत्र में रहिए।"

"कौन-सा गाँव होगा?"

"वैसे फौरी तौर पर 'नैरली' गाँव देखा है। यह बछेली के पास है, सड़क से बहुत दूर नहीं है। किसी दिन मेरे साथ चलकर आप इसे देख लें!"

"ठीक है, मैं तैयार हूँ लेकिन दिल्ली का क्या होगा?"

"वो हम देख लेंगे। बैजल साहब डॉ. शर्मा से बात कर लेंगे...बस आप तो फॉरमल स्वीकृति दे देना। बाकी मुझ पर छोड़ दीजिए। आप अशोक और मजूमदार के दोस्त हैं, तो अब मेरे भी हैं।" संजीव ने आत्मीयता से कहा।

"क्यों नहीं...बल्कि हम ज्यादा करीबी हैं...एक-दूसरे की भावनाओं को ठीक से समझते हैं।"

"मैं भी ऐसा ही सोचता हूँ।"

इसी समय मुझे एक पुस्तक याद आ गई। 1973 में इसे सप्रू हाउस में पढ़ी थी। पुस्तक का टाइटल था, 'फॉनशेन'।

"संजीव, नैरली का नाम सुनकर एक पुस्तक की याद आई है—फॉनशेन।"

"क्या है इसमें... ?"

"यह पुस्तक एक गाँव का दस्तावेज़ीकरण है। यह गाँव है 'लोंग बो', चीन में है।"

"इसकी खासियत क्या है?"

"इसकी विशेषता यह है कि चीनी क्रान्ति के एक वर्ष के प्रभावों को इसमें रिकॉर्ड किया गया है। यह पीरियड है 1948-49 का। यह वह समय था जब रेड आर्मी पेकिंग की ओर मार्च कर चुकी थी। उस समय 'लोंग बो' में संयोग से एक ब्रिटिश इंजीनियर हैमिल्टन था। उसने गाँव के किसानों और दूसरे वर्ग के लोगों की गतिविधियों, चर्चाओं, प्रतिक्रियाओं, आकांक्षाओं को दैनिक आधार पर नोट करना शुरू कर दिया। ...यह सिलसिला माओ के पेकिंग पहुँचने तक जारी रहा। खासी मोटी बुक है यह...।"

"ओह...! फिर तो आप भी ऐसा ही कुछ डाक्यूमेंटेशन कर सकते हैं। फर्क यही रहेगा कि इस समय कोई रेड आर्मी नहीं होगी--जो भी होगा...आप ही रहेंगे...।" दोनों ने ठहाका लगाया।

"फिलहाल भारत में रेड आर्मी की कोई सम्भावना नहीं है।" मैं बोला।

"इंडिया की डेमोक्रेसी काफी स्ट्रांग है।" संजीव ने व्यवस्था का पक्ष लिया।

"लगता तो ऐसा ही है लेकिन आदिवासी क्षेत्रों की स्थिति भविष्य में विस्फोटक बन सकती है।" मैंने अपनी आशंका सामने रखी।

"डू यू थिंक सो? (क्या आपको ऐसा लगता है)?"

"ऐसा लगता है क्योंकि आदिवासियों में असन्तोष, एलिएनेशन तो है। इसे इंडियन स्टेट कितना दूर कर सकेगी, यह कहना मुश्किल है।" मैं अपना पक्ष रखता हूँ।

"हो सकता है लेकिन ट्राइबल्स दिल्ली तक पहुँच सकेंगे, यह मैं नहीं मानता।" संजीव दृढ़ता के साथ अपनी बात रख रहे हैं।

"सब कुछ 'ऑब्जेक्टिव कंडीशन्स' पर निर्भर करता है।" मैं मार्क्सवादी बहसों का आम फिकरा उछाल देता हूँ।

"लेट् सी (देखते हैं)। फिलहाल आप नैरली के लिए तैयार रहें।" संजीव कुछ देर चुप रहकर फिर कुछ कहने लगते हैं, "पॉसिबली आपको मसूरी बुलाया जाए।"

"क्यों?"

"प्रोबेशनर लौटकर अपनी फील्ड स्टडी का प्रजेंटेशन करेंगे। उस अवसर पर आपको बुलाया जाएगा।"

"क्या कोई संकेत मिला है?"

"कलेक्टर साहब कह रहे थे। बस, आप तैयार रहिएगा...दिल्ली भी घूमना हो जाएगा इस बहाने...।" हँसते हुए संजीव कह रहे हैं, "मेरा घर पूसा रोड पर है, वहाँ मदर-फादर से मिल लीजिए।"

"बिलकुल मिलना चाहूँगा।" संजीव की यह बात मुझे अच्छी लगी।

"अरे हाँ...आजकल अशोक चक्रवर्ती कहाँ है? कहीं गिरफ्तार तो नहीं हो गया है?" संजीव पहली दफा अशोक के सम्बन्ध में उत्सुकता दिखाते हैं। (अशोक

चक्रवर्ती दिल्ली से प्रकाशित मासिक 'जनवाद' के सम्पादक थे। इसके अतिरिक्त अ.भा. क्रान्तिकारी युवा संगठन के महासचिव थे। हम दोनों ने 1973 के दलित पैंथर आन्दोलन में साथ-साथ मुंबई में भाग लिया था। लंदन स्कूल ऑफ इकोनोमिक्स से शिक्षा प्राप्त थे।)

"अशोक की याद कैसे आ गई?"

"यूँ ही...बहुत दिन हो गए उससे मिले?"

"वो गिरफ्तार नहीं हुआ है, शादी करके लंदन चला गया है।"

"जानता हूँ...ए.के. नेहरु की लड़की से शादी की है..." संजीव मुस्कराते हुए कहते हैं।

"शायद शालिनी से...।"

"ऐसा ही कुछ नाम है। दोनों पुराने फ्रैंड हैं।"

"जहाँ तक मेरी जानकारी है अशोका होटल में शादी थी और पी.एम. पहुँची थीं।" मैंने संजीव से कहा।

"हूँ..." संजीव खामोश रहे।

"मीसा वारंट था ज़रूर लेकिन अरेस्ट नहीं हुआ।"

"मैं भी ऐसा ही समझता हूँ। बड़े घर का है।"

"मैं जानता हूँ। उसके पिता हिमाचल प्रदेश के गवर्नर रहे हैं। मैं भी शिमला जा चुका हूँ।"

"अच्छा!"

"अशोक के साथ मैं राजभवन में ही रुका था।"

"अरे!" संजीव ने आश्चर्य व्यक्त किया।

"दरअसल, क्रान्ति के रास्ते पर चलना खेल नहीं है...वो लंदन चला गया...और मैं यहाँ आ गया। आपकी शरण में।" थोड़ा रुककर फिर बोलता हूँ, "संजीव, एक तरह से अशोक और मैं, दोनों ही डेजर्टर...यानी भगोड़े निकले। डॉन्ट यू थिंक सो?" (क्या आप ऐसा नहीं सोचते?)

"इन ए वे...यू आर राइट (एक तरह से आप सही हैं।) फिर आप यहाँ मासेज में काम तो कर रहे हैं?" संजीव मुझे अपराधबोध से मुक्त करने की कोशिश कर रहे हैं।

"बिलकुल सही है...लेकिन इसमें एक संशोधन करना चाहूँगा...।"

"वो क्या?"

"सरकारी संरक्षण में रिवोल्यूशन!" फिर ठहाका लगता है। इस अवसर पर एक घिसा-पिटा शेर सुना रहा हूँ।

"लीडर को ग़म बहुत है
मगर आराम के साथ।

क़ौम के ग़म में डिनर खाते हैं,
मगर हुक़्क़ाम के साथ।"
ड्राइंगरूम में फिर ठहाके गूँज रहे हैं!

अरे, यह क्या! संजीव दुग्गल इस भरी दोपहरी में!

मैं इस समय मोकपाल में हूँ। नकुलनार से भी दूर। यहाँ के एक किसान आदिवासी दूलाराम से उसकी खेतीबाड़ी के बारे में जानकारी ले रहा हूँ। दूलाराम इस क्षेत्र का उन्नत किसान माना जाता है। रासायनिक खाद तथा नए कृषि उपकरणों का प्रयोग करता है। अपनी कृषि उपज को मंडी में ले जाकर खुद बेचता है। डॉ. शर्मा ने मुझे इस किसान से मिलवाया था। सो कुछ आँकड़े जमा कर रहा हूँ। मैं देख रहा हूँ संजीव की जीप मेरे सामने आकर रुकी है। बग़ैर पूर्व सूचना के संजीव का इस भीतरी गाँव में पहुँचना कुछ अटपटा लग रहा है। ख़ैर!

"क्या संजीव जी, कैसे अचानक आना हुआ?"

"देयर इज़ सम अर्जेंट मैसेज़ फोर यू।" संजीव के चेहरे पर परेशानी झलक रही है। वे मुझे एक कोने में ले जाते हैं और कुछ भरे स्वर से बोलते हैं—

"आपको आज रात को ही जगदलपुर पहुँचना है। यहाँ से और दंतेवाड़ा से अपना सारा सामान पैकअप कर लें। डिनर मेरे साथ लें और जगदलपुर रवाना हो जाएँ।"

संजीव के स्वर में लाचारी और सख़्ती मैं महसूस कर रहा हूँ।

"आख़िर ऐसी क्या बात है? अचानक मुझे यहाँ से भेजा जा रहा है?"

"बैजल साहब का फोन आया था। उन्होंने कल सुबह अपने यहाँ ब्रेक फास्ट पर बुलाया है और वहीं आपको सब बतला दिया जाएगा। फिलहाल आप मेरे साथ जीप में बैठकर दंतेवाड़ा चलें।" संजीव दुखी लग रहे हैं, अनमने भी और कुछ अफसरी कड़कपन भी है उनके स्वर में। मैं तुरन्त अपना थोड़ा-बहुत सामान समेटकर जीप में बैठ जाता हूँ। सामान पीछे रख दिया गया है। ड्राइवर भी पीछे वाली सीट पर है। संजीव स्वयं जीप चला रहे हैं और उनके साथ अगली सीट पर मैं बैठा हुआ हूँ। हम दोनों के बीच खामोशी फैली हुई है। पन्द्रह-बीस मिनट बाद मैं ही इस दीवार में सेंध लगाता हूँ।

"आख़िर हुआ क्या है?" मैं खीजकर पूछता हूँ।

"देयर इज़ सम डवलपमेंट इन देहली। आई विल टेल यू लेटर।" मैं समझ गया संजीव ड्राइवर के सामने बतलाने से हिचकिचा रहे हैं। मैं भी चुप्पी लगा लेता हूँ। इतना मुझे ज़रूर लग रहा है कि कोई गम्भीर बात है, वरना यहाँ से सामान समेटने के लिए नहीं कहा जाता। करीब आधा घंटे की ड्राइव के बाद हमारी जीप प्राधिकरण कार्यालय में लग गई है। मुझे कमरे में छोड़ दिया गया है।

"ओके जोशी जी, सी यू एट डिनर। माई जीप विल पिक यू अप। इसी बीच अपना सामान अरेन्ज कर लें।"

फिर संजीव मेरे कान में फुसफुसाते हैं—"डोंट टेल! कीप इट टू योवर सेल्फ।" संजीव के स्वर में हिदायत है।

"डोंट वरी।" यह सुनकर संजीव की जीप स्टार्ट हो जाती है और मैं अपने कमरे में पहुँचकर सामान समेटने में जुट गया हूँ।

साढ़े सात बजे जीप पोर्च में लग चुकी है। मेरे ज़रूरी सामान-किताबें, बिस्तरबन्द आदि को जीप में रख दिया गया है। काफी सामान मैंने वहीं चपरासी के हवाले कर दिया है। चपरासी मेरी इस तरह की हठात् रवानगी से हैरत में है, लेकिन चुप है। उससे सिर्फ इतना ही कर रहा हूँ, "ज़रूरी काम से दिल्ली जा रहा हूँ। वहाँ लम्बे समय तक रुकना पड़ेगा।" चपरासी चुप रहता है और सामान रख लेता है।

मैं प्राधिकरण कार्यालय से विदा लेकर डिनर के लिए रवाना हो चुका हूँ। मैं शायद अन्तिम बार अँधेरे सन्नाटे में डूबे दंतेवाड़ा के बाज़ार और सड़कों को देख रहा हूँ। बिजली गुल होने के कारण इस कस्बे पर अँधेरा फैला हुआ है। एक-दो ठेले ज़रूर टिमटिमा रहे हैं। रेस्ट हाउस निकल चुका है। दंतेवाड़ा थाना आ चुका है और इसी के सामने है संजीव दुग्गल का बँगला।

डिनर तैयार है। सूप और ड्रिंक भी मेज पर सजे हुए हैं, सलाद और नमकीन तो है ही। संजीव के चेहरे पर तनाव, विवशता और निराशा के भाव आ-जा रहे हैं। तो बात संजीव ही शुरू कर रहे हैं—

"क्या बताऊँ जोशी जी, आई एम वैरी सॉरी! मैं आपको यहाँ रोक नहीं पा रहा हूँ।"

"हुआ क्या है?"

"कुछ नहीं। नॉर्थ ब्लाक (गृह मंत्रालय) चाहता है कि आपको तत्काल दिल्ली भेज दिया जाए।"

"ठीक है, यह होना ही था देर-सबेर। मुझे कोई आश्चर्य नहीं हुआ। इतने महीने इस जंगल में मुझे खुला रहने दिया, क्या यह कम है?" मैं सन्तोष दिखा रहा हूँ ताकि संजीव अधिक दुखी न हों।

"वो तो सब ठीक है। मैंने तो आपके लिए काफी कुछ सोच रखा था।"

"यह तो मैं जानता हूँ। अब क्या किया जा सकता है?"

"अब नैरली प्रोजेक्ट का क्या होगा? मैंने आपके साथ मिलकर कई एक्सप्रीमेंट सोच रखे थे।"

"इसका दुख तो मुझे भी है। मैं भी इसके माध्यम से कुछ रचनात्मक प्रयोग करना चाहता था। यह माइक्रो लेबल का प्रयोग होता जिसे सफल होने पर मैक्रो लेबल के लिए भी सोचा जा सकता था!"

"अभी तो आप दिल्ली जाइए। वहाँ का माहौल देखिए। डॉ. शर्मा से भी डिसकस करिए। अगर सब कुछ ठीक रहे तो वापस लौट आइए। तब तक मैं यह प्रोजेक्ट एप्रूव करवा लूँगा।" संजीव ने विश्वास के साथ कहा।

डिनर समाप्त कर मैं जीप में बैठ गया हूँ। संजीव दुग्गल मुझे विदा कर रहे हैं। रात्रि के दस बज चुके हैं और मैं जगदलपुर के लिए रवाना हो रहा हूँ। सवा घंटे के सफर के बाद मुझे सर्किट हाउस छोड़ दिया गया है। रात, बस करवटें बदलते हुए गुजारी! मैं तय नहीं कर पा रहा हूँ कि मुझे बस्तर से क्यों भेजा जा रहा है? मेरा अगला कदम क्या होना चाहिए? मुझे जाना चाहिए या यहीं रहना चाहिए या फरार हो जाना चाहिए? इसी तरह के सवालों की उधेड़बुन में सुबह होने लगी। सर्किट हाउस के ठीक सामने कुछ दूरी पर इन्द्रावती नदी बहती है। दृश्य अच्छा लग रहा है। समय की धारा के साथ बहना चाहिए या इसे चुनौती देते हुए विपरीत दिशा में जाना चाहिए? यह प्रश्न हावी है मुझ पर। मैं बैजल साहब के यहाँ जाने के लिए तैयार हो रहा हूँ। उनका बँगला पास ही है। साढ़े आठ बजे नाश्ते पर ही धुन्ध छँट सकेगी, तब तक धैर्य रखना होगा, तनाव पर काबू रखना होगा।

मैं पैदल ही बँगले पर पहुँच गया हूँ। कुछ देर की प्रतीक्षा के बाद हम दोनों नाश्ते की टेबुल पर बैठे हुए हैं और बातचीत का दौर शुरू होने जा रहा है।

"तो जोशी जी, कैसी रही दंतेवाड़ा स्टडी?" बैजल साहब बातचीत की शुरुआत करते हैं।

"अच्छे अनुभव रहे। लेकिन अभी काम बाकी है।"

"मैं जानता हूँ। लेकिन दिल्ली में आपको लेकर इमरजेंसी पैदा हो गई है। संजीव ने तो आपको बतला दिया होगा?"

"बस, यही कहा कि तुरन्त बस्तर छोड़कर दिल्ली पहुँचना है। इससे ज्यादा कुछ नहीं।" मैंने अपनी स्थिति स्पष्ट की।

"बात ऐसी है कि संजय गांधी बस्तर के दौरे पर आ रहे हैं। आई.बी. कोई चान्स नहीं लेना चाहती है। वह चाहती है कि मुझे आपको जल्दी ही दिल्ली भेज दिया जाए। ओम मेहता (गृहराज्य मंत्री) साहब और डॉ. बी.डी. शर्मा के बीच कोई अंडरस्टैंडिंग हुई है। डॉ. शर्मा का फोन था कि जोशी को तुरन्त दिल्ली भेज दें।"

"मुझे कोई दिक्कत नहीं है। प्रोजेक्ट का क्या होगा?"

"जब हालात नॉर्मल हो जाएँगे तब आपको बुला लिया जाएगा। अभी इमरजेंसी है..."

"तो..." मैं प्रदीप बैजल को कुरेदने की कोशिश कर रहा हूँ।

"देखिए जोशी जी, मैं कुछ नहीं कह सकता। अभी तो जाना होगा। अगर आप जाने से इनकार करेंगे तो मुझे वारंट लागू कर जगदलपुर की जेल में डालना

होगा। मैं नहीं चाहता कि आप यहाँ की जेल का खाना खाएँ। बड़ा गन्दा खाना क़ैदियों को दिया जाता है।'' बैजल ने हँसते हुए कहा।

''मैं जाने से कहाँ मना कर रहा हूँ? मैं तो सामान बाँधकर आया हूँ।''

''गुड! मैं आपका शुभचिन्तक हूँ। इमरजेंसी का मामला है, कुछ भी हो सकता है। मैं भी चान्स नहीं ले सकता। आप तो संजय गांधी के तौर-तरीकों को जानते हैं। इसलिए आई.बी. चाहती है कि या तो आपको गिरफ्तार कर जेल में डाला जाए या दिल्ली भेज दिया जाए। डॉ. शर्मा ने दूसरे ऑप्शन को चुना है...और यह आपके लिए अच्छा भी है।''

''ठीक है, मैं तैयार हूँ।''

''सुबह रायपुर से दिल्ली की फ्लाइट ले लें। दिल्ली तक आपको कोई टच नहीं करेगा। वहाँ पहुँचते ही डॉ. साहब को रिपोर्ट कर दें। वे मीसा वारंट लागू नहीं होने देंगे। वे सब सँभाल लेंगे। उन्होंने मुझे अश्योर किया है।''

''जैसी भी स्थिति होगी, सामना तो करना ही होगा!''

''डोंट वरी...मीसा वारंट लागू नहीं होगा। मेहता साहब ने कह दिया है।'' बैजल फिर से भरोसा दिला रहे हैं। वैसे मेरे सामने भी कोई विकल्प नहीं है, सिवाय बस्तर छोड़ने के। मैं स्वयं से बुदबुदाता हूँ!

''बैजल साहब, आप हैं तो कैसी चिन्ता? बस, यह देख लीजिए कि स्टडी पूरी हो जाए।''

''वैसे अभी स्टेटस क्या है?''

''फील्ड स्टडी लगभग खत्म है। रिपोर्ट लिखना बाकी है।'' मैंने जानकारी दी।

''ऐसा करिए, आप मेरे टच में रहिए। संजीव के भी टच में रहें। वे आपके काफी सपोर्टर हैं।''

''आई नो।''

''संजय गांधी के दौरे के बाद मैं आपको यहाँ बुलाने की कोशिश करूँगा। रिपोर्ट आप यहीं रहकर लिखें।''

''ठीक है।''

''आपको जीप रायपुर एयरपोर्ट छोड़ देगी। वहीं टिकट मिल जाएगा। मैंने फोन कर दिया है। आप सर्किट हाउस में ही तैयार रहें। बारह बजे के आसपास जीप पहुँच जाएगी।''

''ठीक है।''

''और हाँ...यहाँ किसी से भी अपने इस तरह से जाने की बात न बतलाएँ। प्रेस कुछ भी छाप देगा। मुझे जवाब देना पड़ेगा।'' बैजल कुछ सावधानी बरतना चाहते हैं।

"आप निश्चिन्त रहें।" यह कहकर हम दोनों ने विदा ली।

फिर भी मुझसे नहीं रहा गया। मैंने किरीट दोशी को विश्वास में लेकर पूरी राम कहानी बतला दी। उसने वादा किया कि वह इस घटना को प्रेस में नहीं देगा, संजय गांधी के दौरे की ख़बर ज़रूर दे देगा। क्योंकि यह उसके लिए 'स्कूप' था। उसने वैसा ही किया। अगले रोज रायपुर की प्रेस ने सिर्फ संजय गांधी के बस्तर दौरे की ख़बर छाप दी।

मैं अगले रोज विमान से सुरक्षित दिल्ली निकल गया। एक व्यक्ति मुझे टिकट दे गया। दिल्ली के लिए उड़ने से पहले एयरपोर्ट पर अजित जोगी से मेरा परिचय हुआ जो कि उस समय दिल्ली से लौट रहे थे। उन दिनों वे रायपुर में कलेक्टर थे। (संयोग देखिए, बाइस-तेइस वर्ष बाद यही अजित जोगी पृथक छत्तीसगढ़ राज्य के प्रथम मुख्यमंत्री बनते हैं!) सामान्य शिष्टाचार के पश्चात मैं विमान में बैठ गया हूँ।

विमान में उड़ते हुए डॉ. बी.डी. शर्मा, प्रदीप बैजल, संजीव दुग्गल, आई.ए.एस. प्रोबेशनर्स के चेहरे आँखों के सामने चलचित्र बने हुए थे। इनके शब्द कानों में बार-बार गूँज रहे थे, कहाँ तो मुझे ये लोग बस्तर में ही निश्चिन्त होकर कार्य करने के लिए आश्वस्त कर रहे थे। विश्वास दिला रहे थे कि मुझे यहाँ कोई 'टच' नहीं करेगा, मैं बेफिक्र अपना शोधकार्य जारी रख सकता हूँ। लेकिन विडम्बना देखिए कि मुझे उन्हीं लोगों ने चन्द घंटों के भीतर बस्तर से निष्कासित कर दिया! मैं भी निस्सहाय होकर जिले से निकल आया, बग़ैर कोई प्रतिवाद किए! यह मेरी भी तो कमजोरी है! नौकरशाहों ने व्यवस्था के चरित्र के अनुसार ही अपनी भूमिका निभाई है, लेकिन मैं भी इससे कहाँ अलहदा निकला? इस सवाल के बोझ की गठरी लिये मैं पालम हवाई अड्डे पर उतर रहा हूँ।

वर्ष 1977

आपातकाल समाप्त हो चुका है। चुनाव हो चुके हैं और केन्द्र तथा मध्य प्रदेश में जनता पार्टी सत्तारूढ़ हो गई है। मुझे बैजल साहब का बुलावा आया है और मैं जगदलपुर पहुँच रहा हूँ।

यह कस्बानुमा नगर वैसा ही है जैसा मैंने पिछले वर्ष इसे छोड़ा था। आपातकाल के हटने से सिर्फ एक ही फर्क नज़र आ रहा है और वह झंडों व तस्वीरों का, पहले इंदिरा गांधी, संजय गांधी की तस्वीरें और कांग्रेस के झंडे हर चौराहे व मकान पर हुआ करते थे, बड़े-बड़े होर्डिंग थे। अब इनकी जगह जयप्रकाश नारायण, अटल बिहारी वाजपेयी, मोरार जी देसाई, कैलाश जोशी और जनता पार्टी के झंडों ने ले ली है। सम्पूर्ण क्रान्ति के नारे भी दीवारों पर फिर से नमूदार हो गए हैं। बाकी पहला जैसा ही ढर्रा है इस जगदलपुर का।

शाम को बैजल साहब से उनके बँगले पर मुलाकात हो रही है। चाय आ चुकी है और चर्चा शुरू।

"आज कांग्रेस के स्थान पर जनता पार्टी की सरकार है। क्या यह कम्युनिस्ट या सोशलिस्ट रिवोल्यूशन है?" मैं नौकरशाह प्रदीप बैजल को 1975 के उनके ही शब्दों की याद दिला रहा हूँ।

"नहीं... यह तो सरकार परिवर्तन है, सिस्टम तो वैसा ही है, जोशी जी!" बैजल मेरा इशारा समझ जाते हैं।

"इसीलिए मैंने 1975 में कहा था कि इमरजेंसी 'कम्युनिस्ट टेक ओवर' नहीं है, कोई भी क्रान्ति ऊपर से नहीं, नीचे से शुरू होती है। इसीलिए मैंने तब आपसे असहमति व्यक्त की थी।"

"आप ठीक कह रहे हैं। लेकिन मुझे उस समय वैसा ही लग रहा था कि रूसी व्यवस्था यहाँ आ जाएगी—ख़ैर!"

"इतिहास में ऐसा होता रहता है। अब यह बतलाइए मुझे क्या करना है?"

"पहली बात यह है कि अपनी रिपोर्ट जैसी भी है उसे दंतेवाड़ा जाकर लिख डालें। दूसरा यह बतलाना है कि संजीव दुग्गल का यहाँ से ट्रांसफर हो गया है। उनके स्थान पर दिलीप मेहरा आ चुके हैं। उन्हें मैंने आपके बारे में सब बतला दिया है। आप उनके साथ ही जीप में दंतेवाड़ा जा रहे हैं। डाकबँगले में ही ठहरें और वहीं टाइप राइटर मँगवाकर रिपोर्ट तैयार कर लें।"

"ठीक है। मैं तैयार हूँ...और आगे?"

"देखिए, नैरली प्रोजेक्ट खटाई में पड़ गया है। संजीव के जाने के बाद मैंने भी रुचि नहीं ली।"

"चलिए ठीक ही रहा...वैसे भी मध्य प्रदेश में एक तरह से जनसंघ (मुख्यमंत्री कैलाश जोशी) की सरकार है, मेरी पटेगी भी नहीं।"

"वो तो है...और हाँ, दंतेवाड़ा में सँभलकर रहें। आपके लिए वहाँ खतरा भी है।" बैजल साहब कुछ चिन्ता के साथ कह रहे हैं।

"कैसा खतरा?"

"नकुलनार के ठाकुर लोग बहुत नाराज हैं। वहाँ तो बिलकुल मत जाइए। ये लोग जनसंघी हैं, कुछ भी कर सकते हैं। आपको लेकर वहाँ से डिस्टर्बिंग रिपोर्ट हैं।" मुझे आगाह किया जा रहा है।

"ठीक है। वैसे भी मेरे पास समय नहीं है। आप तो जानते ही हैं मैं आजकल राष्ट्रीय श्रम संस्थान में शोधकर्त्ता का कार्य कर रहा हूँ।"

"हाँ, डॉ. शर्मा बतला रहे थे। वह अच्छा काम है। गुडलक! तो कल दिलीप के साथ चले जाएँ। वे भी सर्किट हाउस में ही रुके हुए हैं।"

अगली सुबह मैं और दिलीप मेहरा जीप से दंतेवाड़ा रवाना हो चुके हैं। संजीव की तरह मेहरा की भी यह पहली पोस्टिंग है। बातचीत से मालूम हुआ कि मेहरा जयपुर निवासी हैं। इससे बातचीत में अनौपचारिकता आ गई है। चूँकि मैं जयपुर से हूँ इसलिए मुझे यह जानकर अच्छा लगा। दिलीप मेहरा कुछ बड़बोले ज़रूर लग रहे हैं और दक्षिणपन्थी भी हैं। श्रमिकों से चिढ़ भी है। इन दिनों किरंदूल में श्रमिक अशान्ति है। मेहरा कह रहे हैं—

"जोशी जी, देखना मैं दो दिनों में सब ठीक कर दूँगा। यूनियन लीडरों को सबक़ सिखा दूँगा।"

दिलीप मेहरा के इस रवैये से मैं चिन्तित हो उठा हूँ। मन में सोच रहा हूँ, 'यह शख़्स कोई–न–कोई गुल ज़रूर खिलाएगा।' मैं अपने को कहने से रोक नहीं पा रहा हूँ, "देखिए, मि. मेहरा, मैं इस क्षेत्र में डेढ़ वर्ष रह चुका हूँ। पर इलाका काफी सेंसेटिव है। काफी सावधानी और सहानूभूति से कदम उठाएँ तो ठीक रहेगा।"

"वो तो ठीक है, लेकिन किसी को मनमानी नहीं करने दूँगा।"

दिलीप मेहरा पर नई–नई पोस्टिंग का रंग कुछ ज्यादा ही खिल रहा है। लगता है नया पद उनकी सवारी कर रहा है, वे उसकी नहीं कर रहे हैं! मुझे मुनासिब यही लगा कि इस विषय पर यहीं विराम लगा दिया जाए।

मैं फिर से दंतेवाड़ा के डाकबँगले में पहुँच गया हूँ। सामान कमरे में जमा दिया गया है।

"मि. जोशी, बेफिक्र होकर यहाँ अपनी रिपोर्ट पूरी करें। टाइप राइटर कमरे में ही पहुँचा दिया जाएगा...और हाँ आपकी सुरक्षा का ध्यान है मुझे।" यह कहकर दिलीप मेहरा जीप में उसी बँगले की तरफ जा रहे हैं, जहाँ संजीव दुग्गल रहा करते थे। मैं अपने कागजात और शोधपत्रों को व्यवस्थित करने में लग गया हूँ। कुछ देर बाद।

"सर!" दो हवलदार मुझे सेल्यूट मार रहे हैं। मैं चौंका, भयभीत हूँ कि कहीं इसके बाद मुझे गिरफ्तार तो नहीं किया जाएगा!

"कहिए?"

"साहब, हम दोनों को यहाँ तैनात किया गया है।" एक जवान जवाब दे रहा है।

"किसलिए और किसके ऑर्डर से?"

"आपकी हिफाजत के लिए हमें भेजा गया है। जगदलपुर से फोन आया था। थाने में नए साहब (मेहरा) ने भी एस.एच.ओ. साहब को यही आदेश दिया है।"

मैं सोच में पड़ गया हूँ, क्या इस पहरे में मैं काम कर सकूँगा? स्वयं से पूछता हूँ। कहाँ मैं इस व्यवस्था को बदलना चाहता था, और कहाँ इसके रक्षक ही मेरे रक्षक (या भक्षक) बनने जा रहे हैं! मेरे सम्बन्ध में दंतेवाड़ावासी क्या सोचेंगे?

क्या मुझे वीआईपी के रूप में नहीं देखेंगे? यदि नकुलनार के लोग मुझे मारना ही चाहते हैं तो यही सही, लेकिन 'पुलिस प्रोटेक्शन' में रहकर इस क्षेत्र में जीना स्वयं के साथ, विचारधारा के साथ, आदिवासियों के साथ विश्वासघात नहीं होगा? मैं दोनों हवलदारों से कह रहा हूँ, "आप लोग जाएँ। मुझे सुरक्षा की कोई ज़रूरत नहीं है।"

"वो तो ठीक है, साहब। हमारी ड्यूटी लगाई गई है। वापस नहीं जा सकते।" दोनों के स्वर में कर्तव्यनिष्ठता गूँज रही है।

"फिर किया क्या जाए?"

"देखिए साहब, यदि आप नहीं चाहते हैं तो हमारे साहब से कहलवा दीजिए। उनके ऑर्डर से ही हट सकते हैं। यदि आपको कुछ हो गया तो हमारी नौकरी चली जाएगी।" हवलदारों ने अपनी विवशता जाहिर की और मुझे उनसे मुक्ति का रास्ता भी बतला दिया।

"ठीक है, मैं नए साहब से बात कर लूँगा।" मैं अपने काम में लग जाता हूँ और हवलदार मेरे कमरे के बाहर तैनात हो गए हैं गो कि मैं कोई मंत्री या सीनियर आफिसर हूँ!

पुलिस तैनानी को लेकर दिलीप मेहरा से बात की। पहले वे राजी नहीं हुए, लेकिन ज़ोर देने पर उन्होंने सुरक्षा समीक्षा करने के पश्चात पहरा हटवा देने का वादा ज़रूर किया। तीन रोज के बाद दोनों हवलदार चले गए। रात वाले सिपाहियों को भी रोक दिया गया, पर सादा कपड़ों में मेरी सुरक्षा पर कड़ी नज़र ज़रूर रखी जा रही है। इसका इल्म है मुझे। जहाँ भी मैं जाता हूँ कोई व्यक्ति सादा कपड़ों में मेरा पीछा करता रहता है। डाकबँगले के चौकीदार को भी इस सम्बन्ध में सावधान कर दिया गया है। मैं समझता हूँ, इस निगरानी का एक कारण यह भी हो सकता है कि मेरी गतिविधियों की जानकारी जिला प्रशासन को मिलती रहे, राजसत्ता तो अपनी सुरक्षा करेगी ना! इमरजेंसी हटी है, शासक वर्ग थोड़े ही बदला है! वह तो यथावत है।

ख़ैर! मैंने दस--बारह दिन जुटकर अपनी रिपोर्ट प्राधिकरण के अध्यक्ष दिलीप मेहरा को सौंप दी है। स्टेट बैंक ऑफ इंडिया में अपने पुराने अकाउंट को यथावत् रखने का मैंने निर्णय लिया है। (यह अकाउंट आज 36 वर्ष बाद वैसा ही है। शायद इसमें एक हजार रुपये जमा हैं। पासबुक भी सुरक्षित है। सेविंग एकाउंट नं. 207 है।) और एक बार फिर से दंतेवाड़ा छोड़ने जा रहा हूँ। मैं इससे आख़िरी बार रुख़सत ले रहा हूँ, ऐसा यक़ीन मुझे नहीं है! जहाँ जीवन का सबसे चुनौतीपूर्ण काल बिताया, जहाँ एक दूसरे भारत में इतनी गहनता से उतरा, जहाँ अनूठे जीवनानुभवों ने मुझे समृद्ध किया, क्या मैं एक ही झटके में ऐसी कर्मभूमि से मुक्ति ले सकूँगा? स्वयं के प्रश्न को स्वयं का यही उत्तर है--"नहीं, बिलकुल नहीं!"

और इस उत्तर के साथ मैं इस बार निष्कासन मुक्त नागरिक के रूप में आपातकालोत्तर दिल्ली के लिए बस में बैठ चुका हूँ, पीछे अँधेरे में खोती जा रही हैं दंतेश्वरी माई, शंकनी-डंकिनी जीवन रेखाएँ।

और आज छत्तीस वर्ष के लम्बे अन्तराल के बाद फिर से दंतेवाड़ा को जोहार कर रहा हूँ। आज दंतेवाड़ा एक नए रूप में मेरे सामने है। अब यह जिला मुख्यालय है। मेरे प्राधिकरण का कार्यालय जिलाधीश कार्यालय बन चुका है। डाकबँगला के सामने छोटी-सी झील है। नई सरकारी कॉलोनियाँ चमक रही हैं। निराश्रित महिला आश्रम कहीं लुप्त हो गया है। चौड़ी सड़कें चमक-दमक रही हैं, पाइकों-कोचियों की संस्कृति अमरबेल बन दंतेवाड़ा-गीदम पर फैलती जा रही है!

गीदम से गुजरते हुए सतीश भटनागर और उनके मित्र विजय न जाने क्यों याद आ गए हैं। बीजापुर, भोपालपटनम् क्यों दस्तक़ दे रहे हैं स्मृति यंत्र पर? कुछ भी बेसबब नहीं होता है जीवन में। स्मृति कौंधती है और 1988 की जगदलपुर-भोपालपटनम् यात्रा सन्दर्भ-द्वार पर खड़ी है। 1988 में बीजापुर व भोपालपटनम क्षेत्र में नक्सल गतिविधियों के समाचार मीडिया में हैं, और कुछ हिंसक घटनाएँ सुर्खियों में हैं। मध्य प्रदेश में सत्ता परिवर्तन होता है, मोतीलाल वोरा के स्थान पर अर्जुन सिंह मुख्यमंत्री बनते हैं। वे विधानसभा और लोकसभा में नक्सलवाद व कृषि भारत के असन्तोष का मुद्दा उठाते रहे हैं। एक रोज़ वे मुझसे दक्षिण बस्तर की स्थिति का तात्कालिक आकलन करने के लिए कहते हैं। मैं भी पहले से इस सम्बन्ध में विचार कर रहा था।

मैं जगदलपुर पहुँच जाता हूँ, और किरीट दोशी को साथ लेकर भोपालपटनम् निकल पड़ता हूँ। गीदम से बीजापुर का मार्ग अशान्त व भयाक्रान्त लग रहा है। पुलिस की जीपें दौड़ रही हैं। कुछ पुलिस चैकपोस्ट भी हैं। हम दोनों बीजापुर में रुकते हैं और गाँवों में जाते हैं। किरीट के स्थानीय सम्पर्क किसी भी अनहोनी के प्रति पहले से ही ख़बरदार कर देते हैं। रात्रि डाक बँगले में गुजारने के बाद अगले रोज ही हम भोपालपटनम् क्षेत्र में घुस पाते हैं। यहाँ की स्थिति अधिक भयग्रस्त लगी क्योंकि यहाँ आसानी से नदी पारकर महाराष्ट्र व आन्ध्र प्रदेश में जाया जा सकता है। हमें बतलाया गया कि आन्ध्र के नक्सलपन्थी इस क्षेत्र में आते-जाते रहते हैं। उन लोगों की भोपालपटनम् इलाके में गहरी घुसपैठ हो चुकी है। गाँवों में हम दोनों से पूछताछ की गई। हम लोगों को सन्देह की दृष्टि से देखा गया। गाँवों में ऐसे चेहरे ज़रूर मिले जो कि कहीं से भी आदिवासी दिखाई नहीं दे रहे थे। उनके पहनावे और भाषा में बाहरीपन झलक रहा था। अंग्रेजी के शब्द आ रहे थे। किरीट ने कहा, "जोशी जी, यहाँ से तुरन्त निकलने में भलाई है। पुलिस और नक्सलपन्थी, दोनों ही हम पर शक़ करेंगे, क्योंकि दोनों के आदमी यहाँ घूम रहे हैं। वैसे भी शाम हो गई है।" हम दोनों लौट पड़ते हैं। भोपालपटनम् में हम लोग सरदार सुरजीत सिंह से

टकराते हैं। वे वरिष्ठ आईपीएस अधिकारी और इस क्षेत्र के प्रभारी हैं। उन्हें नक्सल हिंसा रोकने के लिए नियुक्त किया गया है। वे हम दोनों से कहते हैं कि आप लोग जल्दी यहाँ से निकल जाइए। गीदम में विश्राम करिए। बीजापुर में नहीं। माइनें (बारूदी सुरंग) बिछी हुई हैं, रात में कुछ भी हो सकता है। हम लोग सुरक्षित अशान्त क्षेत्र से निकल आए। एक-दो रोज के बाद पुलिस-नक्सल मुठभेड़ की ख़बरें मुझे पढ़ने को मिलती हैं।

आज फिर 2013 में दंतेवाड़ा का पुल पार करते हुए मीडिया की सुर्खियाँ आँखों में तैरने लगी हैं; दंतेवाड़ा : दी हॉट बेड ऑफ माओइस्टस, दंतेवाड़ा : लाल गलियारे का केन्द्र; दंतेवाड़ा : नक्सलवादियों की कर्मभूमि-रणभूमि। आज इस दंतेवाड़ा और दक्षिण बस्तर में न जाने कितने 'विजय' जन्म ले चुके हैं; शंकनी-डंकिनी नदियों के मटमैले पानी में अब्र प्रतिरोध का लाल रंग भी घुल चुका है जो कि लाल गलियारे से बहता हुआ न जाने कहाँ तक पहुँच रहा है! शायद यह जनमहासागर में विलीन होने के लिए मचल रहा है!

अध्याय : चार

बस्तर से वापसी और अबूझमाड़ से मुठभेड़!

17 सितम्बर, 2013

वर्तमान बस्तर यात्रा के अन्तिम रात्रि पड़ाव की समाप्ति के पश्चात् हम तीनों जगदलपुर से वर्धा वापसी की यात्रा पर निकल चुके हैं। इन्द्रावती नदी को पार करने से पहले मैं नव समृद्धि से बजबजाती जगदलपुर की कॉलोनियों, सड़कों, बाज़ारों को फिर से स्मृति मशीन में समेट लेना चाहता हूँ ताकि अतीत बनते वर्तमान और जन्म लेते भविष्य के साथ फिर से कभी किसी यात्रा पर निकला जा सके।

विदेशी ब्रांडों और पुतले-पुतलियों से बौराए मुख्य बाज़ार से गुजरते हुए जनवरी, 1992 की हृदय विदारक घटना मन-मस्तिष्क को झकझोर रही है। इसी बाज़ार में डॉ. ब्रह्मदेव शर्मा को जूतों की माला पहनाकर नंगा घुमाया गया था। उनका अपराध केवल यही था कि वे आदिवासियों में अस्तित्व बोध पैदा कर रहे थे; उन्हें उनके होने का अहसास दिला रहे थे; वे उनमें प्रतिरोध ऊर्जा भर रहे थे; वे माँग कर रहे थे कि आदिवासियों की पूर्व स्वीकृति से ही स्टील प्लांट लगाए जाएँ, खनिज एवं वन सम्पदा अधिग्रहित की जाए; 'हमारे गाँव में हमारा राज' के सिद्धान्त को स्वीकार कर लागू किया जाए। बस, यही अपराध था उनका, और पाइक-कौचिया अपसंस्कृति के प्यादों ने डॉ. शर्मा को घेरा, हर प्रकार से अपमानित किया और जुलूस बनाकर उन्हें इसी जगदलपुर की सड़कों पर नंगा घुमाया गया, जहाँ वे 1970-72 तक जिलाधीश रह चुके थे। विडम्बना यह है कि 1972 में कांग्रेस सरकार ने प्रमुख प्रशासक डॉ. शर्मा को यहाँ से निष्कासित (तबादला) किया था, और बीस बरस बाद भाजपा राज के प्यादों ने भारतजन आन्दोलन के अध्यक्ष शर्मा को दंडित कर बाज़ारों में घुमाया था। क्या बला की समानता है कांग्रेस और भाजपा के शासक वर्गों में!

वर्तमान में इन्द्रावती नदी में बहुत पानी बह चुका है। नए पुल से गुजरते हुए सोच रहा हूँ कि क्या कभी इन्द्रावती का पानी पहले जैसा निर्मल, पारदर्शी और शान्त होगा! क्या कभी मूल बस्तरियों का इन पहाड़ों, जंगलों और इस अविरल-अनन्त

जलराशि पर अधिकार होगा? क्या कभी आधुनिक भारत की सामूहिक लोकतांत्रिक चेतना उसे अन्तिम रूप से स्वीकार करेगी? या भूमंडलीय पाइकों-कौचियों-दिकुओं (बहु राष्ट्रीय निगम, मॉनोपोली घराने, बहुस्तरीय गठबन्धन) का ही इन पर कब्ज़ा ज़मा रहेगा?

इन सवालों के थपेड़ों के बीच चे ग्वेरा की 'डायरीज़ ऑन मोटरबाइक' याद हो आई है। विद्यार्थी चे अपने विद्यार्थी दोस्त के साथ दक्षिण अमेरिका के विभिन्न देशों की मोटरबाइक यात्रा पर निकलते हैं। स्वयं के देश अर्जेंटीना के ग्रामीण क्षेत्रों से गुजरते हुए वे चिली, पेरू जैसे देशों के दुर्गम क्षेत्रों की जनता की खोज-ख़बर लेते हैं। पेरू के अत्यन्त भीतरी अंचलों से गुजरते समय वे वहाँ के मूल निवासियों (नेटिव या रेड इंडियन या जनजाति) के सम्पर्क में आते हैं। वे देखते हैं कि अमेरिकी बहुराष्ट्रीय कम्पनियों ने इन मूल निवासियों को उनके परम्परागत संसाधनों से बेदख़ल कर दिया है। उनकी खनिज व वन सम्पदा का बेलगाम दोहन किया जा रहा है। अब ये नेटिव अपने ही घरों में बेघर हो चुके हैं, सड़क किनारे बैठ रोजी-रोटी-भीख की ख़ातिर अपने हाथ पसारे हुए हैं, तन पर चिथड़े हैं और ठंड से काँप रहे हैं और...और खनिज दौलत से भरे ट्रकों से उड़ती गर्द में हर पल समाते जा रहे हैं। चे हिल जाते हैं!

वे अपना कोट और बचे-खुचे पैसे उन्हें दे देते हैं। वे कभी नेटिवों को, कभी पहाड़ों-जंगलों और ट्रकों को देखते हैं। उनकी यही घनीभूत पीड़ा क्यूबा के मुक्ति संघर्ष में क्रान्ति बन कर फूट पड़ती है, और बोलीविया में आत्म उत्सर्ग में अन्तिम विश्राम लेती है। पेरू के ऐसे दृश्य छत्तीसगढ़, झारखंड, उड़ीसा, महाराष्ट्र, बिहार आदि के आदिवासी अंचलों का कटु यथार्थ हैं।

हम लोग कोंडागाँव की तरफ बढ़ रहे हैं जहाँ से हमें अबूझमाड़ की सीमाओं को स्पर्श करते हुए नारायणपुर, भानुप्रतापपुर होते हुए सीधे महाराष्ट्र में प्रवेश लेना है। मौसम सुहाना है। कार की खिड़कियों को खुला छोड़ दिया गया है ताकि हवा के ठंडे झोंके हम लोगों को सहलाते हुए आर-पार गुजरते रहें। जगदलपुर, दंतेवाड़ा, नकुलनार, किरंदूल, बछेली के पड़ावों की गरमास हम तीनों को स्फुरित किए हुए है। ज़माने भर की चर्चाओं का दौर कार में चल रहा है; भारतीय राज्य के चरित्र को कैसे व्याख्यायित किया जाए? क्या सलवा जुडुम-ऑपरेशन ग्रीन हंट से समस्या का समाधान हो सका? क्या अर्द्ध-सैन्य बलों की तैनाती व प्रयोग से भारतीय राज्य आदिवासियों का विश्वास पुर्नअर्जित कर सकेगा? क्या इस बार कांग्रेस छत्तीसगढ़ में भाजपा को सत्ता से अपदस्थ कर देगी? तीनों के अपने-अपने मत हैं। पर इस मुद्दे पर सर्वसहमति है कि इन अंचलों में अर्द्ध-सैनिक अभियानों से आदिवासियों और राज्य के बीच मौजूद बुनियादी अन्तर्विरोधों का समाधान नहीं होगा, दमनात्मक कार्रवाइयों से स्थिति और बिगड़ेगी ही।

क्या इंदिरा गांधी का शासन काल (1971-77) नक्सलवाद को समाप्त कर सका? उस समय भी नक्सल प्रभावित क्षेत्रों में अनेक दमनात्मक कार्रवाइयाँ की गई थीं। नक्सलवाद के नाम पर कई हज़ार युवक-युवतियों को जेलों में ठूँसा गया था। प. बंगाल के तत्कालीन मुख्यमंत्री सिद्धार्थ शंकर रे की सरकार ने नक्सलपन्थियों को चुन-चुनकर मारा था। लेकिन, क्या भारतीय राज्य इस प्रतिरोध का निर्णायक पटाक्षेप कर सका? यह बिखरा ज़रूर, लेकिन और अधिक ऊर्जा के साथ उभर आया। सातवें, आठवें, दशकों में किसने सुना था 'लाल गलियारा' शब्द? आज यह शब्द भारतीय राज्य को सीधे ललकार रहा है!

देश के तेरह-चौदह प्रदेशों में मौजूद 'मिलीटेंट प्रतिरोध' से केन्द्र व राज्य सरकारें सकते में हैं; सात-आठ जिलों में तीव्र संघर्ष की स्थिति बनी हुई है; कई अंचलों से राज्य अनुपस्थित है। तब शक्ति-प्रदर्शन और अर्द्धसैन्य कार्रवाइयों के बल पर दिल्ली की राजसत्ता इस बहुआयामी चुनौती से सफलतापूर्वक निपट सकेगी, इसमें मुझे गहरा सन्देह है!

अरे यह क्या? हम तीनों देख रहे हैं भानपुरी मार्ग पर सी.आर.पी जवान कतारबद्ध चले जा रहे हैं। सभी हथियारबन्द हैं। कुछ जंगल की ओर जा रहे हैं, कुछ दूसरी तरफ से लौट रहे हैं। इन सशस्त्र जवानों के साथ सूँघने वाले कुत्ते भी चल रहे हैं। अभी तो दिन चढ़ा भी नहीं है, फकत सुबह के नौ बजे हैं और यह आलम!

हम कार धीरे कर लेते हैं। सोचते हैं कि इनसे बातचीत की जाए। मैं इससे इनकार कर देता हूँ। मेरा कहना है कि यदि इन बन्दूकधारी जवानों से बातचीत की गई तो शक़ पैदा होगा। हम लोगों को यहीं धर लिया जाएगा। माओवादियों के समर्थक समझकर हमें परेशान किया जाएगा, नाना प्रकार के सवाल किए जाएँगे। बेहतर यही है कि टैक्सी को धीमी रफ्तार से चलाते हुए राजसत्ता के इस मुजरे का आनन्द लिया जाए। और अन्त में यही किया। राजसत्ता के इन चलते-फिरते पायों की मुस्तैदी को देखते हुए हम लोग कोंडागाँव पहुँच जाते हैं।

जगदलपुर जाते समय कोंडागाँव नहीं रुक सके थे, लेकिन अब नाश्ता-पानी के लिए ठहरना पड़ रहा है...और फिर यहीं से नारायणपुर का मार्ग भी जो पकड़ना है। 1971 और 2013 के कोंडागाँव में कोई समानता नहीं है। अब एक नए कोंडागाँव ने जन्म ले लिया है। अच्छे-खासे रेस्तराँ व होटल दिखाई दे रहे हैं। हम एक दक्षिण भारतीय रेस्तराँ में इडली-डोसा के लिए घुस जाते हैं। यहाँ भी पर्यटकों की मारामारी है।

नाश्ता लेने के बाद हम नारायणपुर का मार्ग लेते हैं। यहाँ से यह जिला मुख्यालय करीब पचास किलोमीटर के फासले पर है। बस्तर के सम्भाग बनने से पहले नारायणपुर क्षेत्र एक तहसील हुआ करता था, आज यह पूर्णरूपेण जिला है और अबूझमाड़ का प्रवेश मार्ग भी।

कोंडागाँव को पीछे छोड़ते हुए हमारी टैक्सी नारायणपुर मार्ग पर आ चुकी है। रोड चौड़ी नहीं है इसलिए ड्राइवर सावधानी से इसे चला रहा है। इसी सड़क पर बैलगाड़ियाँ हैं, मोटर साइकिलें हैं, साइकिलें हैं, मवेशी हैं। अच्छा यह लग रहा है कि इस क्षेत्र के अशान्त होने के बावजूद गाँवों के लड़के-लड़कियाँ साफ-सुथरी यूनीफार्म में स्कूल जा रहे हैं।

आकर्षण यह भी है कि लड़कियाँ साइकिलों पर पढ़ने जा रही हैं। स्कूली ड्रेस लुभावनी है। इन बच्चियों के चेहरों पर आत्मविश्वास चमक रहा है। भविष्य के प्रति ये आश्वस्त प्रतीत हो रही हैं। दंतेवाड़ा-गीदम क्षेत्रों में भी ऐसे ही दृश्य देखने को मिले थे। 1971 व 75 में ऐसे दृश्यों का अकाल था। तब बस्तर उबला हुआ नहीं था, पर बच्चियाँ घरों में थीं। आज बस्तर का पारा बहुत चढ़ा हुआ है लेकिन छात्राएँ पैदल व साइकिलों पर स्कूल की ओर दृढ़ता के साथ मार्च कर रही हैं, भीतरी व बाहरी चढ़े तापमान का सामना कर रही हैं! सड़क के दोनों ओर सीआरपीएफ के सशस्त्र जवानों की टुकड़ियाँ भी मार्च करती हुई जा रही हैं और उन्हें चीरती हुई जा रही हैं छात्र-छात्राओं की साइकिल टोलियाँ, पैदलचियों की कतारें! यह भी प्रतिरोध का एक माध्यम है : सृजन से विनाश को चुनौती!

भानपुरी जैसा नज़ारा यहाँ भी है। पुलिया पार की है। हमारे सामने बेनूर गाँव है और फोर्स की कतारबध टुकड़ियाँ हैं। गरांजी चेक पोस्ट आ गई है। हमारी तलाशी ली जा रही है। अन्य वाहनों की भी तलाशी चल रही है। सामान्य पूछताछ और हमारे पहचान पत्रों को देखने के पश्चात हम लोगों को आगे जाने दिया जा रहा है। यहाँ से दो किलोमीटर दूर है नारायणपुर। पास ही है बकरुपारा। इसी से सटा हुआ है 'लव-कुश स्कूल'। क्या आदिवासी समाज के बच्चों को यह नाम अपनी तरफ आकर्षित करेगा? क्या इस नाम की पृष्ठभूमि से आदिवासियों का कोई जुड़ाव हो सकता है? क्या आदिवासियों को राम-सीता और लव-कुश के वशंज के रूप में चित्रित करने की कोई दूरगामी योजना तो नहीं है! यह जसपुर, नुकलनार, दंतेवाड़ा और गीदम में फैल रहे सांस्कृतिक उपनिवेशीकरण का विस्तार भी तो हो सकता है! कुछ ऐसी ही शंकाएँ दिमाग़ में हलचल पैदा कर रही हैं। लव-कुश के स्थान पर क्यों नहीं किसी मुरिया, हलबा, भतरा या गोंड समाज की पहचान स्थापित करने वाले नामों का प्रयोग किया गया?

इस पचास किलोमीटर मार्ग के चप्पे-चप्पे पर सशस्त्र फोर्स का जाल बिछा हुआ है। बख़्तरबन्द गाड़ियाँ, जीपें, ट्रकें अलग से भय की सृष्टि कर रही हैं। इन गतिविधियों को देखकर 'राज्य आतंकवाद' अपने चरम पर लग रहा है। यह स्थितियाँ मुझे 1971 की युद्ध स्थितियों की याद दिला रही हैं। ऐसा लग रहा है मैं किसी 'वार ज़ोन' (युद्ध क्षेत्र) से गुज़र रहा हूँ। ऐसा ही अहसास हुआ था जब मैं अगरतला, खुलना, जैसोर और ढाका में 'वार रिपोर्टिंग' कर रहा था। तब और आज में फरक

यह था कि उस समय शत्रु (पाकिस्तान) सामने खड़ा था, आज शत्रु सामने है भी और नहीं भी! कैसे उसे पहचाने और परिभाषित करें, यह एक साझी चुनौती है हम सबके लिए। मुझे ऐसा प्रतीत होता है।

यही नारायणपुर जनवरी, 1971 में शान्त था। 1976, 1981, 1982 और 2003 की यात्राओं में भी मैंने अर्द्ध-सामरिक गतिविधियाँ नहीं देखी थीं। मुझे 1976 में नारायणपुर में हुआ आदिवासी युवा सम्मेलन आज भी याद है। वर्ष के शुरू में हुआ था। तब मैं यहाँ चार-पाँच रोज रुका था। सम्मेलन में बोला भी था। दंतेवाड़ा से यहाँ आया था। बस्तर-भर से आए आदिवासी युवा प्रतिनिधियों के स्वरों में कसमसाहट ज़रूर थी। वे अपने भविष्य को लेकर बेहद चिन्तित थे। आपातकाल के बावजूद युवक व युवतियों ने राजस्व विभाग, वन-विभाग, पुलिस विभाग और आबकारी विभाग के निम्न व मँझौले स्तर के कर्मचारियों की तीखी आलोचनाएँ की थीं। सारांश में, इन लोगों को 'लुटेरा' कहकर अपना आक्रोश जाहिर किया था। सूदखोरों, ठेकेदारों, व्यापारियों के खिलाफ भी कम गुस्सा नहीं भड़का।

नारायणपुर वह क्षेत्र है जहाँ की 'घोटूल' प्रथा मानवशास्त्रियों के बीच आकर्षण का केन्द्र रही है। नेहरू युग के प्रसिद्ध मानवशास्त्री वैरियर एलविन की तो घोटूल पर बहुचर्चित पुस्तक भी है : 'दि मारिया एंड घोटूल'। इसका उल्लेख मैं यहाँ इसलिए कर रहा हूँ कि जहाँ युवा सम्मेलन में युवा आदिवासी समाज की पीड़ाएँ उबली थीं, वहीं जिला प्रशासन से यह भी माँग की गई थी कि वह इस स्वस्थ पारम्परिक प्रणय शिक्षण संस्था को दुरुपयोग से बचाए, इसका व्यापारीकरण न होने दे। एक शाम युवाओं के साथ मैं भी उन गाँवों में गया जहाँ घोटूल व्यवस्था है। संक्षेप में, गाँव के बाहर घासफूस के सुन्दर से कक्ष होते हैं जहाँ अविवाहित किशोर-किशोरियाँ, संगीत, नृत्य एवं गान के माध्यम से अपने प्रणय को अभिव्यक्ति देते हैं और भावी जीवन साथी का चुनाव करते हैं। यह आदिवासी युवक-युवतियों के प्रेम व्यापार की पारम्परिक पद्धति है जो कि अबूझमाड़िया समाज की संरचना का अभिन्न हिस्सा रही है। ग़ैर-आदिवासियों ने इसको विकृत रूप में उछाला। फिल्मिंग भी की। सम्मेलन में इस व्यापारीकरण के विरुद्ध चेतावनी दी गई थी।

मैं उस समय नारायणपुर से ओरछा गया था। ओरछा गाँव को अबूझमाड़ का प्रवेश द्वार माना जाता है। तब अबूझमाड़ बिलकुल शान्त था। दूर-दूर तक लाठीधारी सिपाही भी दिखाई नहीं देता था। ओरछा से घने जंगलों के बीच से बोधघाट होते हुए गीदम और दंतेवाड़ा का वन-मार्ग था। सम्मेलन की समाप्ति के बाद मैं इसी मार्ग से दंतेवाड़ा पहुँचा था। करीब डेढ़ घंटा लगा था। मुर्रम रोड थी, कई जगह पक्की रोड भी थी। 1981 में कुछ विदेशियों ने अबूझमाड़ क्षेत्र से सटे 'तारागाँव' में डेरा डालकर फिल्म बनाई थी। स्थानीय प्रेस में काफी विवाद फैला। राष्ट्रीय प्रेस की

सुर्खियों में भी तारागाँव चमका था। माजरा यह था कि तारागाँव में कतिपय विदेशी चुपचाप आदिवासियों के यौन-व्यापार का चित्रण कर रहे थे। जाहिर है, इसका प्रतिवाद आदिवासी युवाओं ने किया। मैं भी नई दुनिया की तरफ से इस घटना को कवर करने के लिए आया था। तब भी ओरछा होकर जगदलपुर गया। 1982 में दिल्ली के पत्रकारों के दल के साथ भी मेरा आना हुआ। मेरे सुझाव पर ही प्रेस पार्टी नारायणपुर से ओरछा गई, और वहीं से वन-मार्ग द्वारा हम लोग गीदम होते हुए जगदलपुर पहुँचे थे। तब भी यह 'सालवनों का द्वीप' शान्त ही था।

2003 की ओरछा-बोधघाट यात्रा जरूर रोमांचकारी रही। उस यात्रा में जबलपुर के पत्रकार व समाजकर्मी जयंत वर्मा और कुछ अन्य एनजीओ कर्मी मेरे साथ थे। काँकेर में आदिवासी और मानव अधिकारों को लेकर दो रोज की वर्कशॉप आयोजित की गई थी। इसकी समाप्ति के उपरान्त हम लोग टैक्सी में नारायणपुर होते हुए ओरछा पहुँचे थे। उस रोज़ साप्ताहिक हाट भरा हुआ था। हम लोगों ने हाट में एक घंटा बिताया था। देखने में यह आया कि हाट का रूप-रंग पूरी तौर पर बदल चुका है। अब शहरी उत्पादों (नाना ब्रांड के टूथपेस्ट-ब्रश, टेलकम पाउडर, रेजर, कीमती रेडीमेड वस्त्र, पीतल के बर्तन, कप-प्लेट, फिल्मी पत्रिकाएँ, ट्रांजिस्टर, कैसेट, भजन पुस्तिकाएँ, रामचरितमानस का गुटका, हनुमान चालीसा, विभिन्न प्रकार के स्नान साबुन आदि) ने हाट पर धावा बोल रखा है। आदिवासी भी अब इनके ग्राहक नज़र आ रहे हैं। मैं पिछली यात्राओं में भी इस हाट को देख चुका हूँ। ऐसी वस्तुएँ यहाँ नहीं थी। जीवन की अपरिहार्य आवश्यकताओं की पूर्ति की वस्तुएँ हुआ करती थीं। अबूझमाड़िया भी यहाँ आया करते थे। आज ग्राहकों की सूरत बदली-बदली लग रही है क्योंकि जब शहरी उत्पादों की बहुतायत है तो निश्चित ही ग्राहक भी वैसे ही होने चाहिए। इनमें ग़ैर-आदिवासियों के होने के साथ-साथ आदिवासियों की जीवन-शैली में बदलाव भी सम्भव है। यह प्रक्रिया लेन-देनकर्त्ता से ग्राहक, ग्राहक से उपभोगकर्त्ता में रूपान्तरण और बाहरी संगठित आर्थिक-राजनीतिक शक्तियों के हस्तक्षेप का प्रतीक है। हालाँकि यह दीर्घकालीन प्रक्रिया है और अबूझमाड़ियाओं का उपभोगकर्त्ता में रूपान्तरण हो गया है, यह निष्कर्ष भी नितान्त गलत होगा। लेकिन साप्ताहिक हाटों के चरित्र में तेजी से परिवर्तन आ रहा है, इस यथार्थ से इनकार करना भी अविवेकपूर्ण होगा।

अबूझमाड़ के मुहाने के चन्द गाँवों और हाट का अवलोकन करने के पश्चात मैंने सभी को सलाह दी थी कि इस शॉर्ट-कट से दंतेवाड़ा चलना चाहिए। सभी साथियों का आग्रह दंतेश्वरी माई की आरती देखना था। अतः हम लोगों ने जंगल मार्ग पकड़ लिया। कुछ किलोमीटर तक डामर की रोड थी, इसके बाद कच्ची रोड शुरू हो गई। दिन ढलने लगा था। मैंने ड्राइवर से कहा कि सूर्यास्त से पहले अबूझमाड़ का जंगल पार करना होगा, वरना कोई भी घटना घट सकती है। इस जंगल में हिंसक

जानवर माने जाते हैं। आधा मार्ग पार करने के बाद तो कच्ची या पक्की सड़क ही ग़ायब होने लगी। उसके अवशेष भी दिखाई देने बन्द हो गए, न गड्ढे, न समतल। अन्दाजे से टैक्सी चल रही है, झाड़ियों पर से गुज़र रहे हैं, कटे हुए पेड़ों की शाखाओं को हटाया जा रहा है। दूसरी ओर दिन ने सागौन के झाड़ों में दुबकना शुरू कर दिया है। शेष साथियों के साथ मैं भी किसी भी अनहोनी की आशंकाओं से घिरा हुआ हूँ। हमारा ड्राइवर काफी मँजा हुआ लग रहा है। हम इन्द्रावती नदी पर बने पुल को पार करते हुए जा रहे हैं। यह वही नदी है जिससे पहली मुठभेड़ जगदलपुर में प्रवेश के समय होती है। इन्द्रावती अबूझमाड़ के तटों, जंगलों को स्पर्श करती हुई महाराष्ट्र, आन्ध्र प्रदेश की सीमाओं में पहुँचकर गोदावरी में विलीन हो जाती है। हम बोधघाट पारकर बारासुर पहुँच चुके हैं। हम सभी राहत की साँस ले रहे हैं। एक झोंपड़ीनुमा चाय थड़ी के सामने टैक्सी को रोककर चाय पी जा रही है। थड़ी पर बैठे कुछ लोग इसे हमारी दुस्साहसिकता कहते हैं। चाय वाला कह रहा है, "साब लोग, आप लोगों को इधर से नहीं आना चाहिए। दादा लोग घूमते हैं।"

"दादा लोग! कौन हैं वो लोग?" मैं पूछ रहा हूँ।

"आप लोग नहीं जानते... ?" वह हैरत से हम लोगों के चेहरों को पढ़ रहा है।

"नहीं... ।" मेरा उत्तर है।

"वो...वो माओवादी साब। उन्हें दादा लोग पुकारते हैं। उन्होंने जंगल में माइनें बिछा रखी हैं। सीआरपी वाले भी डरते हैं। वे भी इस समय नहीं जाते हैं। दादा लोग ही सरकार को सड़क बनाने से रोक रहे हैं। अब उनकी सरकार है अबूझमाड़ में!"

हम लोग एक-दूसरे की तरफ देखते हैं। मैं मन में सोच रहा हूँ कि यदि हम लोगों के साथ कुछ अप्रत्याशित घट जाता तो क्या होता?

ख़ैर! हम लोग दंतेवाड़ा की तरफ बढ़ गए हैं।

"यह दावानल के संकेत हैं!" मैं जयन्त से कह रहा हूँ, अन्य लोग भी सहमति में अपने सिर हिलाते हैं।

आज 2013 में जब मैं एक बार फिर नारायणपुर से साथियों के साथ गुजर रहा हूँ तो उत्तर और दक्षिण-दोनों ही बस्तर दावानल से घिर चुके हैं। मुझे हर जगह मिनी अबूझमाड़ दिखाई दे रहे हैं।

नारायणपुर से बाहर निकले तो अन्तागढ़ मार्ग पर पहुँच गए हैं। इसी मार्ग पर महाकाल चरण पीठ दिखाई दे रही है। साधु-सन्तों और भक्तों का जमावड़ा है। लाउड स्पीकार पर भजन गूँज रहे हैं। इस क्षेत्र के हिन्दूकरण का मिशन तेज़ी से चल रहा है।

इससे आगे निकलकर भैंसागाँव पहुँचे। वहाँ से कुछ आगे रावघाट पर भी फोर्स का बड़ा कैम्प दिखाई दिया है। इस मार्ग पर डोंडरी, तालाबेड़ा, सरण्डी जैसे स्थानों

पर फोर्स के कैम्प मिले। कोंडागाँव से लेकर यहाँ तक 70–80 किलोमीटर के मार्ग में अर्द्ध सैन्य बलों के कई कैम्प हैं। घने जंगलों में भी हैं जो आसानी से दिखाई नहीं देते हैं। अबूझमाड़ के बीचोबीच सेना की प्रशिक्षण टुकड़ियाँ अलग से हैं। वायु सेना के हेलीकाप्टर भी हैं। कहते हैं फोर्स के सत्तर-अस्सी हजार जवान बस्तर क्षेत्र में बिखरे हुए हैं। इनमें से करीब दस हजार विशेष रूप से प्रशिक्षित 'फाइटर' भी हैं जो कि किसी भी स्थिति का सामना करने के लिए हमेशा तैयार रहते हैं।

इस मार्ग पर फोर्स के अनेक वाहनों को देखकर कोई भी भयभीत हुए बिना नहीं रहेगा। यहाँ जीवन कैसे सामान्य हो सकता है, भय, हताशा, आतंक, प्रतिरोध की कितनी ही परतें इस अरण्य मानवता में समाई होंगी, निःसन्देह इसकी थाह फोर्स नहीं ले सकती। वह तो राज्य का एक पुर्ज़ा है और इसकी कार्यशैली यांत्रिक है!

और इन बन्दूकों की संगीनों को चीरती हुई मेरी आँखें एक नन्ही-सी, पतली सी बच्ची पर जम जाती हैं। उसे फ्रेम में उतारने का जी कर रहा है। वह अपने खपरैली घर के चबूतरे पर अकेली बैठी हुई है। बालों में लाल रिबन टँका हुआ है, मटमैली फ्राक और नंगे पाँव उसके माता-पिता की कहानी बतला रहे हैं। उसकी गोद में स्लेट है और उँगलियों में चाक। वो बीच-बीच में संगीनों को देखती है और स्लेट पर उँगलियाँ हरक़त में आ जाती हैं; वर्तमान से कैसे भिड़ें और कैसा भविष्य शब्दों से पैदा हो, शायद यह सवाल उसकी मासूम आँखों में तैर रहा हो!

इस बच्ची की सूरत 1977 के भोजपुर की एक बच्ची की याद दिला रही है। भोजपुर के दुसाध व मुशहर टोला में जब मैं कार से पहुँचता हूँ तो दीवार से सटी पाँच-छह बरस की बच्ची ज़ोर-ज़ोर से चीखने लगती है—"सिपाई-सिपाई-रे सिपाई-रे!" उसे सुनकर दूसरे बच्चे-बच्चियाँ भी चीखने लगते हैं[1]—

सिपाई-रे...सिपाई-रे...सिपाई रे! टोला में हड़कम्प मच जाता है। उस बच्ची की आँखों में हर वो व्यक्ति 'सिपाई' का रूप ले चुका है जो उस जैसा नहीं है और उसका नहीं है! जो उसके टोले में नहीं जन्मा है, वह आतंक का प्रतीक है, आततायी है, अत्याचारी है। उस बच्ची की आँखों में भारतीय गणतांत्रिक राज्य सिर्फ और सिर्फ 'सिपाई' में उतरा हुआ है!

क्या भोजपुर और बस्तर की इन दो नन्हीं बच्चियों में कोई समानता है? क्या इन साढ़े तीन दशकों में और ढाई हजार किलोमीटर फासले के बीच सबकुछ यथावत ही है? इन दो सवालों के बोझ से दबा मैं बस्तर की सरहद को पारकर रहा हूँ।

---

1. इसकी विस्तृत रिपोर्ट सितम्बर, 1977 के 'दिनमान' में देखें।
   या
   आदमी, बैल और सपने; प्र. सामयिक प्रकाशन, दिल्ली।

अध्याय : पाँच

दंतेवाड़ा गलियारे से अलबर्टा गलियारे में

21 जुलाई, 2014

लाल गलियारा अमूर्त नहीं हैं; दंतेवाड़ा, बस्तर, अबूझमाड़, सरगुजा, झारखंड, बिहार, पं. बंगाल, उड़ीसा, आन्ध्र प्रदेश, तेलंगाना, महाराष्ट्र जैसे अनेक अशान्त क्षेत्रों में लाल गलियारा मूर्तवान है; गलियारा राष्ट्र विशेष की भू-राजनीतिक सरहदों में भी सिमटा हुआ नहीं है; यह सीमा मुक्त है। जहाँ शोषण, उत्पीड़न दमन, अन्याय, विषमता की नानारूपी शक्लें मौजूद हैं, वहाँ स्थानीय आकारों में यह गलियारा भी अपनी सम्पूर्ण सशक्तता के साथ मूर्तरूप में उपस्थित है।

गलियारा प्रतीक है प्रतिवाद का, प्रतिरोध का, अस्मिताबोध का, समान्तर सृजन और वैकल्पिक व्यवस्था के निर्माण का।

मेरे लाल गलियारे की यात्रा बस्तर पार जाती है। मैं कनाडा के मूल निवासियों उर्फ प्रथम राष्ट्रजनों के बीच बैठा हुआ हूँ। दंतेवाड़ा से कोई अट्ठारह-उन्नीस हजार किलोमीटर दूर 'लाक स्टे अन्ने तीर्थस्थल' पर कनाडा के विभिन्न प्रान्तों से पहुँचे हजारों नेटिव या इंडियन (पूर्व में रेड इंडियन) अपनी पारम्पारिक पोशाकों में मौजूद हैं। ईसाइयत में धर्मान्तरित होने के बावजूद कनाडा के ये मूल निवासी प्रतिवर्ष झील किनारे इस तीर्थस्थल पर एकत्रित होते हैं और ईसाई धार्मिक कर्मकांडों के साथ-साथ अपने आदि संस्कारों-रीति-रिवाज़ों और मूल जीवन-शैली का स्मरण करते हैं। यह वार्षिक अवसर इन मूल-निवासियों अर्थात् आदिवासियों के लिए एक प्रकार से 'अस्मिताबोध उत्सव' है। इस उत्सव में वे अपनी जड़ों को तलाशते हैं, अस्मिता को जगाते हैं, श्वेतों की आधुनिक वर्चस्ववादी व औपनिवेशिक संस्कृति एवं राजसत्ता को अपनी स्वतंत्र अस्तित्व सत्ता को सम्प्रेषित करते हैं।

सप्ताह भर का यह उत्सव है। इसे कनाडा-नेटिवों यानि आदिवासियों का कुम्भ भी कहा जाता है। कनाड़ा के 18 लाख आदिवासियों का प्रतिबिम्ब इस अस्मिता उत्सव में चमकता है; परम्परा व आधुनिकता मिलन; श्वेत शासित कनाडा

राष्ट्र राज्य द्वारा जनित टकराव; जल-जंगल-जमीन संघर्ष; सुलह-समझौता विमर्श; श्वेत वर्चस्ववादी संस्कृति द्वारा मूल निवासियों की विषमता व वर्ग मुक्त सामाजिक-आर्थिक व्यवस्था का आत्मसातीकरण आदि की अनुगूँजें कानों से टकरा रही हैं।

अलबर्टा की राजधानी एडमिंटन से पश्चिम में करीब 70-80 कि.मी. पर स्थित इस वार्षिक उत्सव में अनेक अन्तर्धाराएँ इस आस्था की झील में हिलोरें ले रही हैं। मैं अपनी पत्नी मधु जोशी, छोटी बेटी त्रीना और दामाद अनिरुद्ध के साथ अलबर्टा के अलावा ब्रिटिश कोलम्बिया, आंटोरियो जैसे दूर-दराज़ प्रान्तों के रिजर्व क्षेत्रों (मूल निवासियों के लिए आरक्षित क्षेत्र) से आए आदिवासी स्त्री व पुरुषों से टकरा रहा हूँ। इन टकराहटों से एक स्वर शिद्दत के साथ उभर रहा है और वह है मूल निवासियों तथा श्वेत यूरोपीय औपनिवेशियों के मध्य 'विश्वास अभाव'। कनाडा के मूल और यूरोपीय समाजों में आज भी 'मेल-मिलाप या सामंजस्य' की यात्रा को अधूरा माना जाता है। करीब डेढ़-दो शताब्दियों के बावजूद कनाडा के मूल निवासी श्वेत यूरोपियों को 'बाहरी' व 'औपनिवेशिक शासक' के रूप में ही देखते हैं। श्वेत प्रभुत्ववादी संघीय और प्रान्तीय सरकारों को 'पराई सरकार' के रूप में देखा जाता है। दोनों समाजों के बीच गहरा परस्पर सन्देह फैला हुआ है। यूरोपियों (ब्रिटिश, फ्रांसीसी, जर्मनी आदि) में यह टीस रह-रहकर उभरती है कि कनाडा भूमि के मूल निवासी आज भी उन्हें 'बाहरी' समझते हैं, औपनिवेशिक शासक के रूप में देखते हैं। श्वेतों का तर्क है कि उन्होंने इन असभ्य बर्बर मूल निवासियों को सभ्य बनाया, शिक्षित किया और आधुनिक जीवन-धारा से समृद्ध भी किया है। लेकिन इसके विपरीत मूल निवासियों का प्रति तर्क है कि श्वेतों ने हमारे परम्परागत जीवन-आधारों (जल-जंगल-जमीन) को हड़पा, खनिज सम्पदा पर डाका मारा है और समरसी जीवन-शैली को वैषम्यग्रस्त बनाया है। आधुनिकीकरण और विकास के नाम पर हमें हमारी जड़ों से काटा है। हम लोगों को हमारे जंगल-पहाड़ों-कन्दराओं-नदियों-झीलों से बेगाना बनाया है। प्राकृतिक धार्मिक आस्थाओं से विलग किया और हमारी आध्यात्मिकता का वस्तुकरण किया गया है, हमें सभ्य आधुनिक नागरिक बनाने के लिए ऐसे धर्म में दीक्षित किया है जो हमारी जड़ों, साँसों, जीवन धारा से नहीं जन्मा है। उन्हें जबरन ईसाई बनाया गया है।

आज भी इन आदिवासियों में आवासीय स्कूल (रेजीडेंसियल स्कूल) की दर्दीली स्मृतियाँ ताज़ा हैं। इस तीर्थस्थल पर भी वे उन दिनों को नहीं भूले हैं जब उनके पूर्वजों को यूरोपीय गोरे जबरन घरों से उठाकर आवासीय स्कूलों में ले जाया करते थे। अक्षर ज्ञान और दो जून भोजन के नाम पर उन्हें ईसाई बनाया जाता, पादरियों के हवाले कर दिया जाता, उनसे कठोर श्रम करवाया जाता, इनकार करने पर यातनाएँ दी जातीं। करुणा-दया-उत्सर्ग के पुंज यीशु के नाम पर उनके माता-

पिताओं के साथ सभी प्रकार के अमानवीय व अप्राकृतिक व्यवहार किए गए थे। अन्धविश्वास फैलाया गया।

आज भी इस लाक स्टे अन्ने झील के सम्बन्ध में यह विश्वास प्रचारित है कि इसके पानी में नहाने से सभी रोग काफूर हो जाते हैं। सैकड़ों इंडियन इस विशाल झील में डुबकियाँ लगा रहे हैं, रोग प्रक्षालन कर रहे हैं और बाहर निकलकर विशाल चर्च-पंडाल में पहुँच रहे हैं। चारों ओर गोरे पादरियों का जमावड़ा है। इनमें धर्मान्तरित इंडियन पादरी भी शामिल हैं। रोचक बात यह है कि श्वेतों के पहुँचने से पहले यहाँ के इंडियन इस झील को 'मनीटो सह्काहीगन' पुकारा करते थे। यह नाम उनकी संस्कृति की देन था। लेकिन संगठित व औपचारिक धर्म के श्वेत प्रतिनिधियों (पादरी) ने अपनी धार्मिक-राजनीतिक ज़रूरतों को ध्यान में रखकर इसका पुनर्नामकरण किया। कैथोलिक पादरी ज्याँ-बप्तिस्ते थिबाउल्ट ने इस झील का नया नाम रखा—लाक स्टे अन्ने और इसके किनारे ही अपना मिशन स्थापित किया। 1855 में यूरोपीय पादरियों ने यहाँ अपनी मिशनरी गतिविधियाँ शुरू की थीं, ओर 1889 से यहाँ नियमित यह वार्षिक समागम भरता है। मिशनरी गतिविधियों के साथ ही इन जंगलों में गोरों की बसाहटें शुरू हो गईं और व्यापारी जंगलों, पहाड़ों, नदी-नालों-झीलों पर छा गए। चारों ओर झोपड़ीनुमा चर्च उगने लगे। इस तरह पहुँचता है धर्म-वाहन पर चढ़कर साम्राज्यवाद-उपनिवेशवाद!

अलबर्टा प्रान्त की राजधानी एडमिंटन में आवासीय स्कूलों के पूर्व आदिवासी विद्यार्थियों के अनुभवों की प्रदर्शनी लगी हुई है। इस प्रदर्शनी में आवासीय स्कूलों में शिक्षित मूल निवासियों के स्कूली जीवन के अनुभवों को दर्शाया गया है। सरकार और चर्च द्वारा संचालित इन स्कूलों में नेटिवों के अनुभव नाना पीड़ाओं की अभिव्यक्ति हैं। सबसे पहले आवासीय स्कूलों के नेटिव विद्यार्थियों को अपने स्वाभाविक जीवन से अलगाव का सामना करना पड़ा। इसके साथ-साथ ऐसे पाठ्यक्रमों से पाला पड़ा जिनमें मूल निवासियों के इतिहास, परम्परा, मूल्य, सपने, आकांक्षा—सभी कुछ अनुपस्थित थे। विद्यार्थियों से जबरन श्रम व पूजा-अर्चना करवाने के चित्र दिखाई दिए। इस प्रदर्शनी में ऐसे भी चित्र हैं जो इस मिथ को ध्वस्त करते हैं कि आधुनिक शिक्षा इन आदिवासियों को सभ्य मानव बनाती है, उन्हें सभी वर्जनाओं से स्वतंत्र करती है और वे इन स्कूलों में शिक्षित होकर खुले गगन में इच्छित उड़ान भर सकते हैं। ये चित्र ऐसे पूर्व विद्यार्थियों की मनोदशा के दस्तावेज़ हैं जो विभिन्न मनोविकारों से पीड़ित का जीवन जी रहे हैं।

प्रदर्शनी में नेटिव विद्यार्थियों के अनुभवों का एक संकलन ''मेरे सच की आवाज़ (Speaking my Truth)'' मेरे हाथ लगा है। करीब ढाई सौ सफों में इन इंडियन विद्यार्थियों का आत्मसंघर्ष, आधुनिक व्यवस्था व राजसत्ता के सम्पर्क से

जनित सन्त्रास, त्रिशंकु मनोदशा, निराशाग्रस्त भविष्य, चर्च का नस्लवादी व्यवहार, श्रेष्ठता व हीनता की ग्रन्थियों का परिवेश, न्यस्त आर्थिक हितों की रक्षा के लिए ईश्वर का प्रयोग, चर्चाधिकारियों-शिक्षकों की विकृत यौन मानसिकता जैसे त्रासद अहसासों एवं आत्म-स्वीकृतियों की गाथाएँ आदि से अन्त तक शृंखलाबद्ध हैं।

आवासीय स्कूल के चन्देक विद्यार्थियों के अहसास-आत्मस्वीकृतियाँ मुझे झकझोर रही हैं। फ्रेड केल्ली यीशु के अधिकृत प्रतिनिधियों को कठघरे में रखते हुए कहते हैं कि हमारे जैसे मासूम बच्चों की पीढ़ियों को गॉड से आघात नहीं मिलता है, लेकिन चर्चों में आसीन उसके बन्दे हैं जो उसके नाम पर हम लोगों पर यातनाएँ—दुख लादते हैं। हम बच्चों में से अनेक को "शारीरिक रूप से पीटा गया, यौनिक तुष्टि के लिए मसला-कुचला गया, हमारे साथ बलात्कार किया गया।"

स्कूल में "भविष्य निराशाजनक लगा। बग़ैर किसी कारण के हमें बन्दी बनाया गया क्योंकि हम इंडियन थे। हम इंडियन बच्चों को बचपन के ऐसे संवेदनशील वर्षों में हमारे माता-पिता के प्रेम-प्यार स्नेह व देखभाल एवं मार्ग-दर्शन से वंचित रखा गया जब इन सबकी बहुत अधिक आवश्यकता होती है।"

एक अन्य विद्यार्थी डेविड मैकडोनाल्ड की यह टिप्पणी श्वेत कनाडा राज्य पर काफी भारी पड़ती है। मैकडोनाल्ड के शब्दों में, "कनाडा के इतिहास में इंडियन आवासीय स्कूल सबसे घातक व शर्मनाक वास्तविकताओं में से हैं।" वास्तव में इन मूल निवासियों की दृष्टि में "इंडियनों की समस्याओं में सबसे बड़ी समस्या है गोरा आदमी।"

श्वेत नियंत्रित आवासीय स्कूलों में मूल निवासियों के बच्चों के साथ हुए अमानवीय व्यवहार पर कनाडा सरकार भी परदा नहीं डाल सकी है। कनाडा के प्रधानमंत्री स्टेफन हारपर ने स्वयं स्वीकार किया है, "हमारे इतिहास में इंडियन आवासीय स्कूलों में बच्चों के साथ किया गया व्यवहार एक दुखद अध्याय है।" (11 जून, 2008)

आज जब मैं इन इंडियनों के अहसासों-आत्म-स्वीकृतियों से रू-ब-रू हूँ तो दंतेवाड़ा, जसपुर, महुआडाँड, सामरीपाट के अनुभव भी मेरे मस्तिष्क-पटल पर दस्तकें दे रहे हैं; किन अर्थों में नकुलनार, दंतेश्वरी माई, गीदम, नारायणपुर, अन्तागढ़, बालौद, गढ़चिरौली, चन्द्रपुर की गाथाएँ आंटोरियो, अलबर्टा, ब्रिटिश कोलम्बिया के आदिवासियों से अलहदा हैं? दंतेवाड़ा के गलियारे हजारों-हजार किलो मीटर दूर तक फैले हुए हैं जिनमें जल-जंगल-जमीन की प्रतिरोध की आवाज़ें गूँज रही हैं। इन गलियारों का यह वैश्विक आख्यान है।

इस विमर्श के ताज़ा इतिवृत्त से मेरा एक बार फिर से आमना-सामना है।

जल, जंगल, जमीन पर अधिकार

अब आधुनिक उपभोक्तावादी सभ्यता की गिरफ्त से कोई भी आदिवासी सुरक्षित नहीं है। क्योंकि इस सभ्यता के नुमाइंदों की गिद्ध दृष्टि उसके अकूत प्राकृतिक संसाधनों पर शिखर से तल तक गड़ी हुई है। जुलाई के दूसरे सप्ताह में कनाडा प्रेस ने ख़बर दी कि विश्वविख्यात अमेजन वन (ब्राजील) क्षेत्र में बसे और अब तक अछूते आदिवासियों से सम्पर्क हो गया है। ब्राजील सरकार के इंडियन (मूल निवासी या आदिवासी) विभाग ने इन नग्न आदिवासियों से सम्पर्क स्थापित कर लिया है। गुप्तांगों को छालों से ढँके ये मूल निवासी पेरु की सीमा से सटे अक्रे प्रान्त में रहते हैं। आधुनिक सभ्यता के सम्पर्क के दायरे से ये अब तक बचे रहे हैं।

इस खोज के साथ ही मीडिया में आशंकाएँ भी व्यक्त की जा रही हैं कि यह सम्पर्क इन आदिवासियों के लिए खतरनाक सिद्ध हो सकता है, क्योंकि ये लोग अत्यन्त नमनीय व कमजोर हैं। ये चारों ओर से संकटों में घिर सकते हैं। ब्राजील सरकार के इंडियन विभाग ने खुद चेतावनी दी है कि अब 'त्रासदी' और 'मौत' इन आदिवासियों को दबोचेगी, क्योंकि अवैध वन कटाई का मौका वन ठेकेदारों को मिल जाएगा। मूल निवासियों के पक्षधर सामाजिक कार्यकर्ताओं ने पेरु सरकार को भी इन आसन्न खतरों से आगाह किया है। वैसे लम्बे समय से इन क्षेत्रों में अवैध वन कटाई चल रही है। चे ग्वेरा ने अपनी डायरी में इन क्षेत्रों के मूल निवासियों के शोषण, उत्पीड़न, विस्थापन और औद्योगिक पूँजीपतियों की घुसपैठ का वर्णन किया था, करीब साठ साल पहले। मूल निवासियों की लूट-खसोट का चक्र आज भी यथावत है। यह आधुनिक सभ्यता की विडम्बना है।

यह एक घटना है जो कि सम्भावित खतरों की ओर इशारा करती है। इसके समान्तर कनाडा के मूल निवासियों या आदिवासियों या इंडियन से जुड़ी एक दूसरी घटना भी है जो कि राहत देती है। कनाडा के 18 लाख आदिवासियों की जल, जंगल, जमीन की लड़ाई को मजबूत करती है। प्राकृतिक संसाधनों पर इनके परम्परागत अधिकारों में ऐतिहासिक आयाम जोड़ती है। कनाडा के आधुनिक राष्ट्र राज्य को सामाजिक, सांस्कृतिक, आर्थिक क्षेत्रों में इन मूल निवासियों की स्वायत्तता को स्वीकार करना पड़ता है। कनाडा के सर्वोच्च न्यायालय के ताजे फैसले की कनाडा के इस पूर्व-औपनिवेशिक व औद्योगिक कालीन समाज के सशक्तीकरण के रूप में व्याख्या की जा रही है। यह माना जा रहा है कि इस फैसले के दूरगामी परिणाम निकलेंगे। श्वेत बाहुल्य वाले कनाडा राज्य और 'प्रथम राष्ट्र' (फर्स्ट नेशन अब यहाँ के मूल निवासियों को प्रथम राष्ट्र से सम्बोधित किया जाता है।) के सम्बन्ध पुनर्रेखांकित होंगे।

27 जून, 2014 को कनाडा सर्वोच्च न्यायालय ने अपने ऐतिहासिक फैसले में भूमि पर प्रथम राष्ट्र (मूल निवासी) के अधिकार को स्वीकार किया है। इस फैसले

का परिणाम यह निकला है कि प्रथम राष्ट्र को रिजर्व्स (आरक्षित इलाके) के बाहर भी भूमि पर निर्णय का अधिकार मिल गया है। ये लोग अपनी इच्छानुसार रिजर्व के बाहर वन व भूमि का इस्तेमाल करने के लिए स्वतंत्र होंगे। प्रथम राष्ट्र के लोग पिछले कई दशकों से इस अधिकार के लिए लड़ाई लड़ रहे थे। इन लोगों का तर्क था कि कनाडा में श्वेत योरोपीयों या उपनिवेशवादियों के आने से पहले वे ही इस सम्पूर्ण जंगल, जमीन का उपयोग करते थे। उनके पूर्वज इन जंगलों में शिकार करते थे। इन जमीनों पर उनकी खेतीबाड़ी थी। ये जंगल, जमीन परम्पराओं, संस्कृति और अर्थव्यवस्था के आधार रहे हैं। इसलिए रिजर्व के बाहर के क्षेत्र पर उनका अधिकार है। सरकार इस भूमि को उनसे मनमाने ढंग से छीन नहीं सकती।

कनाडा के मुख्य न्यायाधीश बेवेर्ले मेकॅलाहूलिन ने एकमत से अपने निर्णय में प्रथम राष्ट्र के परम्परागत अधिकारों को स्वीकार करते हुए कहा कि मूल निवासियों का भूमि पट्टे का सम्बन्ध "भूमि के नियमित एवं विशेष प्रयोग के व्यवसाय से उत्पन्न होता है...यह व्यवसाय ही यह दर्शाने के लिए पर्याप्त है कि मूल निवासी पट्टा केवल बसाहट के विशेष स्थानों तक ही सीमित नहीं है, बल्कि उन जगहों से भी जुड़ा है, जिनका उपयोग नियमित शिकार, मच्छीमारी तथा अन्य संसाधनों के लिए भी किया जाता था और योरोपीय सम्प्रभुता को स्थापित करने के समय इस समूह (मूल निवासी) का इन संसाधनों पर प्रभावशाली नियंत्रण था।"

इस तरह से न्यायालय ने जल, जंगल, जमीन और खनिज पदार्थों पर मूल निवासियों की सम्प्रभुता को स्वीकार करते हुए केन्द्र और प्रान्तीय सरकार को निर्देश दिए हैं कि वर्तमान काल में ये आधुनिक मूल निवासी इनका प्रयोग कैसे करेंगे, यह उनकी पसन्द पर निर्भर है। इस निर्णय से केवल ब्रिटिश-कोलम्बिया की चिल कोहूटिन नामक जनजाति या प्रथम राष्ट्र को 4 लाख 38 हजार हेक्टेयर भूमि पर प्रत्यक्ष अधिकार मिल जाएगा।

कनाडा में प्रथम राष्ट्र मामलों के विशेषज्ञों और मूल निवासी आन्दोलनकारियों के मत में इस फैसले का सीधा लाभ एक जनजाति को ही नहीं होगा, बल्कि समस्त जनजातियों के 18 लाख मूल निवासी इससे प्रत्यक्ष व परोक्ष रूप से लाभान्वित होंगे। इस समय इस देश में 210 प्रकार की जनजातियाँ हैं। इन समस्त जनजातियों को 1985 से 'प्रथम राष्ट्र' कहा जाता है। इनके पश्चात श्वेत योरोपियों का स्थान आता है। आरम्भ में इनकी पहचान रैड इंडियन व इंडियन के रूप में की गई थी। इन्हें 'नेटिव' कहा जाने लगा।

बाद में काफी अकादमीय व कानूनी बहस के बाद इन्हें 'मूल निवासी' (एबोर्जीनल) कहा गया। फिर भी मामला शान्त नहीं हुआ। आन्दोलन भी हुए। अन्ततः कनाडा सरकार को इन्हें 'प्रथम राष्ट्र' का दर्जा देना पड़ा। अर्थात अकादमीय, कानूनी और राजनीतिक रूप से इस ऐतिहासिक एवं नृतत्त्वशास्त्रीय सच्चाई को

मान्यता दी गई है कि ये मूल निवासी ही कनाडा के प्रथम राष्ट्र हैं। जब ये जनजातियाँ इस देश के प्रथम राष्ट्र हैं तो यहाँ के प्राकृतिक संसाधनों (जल, जंगल, जमीन, खनिज पदार्थ, पहाड़, पशुधन आदि) पर भी इनका पहला हक बनता है। यही वजह है कि सर्वोच्च न्यायालय के फैसले को प्रथम राष्ट्र के विभिन्न समूह 'उत्सव' के रूप में देख रहे हैं।

प्रथम राष्ट्रों के एक नेता नेरइल कसिमेर की प्रतिक्रिया है, "हम लोगों को इससे प्रसन्नता हुई कि न्यायालय औद्योगिक समूहों और प्रान्तीय सरकार को डराने वालों के सामने नहीं झुका, बल्कि ठोस, सुविचारित निर्णय दिया जो कि संविधान और पूर्व परम्परा पर आधारित है।"

कनाडा के विख्यात आदिवासी आन्दोलनकारी नेता लेविस कार्डिनल ने भी इस लेखक के साथ लम्बी बातचीत में कहा, "सर्वोच्च न्यायालय के इस फैसले से हम प्रथम राष्ट्र समुदायों के आर्थिक आधार मजबूत होंगे, प्राकृतिक सम्पदाओं, लाभों में हमारा हिस्सा बढ़ेगा, सांस्कृतिक परम्पराएँ मजबूत होंगी, मूल निवासियों के पैतृक अधिकारों का विस्तार होगा, भविष्य में भी संघीय सरकार को हमारे अधिकारों को पुनः आश्वस्त करना होगा। इसके अलावा सबसे बड़ा फायदा यह हुआ है कि इससे हमारे 'राजनीतिक आधार' का मार्ग प्रशस्त होगा। अब हम लोग इस फैसले के दम पर संघीय व प्रान्तीय सरकारों से अपनी माँगें मनवा सकेंगे।"

कार्डीनल का मानना है कि कालान्तर में हम रिजर्वों के भीतर एवं बाहर बसे मूल निवासियों में राजनीतिक चेतना का विस्तार कर सकते हैं। संघीय संसद और प्रान्तीय विधानसभाओं में भी हम अपनी आबादी के अनुपात में प्रतिनिधित्व की माँग कर सकते हैं। इस समय भारत के समान हमारे देश में जनजातियों के लिए संसद या विधानसभाओं में सीटें आरक्षित नहीं हैं।"

मूल निवासियों की अनुमति अनिवार्य सर्वोच्च न्यायालय के फैसले का सीधा अर्थ यह है कि अब केन्द्र या प्रान्तीय सरकारें आदिवासियों की अनुमति के बगैर किसी भी योजना के लिए भूमि या अन्य प्राकृतिक सम्पदा पर अधिकार नहीं कर सकेंगी। मूल निवासी पट्टाधारकों से अनुमति लेना अनिवार्य है। इस फैसले से कनाडा के सत्ता प्रतिष्ठान घबरा उठे हैं। जहाँ आदिवासियों के नेताओं एवं उनके श्वेत समर्थकों ने इसका स्वागत किया है, और इसे समय की आवश्यकता बतलाया है, वहीं इसके विरोधी यह भी मानते हैं कि इससे श्वेत समाज और मूल निवासी समाज के बीच चल रही 'सुलह-समझौता प्रक्रिया' को धक्का लगेगा। सम्बन्धों में कड़ुवाहट आएगी। देश की विकास गति धीमी पड़ेगी।

जहाँ ब्रिटिश कोलम्बिया आदिवासी प्रमुख संघ के अध्यक्ष ग्रांड स्टेवार्ट फिलिप फैसले का स्वागत करते हुए कहते हैं, कि "अब हम बिल्कुल भिन्न प्रकार की गेंद के खेल में हैं। फैसले ने खेल ही बदल दिया है। सरकार और प्रथम राष्ट्र के बीच

चल रहे खेल के लिए अब नए नियम तय करने होंगे।''

इसके विपरीत संघीय सरकार के आदिवासी मंत्री बरनार्ड बालकोर्ट की प्रतिक्रिया है कि इससे कनाडा में नई लहरें उठेंगी। सरकार की कोशिश रही है कि कनाडावासियों के हितों के बीच सन्तुलन रहे और अदालत से बाहर आपसी बातचीत के माध्यम से मूल निवासियों के अधिकारों व भूमि दावों का हल निकाला जाए। लेकिन इससे नई स्थितियाँ पैदा होंगी। इस प्रतिक्रिया से सरकार की घबराहट साफ प्रकट होती है।

कनाडा के राजनीतिक, आर्थिक और कानूनी विशेषज्ञों के मत में इस फैसले से संघीय सरकार की बहुचर्चित पेट्रोल पाइप लाइन को बिछाना प्रभावित होगा। यह सैकड़ों मील लम्बी पाइप लाइन है, जिसके माध्यम से करीब सवा पाँच लाख बैरल कच्चा तेल प्रतिदिन प्रशान्त महासागर तट तक पहुँचाना है। इस विशाल परियोजना से मूल निवासियों की 1,700 स्क्वॉयर कि.मी. भूमि प्रभावित हो रही थी। इसके अलावा कई अन्य योजनाएँ भी फैसले की चपेट में आएँगी। ऊर्जा कम्पनियों की चिन्ताएँ बढ़ गई हैं। अब इस फैसले के तहत उन्हें प्रथम राष्ट्र के विभिन्न समुदायों के साथ समझौता करना होगा।

इसका सीधा अर्थ यह होगा कि आदिवासियों को सम्बन्धित परियोजनाओं में सम्मानजनक सहभागी बनाना होगा या उचित मुआवजा अदा करना होगा या जमीन व वन, खनिज क्षेत्रों को छोड़ना होगा। इसमें सरकार सीधा हस्तक्षेप नहीं कर सकेगी। वैनकूवर, विसलर जैसे क्षेत्रों पर फैसले का खासा असर पड़ेगा, क्योंकि 'नार्थन गेटवे पाइप लाइन' को इन क्षेत्रों से फायदा है। विशेषज्ञ यह भी मान रहे हैं कि पाइप लाइन के अलावा कनाडा के कॉलोनी व भवन निर्माता, वन ठेकेदार, सड़क ठेकेदार, जुआघर मालिक जैसे वर्ग भी प्रभावित होंगे।

मूल निवासियों की भूमियों पर लाखों मिलियन डॉलर के कैसीनो (जुआघर) बनाए जाने वाले हैं, हजारों मील लम्बी सड़कें बिछेंगी, नई कॉलोनियों को विकसित किया जाना है, खनिज पदार्थों (लोहा, बॉक्साइट आदि) पर आधारित संयंत्रों को स्थापित करना है। क्रोमाइट का सबसे बड़ा भंडार इस क्षेत्र में है। इन तमाम कार्यों में बहुराष्ट्रीय कम्पनियाँ उलझी हुई हैं। यह सब खरबों डॉलर का खेल है। कनाडा के देशी-विदेशी पूँजीपतियों ने इन जमीनों पर अपनी अपार राशि के ऊँचे दाँव लगा रखे हैं।

जाहिर है, इस फैसले से उनके मंसूबों पर फौरी पाला पड़ा है। ब्रिटिश कोलम्बिया, आंटोरियो जैसे प्रान्तों में खलबली मचना स्वाभाविक है। इसलिए इस फैसले के परिप्रेक्ष्य में केन्द्र एवं प्रान्तों के प्रथम राष्ट्र के साथ हुए पुराने करारों की नए सिरे से समीक्षा करने की माँग की जा रही है। इस फैसले को 'कनाडा राज्य और प्रथम राष्ट्र सम्बन्धों' के लिए 'मॉडल' के रूप में परिभाषित किया जा रहा है। वैसे तेल

कम्पनियों और पाइप लाइन ने आदिवासियों के साथ अपने पुराने करारों में ज़रूरी संशोधन की प्रक्रिया पहले से शुरू कर रखी थी। उन्हें ऐसे फैसले की आशंका थी।

हालाँकि सर्वोच्च न्यायालय के 11 जुलाई के दूसरे फैसले से ज़रूर कुछ चिन्ताएँ पैदा हुई हैं। एक अन्य जनजाति ग्रेसी नैरो प्रथम राष्ट्र को अनुकूल फैसला नहीं मिला है। अपने पहले फैसले में न्यायालय ने ब्रिटिश कोलम्बिया के चिल कोहूटिन प्रथम राष्ट्र को भूमि हक के विवाद में पूर्ण अधिकार दिए हैं, लेकिन आंटोरियो प्रान्त की ग्रैसी नैरो और ओजिब जनजातियों को वैसा फैसला नहीं मिला। शायद पहले फैसले से आतंकित कनाडा के प्रभावशाली क्षेत्र सक्रिय हो गए थे। इन क्षेत्रों ने प्रतिकूल माहौल बनाना शुरू कर दिया था—

"कनाडा राज्य और प्रथम राष्ट्रों के बीच सम्बन्ध बिगड़ेंगे, श्वेतों को दोयम दर्जे का नागरिक समझा जाने लगेगा, कनाडा का विकास व औद्योगिकीकरण ठप्प हो जाएगा, कनाडा के समाज में नए तनाव पैदा होंगे, देशभर में प्रथम राष्ट्रों की आक्रामकता बढ़ेगी, गैर, आदिवासी अन्यत्र बसने व उद्योग-धन्धा शुरू करने से कतराएँगे, क्षेत्रीय असन्तुलन बढ़ेंगे।"

पहले फैसले और दूसरे फैसले के बीच दस-बारह दिनों का अन्तराल रहा है। इस दौरान मीडिया में निहित स्वार्थी क्षेत्रों ने जमकर शोर मचाया। परोक्ष रूप से दबाव भी बना। नतीजतन, मूल निवासियों के हितों के प्रतिकूल फैसला आया। इस फैसले के आते ही माहौल बदला, राष्ट्रीय मीडिया की सुर्खियाँ बदलीं, खान मालिकों ने राहत की साँस ली। कनाडा का प्रमुख दैनिक नेशनल पोस्ट लिखता है, "आंटोरियो (प्रान्त) की प्राकृतिक संसाधन कम्पनियों ने सर्वोच्च न्यायालय के 11 जुलाई के फैसले का स्वागत किया है।"

इस फैसले के तहत प्रान्तीय अधिकारी प्रथम राष्ट्र की जमीनों पर वन कटाई, खनन और अन्य विकास योजनाओं की अनुमति दे सकते हैं। इस फैसले से आदिवासियों में असन्तोष है। फिर भी 11 जुलाई के फैसले में अदालत ने साफ शब्दों में यह ज़रूर निर्देश दिए हैं कि केन्द्र और प्रान्तीय सरकार को सम्बन्धित मूल निवासियों के हितों के प्रति जिम्मेदार रहना होगा। प्रथम राष्ट्र के परम्परागत शिकार, मच्छीमारी, खेती आदि के अधिकारों की उपेक्षा नहीं की जा सकती। इनकी सहमति से ही काम किए जाने चाहिए। इनके हितों का संयोजन करना होगा।

बहु राष्ट्रीय कॉरपोरेशनों के अतिक्रमण से असन्तोष

कार्डीनल ने इस लेखक से कहा कि आज सम्पूर्ण उत्तर अमेरिका के आदिवासियों में भूमंडलीकरण के अन्तर्गत बहुराष्ट्रीय कॉरपोरेशनों के अतिक्रमणों से असन्तोष व्याप्त है। इन कम्पनियों को मालूम है कि अतुलनीय खनिज व अन्य प्राकृतिक

सम्पदाएँ केवल मूल निवासियों के क्षेत्रों में मौजूद हैं। वे विभिन्न योजनाओं के आवरण में इन पर डाका डालना चाहते हैं। विभिन्न हथकंडों से इन पर कब्जा जमाना चाहते हैं। आदिवासियों को उनके वांछित अधिकारों से वंचित रखना चाहते हैं।

कार्डीनल चाहते हैं कि इंडियन एक्ट 1985 की पुनर्समीक्षा की जानी चाहिए। हमें आदिवासियों के शासन के लिए नए कानून बनाने होंगे। हमें अपनी भूमि, जल, जंगल, खान के प्रबन्धन के मामले में पूर्ण स्वायत्तता चाहिए। हम कनाडा के संवैधानिक दायरे में रहकर ही स्वशासन चाहते हैं। यह स्वशासन हमारी परम्पराओं, मूल्यों, समतावादी संस्कृति आदि पर ही आधारित होगा। हमारी अपनी लोकतांत्रिक व्यवस्था है।

बावन वर्षीय कार्डीनल ने यह भी माना है कि आज आदिवासियों में विषमताएँ पैदा हो रही हैं, अमीर उभर रहे हैं। यह अमीर वर्ग राजसत्ता के साथ रहता है और अपने समाज के हितों का सौदा करता है। योरोपीय शासकों और पूँजी के आने से पहले मूल निवासियों के समाज समतावादी थे, जिसमें व्यक्ति और सामूहिकता को समान स्थान प्राप्त था। यद्यपि हमारे समाज की मूल व्यवस्था सामूहिकतावादी है, व्यक्तिवादी आर्थिक वर्ग के लिए कोई स्थान नहीं है। इस दृष्टि से हम साम्यवाद के काफी करीब हैं।

कार्ल मार्क्स के 'कम्युनिस्ट घोषणापत्र' में हमारी व्यवस्था काफी हद तक मौजूद है। बस, हमारी आध्यात्मिकता कुछ अलग ज़रूर है। वैसे मूल निवासियों का कोई संहिताबद्ध धर्म नहीं होता। हमारी जीवन पद्धति और प्रकृति के साथ सामंजस्यपूर्ण सम्बन्ध ही हमारा धर्म है। लेकिन, योरोपीय पूँजीपतियों, व्यापारियों और शासकों ने हमारी व्यवस्था को छिन्न-भिन्न किया है। अपने आर्थिक व सामरिक हितों को ध्यान में रखकर हमारे समाज को विभिन्न कानूनों, अनुबन्धों और सियासी चालों में फँसा दिया है। वर्तमान **व्यवस्था** पूरी तरह से 'मुनाफाखोर' है। इसका धर्म भी मुनाफाखोरी है।

श्वेत शासकों ने ईसाई धर्म का जमकर इस्तेमाल किया। हम लोग जबरन ईसाई बनाए गए, ताकि योरोपीय लोग आसानी से हमारे जल, जंगल, जमीन को सुविधापूर्वक हथिया सकें। इसमें योरोपीय औपनिवेशिक शासक सफल भी रहे। मूल निवासियों के मामलों से सम्बन्धित विभाग में भ्रष्टाचार व पक्षपात रहता है। बारीकी के साथ भेदभाव किया जाता है। सरकार और हम लोगों के बीच रिजर्व एजेन्ट व पादरी होते हैं। विवाद होने पर ये मामला निपटाते हैं, लेकिन मूलतः ये सरकार और शक्तिशाली लोगों के दलाल होते हैं। गैर मूल निवासियों के हितों को ध्यान में रखकर ही विवादों का निपटारा करते हैं।

मूल निवासी आन्दोलनकर्मी डॉ. मैगी होडग्सन तो कनाडा सरकार की विकास

योजनाओं को पूरी तौर पर खारिज करती हैं। इस लेखक से चर्चा में आक्रोशी मुद्रा में कहती हैं कि "हम मूल निवासियों के साथ सौतेला व्यवहार किया जा रहा है। आदिवासी रिजर्वों में बदइन्तजामी है। प्रदूषित पानी दिया जाता है। जमीनों व अन्य सम्पदाओं का अधिग्रहण तो किया जाता है, लेकिन न्यायपूर्ण मुआवजा नहीं दिया जाता। विलम्ब से मिलता है।

आदिवासी क्षेत्रों में स्थापित परियोजनाओं में मूल निवासियों को निम्न श्रेणी की नौकरियाँ दी जा रही हैं। उनके सम्मान–गरिमा का बिल्कुल ध्यान नहीं रखा जाता। कनाडा के शासक चाहते हैं कि हम लोग अपनी समृद्ध परम्पराओं को छोड़कर आधुनिक अर्थव्यवस्था के हिस्से बन जाएँ। हाशिए पर रहकर जीवन गुजारें। हमारे यहाँ स्कूल हैं, लेकिन शिक्षक गायब रहते हैं। रिजर्व के स्कूल भवनों की हालत खस्ता है। उन्हें हमसे तेल चाहिए, इमारती लकड़ी चाहिए, खनिज सम्पदा चाहिए, लेकिन बदले में वे हमें नारकीय जीवन देते हैं।"

सत्तर वर्षीय जुझारू मैगी तैश में कहती हैं कि "इन फैसलों के बावजूद ग्ररिमापूर्ण व समतावादी जीवन के लिए प्रथम राष्ट्रों का संघर्ष जारी रहेगा, बेशक, कम्युनिस्टों व समाजवादियों से हमारे कुछ मतभेद हैं, लेकिन उन्होंने हमें संघर्ष के लिए प्रेरित किया है। कम्युनिस्ट हमारे मददगार रहे हैं। उन्होंने हमें लड़ने का तरीका सिखाया है।"

भारतीय परिदृश्य

यह था कनाडा के मूल निवासियों का प्रथम राष्ट्र बनाम कनाडा राष्ट्र राज्य के टकरावों का वर्तमान परिदृश्य। अब इस परिदृश्य के समान्तर भारतीय परिदृश्य को रखने पर कैसा तीसरा परिदृश्य चित्रित होगा, इस पर विचार करना भी मौजूँ रहेगा।

आज भारत के अधिकांश आदिवासी अंचल अशान्त क्यों हैं? क्यों छत्तीसगढ़, उड़ीसा, झारखंड, बिहार, पश्चिम बंगाल, आन्ध्र प्रदेश, महाराष्ट्र, राजस्थान, कर्नाटक जैसे प्रदेशों के आदिवासी बाहुल्य जिलों में सामाजिक, सांस्कृतिक, आर्थिक प्रतिरोधों का दावानल धधक रहा है? इस दावानल के शमन के लिए क्यों भारतीय राज्य को अपने अर्द्ध सैन्य बलों को अशान्त क्षेत्रों में तैनात करना पड़ रहा है? क्यों अबूझमाड़ में वायु सेना के हेलीकॉप्टर मँडराते रहते हैं? इन घटनाओं के कुछ तो ठोस आधार होने चाहिए?

भारत में करीब नौ करोड़ आदिवासी हैं। संविधान के पाँचवें और छठे अनुच्छेदों में इनके समाज व आर्थिक आधारों को विशेष सुरक्षा के प्रावधान है, लेकिन आधुनिकीकरण व औद्योगिकीकरण के बढ़ते दबावों ने केन्द्र और प्रदेश सरकारों को आदिवासी अंचलों में स्थित प्राकृतिक सम्पदाओं पर अधिकार जमाने की दिशा

में धकेला। 1991 से देश में भूमंडलीकरण का चक्र शुरू हुआ। नव-उदारीकरण की बाढ़ आई। एकाधिकारवादी देशी औद्योगिक घरानों (बिरला, टाटा आदि) और बहुराष्ट्रीय कम्पनियों (पोस्को, वेदान्ता, लाफर्ज आदि) के लिए आदिवासी अंचलों के दरवाजे मुक्तभाव से खोल दिए गए।

कच्चा लोहा, बॉक्साइट, ताम्बा, ग्रेनाइट स्टोन, कोयला सहित 50 से अधिक खनिज पदार्थों का विपुल भंडार आदिवासी क्षेत्रों में है। नवउदारवादी भारतीय राज्य और भूमंडलीकरण की सेना इन भंडारों पर टूट पड़ी। जाहिर है, बड़े पैमाने पर लाखों आदिवासियों का अपनी जड़ों से पलायन हुआ। इन क्षेत्रों में आदिवासी समाजों (गुरिया, हलबा, भतरा, डोंगरिया-कोंध, बैगा, भील आदि) का हाशियाकरण व दमन शुरू हुआ।

विडम्बना यह है कि जिन आदिवासी क्षेत्रों में औद्योगिक इकाइयाँ लगाई गईं, खनन कार्य शुरू हुआ, वन-कटाई हुई, वहाँ के प्रभावित आदिवासियों को न तो उचित मुआवजा दिया गया, और न ही उनका गरिमापूर्ण पुनर्वासन हुआ। यह मैं निजी अनुभवों के आधार पर कह सकता हूँ।

आज छत्तीसगढ़ का दंतेवाड़ा क्षेत्र दावानल का केन्द्र बना हुआ है। आखिर क्यों? 1958 में इस क्षेत्र के बैलाडीला पहाड़ों में कच्चा लोहा निकालने का काम शुरू हुआ था। करीब एक सौ गाँव उजड़े थे। इस क्षेत्र की जीवनधारा शंकनी व डंकनी नदियों का स्वच्छ जल पूरी तरह से प्रदूषित हो गया। संयंत्रों से लोहा धुलाई का पानी इन नदियों में बहने लगा। बड़े पैमाने पर खेती चौपट हुई। आदिवासियों ने आत्महत्या का विकल्प चुना। वन कटाई और वन उपज की बर्बर लूट हुई। आज भी यह सिलसिला जारी है।

पिछले वर्ष सितम्बर में ही मैंने दंतेवाड़ा, बैलाडीला और बस्तर के दूसरे क्षेत्रों की यात्र की थी। स्थिति की भयावहता यथावत है। अर्द्ध सैन्य बलों की मोबाइल छावनियाँ इन क्षेत्रों में दिखाई देंगी। दंतेवाड़ा, जगदलपुर, काँकेर, कुआकोंडा, कोंडागाँव, नारायणपुर जैसे अर्द्धशहरों में गैर-आदिवासी, सौदागरों, ठेकेदारों ने आदिवासियों को 'बाहरी' या 'अजनबी' बना दिया है। दंतेवाड़ा सहित इन स्थानों में तीन सितारा होटल कुकुरमुत्ते के रूप में मिलेंगे। यहाँ के मूल निवासियों की उपयोगिता ढाबों-दुकानों में महज साफ-सफाई की रह गई है।

आखिर आज बस्तर त्रासदियों का केन्द्र क्यों है? इसके जवाब में एक लम्बी गाथा है यहाँ के मूल निवासियों के शोषण, उत्पीड़न और प्रतिरोध की। फिलहाल, सारांश में इतनी तथ्यात्मक जानकारी देना पर्याप्त होगा कि 1977 में मैंने दंतेवाड़ा विकास प्राधिकरण को इस क्षेत्र की एक सर्वेक्षण रिपोर्ट दी थी। उक्त रिपोर्ट में बैलाडीला के औद्योगिकीकरण और वन कटाई से उत्पन्न संकटों से प्रशासन को अवगत कराया गया था। यह चेतावनी भी दी गई थी कि यदि दंतेवाड़ा क्षेत्र के आदिवासियों के संकटों

का निराकरण नहीं किया गया तो यहाँ की स्थितियाँ कोई भी मोड़ ले सकती हैं। इसका सीधा अर्थ यह है कि प्रशासन स्वयं बस्तर के दावानल के लिए जिम्मेदार है।

मार्च 2010 में प्रसिद्ध लेखिका अरुंधति रॉय ने भी इस क्षेत्र के संत्रास और प्रतिरोध दोनों पर निजी अनुभव-अवलोकन के आधार पर विस्तार से लिखा था।

अनुसूचित जाति व जनजाति आयोग के तत्कालीन आयुक्त डॉ. बी.डी. शर्मा ने करीब दो दशक पहले ही अपनी दो बहुचर्चित रिपोर्टों 28 एवं 29 में कहा था कि देश के आदिवासी अंचलों में केन्द्र और राज्यों के निकम्मेपन तथा बाहरी प्रभावशाली वर्गों (वन ठेकेदार, खनन ठेकेदार, व्यापारी, प्रशासनिक अधिकारी, कर्मचारी आदि) द्वारा लूट-राज के कारण प्रतिरोध के छोटे-बड़े ज्वालामुखी बनने लगे हैं। राष्ट्रपति को सम्बोधित अपने लम्बे पत्र के पैरा-79 में डॉ. शर्मा ने यह भी कहा था कि इन क्षेत्रों में जो भूमिका सरकार की होनी चाहिए थी, उसे आज नक्सलवादी निभा रहे हैं। वे आदिवासियों को लूट-खसोट से मुक्ति दिला रहे हैं।

इतना ही नहीं उन्होंने अपनी रिपोर्टों में इस मुद्दे पर भी लगातार जोर दिया कि आदिवासी समाज की ग्राम सभा की अनुमति के बगैर एक इंच भी भूमि का अधिग्रहण नहीं किया जाना चाहिए, न ही वन कटाई एवं खनन गतिविधियों को अनुमति दी जानी चाहिए। डॉ. शर्मा ने भारत जन आन्दोलन के झंडे तले इन अंचलों में आन्दोलन भी चलाया 'हमारा गाँव-हमारा राज'।

इसका नतीजा यह निकला कि शक्तिशाली लॉबियों के लठैतों ने उन्हें जगदलपुर में नंगा घुमाया (1992) और जिला प्रशासन देखता रहा। सनद रहे, डॉ. शर्मा बस्तर जिले के कलेक्टर (1970-72) भी थे। कांग्रेस और भाजपा, दोनों दलों की सरकारों ने संविधान के प्रावधानों की धज्जियाँ उड़ाई हैं। विकास के नाम पर इन अंचलों में अकूत पैमाने पर जल, जंगल, जमीन की लूट की गई है। औपनिवेशिक काल के वन-कानून के तहत आदिवासियों को जंगलों से बेदखल किया गया, वन सम्पदा से उन्हें वंचित रखा गया।

यह सब इसलिए किया गया कि आधुनिक राज्य की दृष्टि में आदिवासी समाज का कोई स्वतंत्र अस्तित्व नहीं है। समस्त प्राकृतिक सम्पदा पर राज्य का अधिकार है। 9-10 करोड़ आदिवासियों की खातिर शेष भारत के विकास को नहीं रोका जा सकता। अत: बर्बर लोभ व निर्मम उपभोग के लिए इस असहाय, बेजुबान और नमनीय मानवता के प्रकृति प्रदत्त हितों की बलि देनी पड़े तो भारतीय राष्ट्र राज्य और बहुराष्ट्रीय निगम सत्ता को क्या फर्क पड़ता है?

आधुनिक राष्ट्र राज्यों और भूमंडलीकृत पूँजीवाद एवं सुपर तकनीकीय वर्चस्व के स्वार्थों की रक्षा एवं विस्तार के लिए इन मासूम समाजों की हैसियत घास-फूस से ज्यादा कुछ नहीं है। यह एक सार्वकि सत्य है। इन समाजों के प्रतिरोध का दमन अब संवेदनशीलता का विषय नहीं रहा, बल्कि इसे विकास के लिए अपरिहार्य

माना जा रहा है। सरकार के दमन चक्र को नवउदित उपभोक्तावादी मध्यवर्ग का भौतिक समर्थन प्राप्त है। प्रतिस्पर्धात्मक राजनीति में इन समाजों का हस्तक्षेप भी निर्णायक नहीं होता। तब राजसत्ताएँ इन आदिवासियों की एक सीमा से अधिक क्यों चिन्ता करे ?

फैसले का प्रभाव

इस भूमंडलीकरण के दौर में कनाडा की सर्वोच्च न्यायालय के निर्णय का प्रभाव ब्रिटिश कोलम्बिया, आंटोरिओ, अलबर्टा आदि तक कैसे सीमित रह सकता है। जब पूँजीवाद और निगम स्वार्थ भूमंडलीकृत हैं, तब न्यायालय के फैसले को भूमंडलीय परिप्रेक्ष्य में क्यों नहीं देखा जाना चाहिए ? भारत सरकार को इस फैसले से सबक लेना चाहिए। जब हम विकेन्द्रीकरण की बात करते हैं तब जनजाति समाजों को प्राकृतिक सम्पदा पर पूर्ण अधिकार देने से क्यों कतराते हैं ? कहाँ खनन होना चाहिए, किस जगह कारखाना लगाया जाए, कितनी वन कटाई ठीक रहेगी, इनके फैसले का अधिकार आदिवासियों को दिया जाना चाहिए।

इस निर्मल व निर्बल मानवता के दूरगामी हितों को ध्यान में रखकर ही विकास की कसौटियों का पुनर्निर्धारण न्यायपूर्ण हो सकेगा। वरना, इन अंचलों में छोटे-बड़े ज्वालामुखियों के विस्फोट होते रहेंगे। सरकार को यह समझना होगा कि आधुनिक भारतीय राष्ट्र राज्य के जन्म लेने से पहले इन अंचलों की भूमि और प्राकृतिक सम्पदा पर किसका पैतृक अधिकार था ? कौन इनके मूल उपयोगकर्ता थे ? योरोपीय औपनिवेशिक शासन के दौरान इन समाजों के साथ किस प्रकार की ज्यादतियाँ हुई हैं ? किन कानूनों के तहत इनकी परम्परागत समाज व्यवस्था को छिन्न-भिन्न किया गया था ? पहले ये अंचल बाहरी औपनिवेशिकवाद के शिकार थे, आज ये 'आन्तरिक औपनिवेशीकरण' की चपेट में हैं। क्या इस नव औपनिवेशीकरण का अन्त नहीं होना चाहिए ?

मैटी जनजाति की पीड़ा

अलबर्टा प्रान्त की राजधानी एडमिंटन है। अनेक पर्यटन स्थलों में से एक है फोर्ट ऑफ एडमिंटन। इसका प्रमुख आकर्षण यह है कि इस विशाल परिसर में विक्टोरिया काल की जीवन-शैली को यहाँ पुनर्जीवित किया गया है। दो सौ साल पहले हडसन बे नामक कम्पनी के प्रतिनिधि यहाँ पहुँचे थे। भारत में ईस्ट इंडिया कम्पनी की तर्ज पर इन प्रतिनिधियों ने यहाँ तिजारत शुरू की। धीरे-धीरे पाँव पसारे। जंगलों से मूल निवासियों को पकड़ा गया। पहले उन्हें वस्तु-विनिमय चक्र में फँसाया गया। फिर शिकार, जंगल कटाई, खेतीबाड़ी, खनन आदि में उन्हें जोता गया। किले और आसपास के क्षेत्रों में बनाए गए दड़बों में इन मूल निवासियों या इंडियनों को ठूँसा

गया। कम्पनी के गोरे प्रबन्धकों और अधिकारियों ने स्वयं के लिए बिल्कुल योरोपीय शैली के बँगले बनाए।

कम्पनी के श्वेत अधिकारियों, सैनिकों और नौकरों ने आदिवासी औरतों का इस्तेमाल शुरू कर दिया, दिन में कमर तोड़ मेहनत और रात में यौन तृप्ति। ये औरतें अविवाहित माताएँ बनने लगीं। वर्णसंकरों (श्वेत पिता और आदिवासी माता) की समस्या पैदा हो गई। इन मिश्रित सन्तानों को न तो श्वेत समाज में स्वीकार किया गया, और न ही इंडियन समाज ने इन्हें अपनाया।

अन्ततः एक नया जनजाति समाज 'मैटी' पहचान से अस्तित्व में आया। फोर्ट में इसका भी इतिहास बतलाया जाता है। वैसे कनाडा के आधुनिक समाज में 'मैटी' की पहचान अलग है। इसे मूल निवासी या जनजाति नहीं माना जाता। इसकी स्थिति त्रिशंकु जैसी है। इस पीड़ा के साथ मैटियों को जीना पड़ता है।

दंतेवाड़ा के बैलाडीला औद्योगिक क्षेत्र में यही स्थिति है। जब डॉ. शर्मा बस्तर में जिलाधीश थे तब उन्होंने कुँवारी आदिवासी माताओं के लिए दंतेवाड़ा में ही आश्रम बनवाया था। वहाँ मिश्रित सन्तानों को भी रखा था। कइयों को रखैल जीवन से मुक्त कराया गया, उनकी शादियाँ भी कराई गईं। इन मिश्रित सन्तानों में पाइकों (गैर-आदिवासी) के प्रति वाजिब गुस्सा था। कुँवारी माताओं को भी घृणा से उबलते हुए इस लेखक ने देखा था। कौन जानता है, उसी घृणा व क्रोध ने आज के बस्तर के अरण्य में आग लगाई हो!

इस फोर्ट में 19वीं सदी की औपनिवेशिक व्यवस्था जीवित मिलेगी, कम्पनी पोशाक में हडसन अधिकारी, नौकर, चाकर, दफ्तर व रेस्तराँ, अस्तबल एवं फौजी चौकियाँ, आमोद-प्रमोद केन्द्र एवं दुकानें, विनिमय की वस्तुएँ और योरोपीय शासकों की भोग्य सामग्री। इन सभी आकर्षणों के बीच एक थियेटर 'कैपिटल' भी है। इसमें फोर-डी फिल्म के माध्यम से एडमिंटन के इतिहास पर प्रकाश डाला जाता है।

इस बीस मिनट के शो का सबसे आश्चर्यजनक रोचक पक्ष है इसकी शुरुआत। प्रदर्शन से पहले विक्टोरिया कालीन पोशाक में एक परिचारिका पर्यटकों से मुखातिब होती है। पाँच मिनट के परिचय, भाषण के अन्त में वह दर्शकों को सम्भावित संकटों के समय थियेटर से बाहर निकलने का मार्ग बतलाती है। इन संकटों में भूकम्प, अग्नि कांड, तूफान आदि से सावधान करने के साथ-साथ उसका अन्तिम वाक्य होता है "बोल्शेविक रिवोल्यूशन आ जाए तो यहाँ से कैसे बचकर भागा जाए?"

इस कथन के अन्त के साथ ही थियेटर में ठहाका गूँजता है। रूस में 1917 की बोल्शेविक क्रान्ति को प्राकृतिक संकटों के रूप में चित्रित किया जाता है। पूँजीवादी मानस के लिए 1917 की समाजवादी क्रान्ति अब भी हौआ बनी हुई है, जबकि सोवियत संघ का पतन हुए तेइस वर्ष बीत चुके हैं। चीन भी पूँजीवादी देश बन चुका

है। तो भी यह पूँजीवादी व्यवस्था आक्रान्त है अपने इस निहत्थे शत्रु से। युद्ध जीतने पर भी पूँजीवाद स्वयं को पराजित समझ रहा है। भयभीत है कि कहीं साम्यवाद राख के ढेर से खड़ा न हो जाए, इसलिए विभिन्न प्रचार माध्यमों से इसके विरुद्ध लोगों को भयाक्रान्त बनाने से पूँजीवाद के प्रतिनिधि चूकते नहीं हैं। फैसला तो कभी होगा ही, शायद इसके भय से ये आक्रान्त हैं!

(समयान्तर से साभार)

अध्याय : छह

कालयान के झरोखे से!

दृश्य : एक

दंतेवाड़ा से लेकर अलबर्टा तक फैले प्रतिरोध-गलियारे से बाहर निकलता हूँ तो एक इच्छा बलवती होने लगती है कि क्यों न 'काल यान' पर सवार होकर भविष्य के जगदलपुर, दंतेवाड़ा, बैलाडीला, अबूझमाड़ क्षेत्रों के पर्यटन पर निकला जाए! यही सोचते हुए मैं इस यान में बैठकर इक्कीसवीं सदी के तीसरे पहर में पहुँच गया हूँ। मेरे सामने इस दंडकारण्य अंचल के दृश्यों का कोलाज उभर रहा है। मैं चमत्कृत हूँ। मेरे लिए सब कुछ अविश्वसनीय, अकल्पनीय लग रहा है। पूरा कोलाज अप्रतिम है, पर इसके भीतर कोलाहल भी है। एक प्रकार का घर्षण है, कोलाज के दृश्यों-उप-दृश्यों के बीच। इन दृश्यों के पात्र अपने-अपने अस्तित्वों के लिए संघर्षरत हैं। इस संघर्ष में अन्तिम विजेता कौन होगा और कौन निर्णायक रूप से धराशायी होगा, यह अस्पष्ट है।

फिलहाल दंडकारण्य का बूटा-बूटा फौजी चौकियों को थामे हुए है। चारों ओर ख़ाकी गलियारे फैले हुए हैं, बख़्तरबन्द गाड़ियाँ सैर के लिए निकली हुई हैं। इन गलियारों ने लाल गलियारे को ढाँप लिया है!

हर पहाड़ी पर देशी-विदेशी बहुराष्ट्रीय कम्पनियों की पताकाएँ शान में ऐंठी लहरा रही हैं। यह विजय की ऐंठ है। ये चिढ़ा रही हैं उन प्रतिरोधी शक्तियों को, जो दशकों तक उन्हें छकाती रही हैं, आक्रान्त करती रही हैं लाल गलियारों से। बारूदी सुरंगें बिछाकर उनके परखचे उड़ाती रही हैं। राजसत्ता के फुल बूट शाल वनों के द्वीप में घुस नहीं सके हैं।

आज द्वीप के द्वार खुले पड़े हैं। सागौन की जगह सोने-चाँदी के दरख़्तों ने ले ली है। चारों ओर उन्मुक्त संस्कृति की घटाएँ छाई हुई हैं। निषेध-नियंत्रण मुक्त धन की बरसात हो रही है। इस बरसात में जन-जंगल-जमीन-पर्वत भीतर-बाहर भीगे हुए हैं।

तो काल यान दंतेवाड़ा के ऊपर से गुजर रहा है। मैं यान की खिड़कियों से देख

रहा हूँ—इन्द्रावती नदी पर चित्रकूट से लेकर बारासुर तक मीलों लम्बा ड्राइव वे बना हुआ है; देशी-विदेशी पर्यटक नौका विहार कर रहे हैं; ड्राइव वे किनारे और पहाड़ों की तलहटी में गगनचुम्बी इमारतें दमक रही हैं; इमारतों के ऊपर हैलीपेड हैं; नदी में रैफ्टिंग की जा रही है। किनारे-किनारे कैम्पों की बसाहट है। चित्रकूट का आलम देखकर अमेरिका-कनाडा निआगरा फाल आँखों में तैरने लगा है। इसने 'मिनी निआगरा फाल' का आकार ले लिया है।

अबूझमाड़ में हवाईपट्टी बन गई है। हल्के पर्यटन विमानों का बेड़ा तैयार है। अमेरिका के 'बेड लैंडस' व माउंट रशमोर क्षेत्र का हैलीकॉप्टर पर्यटन के चित्र उभरने लगे हैं। विदेशी पर्यटक इन पर्यटन हैलीकॉप्टरों में सवार होकर अबूझमाड़, बैलाडीला, इन्द्रावती का हवाई पर्यटन कर रहे हैं।

अबूझमाड़ के प्रवेश द्वार ओरछा में विदेशी पाँच सितारा-तीन सितारा होटलों ने जन्म ले लिया है। कैसीनो पार्क भी मौजूद है। अबूझमाड़ के केन्द्र में आवासीय कॉलोनियाँ दिखाई दे रही हैं। उसी से सटा हुआ गोल्फ लिंक, जिम, शॉपिंग माल है। साथ ही क्रिकेट ग्राउंड और थियेटर भी है।

मैं बैलाडीला की तरफ निकल आया हूँ। जगदलपुर से किरंदूल तक एक्सप्रेस हाइवे नज़र आ रहा है। दंतेवाड़ा, बछेली और किरंदूल में 'हॉली डे विलेज' बन चुके हैं। इस मार्ग पर पर्यटन रिसोर्टों का जाल फैला हुआ है। बैलाडीला अबूझमाड़ के बीच 'रज्जू मार्ग' हवा में झूल रहे हैं। छोटी-छोटी पहाड़ियाँ अदृश्य हो चुकी हैं। उनकी काया अयस्क रूप में विदेशों को निर्यात हो चुकी है। उनकी काया द्वार-ट्रक-पुल, इमारतों, जहाजों में समा चुकी है। विदेशी मुद्रा भंडार बन चुकी है।

दंतेवाड़ा, गीदम, नकुलनार, बीजापुर, भोपालपटनम, सुकमा, कोंटा, मँझोले शहरों में बदल चुके हैं; ऑटो मोबाइल वाहन इनके आभूषण हैं; डीलक्स-लग्जरी अपार्टमेंट्स व विला इनके मुकुट हैं, स्टील, अल्युमीनियम, लोहा-ताँबा के कारखाने इनकी कंठ मालाएँ हैं; हाई टेक योग गुरुओं-जीवन कला मर्मज्ञों के आश्रम इनके परिधान हैं; उत्तर-आसाराम-रामदेव-श्री श्री-संस्कृति दमक रही है!

जगदलपुर और काँकेर में मिनी मुंबई व बंगलौर ने अवतार ले लिया है। अन्तरराष्ट्रीय हवाई अड्डा जन्म ले चुका है। यहाँ से सीधे टोक्यो, बैंकाक, हांगकांग और यूरोपीय शहरों के लिए विमान उड़ानें भर रहे हैं। जगदलपुर-दिल्ली राजहरा शताब्दी एक्सप्रेस सागौन गलियारों से आ-जा रही है; भानुप्रतापपुर, नारायणपुर, अन्तागढ़, काँकेर, कोंडागाँव, भानपुरी, बस्तर स्टेशनों पर देशी-विदेशी पर्यटक चढ़-उतर रहे हैं; जगदलपुर-दंतेवाड़ा मेट्रो सेवाएँ चल रही हैं; जगदलपुर-विशाखापटनम् मार्ग पर 4-लेन सड़क पर सवा सौ किलोमीटर गति से वाहन दौड़ रहे हैं; जगदलपुर-जैपुर (कोरापुट) के बीच एक्सप्रेस हाइवे पर कार-ट्रकों का जमघट है। यहाँ एक्सप्रेस रिंग मार्ग की माला दंडकारण्य का आलिंगन कर रही है।

वॉलमार्ट का जाल बिछ गया है। इस दंडकारण्य में मामा-मुरिया-हलबा-दंडामी मारिया आदि सभी इतिहास के पात्र बन चुके हैं। जगदलपुर, दंतेवाड़ा, बैलाडीला, नकुलनार, कुआकोंडा, गीदम, सुकमा, कोटा, अबूझमाड़ की वन-पर्वत सन्तानें उत्तर-आधुनिक नागरिक बन चुकी हैं।

इस विषमताओं की अनेक परतें-शक्लें दंडकारण्य में जन्म ले चुकी हैं। ये शक्लें एक-दूसरे से अपरिचित हैं। इनके अपने-अपने टापू हैं। ये आत्मद्वीय के बन्दी हैं; एक द्वीप में समृद्धि बजबजा रही है; विलासिता इसकी मुख्यधारा है; भोगवाद का नाम जीवन है; जल-जंगल-जमीन वस्तु बन चुके हैं।

इस दंडकारण्य में विपन्नता का सागर भी साँय-साँय रहा है। इस सागर के प्राणी वे ही लंगोटधारी, सल्फी-महुआ प्रेमी हैं जिन्हें टापू स्वामियों ने इस गहरे सागर में धकेल दिया है। इन्हें जाहिल, असभ्य, गँवार, बर्बर निरूपित करते हुए अपने टापू के लिए अवांछित घोषित कर दिया है। एक ही कोख जाए ये दंडकारण्य-सन्तानें संवादहीनता के बन्दी हैं।

इन टापू अभिजनों पर अब जो मेरी दृष्टि पड़ रही है तो पैरोडी गाने का मोह जग रहा है :

'हम लासवेगास बन गया'
साला हम तो हाईटैक बन गया,
हाईटैक बनकर ग्लोबल बन गया।
ग्लोबल बनकर,
स्पाइडर मैन बन गया।
लंदन-रोम-पेरिस-टोकियो-बीजिंग,
मुंबई हमारा थानागुड़ी बन गया!
साला हम तो लासवेगास बन गया,
डॉलर-पाउंड-येन-दीनार का
दीवाना बन गया।
साला हम तो लासवेगास बन गया।

उत्तर आधुनिकता का छाता तना हुआ है सम्पूर्ण दंडकारण्य पर!

दृश्य : दो

अरे! यह मैं क्या देख रहा हूँ? यह सब कुछ विस्यमकारी है; महा स्वायत्त दंडकारण्य राज्य जन्म ले चुका है; पश्चिम बंगाल, झारखंड, उड़ीसा, बिहार, मध्य प्रदेश, छत्तीसगढ़, महाराष्ट्र और तेलंगाना के आदिवासी बहुसंख्यक जिले इसमें समा गए हैं; इस स्वायत्त राज्य का अपना संविधान व ध्वज है; इसका स्वायत्त राज्य प्रमुख और प्रधानमंत्री हैं; स्वायत्त दंडकारण्य के नायक बिरसा मुंडा हैं; सभी शिखर पदों

पर विभिन्न जनजाति प्रमुख हैं।

जल-जंगल-जमीन पर स्वायत्त राज्य का अधिकार है। ग्राम सभाओं की अनुमति से ही वन व खनिज सम्पदा का दोहन किया जा रहा है। सभी सम्पत्ति समाज की है, आवश्यकतानुसार उपभोग की अनुमति है। विषमता जनने का अधिकार किसी को नहीं है। शिखर से तलहटी तक समरूपी जीवन-शैली और विकेन्द्रित निर्णय धारा बह रही है।

आदिवासी समाज और ग़ैर-आदिवासी समाज के बीच समतापूर्ण सम्बन्ध हैं। दोनों ही विकास प्रक्रिया के समचक्र हैं। दिकू व पाइक के लिए इस व्यवस्था में कोई जगह नहीं है। सभी समान नागरिक हैं दंडकारण्य राज्य के।

इस महा दंडकारण्य राज्य में बहुलतावादी आदिवासी संस्कृति के नूतन सृजनात्मक क्षितिज चमक रहे हैं; सन्ताल, मुंडा, बैगा, मारिया, हलबा, गौंड आदि सभी की जीवन संस्कृतियाँ-भाषाएँ नई-नई उड़ानें भर रही हैं। इस बहुरंगी समाज की सुप्त प्रतिभाएँ अब नए-नए अन्वेषण-आविष्कार कर रही हैं। इसके अपने वैज्ञानिक और समाजविज्ञानी हैं। यह राज्य विश्व टक्कर के अपने स्वतंत्र साहित्य से समृद्ध हो चुका है।

इस राज्य में न कोई सेना है, न कोई अर्द्धसैनिक बल। किसी को किसी से भय नहीं है, कोई आक्रान्त नहीं है। सभी नागरिक आत्मरक्षी हैं, हमलावर कोई नहीं है और न ही प्रतिरोध है क्योंकि कण-कण, ज़र्रे-ज़र्रे-बूटे-बूटे पर सभी के हस्ताक्षर हैं। अब न कोई छावनी-चौकी है, न बैरीकेड हैं!

सम्पुष्ट और सन्तुष्टि का परिवेश फैला हुआ है; जनोन्मुख और भू-सम्पोषक तकनोलॉजी का राज है; न गगनचुम्बी अट्टालिकाएँ हैं; न परमाणु बमों का जख़ीरा है; न युद्ध व आक्रमणों का भय; और न ही शीत युद्ध के जख़्म!

प्रभुत्ववादी आस्थाओं के दंश इन्द्रावती-शंकनी-डंकिनी-महानदी-सोनभद्र में डूब गए हैं; न शिव-पार्वती हैं, न पवनसुत हनुमान हैं, न राम-कृष्ण हैं, न यीशु-मोहम्मद; न महाराणा प्रताप-चेतक हैं, न ही शिवाजी और उनकी तलवार।

इस मानवता के अपने नायक-नायिकाएँ हैं; रानी दुर्गावती, बिरसा मुंडा, गुंडाधूर, नारायण सिंह जैसे अनेक अरण्य सारथी इतिहास के पृष्ठों को चीरकर निकल आए हैं। ये स्वायत्त राज्य के गौरव पुंज बने हुए हैं। एक नया इतिहास जन्म ले रहा है जोकि भारतीय राष्ट्र राज्य के इतिहास से कतई कमतर नहीं है।

मैं देख रहा हूँ भारतीय राज्य और दंडकारण्य राज्य के बीच स्थायी समझौता हो गया है। यह समझौता दोनों के परस्पर सम्बन्धों का मार्गदर्शक है। दोनों एक-दूसरे के अस्तित्व व अस्मिता की स्वायत्तता को मान्यता दे रहे हैं। इसमें न्यायोचित सम्प्रभुता की अन्तर्धाराएँ भी बह रही हैं। बृहत्तर समाजों के राज्य और लघु समाजों के राज्य के सम्बन्धों का आधार है 'रचनात्मक सह-अस्तित्व'। दंडकारण्य राज्य के

सम्बन्ध दूर-दूर तक फैल गए हैं। जनजातियों की 'वैश्विक बिरादरी' बन चुकी है। इस बिरादरी में उत्तर अमेरिका, दक्षिण अमेरिका, आस्ट्रेलिया, न्यूज़ीलैंड, अफ्रीका जैसे भूखंडों के मूल निवासी शामिल हो गए हैं। विश्व क्षितिज पर एक नई विराट अस्मिता का उदय हो रहा है। एक 'अन्तर महाद्वीपीय नागरिकता' इन मूल निवासियों को एकसूत्र में पिरो रही है। अब दंतेवाड़ा से लेकर आंटोरियो-अलबर्टा-पेरू-ब्राजील सभी ओर साझा लाल गलियारा है, जिसमें से ये सभी सन्ताल, मुरिया, अमेजन वनवासी निर्भय आ-जा सकते हैं। सबकी गाथा-पीड़ा-सुख-दुख साझी व समान हैं। राष्ट्र राज्यों के अन्यायों को इन सभी ने झेला है, भू-राजनीतिक सीमाएँ इसमें अपवाद नहीं रही हैं।

अब औद्योगिक युग के राष्ट्र राज्यों का पुनर्निधारण हो रहा है। आज दबी-कुचली-उपेक्षित अस्मिताओं की स्वायत्तता की पृष्ठभूमि में इन राष्ट्र राज्यों की भूमिका पुनर्परिभाषित हो रही है।

दंडकारण्य में प्राकृतिक सम्पदाओं का उत्सव है; प्ल्यूटोनियम, सोना-चाँदी, हीरे-जवाहर, तेल-गैस, लोहा-कोयला-ताँबा के नए विपुल भंडार मिले हैं। दंडकारण्य राज्य बड़े पैमाने पर प्राकृतिक ऊर्जा का उत्पादन कर रहा है। चप्पे-चप्पे पर सोलर ऊर्जा, पवन-ऊर्जा, हाईडल ऊर्जा के संयंत्र लगे हुए हैं। समानता के आधार पर भारतीय राज्य दंडकारण्य राज्य से अतिरिक्त ऊर्जा का आयात कर रहा है। दंडकारण्य राज्य की स्वीकृति से तेल-गैस पाइप लाइनें बिछा दी गई हैं जिन्हें देश के अन्य शहरों से जोड़ दिया गया है। घर-घर में ऊर्जा सुलभ है, और उजाले का राज है।

मैं देख रहा हूँ इस काल-आँगन में मानव मेधा की उत्सव छटा छितराई हुई है। इक्कीसवीं सदी में सीमान्त मानवता का एक वैश्विक महाआख्यान लिखा ज़ा रहा है।

मेरा उल्लसित काल यान 2014 में लौट रहा है!

●

वर्तमान का यथार्थ वैसा ही है जैसा मैं छोड़कर गया था; दंडकारण्य जन और भारतीय राजसत्ता आमने-सामने खड़े हैं; दंतेवाड़ा सुलग रहा है और दोनों पक्षों की जानें जा रही हैं; अबूझमाड़ छावनी बना हुआ है; आदिवासी जन पहाड़ों-जंगलों-नदी-नालों-पोखरों में सिमटते जा रहे हैं; कॉरपोरेट गिद्ध अरण्य के बूटे-बूटे को नोच रहे हैं; उनके सांस्कृतिक अश्व दंडकारण्य के रोम-रोम को रौंदते ही जा रहे हैं!

चित्र : रा.श. जोशी

भाग : दो

आख्यान : (क)

बैलाडीला और आततायी संस्कृति

शुद्ध लाभ–अर्जन पर आधारित अर्थव्यवस्था में प्रत्येक वस्तु जैव या अजैव और ऐहिक या दैहिक–उपयोग की वस्तु (कमोडिटी) बन जाती है। सभी का व्यापारीकरण कर दिया जाता है। औद्योगिकीकरण से जहाँ आदिवासी समाज की परम्परागत अर्थव्यवस्था को चुनौतीपूर्ण धक्का लगा है, वहीं उसका सबसे बड़ा शिकार आदिवासी स्त्री–समाज हुआ है। आज आदिवासी युवतियाँ किरंदूल एवं बछेली में एक 'कमोडिटी' बन गई हैं। उनकी निश्चलता, उनका अल्हड़पन, सादगी, मासूमियत सभी को मोल–तोल में क़ैद कर दिया गया है, जिससे मुक्ति लेना अब आदिवासी समाज के सामर्थ्य से बाहर की बात है।

प्रवासी आदिवासी श्रमिकों तथा आदिवासी नेतृत्व ने आर्थिक प्रभाव के पश्चात जो सबसे बड़ा व गहरे प्रभाव का अनुभव किया है, वह है आदिवासी युवतियों का शोषण व उत्पीड़न। दोनों ही वर्गों (प्रवासी श्रमिक तथा नेतृत्व) ने इसके लिए आधुनिक सभ्यता को दोषी ठहराया है। जब से औद्योगिक सभ्यता ने इस सागौन के द्वीप को चीरा है, तब से ही आदिवासी युवतियाँ महुवा की छाँव त्याग बैलाडीला के व्यापारीकृत जीवन के प्रति आकृष्ट होती आ रही हैं।

आदिवासी जीवन को छोड़ने तथा औद्योगिक सभ्यता को अपनाने के लिए जिन कारणों को दोनों वर्गों ने गिनाया है, वह इस प्रकार हैं :

श्रमिक वर्ग [1]	नेतृत्व वर्ग [2]
1. आधुनिक सभ्यता के प्रति आकर्षण।	1. आधुनिक सभ्यता के प्रति आकर्षण
2. कृषि में अरुचि तथा सुविधापूर्ण जीवन से लगाव	2. निर्धनता
3. निर्धनता	3. परम्परागत आदिवासी विवाह में अरुचि

1. प्रवासी श्रमिक : ग्रामीण अंचलों से आने वाले श्रमिक।
2. आदिवासी नेतृत्व : गाँवों का परम्परागत नेतृत्व।

4. आदिवासी वेश–भूषा के प्रति अरुचि	4. पुरुष की स्त्री पर सत्ता और उसके साथ दुर्व्यवहार
5. पुरुष की स्त्री पर सत्ता और उसके साथ दुर्व्यवहार	5. आदिवासी जीवन में अरुचि
6. बहुपत्नीवाद का प्रचलन	6. घरेलू उत्तरदायित्वों से बचना

यदि हम कारणों का प्रतिशत की दृष्टि से विश्लेषण करें तो दोनों वर्गों के दृष्टिकोण में एक आधारभूत समानता अवश्य दिखाई देगी। वह समानता है कि दोनों ही शक्तिशाली आधुनिक अर्थव्यवस्था से त्रस्त हैं। यह अलग बात है कि दोनों ने अपने–अपने ढंग से इस त्रस्तता को सामने रखा है क्योंकि, दोनों की अभिव्यक्ति पर परिवेश, जिसमें वे रह रहे हैं, का प्रभाव है।

जहाँ तक आधुनिक सभ्यता के प्रति आकर्षण का प्रश्न है श्रमिक तथा नेतृत्व वर्ग, दोनों ने ही स्त्रियों द्वारा आदिवासी समाज को छोड़ने के लिए आधुनिक चकाचौंध को प्रमुख कारण बताया है। करीब 80 प्रतिशत श्रमिक इसे प्रमुख कारण मानते हैं, जबकि 43 प्रतिशत नेतृत्व वर्ग ने इसको एक महत्त्वपूर्ण कारण माना है। नेतृत्व वर्ग ने निर्धनता को प्रमुख स्थान दिया है, जबकि श्रमिक वर्ग ने आधुनिक सभ्यता को प्रथम। कुल 60 प्रतिशत नेतृत्व वर्ग ने निर्धनता को स्त्रियों के शोषण के लिए उत्तरदायी ठहराया है, परन्तु श्रमिकों में से केवल 22 प्रतिशत ने ही इसको उत्तरदायी माना है। इस दृष्टिकोण अन्तर का मुख्य कारण परिवेश सम्पर्कता है। चूँकि प्रवासी श्रमिक एक लम्बे समय से औद्योगिक सभ्यता के वातावरण से अभ्यस्त हो चुके हैं, अतः उन्होंने निर्धनता के प्रभाव को उतनी गहराई से महसूस नहीं किया जितना कि नेतृत्व वर्ग ने। क्योंकि यह नेतृत्व वर्ग औद्योगिक सभ्यता के प्रत्यक्ष प्रभाव में न होकर अप्रत्यक्ष सम्पर्क–प्रभाव में है। अतः वह औद्योगिक सभ्यता के आकर्षण को निर्धनता की तुलना में प्रथम स्थान पर नहीं रखता।

आदिवासी नेतृत्व वर्ग जानता है कि ग्रामीण क्षेत्रों में काम के अवसर सिकुड़ते जा रहे हैं। परन्तु, दूसरी तरफ वस्तुओं के फैलाव के कारण 'कोचिया संस्कृति' ने पश्च एवं अग्र क्षेत्रों में जीवन को महँगा बना दिया है।

इसके अलावा निर्धनता ने तुलनात्मक रूप भी ले लिया है। निर्धनता के स्तर की तुलना परम्परागत ढंग की परिवेश स्थिति से न होकर आरोपित परिवेश स्थिति से की जाती है। ऐसी स्थिति में श्रमिक वर्ग तथा नेतृत्व वर्ग के दृष्टिकोणों में एक अन्तर्निहित समरूपता है।

आदिवासी नेतृत्ववर्ग का दृष्टिकोण दूरी से भी नियंत्रित है। औद्योगिक क्षेत्र से 30 से 50 किमी. दूर के पश्च क्षेत्रों के नेतृत्व वर्ग 67 प्रतिशत ने निर्धनता को बुनियादी कारण माना है। संक्षेप में, जैसे–जैसे दूरी बढ़ती गई है वैसे–वैसे निर्धनता

का प्रतिशत भी बढ़ता गया है। इसका अर्थ यह निकला कि पश्च क्षेत्रों में निर्धनता काफी है।

जहाँ तक परम्परागत आदिवासी जीवन में अरुचि का प्रश्न है वह औद्योगिक सभ्यता से प्रभावित है। आधुनिक सभ्यता ने नए मूल्यों की सृष्टि की है। आवश्यकताओं को बढ़ाया है। ऐसी स्थिति में आदिवासी युवतियों में एक सहज जीवन के प्रति आकर्षण पैदा हुआ है। यद्यपि इस सहज जीवन की असलीयत एवं खोखलापन उस समय उजागर होता है, जब आदिवासी युवतियाँ अपना सब कुछ गवाँ चुकी होती हैं और दो-दो तीन-तीन बाहरी पुरुषों की रखैल बनने के पश्चात नियमित वेश्यावृत्ति के लिए विवश कर दी जाती हैं। दंतेवाड़ा स्थित निराश्रित महिला आश्रम में ऐसी अनेक युवतियों रह रही हैं, जो दो-दो तीन-तीन पतियों द्वारा छोड़ दी गई हैं और उनसे उत्पन्न सन्तानों को 'अनाथ' के रूप में पाल रही हैं। आज वह न तो अपने परम्परागत समाज में ही वापस लौट सकती हैं और न ही आधुनिक समाज उन्हें एक सम्मानजनक इनसान की जिन्दगी बसर करने का अवसर दे सकता है। कुल मिलाकर वह उपभोग की वस्तु, वह भी 'निम्न स्तर' की से अधिक कुछ नहीं हैं।

किरंदूल एवं बछेली में आदिवासी युवती को या तो किसी ठेकेदार के यहाँ छोटा-मोटा काम मिलता है या किसी प्रोजेक्ट के व्यक्ति, जोकि क्लर्क से लेकर प्रशासनिक या तकनीकी अधिकारी भी हो सकता है, के यहाँ घरेलू काम मिलता है। एक दो सप्ताह के पश्चात उससे धीरे-धीरे अवैध सम्बन्ध स्थापित करने का प्रयास किया जाता है। एक समय ऐसा भी आता है, जब वह घरेलू नौकरानी सहित 'रखैल' की नियमित भूमिका भी निभानी शुरू कर देती है। ऐसा भी देखने में आया है कि अनेक बाहरी व्यक्ति जानबूझकर अपनी पत्नियों को साथ नहीं रखते हैं। वे अपने मूल गृह नगर या गाँव से उन्हें लाते नहीं हैं। कुछ ऐसे व्यक्ति हैं जो अपने से 25-30 वर्ष कम आयु की आदिवासी युवतियाँ वर्ष में दो-दो तीन-तीन बार बदलते रहते हैं।

औद्योगिक बस्ती में बाहरी व्यक्तियों को व्यक्तिगत चर्चा में यहाँ तक कहते सुना है—"अपनी पत्नी को साथ में रखना बेवकूफी से अधिक कुछ नहीं है।"

ऐसा भी देखा गया है कि आदिवासी युवतियों के शोषण में आदिवासी युवक भी 'पिम्प' या दल्ला का काम करते हैं। वह अधिकारियों या ठेकेदारों को प्रसन्न करने के लिए अपनी युवतियों को उन्हें सौंप देते हैं। इतना ही नहीं, किरंदूल या बछेली स्थित सिनेमा के एक टिकट के लिए आदिवासी युवती को रात भर साथ रखा जा सकता है।

इस मामले में पुलिस से किसी भी प्रकार के संरक्षण की आशा करना व्यर्थ है। आपातकालीन स्थिति के बावजूद यानी 1976 में किरंदूल में रात्रि के समय कतिपय सिपाहियों को आदिवासी युवतियों के साथ अश्लील व्यवहार करते हुए स्थानीय

आदिवासी युवकों तथा ट्रेड यूनियन नेताओं ने पकड़ा था। यद्यपि उन सिपाहियों को तत्काल सेवाओं से निलम्बित कर दिया गया। परन्तु, हैरत की बात यह है कि दोषी व्यक्तियों ने उलटे पकड़ने वालों के विरुद्ध अदालत में मुकादमा दायर कर दिया। आरोप लगाया गया कि सिपाहियों को अपना कर्तव्य पालन करने से रोका गया। इस एक घटना से स्थिति का अन्दाज लगाया जा सकता है।

दंतेवाड़ा में रात्रि के समय ट्रकों में आदिवासी युवतियों, जोकि मिट्टी की ढुलाई का काम करती हैं, को आसानी से देखा जा सकता है। अर्द्धरात्रि तक ट्रक चलते हैं। इतना ही नहीं, आदिवासी युवतियों की सुबह और शाम ट्रक में ही आरम्भ होती है और वहीं समाप्त होती है। शायद जिन्दगी भी। युवतियाँ, इसे अपनी नियति मानकर इस जिन्दगी को जिए जा रही हैं।

1971 में बस्तर के तत्कालीन जिलाधीश डॉ. बी.डी. शर्मा ने अवश्य ही इस समस्या की ओर गम्भीर ध्यान दिया था। इसके समाधान की दिशा में चन्द कारगर कदम भी उठाए थे। परन्तु वह भी अस्थायी सिद्ध हुए। यद्यपि तत्कालीन तौर पर इस पर नियंत्रण अवश्य लगा। उनके प्रयत्न से दंतेवाड़ा निराश्रित महिला आश्रम भी स्थापित हुआ था। उनके बस्तर से तबादला कर दिए जाने के पश्चात आज स्थिति वहीं जा पहुँची है, जहाँ पहले थी। डॉ. शर्मा के बाद जिला प्रशासन ने इस मामले में खामोश रहना ही बेहतर समझा। प्रवासी आदिवासी श्रमिकों ने आदिवासी युवतियों के शोषण को रोकने में आदिवासी समाज की अक्षमता के सम्बन्ध में निम्न कारण गिनाए हैं :

श्रेणी क्रम	कारण
1.	आधुनिक सभ्यता का जबरदस्त प्रभाव
2.	आदिवासी समाज में व्याप्त अज्ञानता
3.	अशिक्षा
4.	ग्राम नेतृत्व का उपेक्षात्मक दृष्टिकोण
5.	आदिवासी समाज में व्याप्त नशीले पदार्थों के सेवन की प्रवृत्ति तथा अन्य सामाजिक कुरीतियाँ
6.	बाहरी व्यक्तियों से भय तथा प्रशासन का असहयोग।

इसी प्रकार श्रमिकों ने समस्या के समाधान के सम्बन्ध में भी कतिपय उपाय सुझाए :

श्रेणी क्रम	सुझाव
1.	प्रशासन, विशेषतः जिलाधीश, द्वारा सुरक्षात्मक कदम।
2.	विवेचनात्मक व रचनात्मक शिक्षा का प्रचार। सन्तुलित आधुनिक जीवन का प्रचार–प्रसार

3. आदिवासी नेतृत्व के निर्माण का कार्य। आदिवासियों में प्रतिरोधात्मक शक्ति पैदा करना।
4. ग्राम नेतृत्व द्वारा नियंत्रण एवं अनुशासन
5. गाँव में रोजगार की व्यवस्था
6. आदिवासी के साथ विवाह।

ठेकेदारी व्यवस्था

एन. एम.डी.सी. के स्थायी श्रमिक एवं कर्मचारियों के अतिरिक्त ठेकेदारों के भी श्रमिक एवं कर्मचारी हैं जोकि यहाँ की औद्योगिक अर्थव्यवस्था की रीढ़ हैं। एन.एम. डी. सी. के काम का एक बड़ा भाग ठेकेदारों से कराया जाता है। वैसे तो खानें स्वचालित मशीनीकृत हैं। परन्तु, 'फ्लोटओर' यानी मुख्य खान के अतिरिक्त अन्य स्थान पर कच्चा लोहे की खुदाई तथा इसकी ढुलाई आदि का काम निजी क्षेत्र से ही कराया जा रहा है।

निजी क्षेत्र में तीन बड़े ठेकेदार : बोहरा, जैन और भनोट हैं। इन तीनों के पास लगभग 300 ट्रक हैं जिनके माध्यम से 'फ्लोटओर' की खुदाई एवं ढुलाई का काम कराया जाता है। इस समस्त कार्य में तीनों ठेकेदारों के पास 10 हजार से अधिक मजदूर हैं, लेकिन सभी अस्थायी हैं।

यद्यपि ऊपरी तौर पर देखने से तो यही लगेगा कि तीन ही ठेकेदार हैं। परन्तु, इन तीन प्रमुख ठेकेदारों के नीचे 'छुटभैया ठेकेदारों' के विभिन्न स्तर हैं। इनकी तुलना 'पिरामिड' से की जा सकती है। अन्तिम चरण में वह ठेकेदार आता है जो आस-पास से अस्थायी या आकस्मिक श्रमिक आदिवासियों की व्यवस्था करता है।

ठेकेदारों के विभिन्न स्तर इस प्रकार हैं :

1. प्रमुख ठेकेदार
2. छोटे ठेकेदारों से सम्पर्क करने के लिए एजेन्ट या सम्पर्क व्यक्ति
3. छुटभैया ठेकेदार
4. जिला एवं प्रदेश के बाहर से लाने वाले ठेकेदार
5. जिला या प्रदेश के बाहर के ठेकेदारों का सम्बन्धित जिला या प्रदेश में श्रमिकों की आपूर्ति के लिए दलाल।
6. तात्कालिक श्रम आवश्यकता की पूर्ति के लिए दलाल ठेकेदार
7. तात्कालिक श्रम आवश्यकता की आपूर्ति के लिए निकटवर्ती आदिवासी क्षेत्रों में सम्पर्क-व्यक्ति (मुख्यत: आदिवासी)
8. आकस्मिक चलताऊ ठेकेदार

प्रथम तीन ठेकेदारों के यहाँ शेष स्तर के व्यक्ति लगभग 125 हैं। सबसे अधिक छुटभैया ठेकेदार बोहरा एंड कम्पनी के पास हैं।

इसके अतिरिक्त ऐसे भी ठेकेदार हैं जिनका, सीधा सम्बन्ध एन.एम.डी.सी. से है। इनका उपयोग अयस्क ढुलाई के अतिरिक्त अन्य छोटे मोटे कामों में होता है। यह काम एवं भवन निर्माण आदि से सम्बन्धित है। इस प्रकार के ठेकेदार 10 से 15 के बीच में हैं। वैसे ठेकेदार की संख्या काम के अनुसार घटती-बढ़ती रहती है। वर्षा के दिनों में यह संख्या कम हो जाती है। क्योंकि उस समय अयस्क का उत्पादन कम हो जाता है। बछेली को भी इसमें शामिल कर लिया जाए तो यह संख्या और भी अधिक हो जाएगी।

मुख्यत: ये ठेकेदार जिला बाहर से हैं। इनमें अधिकांश छत्तीसगढ़ क्षेत्र (दुर्ग, राजनादगाँव आदि) के रहने वाले हैं। इसके अतिरिक्त बिहार, पंजाब उत्तर-प्रदेश, उड़ीसा, आन्ध्र प्रदेश, महाराष्ट्र केरल आदि प्रदेशों के रहने वाले हैं। कुछ बस्तर के भी रहने वाले हैं। इनमें 95 प्रतिशत ऊँची हिन्दू जाति एवं मुसलमान हैं। जहाँ तक प्रश्न आदिवासियों का है वो केवल सम्पर्क स्तर तक ही सीमित हैं। अभी उनमें इतनी कला या दक्षता नहीं आई है कि वे ठेकेदारी व्यवस्था के विभिन्न चरणों में सफलतापूर्वक अपना कार्य कर सकें।

जहाँ तक प्रश्न है ठेकेदार श्रमिकों का, इनकी संख्या 10 से 13 हजार के बीच गिनाई जाती है। यह संख्या कम अधिक होती रहती है। कभी-कभी 13 हजार से भी अधिक हो जाती है। वर्षा के दिनों में अवश्य कम हो जाती है।

इनमें से अधिकांश श्रमिक या 80 प्रतिशत से 85 प्रतिशत गैर आदिवासी हैं और 70 प्रतिशत जिले के बाहर के रहने वाले हैं। ये श्रमिक बिहार, उड़ीसा, छत्तीसगढ़, उ.प्र., आन्ध्र प्रदेश, महाराष्ट्र, केरल आदि क्षेत्रों के रहने वाले हैं। इसके अतिरिक्त जिले से जो श्रमिक है, उनमें अधिकांश जगदलपुर, कोंडागाँव, काँकेर, नारायणपुर, संक्षेप में उत्तरी बस्तर के रहने वाले हैं, दक्षिण बस्तर की तहसीलों बीजापुर, दंतेवाड़ा और कोंटा का प्रतिशत अपेक्षाकृत कम है। दंतेवाड़ा के श्रमिक तात्कालिक एवं आकस्मिक अधिक होते हैं।

निवास एवं आप्रवास अवधि

जिले से बाहर के श्रमिक लम्बे समय तक के लिए ठेकेदारों के साथ आते हैं। धीरे-धीरे यहीं बसने की प्रक्रिया में होते हैं।

जिले के श्रमिक अस्थायी होते हैं। तहसील के श्रमिक भी अस्थायी होते हैं। तहसील के आदिवासी श्रमिकों में दो प्रकार के श्रमिक हैं। प्रथम वह जो एक लम्बे समय से ठेकेदारों के साथ हैं और इस आशा में हैं कि कभी-न-कभी उन्हें प्रोजेक्ट में स्थान मिल जाएगा और वे स्थायी श्रमिक बन जाएँगे। दूसरी श्रेणी में ऐसे श्रमिक हैं जो आकस्मिक हैं और वर्ष में तीन-चार मास से अधिक काम नहीं करते। शेष समय में अपने गाँव में कृषि-कार्य करते हैं।

शोषण की स्थिति

साफ शब्दों में कहा जाए तो ठेकेदारी व्यवस्था पूरी तरह से शोषण पर आधारित है। ठेकेदार श्रमिकों को कभी भी इस अमानवीय व्यवस्था से मुक्ति नहीं मिल सकती। वे पूरी तरह इसमें पिस रहे हैं। उनका विभिन्न ढंग से शोषण किया जाता है। जहाँ तक बाहरी ठेकेदार–श्रमिक हैं, उनकी स्थिति तो अत्यन्त दयनीय है। वह बन्धक का जीवन जी रहे हैं।

बाहरी ठेकेदार–श्रमिक की शोषण यात्रा उस समय से शुरू होती है जब वह अपने गाँव या प्रदेश में छुटभैया ठेकेदार के दलाल के सम्पर्क में आता है। ये दलाल ऐसे व्यक्तियों के शिकार में रहते हैं, जो भूख के कगार पर पशुवत जीवन जी रहे हैं। बिना अपवाद, भारतीय गाँवों में ऐसे व्यक्तियों की संख्या में कमी नहीं है। दलाल उन्हें अच्छे काम, स्वच्छ आवास व्यवस्था और सुखी जीवन का स्वप्न दिखाते हैं। उनकी तात्कालिक आवश्यकताओं की पूर्ति के लिए उन्हें कुछ रुपया अग्रिम ऋण के रूप में दे दिया जाता है। यह राशि 300–400 रु. के बीच रहती है। इसके अतिरिक्त उन्हें रेल या बस भाड़ा की राशि भी दी जाती है, जोकि बैलाडीला पहुँचने के पश्चात ऋण के रूप में दर्ज कर ली जाती है। अग्रिम सम्पूर्ण ऋण पर उसे 5 रु. प्रति सैकड़ा प्रतिमास के दर से ब्याज वसूल किया जाता है। इस प्रकार मूल ऋण कभी नहीं उतर पाता और वह ठेकेदार का बन्धक मजदूर बना रहता है।

बैलाडीला लाकर उसे श्रमिक–शिविर (लेबर कैम्प) में लाकर क़ैद कर दिया जाता है। यह श्रमिक शिविर यातना–शिविर (कंस्ट्रक्शन कैम्प) का ही एक संशोधित रूप है।

यह शिविर चटाई के बने होते हैं। एक शिविर में 500–1000 श्रमिक ठूँस दिए जाते हैं। शिविर में प्रत्येक श्रमिक को एक छोटी सी चटाई की झोंपड़ी दे दी जाती है, जो कि मुश्किल से 6 फीट लम्बी एवं 6 फीट चौड़ी होती है। जहाँ तक ऊँचाई का प्रश्न है, श्रमिक कभी भी अपनी कमर सीधी नहीं कर सकता। कभी–कभी तो सम्पूर्ण परिवार को ऐसी 'चटाई झोंपड़ी' में बन्द कर दिया जाता है। कुल मिलाकर इनकी जानवरों के बाड़े से अधिक की स्थिति नहीं है।

इन शिविरों में जिनकी संख्या करीब 10 है, न तो बिजली होती है और न ही पानी की सुविधा। यहाँ तक कि पानी के लिए श्रमिक को दो–दो, तीन–तीन किमी. पैदल चलकर पहाड़ी नाले या झरने से पानी लाना होता है। उनको इसकी भी अनुमति नहीं है कि मुख्य ठेकेदार के नल से पानी ले सकें। यदि कोई ऐसा करता है तो उसे दण्डित किया जाता है। इसके अतिरिक्त दैनिक जीवन की ज़रूरत की वस्तुएँ आटा, चावल, मिट्टी का तेल आदि, भी शिविर में उपलब्ध नहीं हैं। उनको लेने के लिए पहाड़ से नीचे बाजार में आना पड़ता है। दूरवर्ती शिविरों तथा बाजार की दूरी 10–10 एवं 13–13 किमी. है। वर्षा के दिनों में स्थिति और भी भयावह हो जाती है। रास्ते रुक जाते हैं।

जहाँ तक प्रश्न है चिकित्सा का, इसका तो नितान्त अभाव है। वैसे ठेकेदार की यह जिम्मेदारी होती है कि वह श्रमिकों के लिए डॉक्टर की व्यवस्था करे। परन्तु कोई भी व्यवस्था नहीं की गई है। परिणामस्वरूप 15 से 20 प्रतिशत श्रमिक विभिन्न रोगों (पित्त, पेचिस, कब्जी, ज्वर, मलेरिया, चर्मरोग आदि) से वर्ष भर ग्रस्त रहते हैं। इनमें वे रोग शामिल नहीं हैं, जो पौष्टिक तत्त्व के अभाव से पैदा होते हैं। यदि कभी डॉक्टर आता भी है तो वह दवाइयाँ लिख देता है, जिनको खरीदने के लिए श्रमिकों के पास पैसा नहीं होता है। अधिक बीमार पड़ने पर जब वे प्रोजेक्ट के अस्पताल में जाते हैं तो उनसे इलाज के लिए ठेकेदार का सिफारिशी-पत्र या कोई परिचय पत्र की माँग की जाती है। परिचय-पत्र या सिफारिशी पर्ची देने के लिए ठेकेदार आनाकानी करते हैं। ऐसी भी शिकायत है वे श्रमिकों से उसकी 'फीस' वसूलते हैं। अधिकतर मामलों में ठेकेदार बीमार श्रमिकों को अवैध ढंग से चलाए जा रहे चलते-फिरते दवाखानों से दवा लेने के लिए विवश करते हैं। क्योंकि प्रोजेक्ट के अस्पताल में दवा का खर्च अधिक होता है, जिसके वहन के लिए ठेकेदार जिम्मेदार है। यहाँ यह उल्लेखनीय है कि 'कल्याण निधि संगठन' द्वारा बैलाडीला के सभी श्रमिकों की चिकित्सा सुविधा के लिए करीब 2 लाख रु. प्रति वर्ष दिया जाता है। परन्तु ठेकेदार श्रमिक इस सुविधा से वंचित हैं।

जहाँ तक खान में कार्यरत श्रमिकों की सुरक्षा का प्रश्न है, इसका बिल्कुल अभाव है। 1952 के अधिनियम के अन्तर्गत सभी श्रमिकों को सुरक्षा सामग्री जैसे सेफ्टी बूट, हेलमेट आदि मिलनी चाहिए। परन्तु अधिकांश श्रमिक इससे वंचित है। इसी प्रकार इन शिविरों में मनोरंजन की कोई व्यवस्था नहीं है।

मजदूरी

मजदूरी के माध्यम से ठेकेदार श्रमिकों का बुरी तरह शोषण किया जाता है। प्रति छुटभैया ठेकेदार के पास 100 से 1000 तक श्रमिक होते हैं। कुछ के पास 50 तक भी होते हैं। ये श्रमिक 20-20 व 25-25 की टुकड़ियों में विभाजित होते हैं। छुटभैया ठेकेदार को प्रतिट्रक भरवाने के लिए 32 रु. मिलते हैं, जिसमें से 26 रु. मजदूरों की टुकड़ी को दिए जाने चाहिए। परन्तु वास्तविक स्थिति यह है कि 22-23 रु. टुकड़ी को मिलते हैं। एक बड़ा ठेकेदार तो केवल 26 रु. प्रति ट्रक ही देता है। इस तरह श्रमिक टुकड़ी की वास्तविक आय 15-16 रु. के आस-पास होती है। कुल मिलाकर प्रति मजदूर मासिक आय 150-170 के बीच पड़ती है। वर्षा के दिनों में यह आय 125-140 के आस-पास हो जाती है। दूसरी तरफ छुटभैया ठेकेदार की मासिक आमदनी 3500-4000 रु. आती है। यदि छुटभैया ठेकेदार के पास श्रमिक अधिक हैं तो मासिक आय 7 या 8 हजार रु. तक पहुँच जाती है।

कई बार ऐसा भी होता है कि ट्रक की ट्रिप अयस्क परीक्षण अधिकारी द्वारा रद्द भी कर दी जाती है। क्योंकि, जब अयस्क के साथ मिट्टी अधिक आ जाती

है तो उसे स्वीकार नहीं किया जाता। यह हानि भी श्रमिकों को ही उठानी पड़ती है। जबकि खान प्रबन्धक को लाभ हो जाता है। एक अनुमान के अनुसार एक अयस्क खान ठेकेदार की लगभग '3 हजार ट्रक ट्रिपें' पिछले दो-तीन वर्षों में रद्द हुई हैं, जिसकी मजदूरी करीब एक लाख रुपया है। श्रमिकों को इस मजदूरी से भी वंचित कर दिया गया।

इसके अतिरिक्त, ठेकेदार मजदूरों को न्यूनतम बोनस 8.33 भी नहीं दिया जाता है। यहाँ तक दुर्घटना होने पर मुआवजा तक से वंचित रखा जाता है। यह भी सुनने में आया है कि काम के दौरान यदि किसी की दुर्घटना में मृत्यु हो जाती है तो डॉक्टर से मिलकर यह घोषित करवा दिया जाता है कि मृतक नशीले पदार्थ के प्रभाव में था।

यह भी देखने में आया है कि श्रमिक-शिविरों में महाजनी अर्थव्यवस्था योजनाबद्ध ढंग से चलाई जाती है। इसका प्रत्यक्ष एवं अप्रत्यक्ष सम्बन्ध मुख्य ठेकेदार एवं छुटभैया ठेकेदार से होता है। चूँकि बाहरी ठेकेदार श्रमिक अर्द्ध भूख की स्थिति में रहते हैं। वे पूरी तरह से पुन : छुटभैया ठेकेदारों एवं उनके दलालों के कर्जदार बनते चले जाते हैं। यदि कोई श्रमिक बीच में ही जाना चाहता है तो उसे लौटने तक का पैसा नहीं दिया जाता। कोई अवकाश भी नहीं दिया जाता। प्रति श्रमिक को 12 से 14 घंटे काम करना पड़ता है। यदि कार्य अवधि की दृष्टि से श्रमिक की दैनिक आय देखी जाए तो वह 2 रु. से अधिक नहीं जाती है।

जहाँ तक प्रश्न आदिवासी श्रमिकों का है, उनका सबसे अधिक शोषण होता है। चूँकि वे प्रकृति से स्वच्छन्दता प्रिय व्यक्ति होते हैं, अतः वे एक समय से अधिक काम करना पसन्द नहीं करते। ऐसी स्थिति में उन्हें प्रायः अधूरी मजदूरी दी जाती है या बिल्कुल नहीं दी जाती। अधिकतर मामलों में उस भजदूरी को ठेकेदार या उसका दलाल हड़पकर लेता है।

मजदूरी न मिलने की स्थिति में वो निराश हो जाते हैं। ऐसा भी सुनने में आया है कि वह आत्महत्या तक कर लेते हैं। हालाँकि पुलिस इसे स्वीकार नहीं करती। परन्तु, यह एक अघोषित सच्चाई है।

जिन्दा रहने के लिए ठेकेदार-श्रमिकों के पास मृत्यु के अतिरिक्त जो विकल्प रहता है वह है यौन व्यापार का। श्रमिक-शिविरों में वेश्यावृत्ति आम बात हो गई है। इसकी सबसे अधिक शिकार छत्तीसगढ़ एवं दक्षिण बस्तर की स्त्रियाँ हुई हैं।

उपभोग स्थिति

बैलाडीला में आवासित आदिवासी श्रमिकों में शहरी वस्तुओं के उपभोग का प्रचलन अवश्य हुआ है। परन्तु, उपभोग की क्षमता श्रमिक की क्रय क्षमता से जुड़ी हुई है। आधुनिक वस्तुओं का प्रयोग उन श्रमिक परिवारों में अधिक पाया गया है जो

प्रोजेक्ट के स्थायी कर्मचारी हैं। परन्तु, जो असंगठित क्षेत्र के श्रमिक हैं, वहाँ प्रयोग नहीं के बराबर है। बस स्त्रियाँ पेटीकोट, ब्रेजरी तथा धोती का प्रयोग अवश्य कर लेती हैं।

शहरी उपभोग की वस्तुओं में जिसका सबसे अधिक प्रचलन है, वह है सौन्दर्य प्रसाधन। सौन्दर्य प्रसाधनों ने संगठित एवं असंगठित दोनों ही क्षेत्रों के परिवारों को प्राय: समान रूप से प्रभावित किया है। वस्तु की मात्रा में अन्तर अवश्य है। दोनों परिवारों की स्त्रियाँ पाउडर, लिपिस्टिक, नथुनी, बिंदिया, इत्र, सुगन्धित साबुन, सुगन्धित तेल आदि का उपभोग खुलकर करती हैं। साप्ताहिक हाट के दिन प्रवासी स्त्रियों के अतिरिक्त निकटवर्ती क्षेत्रों की युवतियों का जमघट प्रोविजन स्टोरों पर दिखाई देगा। सभी की एक माँग होगी–पाउडर लिपिस्टिक, ब्रेजरी आदि।

यह कहना अतिशयोक्ति नहीं होगी कि इस्पातनगरी में बाहरी कामुक गिद्ध चन्द सौन्दर्य प्रसाधनों से आदिवासी युवतियों की अल्हड़ता, स्वच्छन्दता, भोलापन आसानी से सदैव के लिए नष्ट कर डालते हैं।

यहाँ स्मरण हो आता है तत्कालीन जिलाधीश डा. बी.डी. शर्मा का, जिन्होंने इन आदिवासी युवतियों को शहरी गिद्धों से बचाव के लिए जब कुछ कदम उठाए थे, जिसके अन्तर्गत सामूहिक विवाह कराए गए थे, उस समय आदिवासी पटेल ने आधुनिक सभ्यता के विरुद्ध कड़ी प्रतिक्रिया भी व्यक्त की थी। उसने कहा था कि इस इस्पातनगरी ने हमें क्या दिया? वह कहता है–चन्द पाउडर के 'डिब्बों' और लिपिस्टिक की 'नलकियों' ने हमारी युवतियों को हमेशा हमेशा के लिए छीन लिया है। पाउडर के अदना से डिब्बे ने पत्नी को पति से, बहिन को भाई से, माँ से बेटी, बेटी से बाप और एक इनसान को उसके समाज से अलग कर दिया है!

अन्य शहरी वस्तुओं में हैं : घटिया टेरीलिन–टेरीकोट के वस्त्र, सूती वस्त्र (पैंट, बुशर्ट, शर्ट, कुर्ता, पाजामा, नेकर, साड़ियाँ), चमड़े की वस्तुएँ (जूते, अटैची, कोट) स्टील, पीतल, ताम्बा के बर्तन (थाली, कटोरी आदि) चीनी मिट्टी के बर्तन, अल्युमूनियम के बर्तन, थर्मस, स्टोव हीटर, रेडियो ट्रांजिस्टर, घड़ी, साईकिल, फर्नीचर आदि। (तालिका–5)

आय की दृष्टि से 300 से 500 रु. की मासिक आय वालों में शहरी उपभोग की वस्तुओं का अधिक प्रचलन है। इस वर्ग में गैर–परम्परागत वस्तुओं का प्रयोग लगभग 63 प्रतिशत होता है। इस 63 प्रतिशत में 26 प्रतिशत सौन्दर्य प्रसाधन, टेरीलिन–टेरीकोट 16 प्रतिशत, सूती वस्त्र 12 प्रतिशत, स्टील 3 प्रतिशत आदि का प्रयोग होता है। रेडियो एवं ट्रांजिस्टर केवल इसी वर्ग के पास हैं। फर्नीचर में भी इसी वर्ग का बहुमत है।

यद्यपि उपभोग मात्र की दृष्टि से यह आय वर्ग अन्यों से स्वाभाविक रूप से आगे है। परन्तु, सौन्दर्य प्रसाधन में आय की दृष्टि से निम्न आय वर्ग भी पिछड़ा नहीं है। 50 रु. से 300 रु. की आय वाले व्यक्तियों में सौन्दर्य प्रसाधनों के उपभोग का प्रतिशत लगभग 30 है। इस प्रकार वह उच्च आय-वर्ग से 7 प्रतिशत आगे है। इसी प्रकार टेरीलिन एवं टेरीकोट में इस वर्ग का प्रतिशत लगभग 14 है, जो कि उच्च आय वर्ग से 2 प्रतिशत कम है। क्योंकि वस्त्र खरीदने में अधिक क्रय क्षमता की आवश्यकता होती है। परन्तु, सौन्दर्य प्रसाधनों में अपेक्षाकृत कम। टेरीलिन एवं टेरीकोट तथा सूती वस्त्रों के उपभोग में कोई विशेष अन्तर नहीं पाया गया। सूती वस्त्रों का प्रयोग करीब 15 प्रतिशत है, जोकि दोनों प्रकार के वस्त्रों में केवल 1 प्रतिशत का ही अन्तर स्पष्ट करता है।

इस प्रकार हम देखते हैं कि आधुनिक सभ्यता ने दोनों ही वर्गों को समान रूप से प्रभावित किया है। अलबत्ता प्रभाव का दबाव व्यक्ति की अर्थशक्ति पर ज़रूर निर्भर है।

सकारात्मक प्रभाव

जहाँ इस्पाती नगरी के मूल-निवासियों पर नकारात्मक प्रभाव पड़े हैं, वहीं सकारात्मक प्रभाव भी अंकित हुए हैं। यद्यपि, सकारात्मक प्रभाव नकारात्मक प्रभावों की तुलना में कम हैं, परन्तु सकारात्मक प्रभावों ने आदिवासी समाज के दिमागों में हरकत अवश्य पैदा की है। प्रवासी श्रमिक तथा ग्राम नेतृत्व के अनुसार प्रभाव इस प्रकार हैं :

प्रवासी श्रमिक (श्रेणी स्थान)	नेतृत्व वर्ग (श्रेणी स्थान)
1. आधुनिक सभ्यता का प्रभाव	23
2. आधुनिक शिक्षा से परिचय	44
3. विद्युत एवं यातायात का प्रचलन	35
4. आर्थिक स्थिति में सुधार	32
5. काम के अवसर	11
6. कृषि एवं वन उत्पादकों के लिए बाजार	54

उपर्युक्त श्रेणी स्थिति से ज्ञात होता है कि दोनों ही वर्गों ने काम के अवसर को प्राथमिकता दी है। दोनों को ही काम मिला है। क्योंकि गैर श्रमिक आदिवासी भी आकस्मिक रूप से इस्पात नगरी में काम करने यहाँ आते हैं। मुख्यत: मार्च एवं जून तथा वर्ष के अन्तिम महीनों में निकटवर्ती एवं पश्च क्षेत्रों के लोग किरंदूल व बछेली में कुलीबूती (मजदूरी) के लिए अस्थायी प्रवासन पर चले आते हैं।

चूँकि प्रवासी श्रमिक आधुनिक सभ्यता के सीधे सम्पर्क में रहते हैं अत: उनके लिए आधुनिक रहन-सहन प्रमुख हैं। परन्तु आधुनिक शिक्षा के सम्बन्ध में

दोनों वर्गों के विचार समान हैं। क्योंकि नेतृत्व वर्ग भी जानता है कि आधुनिक शिक्षा से उनके बच्चों को इस्पात नगरी में रोजगार मिल सकता है।

इसी प्रकार आधुनिक सभ्यता के सम्बन्ध में वरीयता दृष्टि भी वस्तुजन्य चेतना से प्रभावित है। चूँकि प्रवासी श्रमिक पिछले एक अरसे से इस्पातनगरी के सम्पर्क में हैं, अतः आधुनिक सभ्यता को उन्होंने दूसरा स्थान दिया है जबकि नेतृत्व वर्ग ने तीसरा।

इसके अतिरिक्त प्रवासी श्रमिकों में आधुनिक अर्थव्यवस्था की प्रतिनिधि 'मुद्रा' के विभिन्न प्रयोगों के प्रति जागरुकता बढ़ी है। आज वह बचत के सम्बन्ध में जानने लगे हैं। कुछ श्रमिकों ने अपने मासिक वेतन में से कुछ बचत करना शुरू कर दिया है। यह बचत उस राशि के अतिरिक्त है जो प्रोजेक्ट प्रशासन द्वारा भविष्य निधि या अन्य ज़रूरी कटौतियों के तहत काट ली जाती हैं। परन्तु इस प्रकार की अतिरिक्त बचत करने वालों का प्रतिशत बहुत कम है। यह बचत वर्ष भर में 200 से 300 रु. के बीच है। परन्तु यह बचत की पद्धति केवल संगठित श्रमिकों में ही प्रचलित है जिन्हें नियमित वेतन मिलता है। असंगठित श्रमिकों में बचत बिल्कुल नहीं है। यहाँ तक कि वे आधुनिक ढंग की बचत के सम्बन्ध में जानते तक नहीं हैं।

बचत के सीमित प्रचलन का जहाँ मुख्य कारण अनियमित आय है, वहीं इसका एक कारण आधुनिक बैंक पद्धति भी है। प्रवासी श्रमिक आधुनिक बैंक प्रणाली से कतई अपरिचित हैं। बैंक में खाता खोलना और चेक से पैसा निकालना आदि को वह पेचीदापूर्ण प्रक्रिया मानते हैं। क्योंकि वह परम्परागत ढंग से एक ऐसी अर्थव्यवस्था के अभ्यस्त रहे हैं जहाँ आर्थिक प्रक्रियाएँ केवल पारम्परिक विश्वास, आत्मीयता आवश्यकतागत संचयन एवं वितरण आदि पर निर्भर हैं। संक्षेप में एक अनौपचारिक अर्थव्यवस्था के वे अभ्यस्त हैं। फिर भी यह निष्कर्ष निकाला जा सकता है कि संगठित क्षेत्र के श्रमिकों में असंगठित श्रमिकों के अपेक्षाकृत आधुनिक आर्थिक प्रक्रियाओं के प्रति अधिक चेतना आई है।

इसी प्रकार बचत-राशि के उपयोग के सम्बन्ध में भी संगठित एवं असंगठित श्रमिकों के मध्य अन्तर पाया जाता है। जहाँ संगठित श्रमिक अपनी बचत राशि को ठोस एवं स्थायी परिणामजनक कार्यों में नियोजित करता है, वहीं असंगठित श्रमिक कभी-कभी बची अल्प राशि को तात्कालिक उपभोग में व्यय कर देता है। ऐसे श्रमिक परिवार पाए गए हैं, जो अपनी बचत की राशि कृषि कार्यों में लगा देते हैं। नियोजन की यह राशि 100 रु. 4000 रु. के बीच है। यह राशि निम्न कार्यों में खर्च की जाती है :

(क) भूमि की खरीद (विगत 7 वर्षों के दौरान 1 एकड़ से 7 एकड़)।

(ख) बाड़ा आदि का निर्माण।

(ग) सिंचाई में सुधार के लिए कुएँ आदि का निर्माण।

(घ) गाय एवं बैल की खरीद।

इसके अतिरिक्त दो–तीन परिवार रसायनिक खाद एवं उन्नत बीज का भी प्रयोग अपने मूल गाँवों में करते हैं। एक छन्नों नामक आदिवासी श्रमिक ने बचत की राशि से 4–5 एकड़ भूमि की खरीद के अलावा डीजल पम्प में भी आंशिक राशि लगाई।

यह भी देखा गया है कि कुछ परिवार बचत राशि में से नियमित रूप से पैतृक भूमि का लगान भी पटाते हैं। साथ ही अन्य पारिवारिक कार्यों में भी आर्थिक रूप से योगदान देते हैं।

गमाबाड़ा का हिरमाराम भास्कर, जोकि शिक्षित भी है और कृषि प्रशिक्षण प्राप्त कर रहा है, नियमित रूप से लगान पटाने के अतिरिक्त और भी भूमि खरीदना चाहता है। जब दंतेवाड़ा क्षेत्र में पिछले दशक के प्रारम्भ में प्रोजेक्ट का काम शुरू हुआ था, उस समय भी वह आकस्मिक श्रमिक के रूप में काम करता था। दो–तीन वर्ष के दौरान पैसा बचाकर उस समय भी उसने कुछ भूमि खरीदी थी।

इसी प्रकार किरंदूल बस्ती का सोड़ी हड़मा जोकि प्रोजेक्ट की प्रशासन शाखा में पिछले कुछ वर्षों से चपरासी का काम कर रहा है, ने भी अपनी बचत पूँजी को अपने पुश्तैनी आधार कृषि को विकसित करने में लगाया है। यहाँ तक कि वह एक 'टेनेंट पीजेंट' बन चुका है। वह तीन आदिवासियों की 5 एकड़ भूमि को जोतता है। उसका लगान भी स्वयं देता है। दिलचस्प बात यह है कि कृषि उत्पाद में से केवल सांकेतिक हिस्सा ही मूल स्वामियों को दिया जाता है। उसकी और अधिक भूमि खरीदने की इच्छा है।

यह भी पता चला कि उसने बहुत पहले भूमि प्रोजेक्ट को दे दी थी। उसे मुआवजा में जो राशि मिली, अभी तक बचाकर रखी हुई है। इतना ही नहीं वह अन्य निर्धन आदिवासियों को उधार भी देता है। साक्षात्कार के समय उसने बताया कि 6 व्यक्तियों को उसने कुछ हजार रूपये उधार दे रखे हैं। परन्तु, यहाँ यह ज़रूर उल्लेखनीय है कि वह ब्याज किसी से नहीं लेता है।

इसके अतिरिक्त विद्युत तथा अन्य आधुनिक वस्तुओं से प्रभावित होकर कुछ श्रमिकों ने अपने मूल गाँवों में गैर–परम्परागत अन्न एवं सब्जी भी उगाना शुरू कर दिया है। निकटवर्ती कतिपय गाँवों में गेहूँ की खेती की जाती है। डीजल के पम्प भी लगाए जाते हैं। इसके लिए वे आदिवासी विकास प्राधिकरण (दंतेवाड़ा) से सहयोग अवश्य लेते हैं। परन्तु यह मानना कि यह कार्य उत्साहजनक ढंग से हो रहा है, वास्तविकता से दूर होगा।

चेतना एवं दृष्टि

औद्योगिक सभ्यता के आगमन तथा इस्पातनगर के उदय ने प्रवासी श्रमिकों के अपने परम्परागत समाज के प्रति दृष्टिकोण को भी प्रभावित किया है। नि:सन्देह उनमें नई चेतना के बीच अंकुरित हुए हैं। वह अपने परम्परागत समाज में व्याप्त दोषों के प्रति जागरूक हुए है। उनकी यह जागरूकता तथा परिवर्तित दृष्टिकोण को निम्न नकारात्मक पहलुओं के माध्यम से समझा जा सकता है, जो प्रवासी श्रमिकों ने गिनाए हैं :

परम्परागत समाज के नकारात्मक पक्ष

1. बाल-विवाह
2. मुर्गा-लड़ाई
3. गाय की हत्या
4. मद्य-पान
5. निरर्थक हिंसा का प्रयोग
6. निर्धनता
7. अन्ध विश्वास
8. अज्ञानता
9. प्रतिशोध
10. अशिक्षा

प्रतिशत की दृष्टि से करीब 60 प्रतिशत श्रमिकों ने बाल-विवाह को आदिवासी समाज के पिछड़ेपन का मुख्य कारण बताया है। क्योंकि बचपन या किशोर अवस्था में विवाह के पश्चात वह एक सीमित दायरे से कभी मुक्त नहीं हो पाता है। इसी प्रकार करीब 56 प्रतिशत श्रमिकों ने मुर्गा-लड़ाई को अस्वीकार किया है। उनका स्पष्ट कहना है कि बैलाडीला में आने से पहले वे मुर्गा लड़ाई को एक अच्छी परम्परा मानते थे। परन्तु आज वे मानते हैं कि इससे आदिवासियों में निरर्थक हिंसा फैलती है और वस्तुओं तथा रुपयों की बर्बादी होती है। यद्यपि 56 प्रतिशत श्रमिकों ने मुर्गा लड़ाई को बुरा माना है परन्तु, उनमें से 50 प्रतिशत ऐसे हैं जिन्होंने नि :संकोच स्वीकार किया कि गाँव लौटने पर वे भी खेलते हैं। क्योंकि उनके मित्र उन्हें इसके लिए विवश करते हैं।

लगभग 22 प्रतिशत व्यक्ति निर्धनता को आदिवासी समाज का प्रमुख दोष मानते हैं। इन श्रमिकों ने यह अवश्य स्वीकार किया कि आज वे अपने समाज की निर्धनता व आर्थिक स्थिति को इस्पातनगरी की समृद्धता की नजरों से देखते हैं। ऐसी स्थिति में उनका समाज निर्धन तथा पिछड़ा हुआ दिखाई देता है। इसके लिए अशिक्षा, मद्य-पान तथा निरर्थक हिंसा जिम्मेदार है। करीब 68 प्रतिशत श्रमिकों ने उक्त बुराइयों को दूर करने की माँग की है। उनका मत है कि मुर्गा-लड़ाई तथा मद्य-

पान से हिंसा होती है, जिसकी परिणति प्रायः हत्या में होती है। परिणामस्वरूप पुलिसबाजी एवं मुकदमेबाजी को बढ़ावा मिलता है। यहाँ तक कि खेत बिक जाते हैं। कृषि आधार छिन जाते हैं। इसी प्रकार आदिवासी समाज निर्धनता की गिरफ्त में धँसता चला जाता है।

इस प्रकार प्रवासी श्रमिक अपने समाज के दोषों के प्रति जागरूक हुए हैं और इन दोषों को दूर करने के लिए वे प्रयासरत अवश्य हैं।

जहाँ प्रवासी आदिवासी दोषों के प्रति जागरूक हैं, वहीं वे अपने समाज के गुणों को भी दर्शाने में पीछे नहीं हैं। जब वे अपने समाज की आधुनिक समाज से तुलना करते हैं तो उन्हें परम्परागत समाज में अन्तरनिहित गुणों पर सहज ही में गर्व हो आता है।

उनकी दृष्टि में आदिवासी समाज के गुण हैं :

1. सामूहिक रहन-सहन
2. कृषि-जीवन
3. धार्मिक एवं सांस्कृतिक जीवन
4. ईमानदारी एवं उन्मुक्त स्वतंत्र जीवन
5. सरल एवं सहज व्यवहार
6. अतिथि सत्कार
7. शिकारी जीवन
8. विधवा विवाह

लगभग 28 प्रतिशत श्रमिकों की शिकायत है कि इस्पातनगरी में बन्द एवं व्यक्तिवादी जीवन है, फलस्वरूप आदिवासियों का सामूहिकतावादी दृष्टिकोण उन्हें अधिक आकर्षित करता है। इससे यह भी निष्कर्ष निकाला जा सकता है कि जहाँ पश्च एवं दूरी के स्तर पर आधुनिक समाज की तुलना में आदिवासियों का 'विश्व-बोध' (वर्ल्ड व्यू) सीमित व छोटा है, वहीं मानवीय चेतना एवं रागात्मकता के स्तर पर उनका 'विश्व बोध' उन्नत समाजों से कहीं अधिक विकसित, सम्पुष्ट एवं स्वस्थ है। यही कारण है कि पारम्परिक सहयोग तथा अतिथि सत्कार को आज भी प्रमुखता दी जाती है। देखा गया है कि औद्योगिक सभ्यता के बावजूद निकटवर्ती एवं दूरवर्ती गाँवों में आज भी एक आदिवासी दूसरे ज़रूरतमन्द आदिवासी को बिना ब्याज के ऋण देता है। यहाँ तक कि धान 'बिना-वापसी' की कामना के दे दिया जाता है।

इसी प्रकार इस्पातनगरी के यांत्रिक जीवन के स्थान पर करीब 47 प्रतिशत श्रमिकों ने स्वतंत्र एवं सांस्कृतिक जीवन को चुना है। उल्लेखनीय है कि बैलाडीला में आदिवासी संस्कृति की सर्वथा उपेक्षा की गई है। उसको एक 'कमोडिटी' के रूप में प्रस्तुत किया जा रहा है। प्रवासी श्रमिक में इस सांस्कृतिक भेदभाव के प्रति जागरूकता अवश्य आई है। परन्तु, वह विवश है।

यहाँ यह दिलचस्प तथ्य है कि लगभग 75-80 प्रतिशत व्यक्तियों ने इच्छा व्यक्त की है कि वे सेवानिवृत्ति या पर्याप्त धन एकत्रित करने के पश्चात कृषि कार्य करेंगे। क्योंकि वह अनुभव करते हैं कि औद्योगिक सभ्यता ने जहाँ उनके आर्थिक आधार छीन लिए हैं, वहीं उनके सांस्कृतिक जीवन की लयात्मकता एवं रागात्मकता भी कुन्द होती जा रही हैं। अत: उन्हें जीवित रखने के लिए यह आवश्यक है कि वे कृषि आधारों से जुड़े रहें। इसीलिए करीब 51 प्रतिशत श्रमिकों ने यह माना है कि 'कृषि-जीवन' आदिवासी समाज का प्रमुख गुण है। यदि इसमें धार्मिक एवं सांस्कृतिक जीवन का प्रतिशत भी जोड़ दिया जाए तो 79 प्रतिशत व्यक्ति इस गुण के पक्ष में हैं। यहाँ यह स्पष्ट कर देना आवश्यक है कि आदिवासियों की धार्मिक एवं सांस्कृतिक गतिविधियाँ कृषि अवसरों से नियमित होती हैं। उदाहरण के लिए, नया धान बोते एवं काटते समय धार्मिक त्यौहार मनाया जाता है। सार यह है कि प्रत्येक कृषि गतिविधि धार्मिकता लिये हुए होती है।

इस प्रकार हम देखते हैं कि औद्योगिक सभ्यता के सम्पर्क में आने के पश्चात आदिवासियों में आंशिक विभेद-बोध जन्मा है। एक तुलनात्मक दृष्टिकोण से वे वस्तु एवं स्थिति की परख करने लगे हैं।

निष्कर्ष

1. शुद्ध लाभ पर आधारित कोई भी अर्थव्यवस्था समाज में वर्ग जनक बनने के लिए बाध्य है। फलस्वरूप वह विशिष्ट हितों के पोषण का एक सशक्त संस्थागत हथियार बन जाएगी। भारत भी इसका अपवाद नहीं है।
2. औद्योगिकीकरण इसी नियम से संचालित हुआ है। औद्योगिकीकरण की प्रक्रिया ने क्षेत्रीय व स्थानीय समाजों में मौजूद विशिष्टताओं का ध्यान नहीं रखा है। फलस्वरूप पूर्व-औद्योगिक युगीन समाज जोकि बिना तैयारी के औद्योगिकीकरण की चपेट में आ गए हैं, के समक्ष आज अनेक बुनियादी प्रश्न खड़े हो गए हैं, जिनमें प्रमुख है जीवन के विभिन्न क्षेत्रों में फैलता असन्तुलन तथा अस्तित्व व अस्मिता के लिए पैदा होते संकट।
3. आदिवासी समाज को आज कई प्रकार के असन्तुलनों का सामना करना पड़ रहा है। ये हैं : प्रवासन, भू-विलगन, विस्थापन, युवतियों का शोषण, यांत्रिकी-संस्कृति जनित तनाव आदि।
4. दंतेवाड़ा तहसील में औद्योगिकीकरण से वही आदिवासी अधिक लाभान्वित हुआ है जिसकी सामाजिक गतिशीलता पहले से ही अधिक थी अथवा परम्परागत समाज में ठोस आर्थिक आधारों का होना।
5. प्रवासन प्रक्रिया ने निम्न भू-धारियों को तेजी के साथ भूमिहीनों में परिवर्तित कर दिया है।

6. औद्योगिकीकरण ने भू-विलगन को प्रोत्साहन दिया है। औद्योगिक क्षेत्र की प्रभाव परिधि में आने वाले गाँवों में आज भूमि कमोडिटी बन चुकी है।
7. खेतिहरों की संख्या कम हुई है और खेतिहर श्रमिक तथा गैर खेतिहर श्रमिकों की संख्या में वृद्धि हुई है।
8. औद्योगिक क्षेत्र की 20 किमी. की परिधि में बाहरी व्यक्तियों का दबदबा बढ़ा है।
9. अग्र व पश्च दोनों ही क्षेत्रों में पर्याप्त कृषि साधनों का अभाव है। आदिवासी विकास परियोजनाओं का कोई परिणामजनक प्रभाव दिखाई नहीं देता है।
10. औद्योगिकीकरण तथा विकास योजनाओं के क्रियान्वयन के बावजूद आदिवासियों की स्थिति में गुणात्मक व संख्यात्मक परिवर्तन नहीं आए हैं।
11. आदिवासी समाज ने यांत्रिकी समाज को पूरी तरह से उपयोगी नहीं माना है। बल्कि वह इसकी सार्थकता को शंका की दृष्टि से देखता है।
12. औद्योगिकीकरण से जहाँ आदिवासी युवतियों का पतन हुआ है, वहीं इसने शहरी-अपराधों को भी जन्म दिया है।
13. औद्योगिक बस्ती के गैर-आदिवासी अपनी विकसित सभ्यता के कारण आदिवासियों को 'हीन दृष्टि' से देखते हैं। उन्हें हीन नस्ल का मनुष्य समझा जाता है। उन्हें दोयम दरजे का इनसान माना जाता है। फलस्वरूप दोनों के मध्य एक दीवार साफ खड़ी दिखाई देती है।
14. औद्योगिकीकरण ने प्रवासी श्रमिकों की वेशभूषा को अवश्य आधुनिक बना दिया है। शहरी-उत्पादनों का उपभोग बढ़ा है, जिसमें सौन्दर्य प्रसाधन प्रमुख हैं।

आख्यान (ख)

विस्थापन, पलायन और त्रिशंकु

आधुनिक औद्योगिक युग में जहाँ-जहाँ विकासशील अथवा पिछड़ी अर्थव्यवस्थाएँ हैं, वहाँ-वहाँ विस्थापन-प्रवासन परिघटना (Phenomenon) का पाया जाना एक सामान्य बात है। विशेष रूप से उन अर्थव्यवस्थाओं में जहाँ उत्पादन के साधनों का समाजीकरण नहीं किया गया है तथा समूची अर्थसंरचना विशिष्ट वर्गीय मूल्याभिमुख है, वहाँ विस्थापन-प्रवासन की गति बहुत तेज एवं बेलगाम हो गई है। जब एक बार यह प्रक्रिया शुरू हो जाती है, तब सामाजिक जीवन के सभी आधारभूत, क्षेत्र : सांस्कृतिक, आर्थिक, राजनीतिक आदि भी गहरे तक प्रभावित होते हैं। परिणामस्वरूप, राष्ट्रीय एवं क्षेत्रीय स्तर पर अनेक विद्रूपताएँ व असन्तुलन उभर आते हैं, जिनसे विभिन्न जटिल समस्याएँ पैदा हो जाती हैं। एक समय ऐसा भी आता है, जब ये समस्याएँ सम्बन्धित देश की प्रचलित आर्थिक-राजनीतिक व्यवस्था की भावी सार्थकता पर सवालिया निशान लगा देती हैं।

यह ऐतिहासिक वास्तविकता है कि विस्थापन व प्रवासन की प्रक्रिया उसी समय शुरू होती है जब व्यक्ति की भौतिक आवश्यकताओं (तात्कालिक व दीर्घकालिक) तथा उन भौतिक परिस्थितियों, जिन के साथ वह अभी तक रहता आ रहा है, के बीच 'अन्तर्विरोध' पैदा हो जाएँ। इन्हीं अन्तर्विरोधों के समाधान के लिए वह अन्यत्र अनुकूल भौतिक परिस्थितियों की तलाश करता है। चाहे वे उसके लिए कितनी ही अजनबी क्यों न रहें। इस प्रक्रिया को इस प्रकार भी रखा जा सकता है कि जब कोई सम्बन्धित देश या क्षेत्र अपने नागरिक की आवश्यकताओं को पूरा करने में असमर्थ रहता है तब वह ऐसे देश या क्षेत्र को प्रवास करता है जहाँ वह अपनी आवश्यकताओं को पूरा कर सके। उदाहरण के लिए, देश में ग्रामों से शहर की ओर गमन उसी समय हुआ जब शहरी अर्थव्यवस्था ग्राम-अर्थव्यवस्था की तुलना में अधिक विकसित, मजबूत तथा व्यापक आवश्यकतापूरक बनकर उभरी।

फलस्वरूप दक्ष और अदक्ष, दोनों ही प्रकार के श्रमिक उन्नत आर्थिक शक्तियों के केन्द्रों एवं उपकेन्द्रों की ओर खिंचते चले गए। यह परिघटना राष्ट्रीय स्तर पर 'ब्रेन-ड्रेन' के सम्बन्ध में लागू होती है। यद्यपि दोनों की स्थितियों में अन्तर ज़रूर है, एक का सम्बन्ध जीवन निर्वाह व अस्तित्व रक्षा से है जबकि दूसरे का सम्बन्ध गुणात्मक व उत्तम जीवन से है।

आवश्यक नहीं है कि पिछड़ी अर्थव्यवस्था का व्यक्ति केवल जीवन निर्वाह के लिए ही उन्नत आर्थिक व्यवस्था को अपनाए। वास्तव में जब नई उत्पादक-शक्तियाँ एवं उत्पादकपद्धतियाँ अस्तित्व में आती हैं तब उनके साथ-साथ नए जीवन-मूल्यों का निर्माण भी होता रहता है। निश्चय ही यह जीवन मूल्य पिछड़ी अर्थव्यवस्था के मूल्यों की तुलना में अधिक प्रभावशाली व लुभावने होते हैं। महानगरों में अनेक व्यक्ति ऐसे मिल जाएँगे जिनका कि अपने मूल-गाँव में एक सुदृढ़ आर्थिक आधार होते हुए भी उन्होंने मामूली चपरासी, असंगठित श्रमिक या क्लर्क के जीवन का चयन किया है। संक्षेप में, वह एक 'कच्चा माल' बनकर उन्नत अर्थव्यवस्था की आवश्यकताओं की पूर्ति कर रहा है। क्योंकि पिछड़ी अर्थव्यवस्था की आन्तरिक संरचना व अस्तित्व उन उत्पादन-पद्धतियों एवं उत्पादन के साधनों पर आधारित है, जोकि किसी देश की स्वीकृत बृहतस्तरीय अर्थव्यवस्था जिसकी वह अविछन्न हिस्सा है, की उत्पादन पद्धतियों एवं उत्पादन के साधनों के साथ परिणामत्मक एवं गुणात्मक क्षेत्र में बुनियादी विषमता बनाए हुए है। ऐसी स्थिति में नए उत्पादन-सम्बन्धों पर आधारित जब नई मूल्य व्यवस्था सामने आती है, तब पुराने व पिछड़े उत्पादन-सम्बन्धों पर टिकी मूल्य व्यवस्था का धीरे-धीरे बिखराव शुरू होने लग जाता है। और इसी के साथ विस्थापन व प्रवासन प्रक्रिया की शुरुआत हो जाती है।

परन्तु यह आश्वयक नहीं है कि नए आर्थिक क्षेत्रों में विस्थापन प्रवासन के परिणामों में समरूपता हो। दूसरे शब्दों में पिछड़े क्षेत्र के विस्थापित व प्रवासी नई आर्थिक-व्यवस्था के लाभों को समान रूप से प्राप्त नहीं कर सकते। लाभों के अर्जन, वितरण, उपभोग और विस्तारण प्रणाली में अन्तरनिहित विषमता रहती है। वास्तव में, विस्थापन व प्रवासन एक स्वतंत्र प्रक्रिया न होकर अर्थ-राजतंत्र अवलम्बित प्रक्रिया है। यह आरम्भ व अन्त के क्षेत्रों की भौतिक शक्तियों द्वारा संचालित होती है। जब पिछड़े क्षेत्र के प्रवासी का उदगम आर्थिक आधार मजबूत है, तो सामान्यत: उसमें नए आर्थिक परिवेश को समझने और उसकी ज़रूरतों को पूरा करने की शक्ति बनस्पित उस प्रवासी से अधिक होती है, जिसका कि मूल आर्थिक आधार कमजोर है। यह अनुभवजन्य है कि औद्योगिक इकाइयों से उन प्रवासी-श्रमिकों को ही अधिक लाभ हुआ है, जिनकी कि अपने मूल गाँवों में अच्छी आर्थिक स्थिति थी अथवा किसी न किसी मात्रा में वृक्ष व भू-सम्पत्ति

रही थी। परन्तु जो बिल्कुल ही सम्पत्तिहीन थे, ऐसे विस्थापित व प्रवासी लोग लाभ की परिधि में मुश्किल से ही पहुँच पाए। इस प्रकार के विस्थापित व प्रवासी असंगठित-श्रमिकों की संख्या बढ़ाते हुए 'औद्योगिक स्लमों' की शोभा बढ़ा रहे हैं। वास्तव में तीसरे विश्व की अर्थव्यवस्थाओं में विस्थापन व प्रवासन की समस्या का होना उनके आर्थिक-राजनीतिक व्यवस्थात्मक चरित्र की सहवर्ती विशिष्टताओं में से एक है।

आदिवासी अंचलों में विस्थापन व प्रवासन

देश के उन तमाम आदिवासी क्षेत्रों में जहाँ किसी न किसी रूप में व स्तर पर औद्योगिकीकरण हुआ है, विस्थापन व प्रवासन परिघटना उभरकर सामने आई है। सम्बन्धित क्षेत्रों के मूल निवासी भारी संख्या में अपने गाँवों को छोड़कर वहाँ की नई औद्योगिक बस्तियों में जा बसे हैं। जो एक लम्बे अरसे से विस्थापित व प्रवासित हैं आज वे अपनी मूल पहचान खोते जा रहे हैं। आज राँची या जमशेदपुर में सन्थाल, मुंडा आदि प्रवासी श्रमिक तथा गैर-आदिवासी प्रवासी श्रमिक के बीच अन्तर उतना मुखर नहीं रह गया है, जितना कि सम्बन्धित क्षेत्रों के औद्योगिकीकरण की प्रारम्भिक अवस्था में रहा होगा। किन्हीं क्षेत्रों में तो यह अन्तर बिल्कुल ही गायब हो गया है। प्रवासी मुंडाओं, सन्थालों आदि की मानसिकता आंशिक रूप से शहरी बन गई है। यहाँ तक कि जब वह गाहे-बगाहे अपने मूल गाँवों में जाते हैं, तब एक प्रकार की असुविधाएँ, जो उन्हें औद्योगिक बस्तियों में उपलब्ध हैं, उनका अभाव वहाँ अखरने लगता है। परन्तु यह निष्कर्ष निकाल लेना गलत होगा कि वे अपनी मूल परम्पराओं से बिल्कुल ही कट गए हैं। जो स्थायी प्रवासी आदिवासी हैं वे अस्थायी या सामायिक प्रवासी श्रमिकों के माध्यम से गाँव व परम्परा के साथ निकट का सम्पर्क बनाए रखते हैं। यहाँ तक कि जादू-टोना एवं ओझा आदि में भी विश्वास रखते हैं। मगर, जहाँ रहन-सहन एवं उपभोग प्रवृत्तियों का सम्बन्ध है, वह गैर आदिवासी श्रमिकों से कोई विशेष रूप से भिन्न नहीं हैं। लेकिन अस्थायी एवं असंगठित श्रमिकों की स्थिति अवश्य भिन्न है।

बस्तर से आदिवासी विस्थापन व प्रवासन

जिले में प्रवासन प्रक्रिया कब आरम्भ हुई इसके काल निर्धारण के लिए आवश्यक सामग्रियों का अभाव है। जैसा कि पूर्व में कहा जा चुका कि बस्तर अपनी भौगोलिक-स्थितियों के कारण आधुनिक यातायात व संचार व्यवस्था के सम्पर्क में बहुत देर से आया। यहाँ तक कि आज भी जिले का एक बड़ा हिस्सा आधुनिक संचार व सम्पर्क व्यवस्था से पूर्णतः अपरिचित है। ऐसी स्थिति में बस्तर से आदिवासी का बाहर गमन उस पैमाने पर नहीं हो सका जोकि छोटा नागपुर अंचल में हुआ। यहाँ तक कि

जिले में 'अन्तरक्षेत्रीय प्रवासन' का इतिहास भी उतना पुराना नहीं है, जितना कि उत्तर पूर्वी सन्थाल क्षेत्रों का है। फिर भी प्रवासन प्रक्रिया को चार चरणों में विभाजित किया जा सकता है :

I. सामन्ती एवं साम्राज्यवादी शासन के दौरान गैर-आदिवासी हुक्काम तथा व्यापारी व ठेकेदारों द्वारा अन्तरक्षेत्रीय आदिवासी विस्थापन व प्रवासन। परन्तु, यह प्रवासन अस्थायी एवं तात्कालिक आवश्यकताओं पर आधारित था। बाहरी हुक्काम और व्यापारी व ठेकेदार आदिवासियों का 'बेगार' के लिए इस्तेमाल किया करते थे। इस मामले में बस्तर में प्रचलित रही 'कबाड़ी प्रथा' भी कुख्यात रही है।

II. इस शताब्दी के तीसरे दशक के आस-पास बस्तर के आदिवासियों को आसाम के चाय-बागानों में ले जाना आरम्भ हो जाता है। यहाँ तक कि दक्षिण बस्तर के दुर्गम पश्च क्षेत्रों से अनेक मुरिया आदिवासियों को आसाम ले जाया गया था। यद्यपि उनमें से अधिकांश की प्रवासन-अवधि दो दशक से अधिक की नहीं रही। दंतेवाड़ा तहसील के कई गाँवों में ऐसे अनेक व्यक्ति मिल जाएँगे जिन्होंने अपनी युवावस्था चाय बागानों में गुजारी थी और आज़ भी वहाँ की मीठी-कड़वी स्मृतियों को दोहराते रहते हैं।

III. 1947 के बाद प्रवासन का तीसरा चरण उस समय शुरू होता है जब यातायात व संचार के साधन तेजी से फैलने लगते हैं। यह अन्तरक्षेत्रीय एवं अन्य निकटवर्तीय जिला स्तरीय होता है। उत्तर बस्तर के आदिवासी पड़ोसी, दुर्ग, रायपुर, कोरापुट आदि जिलों में रोटी-रोजी की तलाश में जाते हैं। यद्यपि यह प्रवासन अभी भी अस्थायी रहता है।

दूसरी तरफ प्रशासनिक गतिविधियों के तेजी से बढ़ने के कारण अन्तरक्षेत्रीय प्रवासन-गतिविधियाँ भी बढ़ने लगती हैं। विभिन्न प्रकार के निर्माण कार्यों के लिए श्रमिकों की आवश्यकता पड़ती है।

अब तक की प्रवासन प्रक्रिया की विशेषता यह रही है कि इससे आदिवासी परम्परागत समाज व्यवस्था अप्रभावित रही। प्रवासन जनित प्रभाव उसकी ऊपरी सतह तक को स्पर्श भरकर पाए थे, आदिवासी समाज की आत्मा तो अछूती रही। क्योंकि यह प्रवासन समसामयिक व तात्कालिक आवश्यकताओं से प्रेरित होता रहा था।

IV. इस शताब्दी के छठे दशक के आरम्भ के साथ-साथ विस्थापन व प्रवासन का स्वरूप बदलता चला जाता है। इस काल में दक्षिण बस्तर के दंतेवाड़ा तहसील के बैलाडीला क्षेत्र में औद्योगिक गतिविधियों का आगमन शुरू हो जाता है। विशाखापटनम से बैलाडीला के मध्य लोह

अयस्क (Ironore) की ढुलाई के लिए लगभग 500 किमी. लम्बी रेल पटरी बिछाई जाती है। दशक के अन्तिम चरण में किरंदूल में पूर्ण औद्योगिक बस्ती का निर्माण शुरू हो जाता है।

और इसके साथ-साथ एक नई मूल्य व्यवस्था सामने आती है जो प्रवासन के माध्यम से इस परम्परागत समाज को एकबारगी झकझोर देती है, जिसकी अधिकांश आर्थिक गतिविधियाँ वस्तु-विनिमय पद्धति से संचालित होती थीं। संक्षेप में, इस समाज में उत्पादन पद्धति, उत्पादन के साधन तथा उत्पादन-सम्बन्ध एक सीमा तक पूर्व सामन्ती-युग के अन्तिम चरण में थे। ऐसी स्थिति में एक संगठित मुद्रा व्यवस्था के आगमन ने निश्चय ही विस्थापन व प्रवासन प्रक्रिया को एक ऐतिहासिक मोड़ दिया है, जिसका कि बहुआयामी प्रभाव आदिवासी समाज पर व्यापक स्तर पर अपरिहार्य रूप से पड़ा है।

औद्योगिक क्षेत्र (किरंदूल) में प्रवासी आदिवासी श्रमिक

औद्योगिक क्षेत्र (किरंदूल, बछेली) में बसे प्रवासी आदिवासी श्रमिकों को मुख्य रूप से दो समूहों : दक्षिण बस्तर के प्रवासी और उत्तर बस्तर के प्रवासी में विभाजित किया जा सकता है। इसके अतिरिक्त प्रत्येक को पुन : उप समूहों (क) संगठित व असंगठित (ख) स्थायी व अस्थायी तथा (ग) दक्ष (स्किल्ड) व अदक्ष (अनस्किल्ड) में विभाजित किया जा सकता है।

प्रवासी वर्ग

यह सर्वव्यापी परिघटना है कि विस्थापन व प्रवासन की प्रथम चपेट में वही परिवार आते हैं जो कि कृषि-व्यवस्था से प्रत्यक्ष या अप्रत्यक्ष रूप से जुड़े हुए हैं। प्रवासन की यह प्रक्रिया आदिवासी क्षेत्रों में भी लागू होती है। बैलाडीला औद्योगिक क्षेत्र के प्रवासी आदिवासी श्रमिकों को भी आर्थिक दृष्टि से दो वर्गों में बाँटा जा सकता है : (क) भूमिधारी और (ख) भूमिहीन। औद्योगिक क्षेत्र में स्थायी व अस्थायी तौर पर आने वाले आदिवासी श्रमिकों में से 98 प्रतिशत परिवारों का सम्बन्ध या तो कृषि से है या कभी रह चुका है। इन 98 प्रतिशत परिवारों में से अधिकांश ऐसे होते हैं जिनके पास इतनी पर्याप्त भूमि या कृषि-साधन नहीं होते हैं जिससे कि वे अपना जीवन-निर्वाह कर सकें। चूँकि बस्तर, विशेष रूप से दक्षिण बस्तर, में सिंचाई के साधनों का अभाव है तथा कृषि-पद्धति पिछड़े ढंग की होने के कारण कृषि उत्पादन पर्याप्त नहीं हो पाता है। अत: मँझोले व उच्च मँझोले श्रेणी के आदिवासी भी प्रवासी बन जाते हैं। फिर भी, संगठित व असंगठित तथा स्किल्ड एवं अनस्किल्ड प्रवासी श्रमिकों में बहुमत भूमिहीन तथा सीमान्त आदिवासी किसानों का है।

जिन 32 प्रवासी परिवारों का सर्वेक्षण किया गया है, उससे स्पष्ट हो जाता है कि भूमिहीन तथा निर्धन किसान प्रवासन से अधिक प्रभावित हुए हैं। (तालिका-1) परन्तु, यहाँ यह स्पष्ट कर देना आवश्यक होगा कि भूमिहीनों तथा निर्धन किसानों में से अधिकांश असंगठित क्षेत्र में हैं तथा अनस्किल्ड कार्य में लगे हुए हैं।

जहाँ यह सर्वेक्षण प्रवासी श्रमिकों के पारम्परिक आधार की श्रेणियाँ स्पष्ट करता है, वहीं इससे यह पता चलता है कि बस्तर जिले में चलाई गई अनेक विकास योजनाओं के बावजूद उनका लाभ आदिवासी समाज की अन्तिम सतह तक पहुँचने में असफल रहा है।

भूमि आधारों के अतिरिक्त, प्रवासी श्रमिकों का अपने मूल-गाँव में एक मजबूत सामाजिक आधार भी है। 32 श्रमिक परिवारों में से 18 अथवा 57 प्रतिशत ऐसे हैं, जिनके पैतृक परिवारों का आदिवासी समाज के परम्परागत नेतृत्व-तंत्र में किसी स्तर एक प्रभावशाली स्थान है। संक्षेप में अपने अपने सम्बन्धित मूलगाँवों में इन 57 प्रतिशत प्रवासी श्रमिकों के पैतृक परिवारों में से कोई न कोई सदस्य (पिता, बड़ा भाई, चाचा या अन्य निकट का सम्बन्धी) पटेल, सरपंच, मुखिया, गुनिया (Medicinal), कोतवार आदि हैं। इन 18 परिवारों में से 16 भूमिधारी हैं, जिनकी भू-धारक सीमा 10 एकड़ से 50 एकड़ से अधिक के बीच की है। आठ भूमिहीनों में केवल एक ही सरपंच है, जबकि दूसरा कोतवार है। (तालिका-2) इस प्रकार 87.5 प्रतिशत भूमिहीनों का ग्राम-नेतृत्व में कोई स्थान नहीं है। दूसरी ओर 24 भू-धारियों में से 16 श्रमिक परिवारों अथवा लगभग 67 प्रतिशतों का ग्राम नेतृत्व में स्थान है।

इसी प्रकार शिक्षा के क्षेत्र में भी भूमिहीन भू-धारियों से पिछड़े हुए हैं। आठ भूमिहीनों में से केवल दो ही शिक्षित हैं, जबकि दो में से एक आठवीं से अधिक नहीं पढ़ सका है। यानी 75 प्रतिशत निरक्षर हैं। इसके विपरीत 24 भू-धारी परिवारों में से 9 प्रवासी श्रमिक शिक्षित हैं, जिनमें से 4 ऐसे हैं जो दूसरी से अधिक शिक्षा प्राप्त करने में सफल हो सके हैं। (तालिका-3) चार में से एक ऐसा प्रवासी श्रमिक है जो डिप्लोमा धारी है। इस प्रकार 37.5 प्रतिशत भू-धारी शिक्षित हैं। यद्यपि, शिक्षा का प्रतिशत कोई बहुत बड़ी विषमता भूमिहीनों व भू-धारकों के बीच नहीं दर्शाता है। परन्तु, शिक्षा स्तर से यह विषमता ज़रूर स्पष्ट हो जाती है। यहाँ यह स्पष्ट कर देना आवश्यक होगा कि भू-धारी परिवारों में शिक्षा के कम प्रतिशत का यह अर्थ नहीं कि उनमें शिक्षा प्राप्ति की सामर्थ्य नहीं है, बल्कि आदिवासी-समाज में आधुनिक शिक्षा अपेक्षित रूप में न तो लोकप्रिय हो पाई है, और न ही स्वीकार्य है।

प्रवासी श्रमिकों ने उपर्युक्त आर्थिक-सामाजिक उद्‌गम के विश्लेषण से यह धारणा स्वत: ही स्थापित हो जाती है कि प्रवासन एक स्वतंत्र प्रक्रिया नहीं है। उसके गतिविज्ञान को समझने के लिए यह आवश्यक है कि हम मूल भौतिक शक्तियों तथा मानव निर्मित सामाजिक संस्थाओं पर पड़ रहे उनके प्रभावों को गहराई से समझें।

हम देख चुके हैं कि आदिवासी समाज के पारम्परिक नेतृत्व तंत्र पर वही वर्ग हावी है, जिसका कि आर्थिक शक्तियों पर नियंत्रण है। इस प्रकार यही वर्ग आदिवासी समाज की सांस्थानिक शक्तियों का नियंत्रक है। स्वाभाविक है, इसकी सामाजिक गतिशीलता भी अपेक्षाकृत अधिक होगी। यह गतिशीलता शिक्षा, विस्थापन व प्रवासन की प्रक्रिया, नई व्यवस्था के साथ सम्प्रेषण तथा नव मूल्यों के ग्रहण में परिलक्षित होती है। अत: यह परिकल्पना कि पिछड़े क्षेत्रों में औद्योगिकीकरण का लाभ उन्हीं तबको तक पहुँच सका है, जो पहले से ही स्थानीय या क्षेत्रीय व स्थानीय सम्पन्नता (पारम्परिक अर्थव्यवस्था के सन्दर्भ में) की दृष्टि से आगे बढ़े हुए थे, स्वत: सिद्ध हो जाती है।

प्रवासनोन्मुख वर्ग

प्रवासन की प्रक्रिया को और गहराई से समझने के लिए उसके उद्गम बिन्दुओं तक पहुँचा गया। इसके लिए तहसील के अग्र एवं पश्च क्षेत्रों में स्थित 18 गाँवों के 21 मुखियाओं, पटेल, सरपंच, पंच, प्रमुख, कोतवार, गुनिया आदि का साक्षात्कार किया गया। चूँकि आज भी यह नेतृत्व वर्ग ग्राम-व्यवस्था को एक सीमा तक निर्णायक स्तर पर नियंत्रित करता है, अत: प्रवासन-प्रक्रिया को भी यह प्रभावित करता है। यह देखने में आया है कि आज भी पश्च व दूरवर्ती गाँवों में जब कोई आदिवासी किसी कार्यवश अपने गाँव से बाहर जाता है तो वह पटेल या सरपंच आदि से मिलकर जाता है। लौटने पर ग्राम नेतृत्व को अपने कार्य-परिणाम से अवगत कराता है। माँझी का पद सामन्तशाही की देन है। बस्तर के सामन्ती शासक माँझी के माध्यम से अग्र व पश्च क्षेत्रों में आदिवासियों पर कड़ा नियंत्रण रखते थे। 1910 में जिले में आदिवासी विद्रोह के बाद इस पद का महत्त्व बढ़ गया था।*

राजा ने अपने कृपापात्रों को माँझी नियुक्त किया। इसके अधीन अनेक गाँव व पटेल रखे गए। अत: ग्राम सत्ता व्यवस्था में इसे महत्त्वपूर्ण स्थान मिल गया। यद्यपि सरकारी स्तर पर अब यह समाप्त कर दिया गया है, परन्तु आज भी इसका पारम्परिक प्रभाव यथावत है। कभी-कभी ऐसा भी देखा गया है कि मुखिया के द्वारा विरोध करने पर वह उस कार्य को नहीं करता है। ऐसी स्थिति में यदि कोई आदिवासी काम की तलाश में बैलाडीला अयस्क क्षेत्र में आता है तो निश्चित ही उसकी जानकारी ग्राम नेतृत्व को रहती है। ग्राम-नेतृत्व की इस स्थिति को ध्यान में रखकर प्रवासनोन्मुख

* कोतवार एक प्रकार का अर्द्ध सरकारी कर्मचारी है। राजशाही के युग में इस पद की शुरुआत हुई थी। आज तक इसे तहसील खजाने से मामूली वेतन मिलता है। यह एक प्रकार का ग्राम चौकीदार है, जिसका काम निरीक्षण दौरे पर आए सरकारी अधिकारियों एवं कर्मचारियों की सुख-सुविधा का ध्यान रखना है। इसके अतिरिक्त गाँव में कोई घटना होने पर पुलिस को सूचित करना। परन्तु, कोतवार को ग्राम-नेतृत्व में कोई विशेष महत्त्व नहीं दिया जाता है।

वर्ग के सम्बन्ध में उसके दृष्टिकोण को जानना आवश्यक हो गया। यह गाँव किरंदूल औद्योगिक बस्ती की विभिन्न दूरियों पर स्थित है। यह वह गाँव है, जहाँ से औद्योगिक क्षेत्र को मानव-श्रम का निर्यात होता है। यह मानव-श्रम स्थायी भी होता है, अस्थायी भी तथा सामयिक (Seasonal) भी। ये दूरियाँ एक से लेकर 50 किलोमीटर के बीच की हैं।

इस विभिन्न स्तरीय ग्राम नेतृत्व के अनुसार जो प्रवासनोन्मुख वर्ग है, उनमें पहला है निर्धन-आदिवासी भू-धारी (जिनके पास 14 एकड़ तक की भूमि है)। इसके बाद भूमिहीन का स्थान है। दोनों में केवल 5 प्रतिशत का अन्तर है। (तालिका-4)

ग्राम नेतृत्व के अनुसार प्रवासनोन्मुख वर्ग

श्रेणी स्थान	प्रवासनोन्मुख वर्ग
I	निर्धन आदिवासी भू-धारी
II	भूमिहीन आदिवासी
III	अशिक्षित आदिवासी लड़कियाँ
IV	शिक्षित युवक एवं दस्तकार

दोनों वर्गों की समान श्रेणियाँ आई हैं। दोनों के पास एक अर्जित दक्षता है, जिसकी उपयोगिता समान रूप से किसी न किसी रूप में औद्योगिक क्षेत्र में है। प्रवासी आदिवासी युवतियों के सम्बन्ध में अलग से चर्चा की गई है।

पश्चात भूमिहीनों का वर्ग है। इतना ही नहीं, दोनों स्थानों में इन दोनों वर्गों के बीच का अन्तर भी केवल क्रमश : 6 व 5 प्रतिशत का है। यही सादृश्यता मँझोले व ऊँचे भूमिधारी आदिवासी प्रवासी श्रमिकों तथा प्रवासनोन्मुख श्रमिकों के सम्बन्ध में पाई जाती है। दोनों समूहों के मँझोले व ऊँचे भू-धारी आदिवासियों का प्रतिशत अन्तर दोनों समूहों के भूमिहीन व निर्धन आदिवासी भू-धारियों के वर्गों के प्रतिशत से निकाला जाए तो लगभग प्रतिशत अन्तर समान रहता है।

इन दोनों समूहों के वर्गों के बीच सादृश्यमूलक प्रतिशत-अन्तर से यह स्थिति स्पष्ट हो जाती है कि प्रवासन प्रक्रिया से निर्धन व भूमिहीन किसान (संयुक्त रखने पर) अधिक प्रभावित हुए हैं। यह अनुभवजन्य तथ्यता है कि छोटे व निर्धन भू-धारी प्रवासी भी कालान्तर में भूमिहीनों के वर्ग में शामिल हो गए हैं। दोनों ने ही शहर में जाकर 'सर्वहारा' एवं 'अर्द्धसर्वहारा' की संख्या बढ़ाई है। इस विवेचन से प्रवासी आदिवासी श्रमिकों तथा प्रवासनोन्मुख आदिवासियों के मध्य दो प्रकट वर्ग : (क) सम्पतिहीन (ख) सम्पतियुक्त सामने आते हैं। यद्यपि यह वर्गीय विषमता उतनी मुखर नहीं है, जितना कि हम उन्नत अर्थ व्यवस्था के अन्तर्गत देखते हैं। फिर भी इस विषमता के लाक्षणिक प्रभाव औद्योगिक बस्ती के प्रवासी श्रमिकों में अवश्य देखने को मिलते हैं।

प्रवासन-कारण

प्रवासी श्रमिकों तथा आदिवासी ग्रामीण नेतृत्व द्वारा प्रवासन के जो कारण दिए गए हैं, उनसे भी यह तथ्य स्थापित होता है कि पिछड़े क्षेत्रों में जहाँ कृषि को लाभकर बनाने की सुविधाएँ (सिंचाई, खाद, बीच, कृषि उपकरण आदि) नहीं हैं वहाँ अपर्याप्त भूमि एवं अलाभकर कृषि तेजी के साथ आदिवासियों को भू-जोतकों से शहरी श्रम विक्रेता बनाती जा रही है। दोनों समूह द्वारा निगाए गए इन कारणों में भी प्रतिशत सादृश्यता पाई जाती है। कारणों की श्रेणीवार स्थिति इस प्रकार है :

तालिका-5

प्रवासन कारण

क्र.	कारण	प्रवासी श्रमिक श्रेणी स्थान	नेतृत्व वर्ग श्रेणी स्थान
1.	अपर्याप्त भूमि एवं अलाभकर कृषि	I	I
2.	निर्धनता	II	II
3.	गाँव में उन्नति के अवसरों का अभाव	IV	II
4.	आदिवासियों को भी उद्योग से लाभ होना चाहिए।	III	X
5.	आधुनिक रहन-सहन के प्रति आकर्षण	X	III

उपर्युक्त स्थिति से यह स्पष्ट है कि दोनों समूह आदिवासी क्षेत्रों में कृषि स्थिति तथा ग्रामीण निर्धनता के सवाल पर एकमत हैं। इस प्रकार दोनों समूहों के प्रवासी श्रमिकों एवं प्रवासनोन्मुख आदिवासियों के वर्ग तथा कारणों के विश्लेषण में सादृश्य मूलक स्थिति अन्त में जाकर कारण व प्रभाव के बीच अन्तर्निहित सम्बन्धों की तारतम्यता स्थापित कर देती है। जहाँ तक अन्य कारणों में श्रेणी स्थान विभिन्नता का प्रश्न है उसका सम्बन्ध प्रवास अवधि तथा पर्यावरण से है। उदाहरण के लिए, जब प्रवासी श्रमिक कारण जो कि औसतन ग्रामीण भारतीय के लिए भी एक पारम्परिक समस्या है, कारण-5 की तुलना में चौथा स्थान देता है, तो इससे उसके औद्योगिकीकरण की उपयोगिता के बोध का परिचय मिलता है। क्योंकि प्रवास की एक लम्बी अवधि के पश्चात् अधिकांश श्रमिकों के लिए कारण-3 जोकि एक समस्या भी है, का रूपान्तरण कारण-4, जिसके अन्दर समस्या का समाधान भी निहित है, में माना जा सकता है। चार श्रमिक कारण-4 के पक्ष में हैं, जबकि दो कारण-3 के।

जहाँ तक नेतृत्व वर्ग का प्रश्न है, उसने कारण-4 को कारण-5 के रूप में व्यक्त किया है। क्योंकि नेतृत्व वर्ग का औद्योगिक बस्ती से कोई प्रत्यक्ष सम्बन्ध नहीं है। वह प्रवासी प्रवास की एक लम्बी अवधि के पश्चात् अधिकांश श्रमिकों के

लिए कारण-3 जोकि एक समस्या भी है, का रूपान्तरण कारण-4, जिसके अन्दर समस्या का समाधान भी निहित है, में माना जा सकता है। चार श्रमिक कारण-4 के पक्ष में हैं, जबकि दो कारण-3 के।

जहाँ तक नेतृत्व वर्ग का प्रश्न है, उसने कारण-4 को कारण-5 के रूप में व्यक्त किया है। क्योंकि नेतृत्व वर्ग का औद्योगिक बस्ती से कोई प्रत्यक्ष सम्बन्ध नहीं है। वह प्रवासी श्रमिकों तथा प्रवासनोन्मुख आदिवासियों की दृष्टि से किरंदूल व बछेली की औद्योगिक बस्तियों को जानता है। अतः वह औद्योगिक बस्ती के उत्पादन सम्बन्धों की प्रत्यक्ष-परिधि से बाहर है, परन्तु वह सम्बन्धों के व्यवहार के सम्पर्क दायरे में आ चुका है। यह सम्पर्क विभिन्न माध्यमों से स्थापित होता है। उदाहरण के लिए, प्रवासी श्रमिकों की यदा-कदा ग्राम यात्रा, सामाजिक प्रवासी श्रमिकों द्वारा विवरण आदि इत्यादि। संक्षेप में वह नई व्यवस्था की बाह्य सतह से जुड़ा हुआ है। अतः नेतृत्व वर्ग की प्रतिक्रिया अनुभवात्मक न होकर सम्पर्कात्मक होगी। दूसरी तरफ प्रवासी श्रमिक औद्योगिक क्षेत्रों में स्वयं उत्पादन प्रक्रिया से जुड़ चुका है। अतः नई उत्पादन व्यवस्था के सम्बन्ध में इसका दृष्टिकोण अनुभवात्मक अभिव्यक्ति लिए हुए है। दोनों ही समूहों ने इन कारणों को समान श्रेणी स्थान III दिया है। इस प्रकार कारण-4 एवं कारण-5 में अप्रत्यक्ष रूप से अन्तर्निहित सम्बन्ध हैं।

प्रवासी श्रमिकों के वर्ग आधार तथा प्रवास के कारणों में भी सहसम्बन्धता पाई जाती है। भूमिहीन तथा निर्धन भू-धारी आदिवासी प्रवासी श्रमिकों ने अपर्याप्त भूमि एवं अलाभकर कृषि तथा निर्धनता को अन्य कारणों की तुलना में प्राथमिकता दी है। दूसरी तरफ मँझोले एवं ऊँचे भू-धारी श्रमिकों ने कारण-4 को प्राथमिकता दी है। इन दोनों कारणों से आभास मिलता है कि इस वर्ग के सामने प्रवास एकअर्थक विवशता नहीं थी। दूसरी ओर निर्धन वर्ग के 3 प्रतिशत प्रवासी श्रमिक ने प्रवासन की आय से गाँव में अपनी कृषि को विकसित करने का कारण भी दिया है।

आदिवासियों की प्रवासनगति पर औद्योगिक बस्ती से मूल गाँव की दूरी का भी प्रभाव पड़ता है। जो क्षेत्र बैलाडीला औद्योगिक संस्कृति के प्रत्यक्ष प्रभाव दायरे में हैं, वहाँ के आदिवासी जहाँ अपने जीवन निर्वाह के लिए औद्योगिक बस्ती में श्रम बेचते हैं, वहीं बस्ती के गैर-आदिवासियों की आधुनिक जीवन-शैली भी उन्हें प्रवासित होने के लिए प्रेरित करती है।

औद्योगिक बस्ती से अग्र व पश्च क्षेत्रों के गाँवों के नेतृत्व वर्ग के अनुसार निर्धनता तथा दयनीय कृषि-व्यवस्था के साथ-साथ आधुनिक जीवन के प्रति आकर्षण एवं कृषि से नौकरी श्रेष्ठ है, भी आदिवासी को समान रूप से प्रवासन के लिए प्रेरित करते हैं।

परन्तु जैसे-जैसे दूरी बढ़ती जाती है, प्रभाव-दायरा सिकुड़ता चला जाता है, वैसे-वैसे जीवन की वास्तविक व बुनियादी समस्याएँ व्यक्ति को जकड़ती चली गई हैं।

5 किलोमीटर के पश्चात दयनीय कृषि स्थिति निर्धनता, और गाँवों में उन्नति के अवसरों का अकाल प्रवासन की प्रक्रिया को संचालित करते हैं। यहाँ आधुनिक जीवन के प्रति आकर्षण का कारण गौण बन गया है।

प्रवासन के इस सम्पूर्ण गतिविज्ञान (Dynamics) का विवेचन करने पर निम्न निष्कर्ष सामने आते हैं :

1. प्रवासनोन्मुख व्यक्ति या वर्ग की सामाजिक गतिशीलता (Social Mobility) एक स्वतंत्र प्रक्रिया न होकर उसके मूल आर्थिक आधारों की गति क्षमता पर निर्भर है। फलस्वरूप प्रवासन प्रक्रिया इन आधारों से अधिक नियंत्रित हुई है।
2. अग्र व पश्च दोनों ही क्षेत्रों में पिछड़ापन है। रोजगार के साधनों का अभाव है परन्तु, अग्र क्षेत्रों की अपेक्षाकृत पश्च क्षेत्र आर्थिक दृष्टि से अधिक पिछड़े हुए हैं।
3. अग्र व पश्च दोनों ही क्षेत्रों में पर्याप्त कृषि साधनों का अभाव है, फलस्वरूप कृषि एक अलाभकर व्यवसाय बन गई है। इस स्थिति से निम्न व मँझोले भू-धारी ऊँचे भू-धारियों ही अपेक्षाकृत अधिक प्रभावित हुए हैं।
4. पश्च क्षेत्रों की अपेक्षाकृत अग्र क्षेत्रों के व्यक्तियों की सामाजिक गतिशीलता अधिक है। उनमें नई अर्थव्यवस्था से लाभ उठाने की क्षमता अधिक है।
5. निम्न भूधारियों का तेजी के साथ भूमिहीन में रूपान्तरण कालान्तर में शहरी सर्वहारा या अर्द्धसर्वहारा में शामिल होने का मार्ग प्रशस्त करता है।
6. आदिवासी विकास परियोजनाओं का इन क्षेत्रों, विशेष रूप से पश्च क्षेत्रों में परिणात्मक प्रभाव का पूर्ण अभाव है।
7. विकास परियोजना की असफलताएँ भी प्रवासन गति को हवा देती हैं।
8. प्रवासन और औद्योगिकीकरण परिदृश्य से नए प्रकार के अन्तर्विरोध जन्म ले रहे हैं जोकि सामाजिक असन्तुलन व विस्फोटों के कारण बन सकते हैं।

नकारात्मक प्रभाव

जब सामाजिक प्रतिबद्धता से विहीन कोई भी शक्तिशाली अर्थव्यवस्था, जिसकी बुनियाद केवल 'लाभ अर्जन' हो और उसे नीति निर्माता वर्ग ने सिद्धान्त व व्यवहार के रूप में स्वीकार कर लिया हो, कमजोर समाजों के बीच पहुँचती है तब वहाँ की पारम्परिक संस्थाएँ प्रभावित हुए बिना नहीं रह सकतीं। धीरे-धीरे वह अपने मूल आधारों से कटने लगती हैं। उनका बिखराव शुरू हो जाता है। अन्त में वह उन नकारात्मक मूल्यों को अपनाने लगती हैं, जो शक्तिशाली अर्थव्यवस्था द्वारा प्रतिपादित हैं।

आज यही प्रक्रिया दंतेवाड़ा तहसील के आदिवासी क्षेत्रों में दिखाई देती है। जब से इस क्षेत्र में आधुनिक अर्थव्यवस्था का आगमन हुआ है, यहाँ की पारम्परिक संस्थाओं में आर्थिक, सामाजिक, सांस्कृतिक आदि में 'बिखराव' का सिलसिला चल पड़ा है। आधुनिक आर्थिक शक्तियाँ तेजी से इस समाज के मूल आधारों को 'हस्तगत' करती रही हैं।

इस शक्तिशाली अर्थव्यवस्था द्वारा जनित नकारात्मक प्रभावों तथा प्रभाव क्षेत्रों को जानने के लिए प्रवासी श्रमिकों व ग्राम नेतृत्व के अतिरिक्त अन्य आदिवासी व गैर-आदिवासी व्यक्तियों से सम्पर्क स्थापित किया गया। अग्र व पश्च क्षेत्रों के विभिन्न अवसरों साप्ताहिक हाट, पंचायत, अंगा, पूजा, विवाह, कृषि-कार्यों (कटनी व बुवाई), सरकारी अधिकारियों के निरीक्षण के दौरान, भू-नीलामी आदि वन कटाई इत्यादि, का अवलोकन कर इन प्रभावों के दबावों को अनुभव करने का प्रयास किया गया।

सबसे पहले हम उन प्रभावों का विवेचन करेंगे जिनका दबाव प्रवासी श्रमिक एवं नेतृत्व वर्ग सबसे अधिक महसूस करते हैं। स्थिति को और भी स्पष्ट करने के लिए इन प्रभावों को मुख्य रूप से दो वर्गों में विभाजित कर सकते हैं। पहले वर्ग के अन्तर्गत ऐसे प्रत्यक्ष प्रभाव रखे जा सकते हैं जिन्होंने आदिवासी समाज की आन्तरिक संरचना को प्रभावित किया है। दूसरे वर्ग के अन्तर्गत उन प्रभावों को शामिल किया जा सकता है जो प्रत्यक्ष प्रभावों द्वारा जनित हैं। इन्हें 'उपप्रभाव' भी कहा जा सकता है जिनका सम्बन्ध आदिवासी समाज की बाह्य संरचना से है।

इस प्रकार दोनों प्रभावों के बीच एक संरचनात्मक अन्तर्सम्बन्धता। (Structural Inter rlationship) है।

प्रवासी श्रमिकों तथा ग्रामीण नेतृत्व वर्ग द्वारा संयुक्त रूप से उल्लेखनीय प्रभाव इस प्रकार हैं :

(क) अर्थव्यवस्था

(I) आदिवासियों की परम्परागत अर्थव्यवस्था को अपूर्णीय क्षति।
(II) कृषि व्यवस्था को आघात
(III) भू-विलगन (Land Alienation)
(IV) जलप्रदूषण (नदी के पानी का लाल हो जाना)
(V) वन कटाई (Deforestation)
(VI) निर्धनता में वृद्धि

(ख)

(I) आदिवासी युवतियों का आधुनिक सभ्यता के प्रति आकर्षण, फलस्वरूप आदिवासी समाज का परित्याग
(II) बाहरी व्यक्तियों द्वारा आदिवासी युवतियों का शोषण।

(ग) अन्य प्रभाव

(I) महँगाई

(II) बाहरी व्यक्तियों द्वारा शराब-व्यापार

(III) शहरी अपराधों का बढ़ना

वैसे देखा जाए तो इन उपर्युक्त सभी समस्याओं को औद्योगिकीकरण की 'देन' कहना भी गलत होगा। वास्तव में इनमें से अधिकांश समस्याएँ, (भू-विलगन, कृषि व वन उत्पादों का मनमाना दोहन, मानव श्रम का शोषण, अन्य स्थानीय आर्थिक स्रोतों का हस्थगन) आदि आदिवासी के लिए उतनी ही पुरानी हैं जितना कि आधुनिक सभ्यता या अर्थव्यवस्था के प्रतिनिधियों (बाहरी हाकिम, व्यापारी, महाजन, ठेकेदार आदि) द्वारा इस न्यूनतम विषमता वाली अर्थव्यवस्था का अतिक्रमण। परन्तु औद्योगिकीकरण से इन परम्परागत अतिक्रमणकारी शक्तियों की स्थिति पहले से अधिक 'मजबूत' अवश्य हुई है। इन्हें एक नया आयाम मिला है। शोषण के नए रूप सामने आए हैं। क्योंकि औद्योगिक अर्थव्यवस्था निश्चित ही उस सामन्ती अर्थव्यवस्था से प्रत्येक दृष्टि से विकसित एवं शक्तिशाली है, जिसका प्रतिनिधि बनकर पचास-साठ वर्ष पूर्व उत्तर प्रदेश, उड़ीसा, राजस्थान आदि प्रदेशों के ब्राह्मण, ठाकुर और मारवाड़ी तिजारती इस क्षेत्र में आए थे। इस नई अर्थव्यवस्था के आगमन से शोषण के जिन प्रभावों का सामना आदिवासियों को करना पड़ रहा है, वे हैं :

1. मुनाफाखोरी व परजीविता पर आधारित नई 'मूल्य-संस्कृति' का आरोपण।
2. पाइकमन (बाहरी व्यक्तियों) द्वारा आदिवासी युवतियों का कमोडिटी के रूप में इस्तेमाल।
3. स्थानीय 'स्किल' व श्रम शक्ति का व्यापक पैमाने पर 'कच्चे माल' का क्षेत्र बन जाना।
4. महँगाई
5. शहरी अपराधों की शुरुआत।

पर्यावरण प्रदूषण के अतिरिक्त जो सबसे ताजा, परन्तु गम्भीर समस्या सामने आई है, वह है पानी का प्रदूषण। कच्चे लोहे की धुलाई के कारण दंतेवाड़ा तहसील के आदिवासियों की जीवन आधार नदी 'शंकनी' और 'डंकनी' नदियों का समस्त पानी आज लाल हो गया है, खेती चौपट होने लगी।

अब आइए, इन प्रभावों का सिलसिलेवार विश्लेषण करें। प्रारम्भ में प्रमुख प्रभावों के सम्बन्ध में प्रवासी वर्ग और ग्रामीण नेतृत्व वर्ग की तुलनात्मक प्रतिशत स्थिति पर चर्चा की जाएगी। बाद में इन्हीं प्रभावों के विभिन्न पक्षों के सम्बन्ध में विस्तार से विवेचन किया जाएगा।

चूँकि बहुमत प्रवासी श्रमिकों का पैतृक व्यवसाय कृषि रहा है, अतः उन्होंने सबसे अधिक प्रभाव इसी क्षेत्र में अनुभव किए हैं। लगभग सभी वर्ग के प्रवासी

आदिवासियों ने एक स्वर से कृषि व्यवस्था को जो हानि हुई पहुँची है, के विरुद्ध आवाज उठाई है, और तुरन्त निराकरण की माँग की है। ग्रामीण नेतृत्व वर्ग ने भी इस क्षति के लिए जिम्मेदार कारणों को दूर करने की माँग की है।

इस श्रेणी के उपप्रभावों के अन्तर्गत 'जलप्रदूषण' को कृषि के नुकसान के लिए प्रमुख रूप से जिम्मेदार माना गया है। 91 प्रतिशत श्रमिकों ने इस प्रभाव के तुरन्त वांछित समाधान की माँग सरकार व राष्ट्रीय खनिज विकास निगम (एन.एम.डी.सी.) से की है। इसी प्रकार ग्रामीण नेतृत्व वर्ग के 77 प्रतिशत व्यक्तियों ने जल प्रदूषण को कृषि क्षति के लिए प्रमुख रूप से दोषी माना है।

इसके पश्चात दोनों वर्गों ने जो प्रभाव सबसे अधिक गहरा अनुभव किया है, वह है 'भू-विलगन' अथवा 'भू-लूट'। लगभग 28 प्रतिशत श्रमिकों और 20 प्रतिशत नेतृत्व वर्ग ने भू-लूट को रोकने के लिए सशक्त कदम उठाने की माँग की है।

अन्य उपप्रभावों में हैं :परम्परागत उद्योग धन्धों का चौपट हो जाना; वन - कटाई; सस्ती श्रम दरों पर आदिवासी श्रम की खरीद; यातायात के साधनों के विस्तार से आदिवासियों का चौमुखी शोषण; असामाजिक तत्त्वों का पश्च क्षेत्रों में प्रवेश आदि। 31 प्रतिशत श्रमिकों ने आदिवासी अर्थव्यवस्था को क्षति पहुँचाने के लिए इन कारणों को जिम्मेदार ठहराया है। इसके विपरीत 67 प्रतिशत नेतृत्व वर्ग ने इन कारणों को दोषी माना है।

आन्तरिक संरचना से जुड़े इन प्रत्यक्ष प्रभावों के पश्चात जिन उपप्रत्यक्ष प्रभावों को गिनाया जा सकता है, उनमें सबसे अधिक गहरा व घातक माना गया है-बाहरी व्यक्तियों द्वारा आदिवासी युवतियों का शोषण। इस प्रश्न पर दोनों वर्गों में प्राय: प्रतिशत समानता पाई जाती है। प्रवासी श्रमिकों तथा नेतृत्व वर्ग में से क्रमश : 88 प्रतिशत एवं 91 प्रतिशत व्यक्तियों ने इसे आदिवासी समाज के विरुद्ध आधुनिक सभ्यता व औद्योगिक अर्थव्यवस्था द्वारा किए गए एक अक्षम्य अपराध की संज्ञा दी है।

जिन तीसरे किस्म के प्रभावों को अनुभव किया जा रहा है उनका सीधा सम्बन्ध बैलाडीला की औद्योगिक सभ्यता से है। ये प्रभाव हैं :

1. महँगाई
2. बाहरी व्यक्तियों द्वारा शराब व्यापार और
3. शहरी अपराधों (जुआ, तस्करी, बलात्कार आदि) की शुरुआत।

प्रवासी श्रमिकों में से 37 प्रतिशत से अधिक व्यक्ति महँगाई के दबाव को अनुभव कर रहे हैं, जबकि 6 प्रतिशत से अधिक शराब व्यापार और अपराधों के प्रभाव को समान रूप से अनुभव कर रहे हैं।

दूसरी तरफ 71 प्रतिशत नेतृत्व महँगाई की समस्या के दबाव को अनुभव कर रहा है, जबकि 14 प्रतिशत से अधिक शराब व्यापार और अपराधों के प्रभाव का समान रूप से सामना कर रहे हैं।

आइए, अब इन प्रभावों के सम्बन्ध में विस्तार से विवेचन करें। इस दृष्टि से, सर्वप्रथम भू-विलगन की समस्या का विवेचन किया जाता है।

भू-विलगन

देश के समस्त आदिवासी व अन्य पिछड़े क्षेत्र भू-विलगन की समस्या से समान रूप से ग्रस्त हैं। वास्तव में भू-विलगन की परिघटना आज की न होकर यह तब से अस्तित्व में आई जब से विकसित सांस्कृतिक शक्तियों से लैस व्यक्तियों की इन क्षेत्रों में घुसपैठ शुरू हुई, जिन्होंने कालान्तर में भूमि को 'कमोडिटी' का रूप दे डाला। पिछले दो दशकों में इस समस्या के निराकरण की दृष्टि से विभिन्न विरोधात्मक कानून ज़रूर बनाए गए। बावजूद इसके, भू-विलगन की गति कम होने के स्थान पर और बढ़ती गई है।*

भू-विलगन में हुई निरन्तर वृद्धि की पुष्टि विभिन्न सरकारी प्रतिवेदनों, आदिवासी शोध संस्थाओं के शोध प्रतिवेदनों तथा विभिन्न स्वतंत्र शोध प्रबन्धों से की जा सकती है। यहाँ तक कि पिछले वर्ष बम्बई में तथा इस वर्ष कलकत्ता में आदिवासी क्षेत्रों की समस्याओं पर आयोजित सेमिनारों में विभिन्न सरकारी अधिकारियों और बुद्धिजीवियों ने भी अपने शोध पेपरों में 'भू-विलगन' में हुई वृद्धि तथ्य को सामने रखा है। बम्बई के सेमीनार में बस्तर के तत्कालीन जिलाधीश प्रदीप बैजल ने भी अपने शोध पेपर "Land Alienation Among Tribals a study in Bastar Distt" में जिले में व्यापक पैमाने पर बाहरी लोगों द्वारा आदिवासियों के 'भू-हस्थगन' की सच्चाई को स्वीकार किया है। साफ तथा आम भाषा में भू-विलगन 'भू-लूट' ही का एक परिष्कृत पर्याय से अधिक कुछ भी नहीं है। बस्तर में भू-लूट का सिलसिला बहुत पुराना है। पिछली शताब्दी के अन्तिम चरणों तथा वर्तमान शताब्दी के प्रारम्भिक वर्षों में पाइकमन (बाहरी लोग) ने विभिन्न हथकंडों से यह 'भू-लूट' आरम्भ की थी। बाहरी लोगों ने पश्च क्षेत्रों में घुसपैठ कर आदिवासियों के पारम्परिक जीवन आधारों, जिसमें भूमि भी शामिल थी, को हस्थगत करना शुरू कर दिया था। इस लूट में तत्कालीन अधिकारी व गैर अधिकारी वर्ग, दोनों समान रूप से शामिल थे। कुल मिलाकर दोनों वर्ग एक दूसरे के पूरक रहे। तब से शुरू लूट का सिलसिला विभिन्न चरणों एवं रूपों में आज तक चलता आ रहा है। 'मालिक मकबूजा' अथवा इमारती लकड़ियों का व्यापार ने भी भू-विलगन की प्रक्रिया को और तेज किया है।

---

* आज देश के आदिवासी क्षेत्रों में जोतदार आदिवासियों का प्रतिशत पिछले दस वर्ष में 68.15 से घटकर 57.06 पर आ गया है। इसके साथ ही खेतिहर आदिवासी श्रमिकों की संख्या में उल्लेखनीय वृद्धि हुई है। 1961 में खेतिहर श्रमिकों का प्रतिशत 19.73 का जबकि 1971 में 33 प्रतिशत हो गया है। मध्य प्रदेश में इसी अवधि में यह प्रतिशत क्रमश : निम्न रहा है : 72.45, 62.02, (कृषक) और 20.43 एवं 33.02 (श्रमिक)

जब से औद्योगिक अर्थव्यवस्था का इस क्षेत्र, विशेषतः दंतेवाड़ा तहसील, में प्रवेश हुआ है, तबसे यह प्रक्रिया और भी तेज हो गई है। आज यह समस्या और भी गम्भीर होती जा रही है। क्योंकि एक तरफ बैलाडीला क्षेत्र में एन.एम.डी.सी. के काम का विस्तार तेजी के साथ होता जा रहा है, दूसरी तरफ इसी तहसील के गीदम विकासखंड में ही 'इन्द्रावती नदी' पर प्रस्तावित 'हाईडल प्रोजेक्ट' के निर्माण की योजना है। फलस्वरूप औद्योगिकीकरण में वृद्धि के साथ-साथ भू-विलगन में फिर से तेजी आएगी ही। इस पृष्ठभूमि में प्रवासी श्रमिक तथा नेतृत्व वर्ग दोनों ही, भू-विलगन के दबावों को गम्भीरता के साथ महसूस कर रहे हैं।

सामाजिक आर्थिक परिप्रेक्ष्य में भू-विलगन के प्रभाव

अब यहाँ पर हम भू-विलगन के प्रभाव के सम्बन्ध में वर्गों के सामाजिक आर्थिक परिप्रेक्ष्य में कारण व प्रभाव की अन्तरसम्बन्धता का विवेचन करेंगे। जैसा कि पूर्व में कहा जा चुका है कि 28.1 प्रतिशत प्रवासी श्रमिक तथा 20 प्रतिशत नेतृत्व वर्ग भू-विलगन समस्या के दबाव महसूस कर रहे हैं।

भू-विलगन के प्रभाव को जिस वर्ग ने सबसे अधिक महसूस किया है, वह भूमिहीन प्रवासी श्रमिकों का है। लगभग 62 प्रतिशत ऐसे प्रवासी श्रमिक हैं, जो इस समस्या के शिकार हुए हैं। उसके बाद छोटे व निर्धन भू-धारियों का स्थान आता है। लगभग 25 प्रतिशत व्यक्ति इस प्रभाव के दबाव को अनुभव कर रहे हैं। इतना ही नहीं, 10 से 25 एकड़ भूमि के बीच भू-धारियों में से भी लगभग 20 प्रतिशत व्यक्ति इस समस्या से पीड़ित हैं। इसका अर्थ यह हुआ कि 60 प्रतिशत प्रवासी श्रमिक पहले भूमिहीन नहीं थे, बल्कि वे किसी न किसी में रूप भू-धारी थे। परन्तु वह अपनी भूमि की बाहरी शक्तियों के दबाव के सामने रक्षा नहीं कर सके। औद्योगिक सर्वहारा बनने से पूर्व ही वह अपनी भूमियाँ खो बैठे थे और भूमिहीनों की कतारों में शामिल हो चुके थे। यदि भू-विलगन के विरुद्ध उन्हें सुरक्षा मिलती तो शायद वे अपने मूल आधारों से किसी न किसी रूप में जुड़े रहते और उनका उपयोग जारी रखते। यह भी देखने में आया है कि इन भूमिहीन श्रमिकों का गाँव के साथ सम्बन्ध भी तेजी के साथ शिथिल पड़ते जा रहे हैं। क्योंकि गाँव की आर्थिक संरचना से वह प्रायः कट चुके हैं। नई आर्थिक संरचना के अन्तर्गत ही वह अपने नए जीवन आधार तलाशते हैं। यह सच भी है कि व्यक्ति के भौतिक हित उसकी सामाजिक गतिशीलता को प्रभावित करते रहते हैं।

दूसरी तरफ छोटे व निर्धन किसान के सम्बन्ध में दो स्थितियाँ स्पष्ट हैं। पहली, इनमें से कुछ ने अपनी भूमियाँ खोई हैं, जिसके कारण शेष बची भूमि की उत्पादन क्षमता स्वतः ही कम हो गई। फलस्वरूप पुश्तैनी धन्धा छोड़कर उन्हें मजदूर बनना पड़ा। दूसरा, कुछ शायद अधिकांश ऐसे हैं जो कि भू-विलगन के कारण आज

भूमिहीनता की ओर अग्रसर हैं। सम्भवत: कालान्तर में भूमिहीन बनने के खतरे से बचाव के लिए आज वे किरंदूल या बछेली में काम कर रहे हैं। यह पहले ही लिखा जा चुका है कि 11प्रतिशत से अधिक व्यक्ति औद्योगिक श्रमिक इसलिए बने हैं, जिससे कि वह कृषि विकास में सक्रिय सहयोग दे सकें।

इन दोनों स्थितियों के जुड़ने से जो तीसरी स्थिति पैदा हुई है, वह है पिछड़े क्षेत्रों में छोटी भू-जोतों को बनाए रखने की क्षमता में गिरावट आना। इसी प्रकार 10 एकड़ से अधिक के भू-धारी भी भू-विलगन के खतरे से प्रभावित हुए हैं। तुलनात्मक दृष्टि से प्रभाव का दबाव इस वर्ग पर उतना नहीं है, जितना कि पूर्व के वर्गों पर देखा गया है। परन्तु यहाँ यह कहा जा सकता है कि प्रभाव के बढ़ते दबाव के फलस्वरूप कालान्तर में यही वर्ग निर्धन व छोटे भू-धारियों की गिनती में आ सकते हैं और एक दिन भूमिहीन बन सकते हैं। यदि समय रहते सुरक्षात्मक कदम उठा लिए जाते हैं तो इस प्रतिगामी प्रक्रिया को रोका जा सकता है।

भूमिहीन और निर्धन व छोटे भूधारियों का इस समस्या से सबसे अधिक प्रभावित होना इससे भी सिद्ध होता है कि 10 अस्थायी आकस्मिक तथा ठेके के श्रमिकों में से 6 यानि 60 प्रतिशत से अधिक व्यक्तियों ने भू-विलगन को सबसे बड़ा दुश्मन बताया है। व्यवसाय की दृष्टि से इस श्रेणी के अन्तर्गत अधिकांश वही प्रवासी श्रमिक आते हैं जो भूमिहीन व निर्धन वर्ग से हैं। वैसे जो निकटवर्ती क्षेत्र हैं, वहाँ प्रभाव कुछ अवश्य अधिक पड़ा है। परन्तु पश्च क्षेत्र भी भू-विलगन से प्रभावित हुए बिना रह नहीं पाए हैं।

जो नेतृत्व वर्ग औद्योगिक बस्ती से जुड़ा हुआ है, उसमें से 50 प्रतिशत ने भू-विलगन के प्रभाव को अधिक महसूस किया है। इसी प्रकार 15 से 50 किलो मीटर दूर के क्षेत्रों के नेतृत्व वर्ग में से लगभग 25 प्रतिशत इस प्रभाव से पीड़ित हैं। इस प्रकार यह कहा जा सकता है कि निकटवर्ती क्षेत्रों में भू-विलगन अधिक हुआ है।

आश्चर्य है कि स्थायी वर्ग के 10 कर्मचारियों में से किसी ने भी इस समस्या के प्रभाव का अनुभव नहीं किया है, जबकि अनस्किल्डों में से लगभग 20 प्रतिशतों ने इसे महसूस किया है। इसका कारण यह भी हो सकता है 'स्किल्ड' श्रमिक अपनी, नई स्थिति के प्रति 'आश्वस्त' हैं, जबकि 'अनस्किल्ड' और अस्थायी श्रमिकों में नई स्थिति के प्रति 'असुरक्षा' की भावना मौजूद है। अत: वे अनुभव करते हैं कि यदि भू-विलगन की समस्या का प्रभावशाली ढंग से समाधान किया जाता है तो उनके लिए भविष्य अनिश्चित व सुरक्षित नहीं बना रहेगा। लगता है भू-विलगन पर औद्योगिक क्षेत्र से 'दूरी' का कोई विशेष अन्तर नहीं पड़ा है।

भू-विलगन की पद्धति एवं प्रभाव क्षेत्र

यह पहले ही स्पष्ट किया जा चुका है कि तहसील में भू-विलगन की प्रक्रिया बहुत पुरानी है। अत: यहाँ औद्योगिक सभ्यता के आगमन के परिप्रेक्ष्य में ही भू-विलगन

पद्धति एवं प्रभाव क्षेत्र का विश्लेषण किया जाएगा। इस दृष्टि से 1960 के बाद की विलगन प्रक्रिया को लिया गया है।

वैसे दंतेवाड़ा तहसील में खेतिहरों की जनसंख्या में 1951 से ही गिरावट आती जा रही है। जहाँ 1951 में खेतिहर 85,021 थे, वहीं 1971 में यह संख्या 54,100 रह गई है। इस प्रकार लगभग 36 प्रतिशत खेतिहर व्यक्तियों की कमी हुई है। दूसरी विभिन्न दूरी पर स्थिति गाँवों में खेतिहर एवं खेतिहर श्रमिक भू-विलगन प्रक्रिया से किसी-न-किसी प्रकार प्रभावित हुए हैं, यह स्थिति स्पष्ट करने के लिए निम्न तीन तालिकाएँ दी जा रही हैं।

तालिका-1 (समूह-1)
अग्र तथा सड़क के किनारे स्थित गाँव
1961 वर्ष 1971

क्र.	गाँव का नाम	भू-जोतक	खेतिहर श्रमिक	गैर-खेतिहर श्रमिक	श्रमिक खेतिहर	खेतिहर श्रमिक	गैर खेतिहर श्रमिक
1.	किरंदूल	143	10	—	128	—	159
2.	बछेली	395	15	6	355	30	38
3.	कड़मपाल	310	11	—	245	8	6
4.	भांसी	592	6	7	177	47	171
5.	दंतेवाड़ी	142	7	24	99	79	36
6.	गीदम	228	10	27	177	125	38
7.	कुल	1810	59	64	1201	281	442

तालिका-2 (समूह-III)
बैलाडीला से 20 किलोमीटर क्षेत्र परिधि में स्थित ऐसे गाँव जोकि सड़क, कच्ची सड़क तथा वन मार्ग के माध्यम से औद्योगिक अर्थव्यवथा से जुड़े हुए हैं।
1961 वर्ष 1971

क्र.	गाँव का नाम	भू-जोतक	खेतिहर श्रमिक	गैर-खेतिहर श्रमिक	श्रमिक खेतिहर	खेतिहर श्रमिक	गैर खेतिहर श्रमिक
1.	पालनार	604	57	8	681	34	6
2.	नकुलनार	152	41	47	195	6	59
3.	टिकनपाल	1243	54	1	1226	27	4
4.	समेली	412	161	20	786	50	7
5.	बड़े बेरया	772	97	-	732	17	8
6.	कुल	3183	410	92	3320	134	84

तालिका-3 (समूह-II)
दूरस्थ पश्च गाँवों की स्थिति जोकि आधुनिक यातायात के साधनों की सहज उपलब्धिता की परिधि में नहीं है
1961 वर्ष 1971

क्र.	गाँव का नाम	भू-जोतक	खेतिहर श्रमिक	गैर-खेतिहर श्रमिक	श्रमिक खेतिहर	खेतिहर श्रमिक	गैर खेतिहर श्रमिक
1.	कटेकल्याण	222	69	193	284	84	26
2.	अरणपुर	328	15	48	221	6	3
3.	बड़ेगुडरा	1344	67	22	945	82	27
4.	कुल	1894	151	263	1450	172	56

तालिका-4
तीनों समूह ग्रामों की तुलनात्मक स्थिति
1961 वर्ष 1971

क्र.	गाँव का नाम	भू-जोतक	खेतिहर श्रमिक	गैर-खेतिहर श्रमिक	श्रमिक खेतिहर	खेतिहर श्रमिक	गैर खेतिहर श्रमिक
1.	I	1810	5964	1201	289	442	
2.	III	3183	410	92	3320	134	84
3.	II	1894	151	263	1450	172	56
4.	कुल	6887	620	419	5971	595	582

तालिका-5
वृद्धि (+) एवं घटाव (-) प्रतिशत में
1961 वर्ष 1971

क्र.	समूह	खेतिहर	खेतिहर श्रमिक	गैर-खेतिहर श्रमिक
1	I	−33.65	+389.83	+590.63
2	II	−23.44	+13.90	−78.70
3	III	+4.30	−67.52	−8.70

उपर्युक्त तालिकाओं से यह निष्कर्ष स्वत: सामने आ जाता है कि बैलाडीला औद्योगिक अर्थव्यवस्था से प्रत्यक्ष व अप्रत्यक्ष रूप से जुड़े अग्र, केन्द्रीय और पश्च क्षेत्रों में कुल खेतिहरों की जनसंख्या में 'कमी' आई है। दूसरी तरफ खेतिहरों एवं गैर खेतिहरों की जनसंख्या में एक संयुक्त श्रम-विक्रेता वर्ग के रूप में 'वृद्धि' हुई है।

परन्तु, कमी व वृद्धि की यह 'प्रक्रिया' तीन समूह-ग्रामों में समान नहीं रही है। तालिका-4 प्रक्रिया की 'समूहगत विभिन्नता' को स्पष्ट कर देती है। जहाँ समूह-1 के ग्रामों में खेतिहरों की जनसंख्या में 1961-1971 के बीच 33.65 प्रतिशत की कमी हुई है, वहीं समूह-3 के गाँवों में 4.30 प्रतिशत की वृद्धि हुई है। परन्तु, समूह-2 के खेतिहारों में 23.44 प्रतिशत की कमी आई है।

इसी प्रकार समूह–1 और समूह–2 के गाँवों में खेतिहर श्रमिकों की जनसंख्या इसी अवधि में क्रमश : 389.83 प्रतिशत एवं 13.90 प्रतिशत की गति से बढ़ी है, जबकि समूह–3 के खेतिहर श्रमिकों में 67.32 प्रतिशत की कमी आई है।

जहाँ तक गैर–खेतिहर श्रमिकों का सम्बन्ध है उसमें समूह–1 और समूह–2 में अन्तर है। समूह–1 में 590.63 प्रतिशत की वृद्धि जबकि समूह–2 में 78.71 प्रतिशत की कमी हुई है। इसी प्रकार समूह–3 में करीब 9 प्रतिशत कमी आई है।

वास्तव में भू–विलगन की प्रक्रिया इन तीनों समूह क्षेत्रों में एकसमान नहीं रही है। समूह–1 के ग्रामों में जनसंख्या की दृष्टि से भू–विलगन का प्रभाव तेज रहा है। इतना ही नहीं समूह–1 के प्रारम्भ के चार गाँवों में खेतिहरों की संख्या में अपेक्षाकृत अधिक कमी हुई है। क्योंकि यह गाँव औद्योगिक अर्थव्यवस्था की सीधी चपेट में आ चुके हैं। इसके निम्न कारण गिनाए जा सकते हैं :

1. यातायात के साधनों की सहज उपलब्धता के कारण मूलवासियों एवं बाहरी दोनों की सामाजिक गतिशीलता में वृद्धि होना।
2. औद्योगिक क्षेत्रों व अन्य उद्योग धन्धों में काम को प्राथमिकता देना, बनिस्बत कृषि के।
3. मूल गाँव के बनिस्बत औद्योगिक बस्तियों (किरंदूल एवं बछेली) में स्थायी एवं अस्थायी प्रवासन।
4. औद्योगिक सभ्यता के प्रत्यक्ष प्रभाव में होने के कारण जीवन महँगा होना। साप्ताहिक हाटों पर स्थायी व अस्थायी व्यापारियों एवं दलालों का सीधा नियंत्रण। ऐसी स्थिति में कृषि से जीवन निर्वाह न होना, जिसका सीधा प्रभाव छोटे भू–जोतकों पर पड़ना। ऐसी स्थिति में या तो भूमियों को परती छोड़ देना या निकट के सगे–सम्बन्धियों को दे देना अथवा गिरवी रख देना या बेच देना।
5. गैर आदिवासियों द्वारा विभिन्न माध्यमों से भूमियाँ हथिया लेना।
6. सरकार द्वारा भूमि का अधिग्रहण। उदाहरण के लिए बछेली में विभिन्न उद्देश्यों (सिनेमा के निर्माण, शॉपिंग सेंटर आदि) के लिए भूमि का अधिग्रहण और गैर आदिवासियों को नीलामी।
7. प्रोजेक्ट अधिकारियों व कर्मचारियों द्वारा विभिन्न हथकंडों से मूल निवासियों की भूमियों को जोतना। (इन तरीकों की चर्चा आगे की जाएगी।)
8. भूमि का कमोडिटी के रूप में सामने आना। ऊँची कीमत मिलना।

परन्तु समूह–2 में खेतिहरों की संख्या में कमी का कारण पूरी तरह से 'भू–विलगन' नहीं कहा जा सकता है। क्योंकि अन्यों की जनसंख्या में वृद्धि के स्थान पर कमी आई है। 1961 में कटेकल्याण, अरणपुर एवं बड़ेगुडरा में क्रमश : अन्यों की जनसंख्या 1050,81 एवं 204 थी, जबकि 1971 में घटकर क्रमश : 973,56 एवं

150 रह गई है। दूसरी तरफ समूह-1 और समूह-3 में अन्यों की जनसंख्या बढ़ी है। इसके अतिरिक्त, अन्यों में भू-जोतकों की संख्या में भी वृद्धि नहीं देखी गई।

वास्तव में भौगोलिक स्थिति के कारण यहाँ प्रक्रिया की स्थिति भिन्न रही है। क्योंकि बाहरी सभ्यता से कटे होने तथा सिंचाई के साधनों के अभाव के कारण आदिवासी एवं अन्य, दोनों ही प्रभावित हुए हैं। दोनों को ही जीवन-निर्वाह की समस्या से संघर्ष करना पड़ा है। दोनों ने ही रोजी की तलाश में अन्यत्र प्रवास किया है। फिर भी, यहाँ भू-विलगन अन्यों के मध्य अधिक हुआ है। उदाहरण के लिए 1976 में कटेकल्याण में धाकड़ जाति के तीन व्यक्तियों ने तीन एकड़ से अधिक भूमि 700 रु. में बेची। खरीदने वालों में एक धाकड़, एक महार तथा एक तेलगा है। इस प्रकार इस समूह में मूल निवासियों पर विलगन का प्रभाव 'सीधा' न पड़कर सपाट (Horizontal) पड़ा है, जबकि समूह-1 में (वर्टीकल) प्रभाव की प्रकृति सीधी रही है।

परन्तु समूह-3 की स्थिति दोनों से भिन्न है। इस समूह में खेतिहरों की संख्या कम होने की बनिस्बत बढ़ी है। कुल वृद्धि 4.30 प्रतिशत रही है। इसी प्रकार अन्य समूहों के विपरीत खेतिहर श्रमिकों में भी 67.32 प्रतिशत की कमी हुई है। यही स्थिति गैर-खेतिहर श्रमिकों की है। समूह-2 में भी गैर-खेतिहर श्रमिक हैं जबकि समूह-1 में बढ़े हैं। इसका अर्थ यह निकला कि समूह-1 के क्षेत्र में खेती के अतिरिक्त अन्य सहायक काम भी हैं। बेलाडीला के कारण इनको जन्म मिला है।

यद्यपि उपर्युक्त स्थिति 1961 एवं 1971 की जनगणना पर आधारित है। इसकी विश्वसनीयता को चुनौती दी जा सकती है। परन्तु, एक बात सही है कि समूह-3 के गाँवों में गैर आदिवासियों की घुसपैठ काफी हुई है। उन्होंने विभिन्न ढंगों से भूमियाँ हथियाई हैं। यहाँ तक कि आदिवासियों को अपने यहाँ नौकर रखकर उनसे बेनामी रूप से भूमियाँ हड़पी हैं।

इसके अतिरिक्त, इसी क्षेत्र में ही इमारती लकड़ियों की बिक्री भी भारी पैमाने पर हुई है। इस कारक ने भी बाहरी व्यक्तियों द्वारा इन गाँवों में सुगमतापूर्वक अतिक्रमण को प्रोत्साहित किया है।

खेतिहर श्रमिकों की संख्या में कमी का एक कारण यह भी हो सकता है कि यहाँ से जाने वाले आदिवासी स्थायी तौर पर अन्य रोजगार दिलाऊ क्षेत्रों में जाकर बस जाते हैं। जबकि समूह-1 से आदिवासियों का सामाजिक या आकस्मिक प्रवास होता है। यह सही भी है कि बाह्य व्यक्तियों द्वारा एक बार भूमि हस्तगत करने के बाद आदिवासी अन्य रोजगार दिलाऊ क्षेत्रों में स्थायी रूप से बस जाएँ। समूह-3 में जो बाहरी व्यक्ति हैं, उनमें अधिकतर उ.प्र. के राजपूत, ब्राहमण और मुस्लिम हैं। राजस्थान के मारवाड़ियों ने भी विभिन्न माध्यम से भूमियाँ दबा रखी हैं। एक अनुमान के अनुसार औद्योगिकीकरण के पश्चात सम्पूर्ण तहसील में गैर आदिवासियों द्वारा आदिवासियों की भूमि पर अधिकार का प्रतिशत 12 से 15 के बीच रहा है।

बैलाडीला के 20 मील के क्षेत्र में अवस्थित जितने भी गाँव हैं, उनमें से अधिकांश भू-हड़प के शिकार हो चुके हैं। उदाहरण के लिए नकुलनार से कुछ दूर एक गाँव हितावर में 1973 से 1976 के बीच लगभग 20 एकड़ भूमि का वैध हस्तानान्तरण करीब 8 हजार रुपए में हुआ। इसमें अवैध स्थानान्तरण भूमि सम्मिलित नहीं है। जमीन खोने वाले आदिवासी बैलाडीला को प्रवासित कर गए।

इसी प्रकार कुआकोंडा, जोकि नकुलनार से एक कि.मी. पर स्थित है, में 1976 में करीब 17 एकड़ भूमि का हस्तान्तरण हुआ है। यह बिक्री कुल 4 हजार 500 में हुई।

वास्तव में, बाहरी व्यक्तियों ने विभिन्न माध्यमों से इन भूमियों को हड़पा। इसका परिणाम यह निकला कि भूमि खोने के पश्चात ये आदिवासी गाँव के जीवन से सदैव के लिए वंचित हो गए। एक मामले में एक हलबा आदिवासी ने आत्महत्या तक कर ली। यह घटना नकुलनार के पास 19.6.76 की है। यह आश्चर्य की बात है कि विभिन्न कानूनों के बावजूद तथा आपातकालीन स्थिति के दौरान भी बाह्य व्यक्तियों द्वारा आदिवासियों की भू-हड़प जारी रही।

सर्वेक्षण से भूमि हड़पने के जो तरीके सामने आए हैं, वे इस प्रकार हैं :

1. आदिवासियों एवं अनुसूचित जातियों को ऋण देना।
2. ज़रूरतमन्द आदिवासियों को घरों और खेतों पर नौकर रखना तथा उनकी भूमि जोतना। परोक्ष रूप से बन्धक श्रमिक बनाकर रखना।
3. किसी आदिवासी को अपने घर पर नौकर रखना और बाद में उसके नाम पर अन्य आदिवासी या अनुसूचित जाति की जमीन खरीदवाना और उस पर स्वयं खेती करना।
4. बैलाडीला में नौकरी का लालच देकर किरंदूल या बछेली भिजवा देना और उसकी अनुपस्थिति में भूमि पर अधिकार करना।
5. इमारती लकड़ियों के खरीदने के बहाने मूल भूमि पर भी कब्जा कर लेना।
6. आदिवासियों को गैर-आदिवासी घोषित करवाना।
7. किरंदूल या बछेली के गैर-आदिवासियों द्वारा आदिवासी युवतियों को घरों में रखना और बाद में उन पर दबाव डालकर उनके माता-पिता की भूमियों पर अधिकार करना। अथवा विवाह का नाटक रचकर उन से भूमि हथियाना।

इसके अतिरिक्त सरकार के माध्यम से भी भूमि आदिवासी से ली गई है। यह भूमि मुख्य रूप से रेल पटरियों को डालने, भवन निर्माण तथा आधुनिक मार्केट के निर्माण के लिए ली गई।

यद्यपि, इन भूमियों के अधिग्रहण का मुआवजा देने का अवश्य दावा किया जाता है। परन्तु अनेक आदिवासी भू-मालिकों की शिकायत है कि उन्हें मुआवजा अभी तक नहीं मिला अथवा उचित नहीं मिला। उनकी यह भी शिकायत है कि सरकार उनसे सस्ते दामों पर भूमि खरीदकर ऊँचे दामों पर व्यापारियों को बेच देती

है सिनेमा, बेकरी, डाईक्लीनर, होटल आदि से सिर्फ बाहरी व्यक्तियों को ही लाभ मिलता है, आदिवासी को नहीं।

जल प्रदूषण

भू-विलगन के पश्चात जो सबसे बड़ी समस्या आदिवासी खेतिहरों को भुगतनी पड़ रही है वह है-जल प्रदूषण। जब से किरंदूल में कच्चे लोहे का खनन-कार्य आरम्भ हुआ है तब से यह समस्या पैदा हुई है। खान से लोहे की खुदाई के पश्चात उसे धोने की आवश्यकता होती है। मशीन द्वारा कच्चे लोहे के परिष्करण यंत्र से लाल पानी निकलता है। यह लाल पानी दंतेवाड़ा की शंकिनी नदी में आकर मिल जाता है। इसके परिणामस्वरूप शंकिनी नदी का स्वच्छ पानी लाल हो जाता है। यह लाल पानी कृषि के लिए अनुपयुक्त हो जाता है। इसका सीधा असर प्रभावित गाँवों की कृषि व्यवस्था पर पड़ता है। जल प्रदूषण से तहसील के 29 गाँव प्रभावित हुए हैं। ये गाँव हैं :

1. किरंदूल
2. कड़मपाल
3. पीना बचेली
4. दुगेली
5. मोलसनार
6. कुलचपाल
7. मसेनार
8. गमावाड़ा
9. कुंदेली
10. कुम्हारास
11. करनैनार
12. फतररास,
13. उगोतरास
14. दंतेवाड़ा
15. कतियारास
16. पुरवतरई
17. आवराभाटा
18. चितालंका
19. भोगाम
20. फरसपाल
21. विजाम
22. सियानार
23. अलवार
24. समलूर
25. कुलेनार
26. सुरोखी
27. बड़े तुमनार
28. नांगापाल
29. छोटे तुमनार

इन गाँवों का सैकड़ों एकड़ क्षेत्र प्रभावित हुआ है। इन गाँवों में मुख्य रूप से धान, कोदा, कुटकी, सरसों आदि की पैदावार होती थी। आज यहाँ से काफी संख्या में आदिवासी विस्थापित होकर अन्यत्र जा बसे हैं। इन गाँवों में मुख्य रूप से मुरिया प्रजाति के आदिवासी रहते हैं। उल्लिखित गाँव बैलाडीला से करीब 50 से 60 कि.मी. के मध्य में स्थित हैं। इसमें से 11 गाँव यानि गामावाड़ा-(8) से चितालंका-(18) तक, मुख्य सड़क बैलाडीला-जगदलपुर के किनारे क्षेत्र पर स्थित हैं। अन्य गाँव सड़क से दूर पश्च क्षेत्रों में स्थित हैं।

किरंदूल तथा बछेली औद्योगिक बस्तियों से 10–15 कि.मी की परिधि में होने के कारण उद्योग के लाभों की रिसन भी गाँवों तक पहुँची है। यानी उनके निवासी काम की तलाश में औद्योगिक क्षेत्र में पहुँच जाते हैं। अतः लाल–पानी के प्रभाव का दबाव इन गाँवों में अन्यों की अपेक्षाकृत कम है।

प्रभावित ग्राम

समूह–1

(औद्योगिक बस्ती के निकट गाँव)	(पश्च क्षेत्रीय गाँव)
1. किरंदूल 2. कड़मपाल	5. मोलसनार 6. कुलचपाल
3. पीना बचेली 4. दुगेली	7. मसेनार 19. भोगाम 20. फरसपात 21. विजोम 22. सियानार 23. अलवार 24. समलूर 25. कुलेनार 26. सुरोखी 27. बड़े तुमनार 28. नांगापाल 29. घोटे तुमनार

समूह–2

(मुख्य सड़क के निकट के गाँव)

8. गमावाड़ा	14. दंतेवाड़ा
9. कुंदेली	15. कतियारास
10. कुम्हारास	16. पुरवतरई
11. करनैनार	17. आवराभाटा
12. फतरास	18. चितालंका
13. डेगालरास	

इसी प्रकार तहसील मुख्यालय दंतेवाड़ा से सटे गाँव–दंतेवाड़ा, कतियारास, पुरवतरई, आवराभाटा तथा चितालंका में भी प्रभाव के दबाव की भी यही स्थिति है।

परन्तु, अन्य गाँवों की स्थिति अत्यन्त खराब है। पश्च व दूरस्थ प्रभावित गाँवों में कृषि के अतिरिक्त अन्य जीवन–निर्वाह के साधन नहीं हैं। अतः उनके निवासियों के समक्ष भूखों मरने की स्थिति पैदा हो गई है। वास्तविकता तो यह है कि वे एक लम्बे अरसे से अर्द्ध भुखमरी की स्थिति में जी रहे हैं। इनमें से कुछ गाँवों का दौरा करने से पता चला कि गाँवों के निवासी 150–200 ग्राम धान या कोदा कुटकी प्रतिदिन से अधिक नहीं खा पाते हैं। कुछ परिवार तो सप्ताह में दो दिन तक भूख की स्थिति में गुज़ार देते हैं।

नदी के अतिरिक्त अन्य सिंचाई के साधनों की स्थिति अत्यन्त चिन्ताजनक है। कुछेक गाँव में कुएँ हैं, परन्तु सूखे पाए गए। पानी की कोई व्यवस्था नहीं है। कुछ गाँवों में पोखर अवश्य हैं। परन्तु पानी का अभाव है। गर्मियों के दिनों में तो समस्या और भी गम्भीर हो जाती है। गन्दा पानी पीना पड़ता है।

यह अत्यन्त दुखद, खेद तथा लज्जाजनक मुद्दा है कि दंतेवाड़ा तहसील में पिछले एक दशक से भी अधिक हुए औद्योगिक गतिविधियाँ आरम्भ हुई थीं, परन्तु आज तक जिला या तहसील प्रशासन या एन.एम.डी.सी. प्रशासन ने इसकी आवश्यकता अनुभव नहीं की कि इन प्रभावित ग्रामों का व्यापक सर्वेक्षण कराया जाए और प्रभावित परिवारों को उचित मुआवजा दिया जाए। अनेक प्रभावित परिवारों की शिकायत थी कि कम से कम उनके परिवार के एक सदस्य को तो प्रोजेक्ट में स्थाई नौकरी दी जा सकती थी। अथवा कृषि के स्थान पर कोई अन्य छोटा-मोटा उद्योग धन्धा खुलवाया जा सकता था। परन्तु, इसमें से कुछ भी नहीं किया गया। यहाँ तक कि जब भी उन्होंने इस समस्या के समाधान के सम्बन्ध में विभिन्न अधिकारियों से प्रार्थना की तो उनके प्रति उदासीनता एवं उपेक्षा बरती गई।

वन पुत्र वन-सम्पदा से वंचित

यह ऐतिहासिक विडम्बना है कि जो समस्याएँ दक्षिण बस्तर के आदिवासियों के समक्ष आज से 100 वर्ष पूर्व थीं, आज भी उसी तरह मौजूद हैं।

इतिहास इस बात का साक्षी है कि वन ही आदिवासियों का जीवन आधार है, समस्त वन सम्पदा वृक्ष, फल, फूल और अन्य लघु वन उपज आदिवासियों के निर्मल संसार की रचना करते हैं। परन्तु विकास की तीव्र गति ने उसके इस संसार को नष्ट कर दिया है। आज उसे उसके ही जीवन आधारों से अपदस्थ किया जा रहा है।

दक्षिण बस्तर के आदिवासी वन-सम्पदा पर अपने जन्मजात अधिकार को लेकर पिछले 100 सालों में दो महत्त्वपूर्ण विद्रोह (1876 और 1910) कर चुके हैं। परन्तु आज तक उनकी इस बुनियादी समस्या का माकूल हल नहीं निकाला गया है। बल्कि यह और पेचीदा होती जा रही है। संक्षेप और स्पष्ट रूप में कहा जाए तो बाहरी निहित स्वार्थी तत्त्वों द्वारा उनकी वन-सम्पदा का शोषण और भी तेज हो गया है। या यह कहा जाए कि वन-दोहन और आदिवासी शोषण की नई-नई शक्लें सामने आ रही हैं। इनका व्यापक स्तर पर जाल फैलाया जा रहा है।

जब से औद्योगिक सभ्यता तहसील में आई है तब से वन-सम्पदा के अपहरण की रफ्तार भी तेज हुई है। क्योंकि वन-सम्पदा : बाँस, महुवा, शहद, गोंद आदि की खपत भी बढ़ गई है। देखने में आया है कि बैलाडीला के ठेकेदार कच्चे लोहे की ढुलाई के लिए बाँस की कटाई कराते हैं। उसके लिए गलत ढंग से आदिवासियों और अन्य मजदूरों का इस्तेमाल किया जाता है।

इसी प्रकार उद्योग से जुड़े प्रशासकि एवं गैर-प्रशासनिक व्यक्तियों के घरेलू उपयोग के लिए भी लकड़ी की आवश्यकता होती है। उसके लिए भी आदिवासी का इस्तेमाल किया जाता है।

आज स्थिति यह आ गई है कि आदिवासी स्वेच्छा से वन-सम्पदा का उपयोग नहीं कर सकता। वन-विभाग का नियंत्रण और भी कसता जा रहा है। परन्तु, इस नियंत्रण के बावजूद बाहरी व्यक्तियों द्वारा वनों का दोहन नहीं रुक सका है। अलबता, वन सन्तानों को वन पर अधिकार से वंचित अवश्य कर दिया गया है।

मालिक मक़बूजा

दंतेवाड़ा तहसील में व्याप्त मालिक मक़बूजा या अन्य शब्दों में उभरती लकड़ियों का व्यापार एक ऐसा व्यापार है जोकि बाह्य निहित स्वार्थी तत्त्वों की किसी भी सुधार के विरुद्ध मजबूत किलेबन्दी तथा राजसत्ता पर उनके सुदृढ़ शिकंजा को स्पष्ट करता है। यह एक ऐसा व्यापार है, जो बतलाता है कि किस निर्दयतापूर्वक तथा नम्रता के साथ बाह्य परजीवी व्यवस्था ने इन निश्चल, आत्मनिर्भर मासूम, बेजुबान तथा वन-पुत्रों का चौमुखी दोहन किया है। वन-सम्पदा की दृष्टि से लखपति आदिवासी को कंगाल बनाकर छोड़ दिया है। कुल मिलाकर मालिक मकबूजा क्रूर-शोषण की अकथनीय अन्तहीन कहानी है।

यद्यपि यह व्यापार जिले में एक लम्बे समय से चल रहा है। परन्तु, औद्योगिकीकरण तथा आधुनिक संचार साधनों के विस्तार के साथ-साथ यह व्यापार भी दंतेवाड़ा तहसील में दिन दूना—रात चौगुना होता चला गया।

संक्षेप में, मालिक मकबूजा का अर्थ है इमारती वृक्षों पर मालिकाना हक। स्वतंत्रता प्राप्ति तथा जिले से सामन्ती राज की समाप्ति के पश्चात आदिवासियों को उनके खेतों पर खड़े इमारती वृक्षों : सागौन, साल, बीजा, शीशम, तेंदू पत्ता आदि का मालिकाना हक मिल गया था। बस यहीं से लूट शुरू हो गई। बाह्य ठेकेदारों ने जिले के विभिन्न क्षेत्रों में व्यापार शुरू कर दिया। पिछले एक दशक में दंतेवाड़ा तहसील सबसे अधिक प्रभावित हुई है। तहसील में भी सबसे अधिक वह क्षेत्र प्रभावित रहे हैं, जहाँ औद्योगिक इकाई स्थापित करने के कारण बाहरी तत्त्वों की प्रवेश गति में तेजी आई। ये क्षेत्र दंतेवाड़ा एवं कुआकोंडा विकासखंड के अधीन हैं। इन विकासखंडों के प्रभावित मुख्य गाँव है : बालूद, फूलनार, टेयेकूका, बुडे-बेड़मा, गोंगपाल, गमावाड़ा, गडापाल, गंजेनार, मटेनार, रेंगानार, मैलावाड़ा, मोरवपाल, समेली, कलेपाल, कुम्हारास, पालनार आदि हैं। इनमें से कुछ गाँव बैलाडीला औद्योगिक क्षेत्रों से जुड़े हुए हैं। ऐसे गाँव हैं : समेली, कलेपाल, मोरवपाल, पालनार, आदि। तहसील मुख्यालय एवं पक्की सड़क से जुड़े कुम्हारास, बालूद, मटेनार, फूलनार और गमावाड़ा हैं। इसके अतिरिक्त कच्ची सड़क से जुड़े पश्च क्षेत्रों के गाँव हैं—बडे बेड़मा, गोंगपाल, गदापाल, गंजेनार, मैलावाड़ा आदि। यह उल्लेखनीय है कि ये सभी गाँव बेलाडीला औद्योगिक क्षेत्र की 30-40 कि.मी. की परिधि में स्थित हैं। इसके अतिरिक्त ये गाँव उत्तर पूर्व दिशा के क्षेत्र में केन्द्रित हैं।

शोषण की प्रक्रिया

जब बेजुबान दंतेवाड़ा आदिवासियों को मूल्यवान इमारती लकड़ियों का मालिकाना हक मिल गया तो बाहरी ठेकेदारों की बाढ़ तहसील में आ गई। ठेकेदारों ने मालिक आदिवासियों को वृक्ष बेचने के लिए प्रोत्साहित किया। इसका नतीजा यह निकला कि सागौन जैसे कीमती वृक्ष जिनका बाजार मूल्य 500 रु. से 800 रु. के बीच होता है, 2 से 5 रु. में खरीदे गए।

आश्चर्य यह है कि विभिन्न सुरक्षात्मक उपायों के बावजूद यह लूट जारी रही। मसलन, पाँचवें दशक के अन्त में राज्य शासन ने दी इंट्रेस्ट इन ट्रीज एक्ट (The Interest in Trees Act) भी लागू किया, परन्तु प्रभावहीन सिद्ध हुआ। बल्कि इस एक्ट से प्रक्रिया और भी जटिलतर हो गई। प्रशासन का हस्तक्षेप बढ़ जाने के कारण आदिवासियों को विभिन्न सरकारी स्तरों पर लूट का शिकार होना पड़ा। उसे एक वृक्ष बेचने के लिए अर्जीनवीस, पटवारी, रेवेन्यू, सर्किल, इंसपेक्टर, तहसीलदार, एस.डी.ओ. कलेक्टर, रेंजर, ए.एस.एफ.डी. एफ.ओ. आदि के दरवाजे खटखटाने पड़ते थे। आदिवासियों के अशिक्षित तथा कानूनी पेचीदगियों से अनभिज्ञ होने के कारण ठेकेदार उसका एक मात्र मार्ग दर्शक होता था। ठेकेदार हर स्तर पर महत्त्वपूर्ण भूमिका निभाता। कुल मिलाकर, इस प्रक्रिया ने आदिवासी को ठेकेदार पर और भी निर्भर बना दिया। व्यवसायी वर्ग आदिवासी की जमीन पर खड़े पेड़ लगभग 10 रु. प्रति झाड़ की दर से उनसे खरीद लेते और शेष कानूनी प्रक्रिया स्वयं पूरी करते। इस प्रक्रिया में व्यवसायी का प्रति पेड़ कुल 50-60 रु. व्यय होता। उल्लेखनीय है कि एक-एक आदिवासी की भूमि पर 700-800 तक झाड़ हुआ करते थे, जिसकी कीमत उसे 20 रु. से अधिक नहीं दी गई। परन्तु व्यापारी का मुनाफा बढ़ता चला गया। क्योंकि बाजार में वृक्ष के दाम भी बढ़ते चले गए।

लूट को रोकने के लिए 1968-69 में एक व्यवस्था की गई कि विक्रेता आदिवासी, चूँकि वह रुपये का मूल्य नहीं जानता है और उसे पूरी कीमत नहीं मिलती है, को प्राप्त होने वाली राशि स्टेट बैंक में जमा करा दी जाएगी। जिलाध्यक्ष की अनुमति, जोकि यह निर्णय करेंगे कि आदिवासी को कितने धन की आवश्यकता है, से ही बैंक से राशि निकाली जा सकेगी। इसी समय वनों का राष्ट्रीयकरण भी कर दिया गया, जिसके अन्तर्गत वन-विभाग एक-मात्र आदिवासी विक्रेताओं की लकड़ी का प्रत्यक्ष खरीदार बन गया। सतही ढंग से देखने पर लगेगा कि बैंक में राशि को जमा कराने की व्यवस्था तथा राष्ट्रीयकरण के पश्चात कोचियों एवं पाइक (बिचौलियों एवं बाहरी) की भूमिका समाप्त हो जाती है। परन्तु, वास्तविकता यह है कि उसकी भूमिका और भी निर्णायक बन जाती है।

क्योंकि आदिवासियों के पास जटिल कानूनी प्रक्रिया को पूरा करने के लिए धन का अभाव था, अतः उन्हें ठेकेदारों पर पुन : आश्रित होना पड़ा। राष्ट्रीयकरण के

पश्चात पेड़ को तीन श्रेणियों में विभाजित कर दिया गया, प्रथम श्रेणी के वृक्ष की कीमत प्रतिघन मीटर 500 रु., द्वितीय श्रेणी में 200 रु. और तृतीय में 100 रु. निर्धारित की गई। अतः इस व्यवस्था से वन-विभाग के कर्मचारियों को लूट की सुविधा प्राप्त हो गई। वे स्वेच्छा से पेड़ों का श्रेणी निर्धारण करने लगे। जिस विक्रेता से पैसा प्राप्त हो जाता, उसके वृक्ष को प्रथम श्रेणी में रखते और जिससे घूस नहीं मिलती उसे निम्न श्रेणी में रखा जाता। इस प्रक्रिया में ठेकेदार ने महत्त्वपूर्ण भूमिका निभाई। वन-विभाग के साथ पुरानी साँठ-गाँठ होने के कारण श्रेणी निर्धारण में उसे कोई कठिनाई नहीं हुई। इस प्रकार दोहरा शोषण हुआ, प्रथम विक्रेता आदिवासी से कमीशन के रूप में एक मोटी राशि प्राप्त की और दूसरी तरफ सरकारी कोश से धन जाता रहा। एक अनुमान के अनुसार, एजेन्ट ठेकेदार का हिस्सा प्रति वृक्ष पर 60 से 70 प्रतिशत तक होता था। ठेकेदार इस राशि को विक्रेता आदिवासी से विभिन्न ढंग से हथिया लेता था।

उदाहरणार्थ, जब यह व्यवस्था थी कि बिक्री की सम्पूर्ण राशि विक्रेता को जिलाध्यक्ष या उसके द्वारा नियुक्त व्यक्ति के सामने ही दी जाएगी, तब लूट अपेक्षाकृत अधिक सहज थी। जैसे ही विक्रेता आदिवासी धन लेकर जिलाधीश के कार्यालय से बाहर आता, ठेकेदार उससे रुपए हड़प लेता। इसके अतिरिक्त विक्रेता आदिवासी को कीमत की अदायगी होती थी, वह हजारों और लाखों में हुआ करती थी। और वह भी सौ-सौ रुपए के नोटों में।

यहाँ यह ध्यान देने योग्य बात है कि आदिवासी 20 से अधिक गिनती आज भी नहीं जानता। वह 20 तक की गिनती को एक कोड़ी के रूप में जानता है। अतः उसके लिए इतनी बड़ी राशि को गिनना और उसको सँभालना एक जटिल समस्या बन जाती थी। ऐसी स्थिति में ठेकेदार बड़े-नोटों की राशि को एक-एक व दो-दो के नोटों की कम राशि से बदल दिया करता था। चूँकि कम नोटों की धनराशि संख्या एवं मात्रा में अधिक दिखाई देती थी, आदिवासी आसानी से एजेन्ट के जाल में फँस जाया करता। इसका फल यह निकला कि एक-एक लाख रु. की धनराशि 1-1 एवं 2-2 रुपए के नोटों की 5-5 एवं 10-10 हजार रु. की राशि से बदली जाती थी। आदिवासी नोटों की संख्या से सन्तुष्ट होता और उसका विश्वास ठेकेदार पर और भी जम जाता था। इसके अतिरिक्त ठेकेदार ने आदिवासी को लूटने की एक तरकीब और ईजाद की। राष्ट्रीयकरण के पश्चात वन विभाग ने श्रेणी-निर्धारण के अतिरिक्त एक अन्य व्यवस्था और बनाई। वन-विभाग के अनुसार पेड़ की कटाई दो घन मीटर से कम नहीं होनी चाहिए। यदि इससे कम होती है तो वह उक्त वृक्ष को खरीदी के लिए स्वीकार नहीं करेगा। एजेन्ट ठेकेदार ने जानबूझकर आदिवासियों के पेड़ों की कटाई भारी संख्या में निर्धारित नाप से कम कराई जिससे कि वन-विभाग लकड़ी को खरीद न सके और रद्द कर दे। इस प्रकार एजेन्टों ने ऐसी लकड़ी को मिट्टी के

भाव अथवा बिना मूल्य के विक्रेताओं से हड़प लिया। इसी लकड़ी को बाजार में ऊँचे दामों में बेच दिया गया।

नोटों के परिवर्तन की धाँधली को रोकने के लिए सरकार ने एक नई व्यवस्था अपनाई। नई व्यवस्था के अन्तर्गत यह निर्धारित किया गया कि समस्त राशि बैंक में जमा करा दी जाएगी। बैंक में फिक्स्ड तथा करेन्ट दो खाते होंगे। राशि का आधा हिस्सा फिक्स्ड डिपोजिट होगा तथा शेष करेन्ट में। जिलाधीश की अनुमति से ही करेन्ट एकाउंट से राशि निकाली जा सकेगी। यह भी तय किया गया कि पहले वर्ष कुल राशि के 30 प्रतिशत से अधिक भाग निकालने की अनुमति किसी भी स्थिति में नहीं दी जाएगी।

परन्तु अनुभव कुछ और ही है। 1973–74 में दंतेवाड़ा तहसील के 9 गाँव के 12 आदिवासियों ने अपने दोनों खातों में 7,81,624.13 रु. जमा किए थे। जोकि 1975 के अन्त तक 43, 347.74 रु. रह गए यानि 7 लाख 58 हजार 276 रु. 39 पै. निकाले गए। दूसरे शब्दों में डेढ़ दो वर्ष की अवधि में करीब 94 प्रतिशत धन की निकासी हुई, जबकि 30 प्रतिशत से अधिक किसी भी स्थिति में नहीं होनी चाहिए थी। यहाँ तक कि किन्ही मामलों में तो धन–निकासी 99 प्रतिशत तक भी रही है। उदाहरण के लिए देयेकुका के भीमा ने 16.2.73 को 47 हजार 126 रू 52 पैसे जमा कराए थे, परन्तु 1975 रु. के अन्त तक उसके खोते में सिर्फ 34 रु. 58 पैसे ही शेष रह गए। इसी प्रकार बालूद के लच्छू ने 13.1.73 को 64, 498 रु. 80 पैसे से खाता खोला और 1975 के अन्त तक 1241.34 पैसे ही शेष रह गए।

उत्तर पूर्व के कतिपय गाँवों के 12 इमारती लकड़ी विक्रेता आदिवासियों के खातों की स्थिति दी जा रही है :

क्र.	खातेदार का नाम	गाँव का नाम	खाता खोलते समय राशि	खोलने की तिथि	1975 के अन्त तक बची राशि
1.	लच्छू	बालूद	64,498.80	13.1.73	1241.34
2.	लाबे बिओचन्द	फूलनार	36,442.70	17.1.73	52.16
3.	भीमा	तेयेकुका	47,126.52	16.2.73	34.58
4.	मुक्का	गदापाल	55,926.46	20.2.73	2037.34
5.	चमरूराम	मटेनार	67,629.90	8.7.74	1462.02
6.	आयतो	गंजेनार	38,975.00	12.6.74	30,759.48
7.	हर्रा	गंजेनार	39,001.37	17.4.74	242.04
8.	हिरमा	गदापाल	1,09,327,64	20.7.73	कुछ नहीं
9.	आयतू	गयावाड़ा	93,865.40	19.7.73	1033.93
10.	हुर्रा	गोंगपाल	1,23,130.66	17.7.73	544.60
11.	हड़पा	बडेबेड़मा	56,654.50	15.6.73	5075.17
12.	बुधू	बडेबेड़मा	49, 045.18	13.6.73	865.08
		कुल जोड़	7,81624.13	43,347.74	

उपर्युक्त तालिका से यह स्पष्ट हो जाता है कि स्टेट बैंक ऑफ इंडिया में खाते खोलने के पश्चात् भी प्रशासन इन बाहरी धन कुबेरों से वन एवं श्रम-पुत्रों की रक्षा करने में सर्वथा असफल रहा है। बल्कि, यह भी देखा गया कि आपातकालीन स्थिति के दौरान भी प्रत्यक्ष एवं परोक्ष रूप से यह व्यवसाय जारी रहा। विभिन्न ढंग से ठेकेदारों ने लूट जारी रखी। यद्यपि, अंकुश अवश्य लगाए गए। कतिपय ठेकेदारों की गिरफ्तारी भी अवश्य हुई।

सामान्यतः यह देखा गया कि नियमों का सर्वथा उल्लंघन कर बैंक से धन-निकासी की अन्धाधुन्ध अनुमतियाँ दी गईं। यह एक व्यापक जाँच का विषय है कि इस प्रकार की धन निकासी की नियम विरुद्ध घटना किस प्रकार हुई।

धनलोलुप ठेकेदारों ने आदिवासियों से धन को पानी की तरह खर्च करवाया। नकुलनार के पास एक गाँव के निवासी आदिवासी से जीप खरीदवाई गई, जबकि उसने साइकिल तक भी नहीं देखी थी। बाद में उक्त जीप का इस्तेमाल भी ठेकेदार ने ही किया। कुछ मास के पश्चात वह जीप उससे वापिस ले ली गई।

इसी प्रकार एक आदिवासी ने ट्रांजिस्टर खरीदा। जब ट्रांजिस्टर की बैटरी खत्म हो गई तो उसने उसको पुनः चालू करने के लिए नदी के पानी से धोना शुरू कर दिया।

विभिन्न विक्रेता आदिवासियों के घरों का निरीक्षण करने से यह निष्कर्ष निकलता है कि उन्हें कुल बिक्री का 20 प्रतिशत से भी अधिक रुपया नहीं मिला। वे पूर्व की भाँति कंगाल हैं। ऐसे भी उदाहरण हैं कि आदिवासी पासबुक तक के बारे में नहीं जानते। पूछने पर पता चला कि पासबुक तो ठेकेदार के पास ही रहती है। ग्राम कलेपाल के सात आदिवासी : पांडु, जोगा, बारसे होगा, पोदिया, राममूर्ति, आयतू और कुजामी पाण्डु को उस समय पास बुक मिली जब उनका सारा रुपया निकाला जा चुका था।

गैर-सरकारी अनुमानों के अनुसार पिछले 15 वर्षों में दक्षिण बस्तर में करीब 30-35 करोड़ रुपए की लकड़ी काटी गई, जिसमें से मूल-स्वामियों को मात्र 2 से 3 करोड़ रूपये के बीच ही मिले। शेष धन राशि ठेकेदारों एवं कर्मचारियों के यहाँ पहुँच गई।

सामाजिक-आर्थिक वर्ग-स्थिति

इमारती लकड़ियों के व्यापारी निश्चित रूप से गैर-आदिवासी हैं। लगभग सभी ऊँची जातियों के हैं। मूलतः राजस्थान, उड़ीसा, उत्तर प्रदेश, पंजाब तथा पड़ोसी जिला रायपुर के हैं।

इन एजेन्ट ठेकेदारों का राजसत्ता यानी जिले की राजनीति और प्रशासन पर भारी दबदबा है। ये कांग्रेस के अतिरिक्त जनसंघ तथा समाजवादी पार्टी (अब

जनता पार्टी) से सम्बद्ध हैं। इनमें से कुछ तो राजनीतिक संगठन में पदाधिकारी भी हैं। इन निहित स्वार्थी तत्त्वों का राजसत्ता पर किस प्रकार नियंत्रण है, इसके सम्बन्ध में यहाँ दो घटनाओं का उल्लेख पर्याप्त होगा।

आपातकालीन स्थिति लागू करने के पश्चात जिलाधीश ने कतिपय ठेकेदारों को मीसा के अन्तर्गत गिरफ्तार किया था। गिरफ्तार व्यक्तियों में एक जनसंघी ठेकेदार था। इसका बड़ा भाई सत्ताधारी दल कांग्रेस जिला संगठन का उच्चस्थ पदाधिकारी था। कथित नेता के राजनीतिक हस्तक्षेप के कारण उसका छोटा भाई रिहा कर दिया गया और वह विधिवत कांग्रेस में शामिल हो गया।

इसी प्रकार सरकार बदलने और जनता पार्टी के केन्द्र एवं प्रदेश में सत्तारूढ़ होने के पश्चात् इस लूट में कोई गुणात्मक परिवर्तन नहीं आया। जिला जनता पार्टी की तदर्थ समिति के आदिवासी अध्यक्ष डॉ. सोमारू ने दंतेवाड़ा में यह बात स्वीकार की कि मालिक मकबूजा के सवाल पर आज भी न्यस्त स्वार्थी व्यापारी पार्टी पर हावी हैं। पिछले दिनों जब उन्होंने मूल मालिकों को लाभ पहुँचाने की दृष्टि से कदम उठाना चाहा तो कतिपय ठेकेदारों ने उनका विरोध किया। यहाँ तक कि उन पर आदिवासियों के साथ पक्षपात करने का आरोप लगाया गया।

अतः यह कहा जा सकता है कि औद्योगिकीकरण के पश्चात् वन-पुत्रों को वनों से अलग करने की प्रक्रिया कम होने के स्थान पर और भी तेज हुई है।

अपराध प्रवृत्ति

आधुनिक सभ्यता और औद्योगिकीकरण के आगमन के साथ-साथ विभिन्न किस्म के गैर-परम्परागत या शहरी अपराध भी आदिवासी क्षेत्रों में आ पहुँचे हैं। ऐसे अपराधों में जुआ, बलात्कार, शराब की तस्करी, आधुनिक ढंग से चोरी, वेश्यावृत्ति आदि शामिल हैं। ये अपराध केवल औद्योगिक बस्ती तक ही सीमित नहीं हैं, बल्कि पश्च एवं अग्र क्षेत्रों में भी पहुँच गए हैं। एक समय था कि जब आदिवासी हत्या करने के पश्चात थाना जाकर स्वयं को पुलिस के सुपुर्द कर दिया करता था। परन्तु, आज गैर-आदिवासियों का अनुसरण कर वह अपना अपराध छिपाने लगा है।

वास्तव में देखा जाए तो आदिवासी क्षेत्रों, जहाँ के परम्परागत अपराध नशे में हत्या, घुटन में आत्महत्या, स्त्री को पीटना आदि तक सीमित थे, में आधुनिक अपराध होने लगे हैं। शहरी अपराध किरंदूल एवं बछेली से पहुँचते हैं। आदिवासी आसानी से इनके शिकार हो जाते हैं। कतिपय पुलिस क्षेत्रों के अनुसार आदिवासियों में आधुनिक अपराधों के प्रति रुझान बढ़ता जा रहा है।

किरंदूल एवं बछेली में जो मुख्य रूप से अपराध प्रचलित हैं, उनमें जुआ, हत्या, वेश्यावृति, बलात्कार, शराब की तस्करी, घरों में चोरी आदि शामिल हैं। किरंदूल तथा बछेली की अपराध स्थिति का अध्ययन करने से ज्ञात होता है कि अपराधी व्यक्तियों में गैर-आदिवासियों की बनिस्बत आदिवासियों की संख्या अधिक है। इतना ही नहीं, पिछले 10 वर्षों में उनकी संख्या में वृद्धि हुई है।

स्थिति को स्पष्ट करने के दृष्टि से यहाँ औद्योगिक सभ्यता के केन्द्र किरंदूल, बछेली तथा उपकेन्द्र भांसी की अपराध स्थिति दी जा रही है :

आदिवासी

वर्ष

(क)	गाँव के नाम	1965	1970	1975	1976 सितम्बर तक
1.	किरंदूल	4	40	54	60
2.	बछेली	2	7	53	36
3.	भांसी	5	4	7	4
	कुल	11	51	104	110

गैर आदिवासी

वर्ष

(ख)		1965	1970	1975	1976 सितम्बर तक
1.	किरंदूल	1	24	30	30
2.	बछेली	—	—	14	13
3.	भांसी	—	—	—	1
	कुल	1	24	44	44

अपराध के प्रकार तथा अपराधियों की स्थिति

(तीनों स्थानों : किरंदूल, बछेली एवं भांसी की संयुक्त संख्या)

	आदिवासी वर्ष			**गैर आदिवासी वर्ष**		
अपराधों के नाम	1965	1970	1975	1965	1970	1975
हत्या	2	1	3	—	—	—
हत्या का प्रयास	—	—	3	—	—	—
पशु चोरी	—	5	—	—	—	—
चोरी	7	30	46	—	8	15

प्रकीर्ण*	—	4	8	1	4	14
आबकारी	—	26	33	—	7	10
सेंध	8	20	—	—	—	3
जुआ	—	—	—	—	5	3

नोट :1976 की अपराधगत स्थिति उपलब्ध नहीं है।

उपर्युक्त तालिकाओं से यह स्पष्ट हो जाता है कि औद्योगिकीकरण के पश्चात अपराध बढ़े हैं। सबसे अधिक शिकार आदिवासी हुए हैं। 1965 से 1976 के बीच आदिवासियों के मध्य लगभग 10 गुना अर्थात 900 प्रतिशत अपराध बढ़ गए। अपराधों में वृद्धि की गति 1970 से तेज हुई है क्योंकि इस समय तक औद्योगिक बस्ती पूरी तरह से बस चुकी थी। बाहरी व्यक्तियों की बसाहट में भी तेजी आने लगी थी। स्वाभाविक रूप से इसका प्रभाव निकटवर्ती क्षेत्रों पर पड़ेगा। इसी प्रकार गैर–आदिवासियों में भी अपराध बढ़े हैं। यद्यपि उस गति से नहीं, जितना कि आदिवासियों में। क्योंकि, बाहरी व्यक्ति कानून की पेचीदगियों को समझते हैं और उनसे बचना भी जानते हैं। इसके विपरीत आदिवासी आसानी से कानून की गिरफ्त में आ जाते हैं। यह भी देखा गया है कि बाहरी व्यक्ति आसानी से आदिवासियों को गैर–कानूनी कार्य के लिए इस्तेमाल करते हैं। इसका नतीजा यह निकलता है कि आदिवासी पकड़े जाते हैं।

तालिका–ग से यह भी स्थापित हो जाता है कि गैर परम्परागत अपराध यानी शहरी अपराध आदिवासियों में फैले हैं। हम देखते हैं कि शराब की तस्करी, जो कि 1965 में आदिवासी में अनजानी थी, वहीं 1970 में तेजी के साथ आरम्भ हो जाती है और आपातकालीन स्थिति के बावजूद जारी रहती है। एक अनुमान के अनुसार अगस्त 1976 तक लगभग 40–45 आदिवासी आबकारी अधिनियम के अन्तर्गत दोषी पाए गए।

इसका मूल कारण यह था कि अप्रैल 1976 में नई आबकारी नीति आदिवासी क्षेत्रों में लागू की गई। नई नीति के अन्तर्गत आदिवासियों को स्वयं के उपयोग के लिए महुआ की शराब बनाने की छूट मिल गई और बाहरी व्यक्तियों द्वारा चलाई जा रही हाथ–भट्टियाँ समाप्त कर दी गईं।

इस स्थिति से निपटनने के लिए बाहरी व्यक्तियों ने भोले आदिवासी को फँसाना शुरू कर दिया। उनसे अवैध ढंग से शराब बनवाकर बिकवाई जाने लगी। यह भी देखने में आया कि बाहरी व्यक्ति नई आबकारी नीति को असफल करने के प्रयास में रहे हैं। बाहरियों की कोशिश रही है कि नई नीति के उल्लंघन से आदिवासी अधिकाधिक गिरफ्तार हों और आगे जाकर आदिवासी समाज में सरकार

* इसके अन्तर्गत विभिन्न प्रकार के अपराध : मारपीट, बलात्कार आदि आते हैं।

के विरुद्ध असन्तोष फैले। इसलिए बाहरियों ने तरह तरह के प्रलोभन दिए और उनसे कानून तुड़वाया। आदिवासियों से महुआ शराब बिकवाना शुरू कर दिया। दूसरी तरफ बाहरियों ने पुलिस में भी गुप्त रूप से सूचना देना शुरू कर दिया। संक्षेप में, यह औद्योगिकीकरण का ही परिणाम है कि इस प्रकार के अपराध घटने लगे।

इसी प्रकार हम देखते हैं कि चोरी और सेंध लगाने की घटनाओं में भी वृद्धि हुई है। यह सर्वविदित है कि दक्षिण बस्तर का आदिवासी अपने आप में एक सन्तोषमयी जीवन व्यतीत करता है। परन्तु नई सभ्यता के आने से वह गैर-परम्परागत आवश्यकताओं के प्रति आकृष्ट हुआ। आवश्कयताओं की पूर्ति की क्षमता का अभाव उसने अवश्य अनुभव किया। इसका परिणाम निकला, चोरी और सेंध जैसे अपराधों का सहारा लेना।

यद्यपि, वेश्यावृति ने एक संगठित संस्था के रूप में अभी तक आदिवासियों में जन्म नहीं लिया है। परन्तु यह बेचैन करने वाली सच्चाई है कि वेश्यावृत्ति औद्योगिक क्षेत्र में व्याप्त है। इसकी आगे चर्चा होगी। यहाँ यह कहना भर पर्याप्त होगा कि बाहरी लोग लालच देकर आदिवासी युवकों से दलाल या 'पिम्प' का काम ज़रूर ले रहे हैं। इस प्रकार के आदिवासी पिम्प बछेली एवं किरंदूल में मिल सकते हैं।

जहाँ तक प्रश्न जुआ का है, यह अभी तक बाहरी व्यक्तियों तक ही सीमित है। क्योंकि आदिवासियों में 'मुर्गा-लड़ाई' (कोक फाइट) प्रचलित होने के कारण शहरी ढंग की जुआ लोकप्रिय नहीं हो पाई है। परन्तु यह नहीं माना जा सकता कि आदिवासी आधुनिक जुआ को जानते ही नहीं हैं। सर्वेक्षण के दौरान इस प्रकार के आदिवासी श्रमिक मिले हैं, जिन्होंने स्वीकार किया कि वे यदा-कदा जुआ खेलते हैं।

पिछले दिनों जो नई प्रकार की चोरी सामने आई है, वह है रेलवे की चोरी। दंतेवाड़ा के एक पुलिस कर्मचारी के अनुसार आदिवासी रेलवे स्टेशन से या कहीं भी पड़े रेल लाइन के टुकड़े या लोहे की अन्य कोई वस्तु चुराकर ले जाते हैं। इस प्रकार की घटनाएँ पिछले कुछ समय से घट रही हैं।

इस घटना की तह में जाया जाए तो पता चलेगा कि आदिवासी के लिए लोहा आज दुर्लभ एवं उपयोग की वस्तु बन गई है। वह लोहे को पिघलाकर उसका कृषि औजार बनाता है। इससे यह भी सिद्ध होता है कि उसकी क्रय क्षमता इतनी भी नहीं है कि वह लोहे से निर्मित सामान्य वस्तु भी खरीद सके।

कुल मिलाकर दंतेवाड़ा तहसील में पिछले 15 वर्षों यानी जब से औद्योगिक सभ्यता का प्रवेश हुआ है तब से अपराधों की संख्या में वृद्धि हुई है। इसकी पुष्टि निम्न आँकड़ों से की जा सकती है :

अपराध	1960	1965	1970	1972	1975
	वर्ष				
हत्या	20	36	30	25	29
डकैती	—	—	—	—	—
लूट	—	—	—	—	2
चोरी	10	68	53	64	65
सेंध	8	33	18	28	36
पशु–चोरी	2	13	13	16	39
जुआ	2	—	16	11	20
शराब की तस्करी	15	7	45	65	30
अन्य(प्रकीर्ण)	39	84	74	103	96
बलात्कार	—	—	2	1	—

नोट : उल्लेखनीय है कि इसमें औद्योगिक क्षेत्र के थाने की स्थिति शामिल नहीं है। कुआकोंडा थाना भी इसमें सम्मिलित नहीं है।

बाजार-अर्थ व्यवस्था

जब असंगठित अर्थव्यवस्था और संगठित अर्थव्यवस्था का किसी भी स्तर पर टकराव होता है तो यह स्वाभाविक है कि संगठित अर्थव्यवस्था एक निर्णायक भूमिका निभाएगी। एक समय ऐसा भी आएगा जब संगठित अर्थव्यवस्था असंगठित व्यवस्था को पूरी तरह से आत्मसात कर लेगी।

आज आदिवासियों के समक्ष सबसे बड़ी समस्या यदि कोई है तो वह यह है कि संगठित अर्थव्यवस्था के प्रतिनिधियों और उनकी कार्य पद्धति के समकक्ष अपनी परम्परागत अर्थव्यवस्था की सुरक्षा करते हुए टकराव की स्थिति का सफलतापूर्वक सामना करते रहना। क्योंकि, संगठित अर्थव्यवस्था द्वारा असंगठित अर्थव्यवस्था को डकार लेना अब अपरिहार्य बनता जा रहा है। वर्तमान वस्तुस्थिति के यही संकेत हैं।

आज की वस्तुस्थिति यह है कि आधुनिक बाजार की अर्थव्यवस्था के समक्ष वह स्वयं को बिल्कुल असहाय की स्थिति में पाता है। वैसे उसकी यह स्थिति उस समय ही आरम्भ हो चुकी थी जब आधुनिक सभ्यता के प्रतिनिधियों (हाकिम, व्यापारी, साहूकार, मालगुजार आदि) के कदमों ने इस शान्त क्षेत्र में घुसपैठ की थी। परन्तु औद्योगिक सभ्यता के पश्चात पुरानी स्थिति में एक गुणात्मक परिवर्तन आया है। पूर्व-औद्योगिक युग में अर्थव्यवस्था उतनी जटिल नहीं थी। परन्तु

औद्योगिकीकरण के पश्चात बाजार अर्थव्यवस्था और भी जटिल हो गई है। यह दिन-ब-दिन जटिलतर होती जा रही है। यही कारण है कि आदिवासियों का विभिन्न ढंग से शोषण किया जा रहा है। शोषण के केन्द्र हैं 'साप्ताहिक हाट' जो दंतेवाड़ा तहसील के विभिन्न क्षेत्रों में लगते हैं।

वास्तव में, ये साप्ताहिक-हाट पूरी तरह से कोचियों (दलाल) एवं पाइकमन (बाहरी) द्वारा नियंत्रित होते हैं। आदिवासियों के दोहन के लिए इन कोचियों एवं पाइकों में एक गुप्त समझदारी या समझौता होता है, जिसके माध्यम से बाजार-भाव को नियंत्रित किया जाता है। आदिवासी को अपनी छोटी-मोटी वस्तुएँ यानी वन उत्पाद चिरोंजी, टिकुर, जड़ी-बूटी, महुआ, टोरा, करंजी तथा धान, सरसों एवं तिल कोचियों द्वारा निर्धारित भाव पर बेचने के लिए विवश होना पड़ता है।

औद्योगिक क्षेत्र तथा दंतेवाड़ा क्षेत्र की प्रभाव परिधि में आने वाले निम्न प्रमुख हाट हैं :

हाट का नाम	हाट का दिन
दंतेवाड़ा	बुधवार
गीदम	रविवार
नकुलनार	शनिवार
पालनार	शुक्रवार
बारासुर	शुक्रवार
तुमनार	शनिवार
किरंदूल	बुधवार
भांसी	सोमवार
बछेली	बुधवार
मोकपाल	गुरुवार

आदिवासी अपनी छोटी-मोटी आवश्यकताओं : नमक, मिट्टी का तेल, छोटे-मोटे कपड़े, काँच की चूड़ियाँ आदि इत्यादि की पूर्ति के लिए मीलों पैदल चलकर इन बाजारों में आते हैं। इन वस्तुओं को खरीदने के लिए साथ में उल्लिखित वस्तुएँ बेचने के लिए भी साथ में लाते हैं। चूँकि मुद्रा प्रणाली से अपरिचित होने के कारण ये वस्तु के विनिमय में ही विश्वास रखते हैं।

परन्तु, वस्तु-विनिमय के विज्ञान में अनभिज्ञ होने के कारण ये हमेशा कोचियों एवं पाइकों के शिकार बन जाते हैं। सर्वप्रथम, उनकी वस्तु के कम दाम लगाए जाते हैं। दूसरा, कोचिया उनकी वस्तु को मात्रा से अधिक तोलते हैं और दाम कम

मात्रा के देते हैं। तीसरा, विनिमय में जो वस्तु कोचिया द्वारा आदिवासियों को दी जाती है वह लाजमी तौर पर खराब व कम मात्रा में होती है। चौथा—उसके दाम भी अधिक लगाए जाते हैं। वस्तु एवं मूल्य के बीच अन्तर को स्पष्ट करने के लिए निम्न तालिका दी जा रही है :

वस्तु का नाम	कोचियों से प्राप्त होने वाला वास्तविक मूल्य (रु.) रु. पै.	वास्तविक बाजार मूल्य जो दिया जाना चाहिए (प्रतिकिग्रा./प्रति पायली) (रु.)		अन्तर
चावल (मोटा)	2.50	1.45	2.75	–0.25
चावल (अच्छा	2.50	1.55	2.94	–0.44
धान	0.75	0.75	0.94	–0.19
सरसों	4.00	3.25	4.87	–0.87
तिल	2.25	1.80	2.40	–0.15
टोरा	2.50	2.30	2.60	–0.10

उपर्युक्त तालिका दंतेवाड़ा सहकारी समिति द्वारा तैयार की गई है। परन्तु, यहाँ पर यह स्पष्ट कर देना आवश्यक है कि तालिका से सही स्थिति का पता नहीं चलता। इसके दो कारण हैं। प्रथम : तालिका दंतेवाड़ा एवं गीदम जैसे उन्नत क्षेत्रों पर आधारित है, जोकि पश्च क्षेत्रों से भिन्न हैं। दूसरा तालिका में वही भाव दिखाए गए हैं, जो सहकरी समिति के कर्मचारियों को कोचियों ने बताए हैं। अतः यह एकतरफा स्थिति दर्शाती है। फिर इससे इतना अवश्य स्पष्ट हो जाता है कि वस्तु एवं मूल्य में विषमता है।

वास्तव में यह अन्तर, प्रति पायली की मात्रा तथा बाजार भाव को मिलाकर निम्न हो जाता है :

वस्तु	अन्तर
चावल (मोटा)	1–00
चावल (अच्छा)	1–25
धान	–34
सरसों	1–37
तिल	–40
टोटा	–60

इसके अतिरिक्त यह अन्तर पश्चक्षेत्रीय हाटों में और भी बढ़ जाता है। नकुलनार, पालनार, तुमनार, मोकपाल जैसे सुदूरवर्ती ग्रामों के हाटों में कोचियों की शक्ति में

वृद्धि और आदिवासियों की शक्ति में गिरावट आ जाती है। इसके निम्न कारण गिनाए जा सकते हैं :

1.पश्च क्षेत्रों में अवरुद्ध व सीमित आर्थिक गतिविधियाँ
2.प्रतिस्पर्धात्मक अवसरों का अभाव
3.यातायात साधनों का न होना।
4. निकटवर्ती क्रय-विक्रय केन्द्रों का न होना।
5. प्रशासनिक निरीक्षण का अभाव।
6. सहकारी या उचित दरों की दुकान का अभाव।

उपर्युक्त कारणों से आदिवासियों की कोचियों पर निर्भरता बढ़ जाती है। इसका परिणाम यह अन्तर है, जोकि 100 से 250-300 प्रतिशत तक पहुँच पाता है। सारांश में जितना, अधिक पश्च क्षेत्र होगा, उतनी अधिक मूल्य विषमता होती जाएगी।

इसके अलावा आदिवासियों का शोषण एक और ढंग से भी किया जाता है। मौसम को ध्यान में रखकर आदिवासी अपना महुआ कोचियों को बेच देता है। परन्तु कुछ मास के पश्चात जब उसे महुआ की आवश्यकता होती है, तब तक उसका दाम कई गुना बढ़ चुका होता है। मौसम के समय 10 से 25 पैसे प्रति किलो महुआ खरीदा जाता है। परन्तु वही महुआ आदिवासी को 1 से 1.50 पै. किलो में बेचा जाता है।

यह भी देखा गया है कि सरकारी कर्मचारी, विशेषत: राजस्व, वन तथा पुलिस विभाग के आदिवासियों से मुफ्त में सामान ले लेते हैं। यदि पैसा देना भी पड़ता है तो वह वस्तु के मूल्य से कहीं कम होता है।

औद्योगिक बस्ती किरंदूल एवं बछेली में यह भी देखा गया है कि आदिवासियों की वस्तुएँ जबरन छीन ली जाती हैं। यदि कभी आदिवासी भाव-तोल करने का प्रयास भी करते हैं तो उन्हें 'छाकटा' एवं 'चालाक' घोषित कर दिया जाता है। यद्यपि यह सच है कि किरंदूल एवं बछेली में सामान बेचने वाले आदिवासियों में अन्यों की अपेक्षाकृत अधिक समझदारी पाई गई है। वे अपनी वस्तु का मूल्य समझने लगे हैं। भाव तोल की प्रक्रिया को जानने लगे हैं। अब उन्हें उतना आसानी से नहीं ठगा जा सकता जितना कि मोकपाल या अन्य दूरवर्ती आदिवासी विक्रेता को ठगा जा सकता है।

औद्योगिक क्षेत्र में एक अन्तर और देखने को मिलता है। इस क्षेत्र में आने वाला आदिवासी वस्तु-विनिमय के स्थान पर मुद्रा के प्रयोग को पसन्द करता है। यहाँ उसको नकद लेन-देन में सुविधा होती है। क्योंकि वह गैर-परम्परागत वस्तुएँ : पाउडर, ब्रेजरी, साड़ी, दुपट्टा आदि, खरीदता है। इसके अतिरिक्त किरंदूल एवं बछेली में शहरी उपयोग की वस्तुओं : अंडा मुर्गा, दूध, फल, आधुनिक साग-

सब्जी, मछली आदि की अधिक माँग होने के कारण आदिवासी इन वस्तुओं को अपेक्षाकृत अधिक महत्त्व देता है। इन वस्तुओं से उसको अन्यों की अपेक्षाकृत अधिक लाभ होता है। वह भी नकद।

बावजूद इस मामूली राहत के, कुल मिलाकर बाजार की अर्थव्यवस्था आदिवासियों की पकड़ से बाहर है। ऐसा भी देखने में आया है कि सहकारी समिति की दुकान में भी आदिवासी को लूटा जाता है। यहाँ तक कि उससे वस्तु के दाम बाजार मूल्य से अधिक लिए जाते हैं। शिकायत करने पर उपेक्षा बरती जाती है।

इसके अतिरिक्त, पश्च क्षेत्रों में कोचिया आदिवासियों पर जबरन शहरी उपयोग की वस्तुएँ थोप देते हैं। यदि उनके पास पैसा नहीं होता है तो उधार दे दी जाती है, जोकि बाद में ब्याज सहित वसूलकर लिया जाता है। इस प्रकार दूरस्थ क्षेत्रों के आदिवासी हमेशा कोचियों के ऋणग्रस्त रहते हैं।

❑❑❑

परिशिष्ट : एक

कतरनों की सतह से उभरता चार दशक पुराना लाल गलियारा

भूख के शिकार ये आदिवासी

रामशरण जोशी

भूख के शिकार ये आदिवासी...

(पृष्ठ पांच का शेष)

...झुनिया से अलग कर लेते हैं. जो गोंदली आदिवासियों को दी जाती है, वह निम्न किस्म की होती है. और उसमें झुनझुनिया की मात्रा अधिक होती है. इस प्रकार किसी वैकल्पिक खाद्य पदार्थ के अभाव में झुनझुनिया मिश्रित गोंदली ही आदिवासियों का मुख्य आहार बन जाती है.

पौष्टिक-आहार का प्रभाव

जब आप सवाग क्षेत्र में जायेंगे तो आसानी से स्वस्थता के आधार पर आदिवासियों एवं गैर आदिवासियों में विभेद कर सकते हैं.

इतना ही नहीं जो स्वस्थ भी हुए (आदिवासी एवं गैर आदिवासी) उनमें भी अंतर देखा जा सकता है। माहूलो परिवार का रोगी मार्के... रोगी की बनिस्बत जल्दी ठीक हो गया.

भूतपूर्व रोगियों के साथ बातचीत करने पर पता चला कि उनकी स्वस्थता में मुख्य भूमिका पौष्टिक आहार ने निभायी. कुछ नागेशिया रोगियों को दिल्ली तथा हैदराबाद ले जाया गया था. वहां चिकित्सा के लिए उन्हें कुछ मास रखा गया था. इस दौरान उन्हें पौष्टिक खाद्य पदार्थ दूध, दलिया, सब्जी, फल आदि दिये गये. फलस्वरूप उनके स्वास्थ्य में तेजी से सुधार आया. स्वास्थ्य में तेजी से सुधार आया.

परन्तु आज उन्हीं भूतपूर्व रोगियों की शिकायत है कि उनका स्वास्थ्य पूर्व की अपेक्षा अब गिरता जा रहा है, क्योंकि उनके पास वह भोजन उपलब्ध नहीं है जो कि उन्हें चिकित्सा के दौरान मिला था. आज वह मुख्य रूप से गोंदली जिसके साथ-साथ झुनझुनिया होता है, पर निर्भर है. यद्यपि एक-दो परिवार ने मक्का अवश्य उगा रखी है, परन्तु वह भी सीमित मात्रा में.

यदि झुनझुनिया को निराई या निगोनी (वीडिंग) से उन्हें अवश्य ही कुछ आय हो जाती है. परन्तु, यह राहत भी अस्थायी है. क्योंकि शासन इसके लिए तैयार नहीं है कि प्रत्येक मौसम में निराई का भार वहन कर स्थानीय व्यक्तियों में रुपया वितरित करे. अतः इस दिशा में कोई स्थायी हल खोजने की आवश्यकता है. वैसे आदिवासी इस तथ्य से परिचित हैं कि उन्हें स्थायी रूप से यह काम नहीं मिलेगा. ऐसी स्थिति में उनके सामने अगले वर्ष झुनझुनिया के आहार की विवशता फिर खड़ी हो जाएगी. इसलिए वह भविष्य में इस स्थिति से मुक्ति के प्रति आश्वस्त नहीं हैं.

यद्यपि शासन ने राहत पहुंचाने की दृष्टि से लाखों रुपए विभिन्न निर्माण कार्य हाथ में रखे हैं. जिलाधीश, कृषि अधिकारी तथा अन्य सम्बन्धित विभाग के अधिकारीगण निरंतर प्रभावग्रस्त ग्रामों का निरीक्षण करते हैं. राहत-कार्यों से रोगग्रस्त परिवारों तथा स्थानीय जनता को लाभ पहुंचे इस दृष्टि से भी वह कदम उठा रहे हैं. परन्तु, जैसा कि केन्द्रीय राज्य श्रम मंत्री श्री लारंग साय, जो कि स्वयं आदिवासी हैं और उसी क्षेत्र के हैं, का कहना कि इन तात्कालिक उपायों से समस्या का स्थायी समाधान नहीं हो सकता.

उनका सुझाव है कि नागेशिया आदिवासियों को शोषण, कुपोषण एवं पिछड़ेपन से बचाने के लिए संबंधित गांवों के लिए विशेष योजनाएं बनाई जायें, जिनमें स्थायी रोजगार, यातायात व्यवस्था का समुचित प्रबंध आदि शामिल हैं. इसके अतिरिक्त गैर-आदिवासियों द्वारा आदिवासियों की भू-हड़प को रोकने के लिए विशेष कानूनी कदम उठाये जाने चाहिये.

रपट के आधार पर मध्यप्रदेश सरकार ने सरगुजा जिले में अविलम्ब कार्रवाई की

देश का प्रथम राष्ट्रीय बन्धक श्रमिक सर्वेक्षण, जिसके निष्कर्षों की गूँज संसद के भीतर और बाहर सुनाई दी।

देश की प्रथम गैर-कांग्रेसी जनता पार्टी सरकार के दौरान की इस रपट ने केन्द्र सरकार और बिहार सरकार को स्तब्ध कर दिया था।

COVER

Tribals Of Bastar Halting Change

TO the educated urban Indian the tribal population of the country represents by and large an example of antique culture, glimpses of which can be had from occasional Government-sponsored tribal troupes. Such windows to the remnants of prehistoric civilisations have not, however, served to narrow down the differences between the different stages of social development in the country. The subject of tribal way of life attracts, even now, a largely academic interest, except for those who take it upon themselves to work systematically for a sustained improvement of tribal life. Government programmes have made their positive contributions; but they have suffered setbacks as a result of the continued exploitation of the tribals by the tribe of traders, petty officials and contractors. On the whole, the process of de-isolation of the tribal population has been making steady headway. They are no longer an unapproachable and mystery-ridden people. Bastar, once a land-locked district of 10.5 lakhs tribals, is also re-adjusting itself to the effects of this process. But the path is not smooth, and not made any easier by the greed and prejudices of the civilised world. Below is an account of the process of change based on the findings of a research worker who has recently spent several months at Dantewada tehsil of Bastar district on an official grant :

NOT OVERAWED

THE impact of acculturation is distinctly visible in Dantewada tehsil. With the expansion of the administrative machinery and the development of roads and transport facilities, the task has become easier. The spurt in educational opportunities and industrial development is changing the course of life; social values are also being re-examined. The tribal population coming into contact with the process of development is gradually losing its tribal personality, but even as the traditional bonds of tribal society are being loosened, the dominant tribal ethos sheltered away from the stream of change has refused to be overawed by the capricious trends of modernity.

A girl deserted

The advanced section of the tribals of Bastar has become keenly conscious of the mechanics of the modern system. It has reached a stage from where its attitude towards change cannot be ignored any longer. They have learnt how to react to the process of change; a recent conference of tribal youth at Tokapal, near Jagdalpur, demonstrated this awareness. About 300 young men and women met to discuss their problems, many among them clad in saris and trousers as proof of, at least, partial acculturation to modern living. To the tribals from the hinterland, they were the modern youth, using urbane methods of expression. Speakers from the interior regions dwelt on their local problems: lack of roads and bridges, and of insufficient transport facilities. Those from the industrial regions talked of the attitude of the administration towards them, the problem of employment and of the lack of opportunities. There were others who ventured to review the development schemes of the Government and of the problems of industrialisation of tribal areas. There were voices of dissent too, and of criticism of the exploitation of tribals in the interior regions.

Bastar is one of the biggest tribal districts of the country. It borders three States, Maharashtra, Andhra Pradesh and Orissa. Divided administratively into eight tehsils, it has seven principal tribes: Halba, Muria, Maria, Gond, Bhatara, Paraja and Dorala, and several sub-tribes. It is said that not too long ago, the 400 km journey from Raipur to the tribal area of Jagdalpur took at least three days. The communication was

A tribal hut

LINK 8 APRIL 18, 1976

देश का तत्कालीन सबसे बड़ा जिला बस्तर के औद्योगिकीकरण के दुष्प्रभावों ने सरकारों के साथ-साथ समाजशास्त्रियों और लेखकों को झकझोरकर रख दिया था।

hopeless beyond Jagdalpur. The chief mode of travel was the bullock cart, which could not operate during the rainy season. The area was backward in every respect. But the rich forest wealth of the region attracted many from the nearby provinces who created small settlements as centres of their exploitative trading operations, forcing the local population to move more into the interior. The newcomers managed to establish themselves in important positions of the tribal economy. This called for superficial adjustments on the part of the tribals, who learned to deal with craftiness backed by a more aggressive culture. But the change did not affect the base of tribal life, for the conflict did not reach beyond the dealings for the day to day necessities—the bag of salt, the clay pot and the half yard piece of cloth.

CHANGE

The abolition of the princely states after independence cleared the way for wider communication between the tribal areas and the outside world. Economic development backed by the rapid expansion of the States administration gave birth to new forces of social change. But the development schemes brought with them elements that sought to exploit, primarily for their own benefit, the rich natural resources of the region. The adverse effect of the opening up of these areas to the rest of the country arose mainly from the fact that the tribal societies were ill-equipped to understand the mechanics of a monetised economy. There were no provisions in the development schemes to take this factor into account. As a result, the ignorant population was alienated from its roots and the social vacuum was filled by the crystallisation of the tribal social structure into different layers that soon stabilised into a new system of disparities. The process was perpetuated wherever the weaker sections of the population could not resist delegation to the bottom of the new socio-economic ladder. Thus changed, a secondary problem arose as the weaker population could neither continue with its old values nor keep in step with the rapid pace of the intruding culture. This conflict is very much apparent in the villages of Dantewada tehsil, in south Bastar.

Dantewada tehsil, the base area of this study, is the focal point of the industrial development of the region. The economic base is provided by the rich iron ore deposits, now being worked upon by the Bailadila complex, and the abundance of timber trees. In addition, the proposed construction of the Bodhghat Dam on the Indravati River also holds promise of accelerated development for the region. While the economic changes place the tehsil among the most advanced of the tribal areas of this part of the country, it has also opened the doors to diverse forces which have penetrated into the social fabric of the tribals. The degree of penetration is not even. It has depended on the nearness of the villages to centres of economic activity or to channels of communication. There still exist in the

A tribal with his simple possession

area villages that are approachable by jeeps only in fair weather, where the effects of change have hardly been felt. But once exposed, the tribal societies have offered little resistance. It is these villages that have produced the now "advanced" sections of the tribal communities.

EXPLOITATION

As the process of change gradually emerged into the hinterland, this "advanced" section of tribals adopted many of the exploitative economic practices introduced by the newcomers. They learnt to engage in money lending, deal in timber and employ contract labour. The important consequence of this was that the "advanced" tribal in course of time came to be identified as the agent of the outsider, as alienated and with as many contradictions with the less developed sections of tribals. Over time, the immigrants from distant provinces and the "advanced" tribals converged to form enclaves of economic activity based on trade. There is, thus, the example in the Kuakonda police station area, of Thakurs from UP playing a dominant role in social and political life. They are elected to the local panchayats, run shops, control the tribal markets and generally perform the functions of leaders of the community. Their relations with Government, from the village constable to the patwari and the thana inspector are generally good. Fringed on this focus are the attempts of the less advanced tribals to get a share of the fruits of development, largely as unskilled workers or domestic servants. While agriculture is not popular with the young, those who retire from jobs generally prefer to go back to their

Poverty in tribal homes

APRIL 18, 1976 9 LINK

villages and take to farming.

A detailed study of Kuakonda village revealed much useful material. It is 20 kms from the tehsil headquarters, not connected with any regular means of transport. One has to ask for a lift from the Government jeeps and the timber lorries that ply along the road connecting the village to Dantewada. The area is primarily inhabited by tribal peasants and unskilled workers, but the economic activity is controlled by the migrant population from UP and nearby states who have made enough money to construct double-storied houses which stand as distinguishing marks between the two sections of population. The migrants control all the local bazars where the local population converse on fixed days of the month or the week with produce from the interior. The tribals go there to sell vegetables, tamarind, mahua, papaya and coarse grain. They buy, often at inflated prices, cheap produce of the outside world: a kilo of salt is exchanged for 10 to 15 kgs of paddy, or cheap cosmetics or plastic products bought at several times their normal price.

The parallel methods of exploiting the tribals, in denying them proper incomes and then cheating at the local bazars, have left them without any means of economic resistance. But even then they migrate to the industrial areas, for that is where the jobs are.

MIGRATION

Devaram Markam, 22, is proud of his job as a labourer at the Bailadila project. He comes from a "muriya," a composite family which owns about 45 acres of land and about 20 head of cattle. His family is still agricultural, but he migrated because of the poor purchasing capacity of agricultural produce and the lower living standards of agriculturists. The occasional migration of his family members to industrial areas has not loosened the traditional family bonds, but it has introduced many industrial products of urban middle class consumption into the family. Markam wears tere-cotton shirts and trousers, leather shoes, uses talcum powder and other inexpensive cosmetics, owns a transistor radio and a wrist watch. Even his mother has become familiar with these articles. He visits his village at harvesting and sowing time and for religious and social occasions.

The other groups that are prone to migration from the area are the poor and landless peasants and young girls. Budhram is one such landless labourer. He has been compelled to migrate not in search of a better life, but because there are no sources of livelihood for him in his village. He jointly owns five acres of family land. By working away from his village, Budhram is able to help his family financially. This has caused many more migrations among the poor from his region. There is a lot of difference between the families of Budhram and Devaram Markam, though their urban living styles are very similar. It is the higher living standard of families like that of Markam that has paved the way for immigration of outside elements into the region, primarily to cater to the demands of urban produced goods.

AGRICULTURE

In spite of the inroads of modern industry, however, the mode of agriculture of the tribal villages is still primitive. The peasants still use the age-old pre-plough methods of cultivation and are unaware of the existence of better grains like wheat. Some families who have come into contact with the outside world do try to introduce more scientific methods of cultivation, but the change is halting because of the fear of the tribals that the switch-over to new techniques will cut them off completely from traditional society. On the other hand, the introduction of education among the tribals has had the greatest impact towards change. The village of Palnar bears ample testimony to this change.

Tribal girl

Situated about eight kilometres from the Bailadila complex, it is one of the villages where the effects of industrialisation has been felt the most. A good example is the family of Saihadeva, which practices agriculture using more advanced techniques than the people in the interior. The techniques were introduced by a son of the family, who read up to middle school and worked for a while as a labourer at the Bailadila project. He visited different parts of the district and gained a good knowledge, by observation, of the changes that were affecting his people. He then decided to resume farming and approached the Development Project Department of Dantewada for help. He was taught a few simple techniques of cultivation and today he is a prosperous farmer of his village, producing wheat, gram, onions, spinach and several other non-traditional crops. His achievements are considerable if it is kept in mind that the spinach is still unknown to the vast majority of his tribal brethren.

Saihadeva had objected to his son adopting modern methods of cultivation and producing crops which the tribals were not familiar with. But systematic persuasion by development officers, who demonstrated to him the benefits that will accrue to the family, broke down his reluctance. Saihadeva is therefore a good example of how the traditional inhibitions of the tribal keeps him from adopting a more scientific way of life even if he is constantly exposed to the benefits from change. What decided the issue in his case—his educated son and the patient persuasive methods of the officials working in development projects—is not available to all sections of the tribal population. Secondly, even if they were, the introduction of change has to be gradual if fear and ignorance does not cause it to be rejected straightaway. Even today, there is apparent tension in the relations between Saihadeva and his son. The younger man prefers

modern medicine and insists that casteism, polygamy, child marriage are all evils that should have no place in "modern" life. He believes in education and modern living. Saihadeva is defenceless against his arguments and is apprehensive, of the changes that will cut him off from his moorings as a community elder, with strange and inexplicable values and norms to contend with. For the time being there is a sort of a working arrangement between him and his son, a truce as it were, imposed by a stalemate in the conflict between the values they represent. Saihadeva and his son live their own lives, trying not to interfere with each other's activities, but bound nevertheless by the traditional ties of kinship and social customs.

EDUCATION

Education has definitely had a deep impact among young tribals who have attended schools, even if it has been incomplete by urban standards. Tribal boys and girls in schools are today more inclined to urban life than their elders. In Kuokonda High School, out of the 10 boys and girls interviewed, eight had seen a movie and kept track of the latest Bombay film-world heroes and heroines. Many of them can identify photographs of film stars, but few could recognise the faces of national leaders when shown newspaper pictures. Tribal students are, gradually, becoming more articulate and have started adopting urban living styles. It was notable that, among many of them, traditional songs and dances (and other forms of entertainment) are being replaced by songs from films heard over the radio. They are fond of looking at pictures in film magazines. Hirmaran Bhaskar, who has studied up to high school, goes to the pictures thrice a month.

With the changes that are being introduced in the lives of the tribal population, a noticeable feature is their attitude towards religion. Till quite recently, Hindu gods were unknown to the tribals. Today, calenders and picture books with coloured pictures of gods and goddesses are a favourite with them. Some are even familiar with the mythologies associated with these gods. But they still worship their traditional gods, more as part of the social ritual, as far as the young are concerned. A good example in this context is the family of Maaraka, who live in Matenaar village. The family is one of the most well-off in the village and, also, the most educated. Out of the four male adults in the family, three have attended middle school. The walls of the Maaraka house are decorated with pictures of Hindu gods and goddesses. They even own a copy of the Ramayana, which is displayed with reverence in a small alcove on the wall.

Potter's wheel

URBANISATION

It is obvious that the degree of urbanisation among the tribals is directly dependent on the economic power of the household. Matenna, a hamlet of Ballod, is about 13 kms from Dantewada. The 20-odd households that live here may be generally divided into three broad categories: the poorest of them own about 20 to 30 acres of land, the middle strata own up to 60 acres and the richest few own 100 acres and more. The Maaraka family owns 110 acres. It has introduced modern cultivation techniques, including the use of a diesel pump, sprayer, chemical fertilizers and better quality seeds supplied by official agencies. It employs two whole-time servants and seasonal labour to help out with the work in the fields. The domestic servants are treated as members of the family and receive wages in kind. And, at times, a little in cash.

There is, however, a distinct difference in the standards of living of the employer and the employees. This distinction is more apparent among the women—the wives and daughters of the better off wear clothes more urban than their poor counterparts. Secondly, it is only the children of the affluent that go to school. In spite of this, the relationship between the employee and master is bound by tradition, with the latter socially committed to look after the welfare of his servants and their families. He is, in fact, answerable to the village panchayat for any breach of this commitment on his part.

Pressures and pulls notwithstanding, tribal society in Bastar is still quite homogenous. The young are inclined towards change; this is evident from the attitudes of Naagru, the adopted son of Maaraka of the son of Saihadev and the other young people who feel that their real profession is still agriculture, with improved techniques. With all their differences, their elders too prefer that their children adopt their traditional source of livelihood.

Disappearing Bank Balances

THE wider social and economic horizons that have opened up before the tribals of Bastar in recent years have exposed them to exploitation by ruthless outsiders through elementary ruses. Take the case of Kalumi Bohara, theoretically a rich man, who has never seen life outside grinding poverty. Kalumi Bohara's father sold his only possessions, a few hundred teak trees of the forest, to a contractor a few years ago. That should have fetched the family more than a lakh of rupees. But, like all tribals of the Bastar region, the Boharas could not concieve of a figure that big. Their system of counting is by the traditional "kori" (twenty). It was therefore a simple job for the contractor and a host of petty government officials who connive with contractors, to trick Kalumi Bohara's family out of their wealth. Today they are as poor as they ever were, with only a scrap of a sale deed left to identify them as one more victim of the Malik Makbooja system of timber trade. It is little consolation that the family has a few thousand rupees in fixed deposit with a public sector bank. All the other necessary papers are in the contractor's possession.

Kalumi Bohara's family is not the only one so tricked. He was somewhat luckier, in fact, than Buraka, who has had several hundred of his valuable teak trees felled and taken away by contractors. The whole village agreed with Buraka that the contractors had no right to fell the trees. But the outsiders produced a bit of paper which "authorised" them, they said to cut the trees. They threatened legal action if anyone tried to stop them. Not a paisa was paid for the trees which cost two lakh rupees at the least.

A tribal peasant, who lost more than a lakh of rupees, with his sons

Bastar district is richly endowed with forest wealth. Conservative estimates put the number of trees as large enough to supply the country with timber for several years, worth in total about Rs 2,000 crores. The trees have been divided into two categories: nationalised trees, and those belonging to the tribals. The timber trade in the region is conducted under the Malik Makbooja system, which vests with the tribals the right to dispose of trees falling in certain demarcated areas, near their villages, for example. The ownership includes all types of timber except those declared national property.

OLD SYSTEM

The system dates back to the time of princely rule when the local ruler owned all the forest wealth. With the abolition of princely states, the tribals became owners of the trees overnight, worth lakhs of rupees. But the administrative and legal procedures which involved the sale of trees made the tribals easy prey of the contractors. Once a trader won over the confidence of a tribal village, he had an easy time making money, aided by officials at various levels. Bogus applications for sale became common, often with the owners not aware of what they had put their thumb impressions to till it was too late. There are instances of larger rackets in which maps of whole areas have been changed with the help of some officials and the Government cheated of large sums of money as revenue.

The practice has continued over the years till, in recent years, the enactment of the Interest in Trees Act cut at the base of these anti-social traders. The Act armed honest officials with powers to deal with the malpractices of the Malik Makbooja system. It specified that the payment for trees to tribals must be made in the presence of the district collector who would arrange to have the sum deposited in an account with the State Bank of

India branch at Jagdalpur. Half of the amount was required to be put in a fixed deposit. The permission of the Collector was necessary to withdraw the money from the bank. It was not long, however, when the traders worked out a way to get around the provisions of the law. Many tribal families, who owned lakh of rupees a year or two ago, have been made paupers again. Somehow they were persuaded to withdraw large sum of money in a few months; what is intriguing is that in many instances sums as large as Rs 30,000 or more were withdrawn at a time.

METHODS

Official investigations have revealed that the contractors operate through their agents who never leave the tribals as long as they have money. All methods are employed to make the ignorant villager part with his money, from persuasion about the insecurity involving in keeping a large sum of money with him, to outright threats of violence. It has been found that of the Rs 25 lakhs that was deposited by the tribals in bank accounts during 1974, only about Rs four lakhs are left. And the economic condition of the owners is no better. Where the money has gone seems obvious, but how is still a mystery. An explanation may be in the fact that a tribal can neither count beyond 20 nor indentify currency notes. There have been instance of how they have been made to buy jeeps, even though the bicycle has not reached their villages yet. There is the case of a tribal who was sold a transistor radio at a fabulous price. When the batteries ran out he was seen washing the set in a stream, seriously believing that it would make the radio work again.

A number of mesures have been initiated by the district administration under the powers conferred by the emergency. Several government employees have been punished and 16 contractors have been arrested under the MISA. More than 300 cases of encroachment into State forests by contractors are being investigated and about 40 have already been prosecuted. But the contractors are powerful people and their exploitative methods are many.

Trade in tribal girls is widespread. The spurt in industrial development has provided a ready market for the dealers in human flesh: for, the large influx of population who come in search of jobs have among them both the potential victims and the custom for this trade. The most exploited in this business are, naturally, the tribal girls who are lured from their villages by promises of job and better living. Not having the skill or knowledge for any other job but the most menial, many eventually land up in the homes of the well-to-do as low-paid domestic servants. But often such work is only a cover which the agents use to trap them for the flourishing trade of prostitution. But even here the life of bare comfort does not last long. The townships in the area have many unmarried mothers who can neither work nor go back to their villages for fear of social ostracisation.

Efforts have been made from time to time to rehabilitate these unfortunate girls. In 1971 the district authorities managed to persuade nearly 200 people to marry their concubines and live a legitimate family life. But in many instances this did not work. These girls have been deserted once again, to join the many others who are forced to take to the road every year.

—R.S.J

An unmarried mother—deserted by more than one man

BASTAR

Politics of Timber Trade

Ramsharan Joshi

WHILE usurpation of tribal lands and usurious moneylending to tribals by the more educated and wealthier non-tribals has received wide publicity, exploitation of the tribals through the timber trade has not been sufficiently recognised. This comprises what is called the 'malik makbooja' system. In the tribal region of Bastar, it has a history of more than two decades. In fact, the malik makbooja system has been so exploitative that the state government has finally agreed to a systematic and extensive investigation of the timber trade practice in this region.

The tribes in this area, classified by the authorities as 'scheduled tribes', were conceded sole ownership over all types of timber trees standing in certain demarcated holdings allotted to them. Soon, the commercial possibilities of such tribal ownership dawned upon the contractors, who began to use their material resources and educational superiority to exploit the tribals' exclusive rights. The tribals' ignorance, poverty, illiteracy, and helplessness before law and administration, came in handy for the purpose. Between 1950 and 1975, the malik makbooja system — signifying sale and purchase by contractors of trees belonging to tribals — flourished with official co-operation.

Not till 1975 were three of the 16 contractors arrested for their malpractices and action taken against some district officers and lower rank employees (including the SDM and DFO).

The malik makbooja system became established after the princely state was merged with the Indian Union. Earlier, ownership-rights over all trees were vested with the feudal head of the district. The termination of the princely order changed this: the tribals were formally assigned ownership of the trees in areas allotted to them. After the immigrant contractors had understood and begun to exploit tribal rights, the Interest in Trees Act was passed and subsequent measures were taken empowering the authorities to deal sternly with the unscrupulous traders. The malik makbooja system survived and flourished for 25 years notwithstanding such protective measures. Kapker and Bhanupratapur were the first tehsils to become victims of this practice in the early fifties. Dantewada tehsil, 80 km south of Jagdalpur — the district headquarters — was the hotbed and the third centre of such practices by contractors and traders. A visit there by this correspondent revealed how much wealth from timber trees — teak (sagwan), pterocarpus marsupim (bija), balberyia latifolia (shisham), shora borsta (sal), deofpyros melanoxylon (tendu), etc — has been extracted by the contractors. And what is true of Dantewada tehsil is true of many others.

Timber trees were purchased from the tribals for paltry sums — say, Rs 2 to Rs 5 per tree — and were sold at Rs 200 to Rs 300 in the open market. The process of purchasing, felling, logging, and transporting the trees was undertaken by the contractor. The permission of the tehsildar and forest ranger had to be taken. That permission was readily available at a nominal bribe of between Rs 5 and Rs 10 per tree. The contractor, in fact, persuaded the tribal owner himself to file the application and took care of the subsequent 'chasing'. The real owner was in the dark thereafter as to the manner and terms of the disposal of his trees. In the rare instance where he found out about these and resisted, threats and other economic pressures brought him round. The full operation, to the point of sale, did not cost the contractor more than Rs 20-30 per tree — payment to the owner being included in this cost.

Such plunder continued for years, until some people in the district demanded action. The Interest in Trees Act was, therefore, promulgated in the late fifties. Prior permission of the Collector was made necessary by it for the sale and purchase of trees. The Collector and Additional Collector had discretionary powers to dispose of such applications. The two principal objectives of the Act were: (i) protection of tribals from the contractors, and (ii) prevention of arbitrary and unauthorised felling and cutting of timber trees. The Act clearly laid down that "the Collector shall not grant such permission unless he is satisfied that the consideration for the contract is adequate and unless the amount of consideration is paid in full to the tenure-holder".

Notwithstanding such paper protection, the profits of the traders registered a sharp increase between 1958 and 1975. Where earlier, trees worth Rs 15 crores are estimated to have been removed from Bhanupratapur and Kanker tehsils (actual owners having received only about Rs 1.5 crores out of this), during 1958 and 1975 the turnover was approximately Rs 35 crores. The increase in the owners' share then was Rs 3 crores. Finally, last year, a total ban was imposed on the trade in trees.

In fact, the more the number of official rungs involved in getting clearance, the greater the dependence of the tribal applicants on the contractor. For then, the tribal needed the contractor even more — for the legal knowhow, for the initial expenditure in preparing the application, for obtaining the requisite documents or the 'No Objection' certificate, and for felling and transporting the trees. In many cases, the tribal owners did not even ask to be informed. Bogus applications and documents were prepared on their behalf, and clearance for sale and felling of trees was obtained through the hirelings of the contractors in the bureaucracy. Even imposters were on occasion produced before the Collector. Such instances are found in Samali village in Dantewada tehsil, and are under investigation.

In village Canenar, there are cases also of tampering with official maps to show state trees as trees falling within the lands demarcated for tribals. Such tampering had necessarily to have official co-operation. Preliminary official investigation has revealed 40 cases of illegal felling of state and tribal trees. A well-knit ring of official hirelings has been exposed, who helped in changing the maps and altering the demarcated boundaries of the tribals' lands so as to help the contractors. The Assistant Conservator of Forests, a Revenue Inspector, and the Patwari, have been suspended.

The law itself has loopholes. According to section 241 of the Madhya Pradesh Land Revenue Act, 1959, if permission is not granted within 6 months

1785

इस रपट ने तत्कालीन मध्यप्रदेश की कांग्रेस सरकार का ध्यान वन-लुटाई की ओर खींचा और जिला मुख्यालय को वन अधिकारियों एवं वन ठेकेदारों के खिलाफ कानूनी कार्रवाई करने के निर्देश दिए। इस रपट के आलोक में कानून भी बनाया गया।

of filing an application for disposal of trees, it shall be deemed granted — i.e. considered 'Deemed Permission'. The contractors were richly benefited by the 'DP': applications on behalf of tribal owners were presented to the authorities just before the start of the rainy season, which helped delay by at least three months the process of examining and verifying the exact location of the trees.

Poor and fallacious land records and forest maps are one of the major reasons for irregularities in the trade. Immediate redemarcation of the 300 square miles of the area has, therefore, been suggested to the state government. In many parts of the district, the cadastral survey is yet to be completed. But of the 3,328 villages in the eight tehsils of Dantewada, Bijapur, Konta, Jagdalpur, Kondagaon, Narayanpur, Kanker, and Bhanupratapur, only 1,248 have been so far surveyed. Complete land records are found in 1,029 of the surveyed villages. The traders, of course, exploited this situation.

In the late sixties, specific measures were taken to safeguard the interest of the tribals. Full and final payment for the trees was to be made to the tribals in the presence of the district collector. And the price was to be fixed, not by the arbitrary will of the contractors, but on the advice of the DFO by the Collector himself. Predictably, these measures too met with the same fate as the others. The contactor would take the tribal to the collectorate in his jeep. After making full and final payment, in big denomination currency notes in the presence of the Collector, he would leave the collectorate with the tribal, making the tribal part with a major part of his money on the way back to his village. There have been astounding instances of Rs 10 or 50 thousand, in one hundred rupee notes, being exchanged for equal numbers of notes of one rupee denomination.

Indeed even the nationalisation of timber trade in the region strengthened the position of the contractors. For, with nationalisation, the Forest Department became the sole purchaser of the timber trees in the district. The trees were divided into three categories according to quality, and the price was fixed by category. If officials were not pleased, a tree of the first class could get classified lower, official displeasure thus resulting in the fixation of a lower price. The tribal was driven further towards the contractors who took care of the Forest Department. Also, since the Forest Department was not to purchase a felled tree of less than the 2 cubic metres, contractors incidentally ensured that the length of the pieces of felled trees was always less than the prescribed length — thus making a larger profit, not only charging the tribal for the felling of his tree but purchasing the 'rejected goods' at dirt cheap rates. Indeed, 'rejected trees' are still found lying in large quantities in different parts of Dantewada tehsil because of the imposition now of the total ban on this trade.

Of the 16 odd contractors in the area, none originally belongs to Bastar. All are immigrants from other states in the country. A majority — 10 — of the contactors belong to the neighbouring state of UP. In the nineteenth century, a large number of Brahmins and Thakurs from UP had migrated to Raipur, Jabalpur, Bilaspur, Bastar, and some other districts of UP. They have since then economically dominated the area. Several Thakurs from UP were in fact settled in Bastar district by the feudal head, who had to face tribal revolt twice within 40 years and who therefore brought in caste-Hindus from the neighbouring states of UP and Orissa to run the administration and keep the tribals divided and in check. These caste-Hindus were donated, or sold at nominal prices, large tracts of lands. The caste-Hindus thus operated as agents of the prince. On the one hand, they controlled the state apparatus and kept the economic resources of the district in their command; on the other hand they illegally or fraudulently alienated tribal lands on a large scale. The Brahmin and Jain-Gupta (basically a business) immigrants also entered the local Congress organisation. While the majority entered the Congress, the rest penetrated the Jan Sangh. Indeed, one of them was at one time member of the state Assembly.

Apart from the timber business, some of the contractors run oil mills and saw mills in Jagdalpur. They have not even spared the tribal 'haat' — the weekly market where tribals from neighbouring villages assemble on a fixed week day to dispose of their forest and agricultural produce such as paddy, maize, mahua, tamarind and fruits. The agents of the contractors control the haat — purchasing local goods cheaply for resale, and selling the urban-produced articles (garments, cloth, utensils, salt, etc) at high rates. Some are contractors-cum-liquor traders, and run distilleries in different parts of the district.

With such versatility and range in their material operations, no wonder the contractors were able to get over the various measures designed to protect the tribals' timber from them.

1786

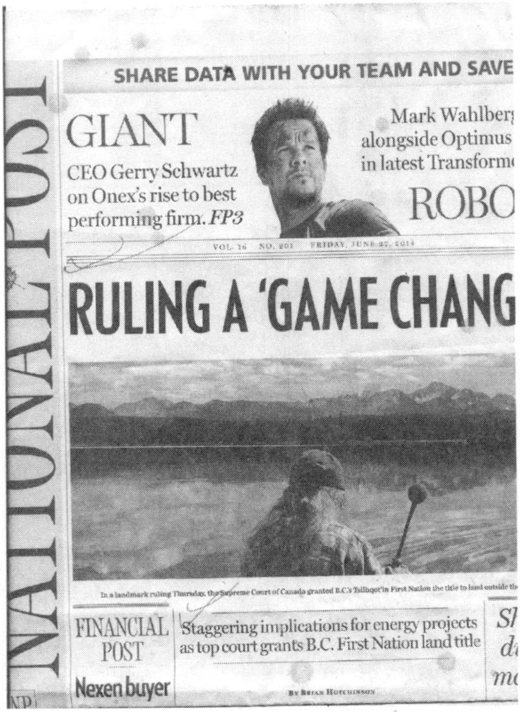

SHARE DATA WITH YOUR TEAM AND SAVE

NATIONAL POST

GIANT

CEO Gerry Schwartz on Onex's rise to best performing firm. *FP3*

Mark Wahlberg alongside Optimus in latest Transform

ROBO

VOL. 16 NO. 201 FRIDAY, JUNE 27, 2014

RULING A 'GAME CHANG

FINANCIAL POST

Nexen buyer

Staggering implications for energy projects as top court grants B.C. First Nation land title

BY BRIAN HUTCHINSON

जून 2014 में कनाडा सर्वोच्च न्यायालय ने वहाँ के मूल निवासियों के पक्ष में फैसला देकर नया इतिहास रचा।

▼

Staggering implications for energy projects as top court grants B.C. First Nation land title

BY BRIAN HUTCHINSON

VANCOUVER • Objections raised by B.C. aboriginals to proposed logging on their traditional hunting grounds have resulted three decades later in the clearest and farthest-reaching decision on Indian land claims and title, with the Supreme Court of Canada upholding on Thursday a lower court ruling that gives First Nations effective control over vast tracts of territory outside their reserves.

While the ruling deals specifically with litigation over 1,700 square kilometres in B.C.'s central interior, for centuries home to six Tsilhqot'in Nation bands with a common history and culture, it will influence — and likely instigate — more land-based claims across Canada.

Thursday's decision establishes conditions aboriginal groups must meet to press collective rights on territories outside their settlements or formal treaty boundaries. Written by Chief Justice Beverley McLachlin, the unanimous ruling says that aboriginal title "flows from occupation in the sense of regular and exclusive use of land ... Occupation sufficient to ground aboriginal title is not confined to specific sites of settlement, but extends to tracts of land that were regularly used for hunting, fishing or otherwise exploiting resources and over which the group exercised effective control at the time of assertion of European sovereignty."

It means that economic development proposed by non-aboriginals — such as resource extraction and pipeline activity — requires explicit consent from host First Nations on land where the Supreme Court's expanded concept of land title is established.

See CLAIM on Page A4

MORE ON NATIVE LAND RULING

BALANCE 'RESET'
Expands native rights from specific, occupied areas to large swaths of land. *FP1*

PIPELINES TAKE HIT
New challenge for energy firms without strong links to aboriginal communities. *FP9*

A STRONGER ROLE
Gives First Nations the opportunity to move forward on projects, as partners. *Corcoran, FP9*

पेरू में नवीनतम आदिवासी समूह की खोज और उसके आधुनिक सभ्यता की चपेट में आने का अन्देशा।

Peruvian tribesmen emerge from jungle

Believed to have survived massacre by drug traffickers

BY TOM ROWLEY

It was a simple gesture of humanity — the gift of a bunch of bananas — that ended centuries of isolation.

Footage has emerged of the moment an Amazonian tribe, undisturbed by outsiders for hundreds of years, overcame their natural wariness and accepted the token of friendship.

The members of the Chitonawa tribe, from the headwaters of the Envira River in the Peruvian rain forest, are thought to have fled their homeland after a massacre at the hands of Peruvian drug traffickers. Their homes were apparently torched by criminals who wanted access to their coca plants to make cocaine and mahogany trees for illegal logging.

So it was that three tribesmen, dressed only in loincloths, stumbled across another group of outsiders as they fled into Brazil. The video showed their understandable trepidation as they first approached the villagers of Simpatia, about 100 kilometres from the border.

A local man who spoke their language, Jaminawa, coaxed the men closer until they eventually accepted his gift. The recipients then raised their hands in an apparent gesture of appreciation.

After this initial contact, the Chitonawa retreated into the jungle, but, emboldened by their earlier visit, the group of five men and two women, aged between 12 and 22, would visit the village on two subsequent occasions.

Researchers from Brazil's National Indian Foundation were fascinated by the rare contact, which took place at the end of June. But their fascination soon turned to concern when the Chitonawa people shared details of their plight through an interpreter.

"The majority of old people [in the tribe] were massacred by white Peruvians, who shot at them with firearms and set fire to their houses," said Ze Correia, the interpreter. "They say that many old people died and that they buried three people in one grave.

"They say that so many people died that they couldn't bury them all and their corpses were eaten by vultures."

The video, which was posted online Thursday, showed two tribesmen trudging through the river. Beside the opposite bank, a villager matched their progress, holding up more than two dozen bananas by way of welcome.

The Chitonawa men were reluctant to approach, and another of their number stood on the far bank, holding what appeared to be a gun, which researchers believe he may have captured from a logging camp. They also "whistled and made animal sounds," according to Carlos Travassos, one of the researchers.

After more than a minute, the men in the water, who carried swords tucked in their loincloths, approached and received their gift.

FUNAI / AFP

Isolated Amazonian aboriginals are contacted for the first time on the banks of the Envira River, Brazil, near the Peruvian border.

First contact with Amazon tribe in Brazil reported

By Jake Edmiston

An isolated indigenous tribe in the Amazon rainforest has made its first contact with mainstream society, according to the Brazilian government's Indian affairs department.

The June 29 encounter, initiated by the tribe, was the Brazilian government's first with a so-called "uncontacted" tribe since 1996, the journal *Science* reported.

But some fear the peaceful encounter with Brazilian government officials in Acre State near the Peruvian border could be a dangerous development for members of the tribe, who are said to be extremely vulnerable to such illnesses as the common cold.

After sightings last month, Brazil's Indian affairs department, FUNAI, warned that the tribe could face risk of "tragedy" and "death," according to Survival International, an advocacy group for indigenous tribes that has called on the Peruvian government to crack down on illegal deforestation that is believed to have caused the uncontacted peoples to flee from deep in the rain forest.

The group is said to imitate animals as a way of expressing emotion — the sound of a jaguar for anger, a wild pig when scared — Survival International's Joanna Eede wrote in a post for *National Geographic*, drawing on an interview with José Carlos Meirelles, one of the few to know anything about the reclusive group.

In 2011, Mr. Meirelles and the BBC shot video and photographs of an uncontacted tribe in the same region as last month's encounter, though it was not clear whether it was the same tribe.

The photos were heralded as proof of the existence of uncontacted tribes amid accusations that reports of them were no different than Scotland's Loch Ness monster. Denials of uncontacted people have long been perpetuated by those with logging interests in the region, Ms. Eede wrote.

National Post

परिशिष्ट : दो

चित्रों में झलकता आज का लाल गलियारा

(छायाकार : डॉ. चन्द्रिका पांडे)

आज़ादी के लिए लड़नेवाले नीलाम्बर-पीताम्बर के वंशज—चेमूसान्या गाँव गढ़वा, झारखंड

इनकाउंटर में मारे गए आदिवासियों के लिए

एक आदिवासी—बाँध में छिन गई जिसकी जमीन—गढ़वा, झारखंड

एक आदिवासी महिला—लातेहार के किसी गाँव से

एक बच्चा दंतेवाड़ा के पास ताड़मेटला

कोत्तागुड़ा गाँव से

कोयल नदी के किनारे एक आदिवासी

जनताना सरकार—सामूहिक खेती करते दंडकारण्य के आदिवासी

ताड़मेटला दंतेवाड़ा का एक आदिवासी

ताड़मेटला सरकारी सैन्य बलों द्वारा जलाए गए तीन सौ घरों में से एक

दंडकारण्य का एक गाँव

दंडकारण्य का एक गाँव-2

दंडकारण्य का एक गाँव-3

दंडकारण्य के गाँव से

दंडकारण्य में एक माओवादी

दंडकारण्य में सशस्त्र महिलाएँ

दंतेवाड़ा का एक ग्रामीड़ आदिवासी

दंतेवाड़ा ताड़मेटला के करीब

पी.एल.जी.ए. का एक आदिवासी युवक

बीजापुर—एक आदिवासी मन्दिर
बासागुड़ा गाँव के करीब

बीजापुर के गाँव में सभा

बीजापुर

बीजापुर-2

लातेहार

माओवादियों द्वारा बनाया गया तालाब

माओवादी पार्टी के प्रवक्ता आज़ाद की सरकार द्वारा छलपूर्वक हत्या के बाद गाँव के लोगों द्वारा उनकी याद में बनाया गया स्तूपम—दंतेवाड़ा के एक गाँव में

लातेहार

शहादत में गाँववालों की मदद से बनाए माओवादियों के स्तूपम

सैन्य बलों के कैम्प—गाँवों के नजदीक

सैन्य बल बगैर वर्दी के—झारखंड, पलामू

स्कूलों पर सैन्य बलों का कब्ज़ा—राजहार, झारखंड